汪瑞霞 著

从乡愁到乡建

江南村镇的文化记忆与景观设计

商务印书馆
The Commercial Press
创于1897

国家社科基金艺术学项目
"'特色小镇'建设与传统村落文化传承发展研究"
（17BH173）结项成果

序

南京艺术学院教授　刘伟冬

曾几何时，乡愁成了一个热门的话题，仿佛这种现象的出现是经济社会快速发展、城乡一体化的强烈趋势导致的一种必然结果。其实，这样的判断只说对了一半，发展和趋势只是引发了当下的话题，而乡愁是一种与生俱来的人类情感，似乎不会因为社会的发展而根本改变或消失，在中国古代的诗词中表达这类情感的诗句比比皆是，不胜枚举。乡愁是人类一个永恒的话题，古今中外，概莫能外。

那么，乡愁又是什么呢？是一碗茶、一块糕、一条街、一间房、一塘水、一座山、一片云？我只能说这样的答案既是，又不是。因为如果要这样罗列下去，我们可以编撰一本洋洋大观的乡愁词典。但问题是所有这些具体的事物都不是乡愁的核心，都只是一些表征，它们也会因人、因时、因地而异，其结果必然是万物皆为乡愁。乡愁没有了边界，也就无所谓乡愁了。在我看来，所谓的乡愁应该是一种理念，它像是柏拉图式的实体，而这种实体并不是真实的存在。它是拥有自然和社会两种属性的共同体，具有共存、合作、和谐、自然的品质和状态，是一种精神诉求和情感寄托。即便有一天那些表征的元素荡然无存了，它也会作为一种道德原则存在于我们的内心。

当然，说起乡愁，有一点是必须强调的，那就是它应该是以故乡或故土为起点的，并同时在空间和时间的两个维度中生发。鲁迅在他的名篇《故乡》中，是这样诉说他的乡愁的："我冒了严寒，回到相隔两千余里,别了二十余年的故乡去。"短短的一句话,三个要素全在里面了,而且乡愁的意味已经溢出了纸面。不走出故乡,就说有乡愁,那是造作;他应该说的是理想,是出走的愿望。而离开了一会儿就说有乡愁,那是矫情。一般说来,作为一种精神诉求和情感寄托的乡愁与时空关系是成正比的,距离愈远,时间愈长,乡愁就会愈深重。这一点,我们每一个人在日常生活中多少有一点真切的体验。

现在再回到引起乡愁热议的发展环境和当下语境中来。在城乡一体化快速发展的进程中,我们遇到了许多困难,面对着许多挑战,也引起了许多质疑。大城市在许多方面显得越来越同质化,而具有自身特色的乡村却在迅速消失,也就是那些可以引发或寄托乡愁的表征元素被彻底瓦解。有很多的专家对此表现出了极大的忧虑。当然,在我的理解中,专家的忧虑最初还是从建筑保护角度来考虑的:一方面,他们把目光更多地聚焦在了物的层面上,要求那些古村落或乡镇尽可能地保持原始状态,甚至拒绝一切现代化元素的侵入;另一方面,他们在很大程度上忽视了村民们向往现代生活的愿望,而他们自己却在城市中充分享受着现代化的红利。村民要明亮,专家们认为电路对木质建筑的危害会很大;村民要阳光,他们又反对铝合金门窗的大量使用。不一而足。事实上,在我看来,只有大家把落脚点放在文化、民俗、传统和审美等诸多元素上的时候,很多问题才会迎刃而解,寄托或隐匿在这些事物中的乡愁才会被激发出来。

南京林业大学的汪瑞霞教授对这些问题可以说有着深刻的理解。她出生于江南,成长于江南,对这片土地有着深厚的情感,加上她的工作性质和范畴,曾长期对江南地区的许多乡镇进行过调研和考察。她并以此为案例,从乡建的维度出发,就乡愁与乡建互为因果的关系进行了明晰的梳理、深入的思考,并提出了许多建设性意见和方案,写作了一部颇有价值的学术著作。在书籍付梓之际,她嘱我写序,我是欣而允之的。

　　时代变迁，沧海桑田，而我们的乡愁一直逶迤其间，绵绵不绝。我记得鲁迅回到故乡后，也惊异于故乡的深刻变化，但别忘了那可是20世纪的二三十年代封闭落后的中国农村啊。木心从美国回乌镇定居后，有人问他现在的乌镇与当年的乌镇一样吗，他回答说：那时候屋里的梳妆台前，有母亲在那儿化妆整整一个下午，傍晚时分又因为心情不佳，取消了晚上的约会。这样的场景还能回去吗？木心感叹的是今非昔比、物是人非。但这样的场景、这样的乡愁我们现在还能走进吗？我们还需要走进吗？除非时光倒流，但时光是不可能倒流的，发展是必然的。

　　是为序！

目　录

导　论
一场集体"乡愁"引发的思考

　　自古以来,乡愁传达出个体内心深处难以抹去的思乡情怀,包含着每一位游子对故乡的深情眷恋,是世代传承的集体记忆,也是文艺作品绵绵不绝的话题。诗词中有战国时期楚国屈原的"鸟飞反故乡兮,狐死必首丘",有唐代崔颢的"日暮乡关何处是,烟波江上使人愁"等名句,也有台湾现代诗人余光中《乡愁》中的从地域物象之乡升华到民族文化之乡。"乡"作为一个地理空间的限定词,它不仅是行政区划单位,也是一个人生长的地方或祖籍所在地,可谓"愁"绪生发的场域与情境。西方历史上曾经出现过"怀旧思潮"和"怀旧的田园主义传统"①。在希腊语中,乡愁(nostalgia)的词义为"返回家园",是指对故乡记忆中的人、事、物、场等的一种爱痛之间喜忧交织的追忆与渴望。较之中国传统文化语境里的"乡愁",则包含从个体的思乡情怀到对祖国无限依恋的家国情怀,再上升到一种对人生本质的追问与思辨。

　　毫不夸张地说,当个人或群体的心灵长期处于漂浮状态,文化认同感缺乏,就会引发集体疼痛的"乡愁"。这种普遍存在的集体"乡愁"具有鲜明的选择性且脆弱易变,并随着某些记忆场所的消亡而集体失忆。作为文化情感维度的"乡愁"关涉对人类整体性生存样式与发展前途

---

① 雷蒙·威廉斯著,韩子满等译.乡村与城市[M].北京:商务印书馆.2013.13.

的追问,尤其是对自身是谁,从哪里来,又到哪里去的一种深层次文化心理密码的思辨与探寻。而文化语境里的"乡愁",将个体的思乡情怀上升至家园情怀,其中离不开对人生本质的追问与思辨,更是对当前处在"失忆"状态的传统文明的质疑与心理补偿。如果这份珍贵的心灵之约被珍视和积极引导,"乡愁"就能成为当下一种集体记忆的唤醒媒介;反之,如果这种文化情感的渴望长期得不到缓解,就会引发文化的"失真、失范、失序和失忆",甚至发生文脉断裂等社会问题,造成人类身份认同感的缺失,必将引发全社会性的文化危机。

一般来说,乡与城相对,镇隶属于县和县级市之下,与乡同级。但从区域面积、经济发展、非农业人口诸要素来看,镇大于乡,乡大于村,村镇空间是一个庞杂且不断完善的动态发展体系,江南是一方地域,也是一种文化。笔者长期生活于江南,从主观的社会意识上来讲,无法摆脱对于江南村镇的特殊情感。诚然,江南村镇是一种稳定的社会存在,它具有厚重的历史文化积淀,是人们念兹在兹的精神家园。然而,经历了近现代社会外渗内动、农村经济体制转型、城镇化快速推进等冲击,江南村镇景观呈现出趋同化、表象化与空心化之特征。在对象上,其出现了乡村文化特色缺失、乡土记忆断层等一系列社会问题。数千年来中国传统农耕社会稳定而均质的状态被打破,文化之"传统意味"渐淡甚至荡然无存,催生了普遍意义上令人疼痛的"乡愁"。正因如此,在当代中国的语境下,乡村文化的真实性与可靠性受到质疑,村镇景观设计研究面临巨大挑战。记忆这个抽象的命题,又将如何展开具体研究?自然将文化与记忆、江南村镇联系在一起,它们之间存在一种什么样的映射关系?我们希望从设计学视角对此进行全新的阐释,目的在于运用文化记忆理论建构一种以江南村镇空间文化景观为载体的回应"乡愁"问题的样本,探讨空间记忆与景观情景重构之间的互通关系,丰富和完善当代江南村镇文化景观设计的理论及方法,为设计学融入乡村振兴的文化建设研究提供镜鉴与思考。

　　本书以"江南村镇"为研究对象,是综合考虑了地理和文化意义上具有交集的环太湖水系流域。一方面,"江南村镇"具体地理空间范围专指长江东部下游南岸、环太湖水系流域的江浙沪地区,包括苏南、浙北以及上海市行政区划范围内城市以外的广大乡村。另一方面,区域文化圈之间的边缘总是相互交错融合的,人们常把受影响的近邻叫作江南文化辐射区,此处"江南村镇"空间意象更多指向一种文化意义的范畴,是一种文化领域的空间范围,更是一个多元文化交融的精神家园。正是在这一点上,"乡愁"为开拓"乡建"提供了前提和基础。于是,将二者贯穿起来并寻绎其内在规律,再通过重点案例深度剖析江南村镇景观设计,呵护并活化江南村镇的文化记忆。本书旨在从"乡愁"的文化记忆入手,探讨当代江南村镇文化景观设计。

一、"江南村镇"的描述形态

　　古往今来,人类在与自然斗争和适应自然的过程中生存,因共同生活、生产活动需要而聚集的定居场所被称为"居民点"①,其可以分为城镇型与乡村型两种,它们构成了复杂的居住综合体。伴随着全球工业化进程加速与我国城镇化大发展,2014 年国务院印发《关于调整城市规模划分标准的通知》(国发〔2014〕51 号),以城区常住人口为统计口

---

　　① 　金兆森、陆伟刚、李晓琴等编著.村镇规划[M].南京:东南大学出版社.2019.6.

径,将城市分为五类,即超大城市(城区常住人口 1000 万以上)、特大城市(城区常住人口 500 万以上 1000 万以下)、大城市(城区常住人口 100 万以上 500 万以下)、中等城市(城区常住人口 50 万以上 100 万以下)、小城市(城区常住人口 50 万以下)。《国务院批转民政部关于调整建镇标准的报告的通知》(国发〔1984〕165 号)①中提出加速小城镇(即建制镇)建设,充分发挥小城镇联结城乡的桥梁和纽带作用,使之逐渐发展为农村区域性的经济文化中心;近几年兴起的"特色小镇",非镇非区,特指小型融合产业、文化、旅游、社区功能为一体的创新创业特色发展平台;而乡村型居民点可分为乡村集镇(中心集镇、一般集镇)和村(中心村、基层村)。有必要指出的是,为行文之便,本书采用"村镇"一词,指代城市之外的小城镇(建制镇)、乡村型居民点和"特色小镇"。

在中国,传统村镇从以农业为主的原始村落发展而来,积聚了数千年中国传统农耕文明之精髓。人们不仅从自然环境或物质家园中汲取营养、滋养身心,而且在人际交往和社会共同体层面架起心灵的桥梁,将它化为内在的精神动力。与之伴生的传统村镇文化也就成为中国的"根文化",是建镇之基石,更是村镇可持续发展的动力之源。一段时间以来,由于过度追求经济效益,城乡家庭模式和日常生活变得多元复杂,不仅深刻影响到个人德行、价值观念、子女教育、老人赡养、婚姻态度等具体实在的生活日常,而且导致了"环境—经济—社会"三大子系统要素之间的关系严重失衡,使城乡建设问题受到广泛关注。

首先,从环境子系统来看,20 世纪以来,乡村剩余劳动力涌向城市,城乡之间人口流动急剧增大,乡村人口急剧萎缩,传统村落"空心

---

① 中国政府网.国务院批转民政部关于调整建镇标准的报告的通知.http://www.gov.cn/zhengce/content/2016—10/20/content_5122304.htm。

化"问题十分普遍,导致传统村镇文化迅速衰落甚至消失。几千年来维系村镇稳定的文化内核受到严重冲击,进而影响城乡景观不断变化。在江南,随着城镇化的推进,失地农民们住进了整齐划一的小区,多数青壮年都在城里上班、买房、开展子女教育。由于大众对于传统村落文化价值缺乏认同,乡土社会成为"土"与"落后"的代名词,传统村落中一些濒临倒塌的历史遗迹因多年失修而屋破房危,室内设施等物质条件简陋不堪,原居民的搬迁导致传统村落建筑空置现象突出,使传统村镇原有的生活景观失去了存续的活力与原动力,传统乡村聚落的文化生态平衡受到较大影响。

其次,从经济子系统来看,全球化、现代化、城镇化背景下,城乡社会发展迅猛,江南村镇空前繁荣,机械的轰鸣声打破了村镇的宁静,昔日走过的石板被硬质水泥路所覆盖。新农村建设如火如荼,人们对住宅和产业用房的需求量猛增,小区规划、住房规模和形制都以现代城市模式为标杆,自上而下的强力干预形成"千村一面"的景象。同时,随着旅游经济的快速发展,为提升景区景观吸引力,满足人们对传统文化无限渴望的心理,新中式、仿古街、复古、拼贴等词成为设计界迎合大众需求的流行术语。"修新如旧"的传统文化景观一时兴起,人们更期望通过对村镇历史文化街区的修复、新乡村旅游景点的打造,来体现江南水乡地域文化特性。相反,千篇一律的仿古景观只强调符号形态的片断移植与仿制,造成村镇景观面貌的趋同化。

最后,从社会子系统来看,自鸦片战争以来,在各种现代思潮的影响和对现代化的激进追求下,乡土社会的价值取向与评价标准也逐步受到冲击,导致"三农问题"集中爆发,乡村景观格局产生巨大变化。一方面,很多传统村落因各种原因而快速消失;另一方面,乡村在规划设计语境中被转译为固化的田园牧歌式图景,有的甚至成为一种社会奇观,断裂的文脉引发记忆危机,催生了普遍意义上令人疼痛的"乡愁",如何呈现具有"民族文化心理"和真正意义上的江南村镇景观成为当前百姓普遍的渴望,这更是学界重点关注的研究议题。

其实,"乡愁"作为一种永恒的情感,盖因于人们生活于那一时代的那片土地,它储存于人类的记忆中。记忆是心理学、历史学、社会学、文化学,政治观念、意识形态、价值观念等的重要对象,同时又是超越所有学科边界的一种综合体。记忆不仅与个体心理学意义上的观念、思维有关,更是关系到政治及其意识形态的形成。记忆融汇于人们的日常生活,经时间积淀与空间固化,成为人们精神观念与价值体系的重要组成部分。记忆也是构成文化的方式与内容之一。诚如有学者所言:"记忆已经超越社会学与历史学的边界,泛化为一个'文化层面'上的概念。"①可以说,乡愁记忆是一部人类的心灵观念史,基于乡愁的乡建是当下人们反思村镇景观"失真、失范、失序和失忆"等社会问题的一个切入点,也是在现代化、全球化大环境下探究当代中国乡建路径的重要引擎。"让居民望得见山、看得见水,记得住乡愁"已然成为中国新型城镇化建设的工作目标。

若想真正了解江南村镇的景观设计,必须将考察的视镜拓展到文化记忆的广阔背景中。笔者认为,扬·阿斯曼提出的"文化记忆"概念为理解"乡愁"记忆提供了一个整合的解释框架。具体言之,文化记忆理论的研究具有跨学科、跨文化的特性,为当代江南村镇空间景观设计提供了极其丰富的对象和素材。"文化记忆"理论强调了文化与记忆的密切关系,从共时性与历时性两个方面说明:在共时性层面上,在文

---

① 赵静蓉.文化记忆与身份认同[M].北京:生活·读书·新知三联书店.2015.2.

化的"协调"①下,参与者们能够充分交流,彼此产生信任,个体融入集体才能被纳入社会框架中;在历时性层面上,文化记忆为文化的传承和延续提供了条件,使得记忆不会随着某个时代交流群体的消失而消亡,而是建构出能够巩固和传播记忆认同的集体形象,让时间和社会两个方面有效链接和联系。文化记忆以集体记忆为奠基石又超越于集体记忆,它"可以从一种情境向另一种情境迁移"②,甚至可以传代,其本身既是记忆的媒介和内容,又是一种文化机制和记忆建构的方法。这些思考虽然不是专门针对景观设计而提出,但为当代江南村镇文化景观的保护与发展提供了跨越时空的判断依据和具有启发意义的理论思考。

目前,文化记忆理论在学界备受关注,并取得了相当丰硕的研究成果。譬如,赵静蓉分析了记忆、记忆文本与真实的关联,阐述了"记忆的伦理学向度和政治色彩,全球化记忆的生产,现代人的认同焦虑以及记忆之于身份认同的有效性与合法性"③,剖析了现代文化转型过程中的"怀旧情结"④等现实问题。冯亚琳"从文学的记忆及其媒介作用出发,阐述了德国教育小说和历史小说以及文学主题与民族文化记忆的关系"⑤。金寿福探讨了"文化记忆理论对记忆研究的扩充和提升"⑥。王蜜梳理了"文化记忆的兴起逻辑、基本维度和媒介制约"⑦等理论体

---

① 王蜜.文化记忆:兴起逻辑、基本维度和媒介制约[J].国外理论动态,2016(06):8—17.

② 扬·阿斯曼著,管小其译.交往记忆与文化记忆[J].学术交流,2017(01):10—15.

③ 赵静蓉.文化记忆与身份认同[M].北京:生活·读书·新知三联书店.2015.92—168.

④ 赵静蓉.怀旧 永恒的文化乡愁[M].北京:商务印书馆.2009.43—53.

⑤ 冯亚琳.德语文学中的文化记忆与民族价值观[M].北京:中国社会科学出版社.2013.34—35.

⑥ 金寿福.扬·阿斯曼的文化记忆理论[J].外国语文,2017(02):36—40.

⑦ 王蜜.文化记忆:兴起逻辑、基本维度和媒介制约[J].国外理论动态,2016(06):8—17.

系框架。李彦辉、朱竑①剖析了公共记忆、文化记忆等术语的学理和西方记忆研究史。杨俊建认为研究集体记忆中"两种不同类属记忆"②的功能与特点，可以推进集体记忆研究在更丰富、更广阔的视域中展开。

通过调研分析可知，我国文化记忆的研究处在从引进趋向推进发展的阶段，其标志性成果并不多。一是从研究议题和研究对象来看，主要集中在文化记忆的载体上，从物态媒介延伸到文本、象征、意象等非物态要素。二是从研究方法来看，目前还是以阐释性论述为主，原创性理论研究成果较少。多数研究仍停留在引入国外著名的理论概念阶段，文化记忆的研究边界变得捉摸不定。有的关于记忆保护和活化的微观层面个案研究存在偶发性和特殊性，无法形成规律性的理论，无形中割裂了空间记忆建构作为一个整体所本应具有的系统性、丰富性和动态性，国内外运用记忆理论开展乡村景观设计研究的成果更加缺乏。

二、"江南村镇"的文化形态

江南是一个散发着文化芬芳的精神故乡，笔者对江南村镇普遍意义上的"乡愁问题"进行关注与反思，旨在将这种文化"乡愁"凝聚成对中华民族优秀传统文化持续追忆，且被社会普遍接受的特殊情感，进而启发人们对我国传统文明和谐生活方式的集体认同，使绵延千年的江

---

① 李彦辉，朱竑.国外人文地理学关于记忆研究的进展与启示[J].人文地理，2012(01)：11—15+28.

② 杨俊建.集体记忆中的"生成性记忆"和"固化形式记忆"[J].武汉科技大学学报(社会科学版)，2017(03)：337—341.

南文脉得以存续。此研究非常必要而且尤为重要。

　　"江南"一词,不同文献的界定范围不一。《史记》载,"(舜)践帝位三十九年……葬于江南九疑"①。九疑指现在的湖南永州市宁远县九嶷山,可见,先秦"江南"范围较宽泛。诚如李伯重所言:"在较早的古代文献中,'江南'一词,如同'中原''塞北''岭南''西域'等地理名词一样,仅用来表现特定的地理方位……而且范围广大,包括长江以南、五岭以北的辽阔地域。"②据《吴越春秋》③《史记·秦本纪》④记载,春秋与秦时期的"江南"范围有所区别。前者包括现今浙江、江苏和安徽等地,后者即现今湖南省和湖北省南部、江西省部分地区。而《尚书·禹贡》中的"江南"隶属于"扬州"。较之中原地区而言,《汉书·地理志》⑤描述了东汉"江南"生产方式落后,经济不景气。东汉末年孙策割据江东建立吴国,江东在魏晋以后又被称为江左,以今南京为都的东晋南朝就被称为"偏安江左"。周振鹤的《释江南》提出"隋朝的'江南'与《禹贡》中的扬州同义"⑥,而且从唐宋到元明清,对"江南"一词

<hr>

　　①　司马迁编著.史记 卷1[M].北京:光明日报出版社.2012.17. 在《史记》中载"(舜)践帝位三十九年,南巡狩,崩于苍梧之野。葬于江南九疑,是为零陵"。

　　②　李伯重.简论"江南地区"的界定[J].中国社会经济史研究,1991(1):104—105.

　　③　赵晔.吴越春秋 贞观政要[M].长春:时代文艺出版社.1986.258."周元王使人赐勾践。已受命号,去还江南。以淮上地与楚,归吴所侵宋地,与鲁泗东方百里"。

　　④　司马迁.史记会注考证1 史记索隐序—卷5 秦本纪第5[M].北京:新世界出版社.2009.325."秦昭襄王三十年,蜀守若伐楚,取巫郡,及江南为黔中郡"。

　　⑤　《汉书地理志校注2》载:"江南地广,或火耕水耨,民食鱼稻,以渔猎山伐为业……不忧冻馁,亦无千金之家。"

　　⑥　周振鹤.随无涯之旅[M].北京:生活·读书·新知三联书店.1996.325—328.至唐贞观元年(627年)划分长江以南为江南道,其范围西自湖南,东迄海滨,范围包括长江中下游地区的江西、湖南、湖北长江以南部分。乾元元年(758年),拆江南东道为浙江东道、浙江西道和福建道,浙江西道领长江以南,至新安江以北的原江南东道地,包括今天的苏南、上海、浙北和徽州,即润、常、苏、湖、杭、歙六州。宋朝改道为路,江南路包括江西全境与皖南部分地区,分江南东路与江南西路。北宋至道年间(995—997年),又将镇江以东的苏南和浙江全境定为"两浙路",这也是历史上首次狭义的江南范围之界定。元朝的官修地理志中,"江南"一词便被用于行政区划。清朝初期,江南省即如今江苏、安徽的统称,两江总督指的便是江南省与江西省。

的理解一直处在动态变化中。

明代史籍所记载的"江南"范围较窄。明人将江南作为一个整体来界定，其划分焦点集中在财赋上，以"五府"或"七府"[①]二说为主。如明代昆山籍大学士顾鼎臣认为，苏、松、常、镇、杭、嘉、湖七府供输甲天下，即将"七府"当成一个整体——"东南财赋重地"[②]；大学士丘濬接续唐韩愈《送陆歙州诗序》的观点，提出"当今赋出于天下，江南居十九"[③]的论断，认定苏、松、常、嘉、湖五郡为江南的中心。显然，除了五府交集，对镇江和杭州是否在江南之列则颇有异议。尽管大众对江南地理概念的认知依然模糊，但以苏州为中心的"江南五府"则成为两宋以来全国经济核心和枢纽地区，也是人们集体记忆中江南的重心。

与古人一样，现代研究者因各自专业或者行业不同，研究的视角存在差异，观点也各有千秋。比如，在社会学领域中，日本滨岛敦俊的"村落共同体"[④]选取的"江南三角洲"相当于明清的"江南五府"。美国施坚雅"巨区概念"[⑤]范围涉及长江走廊、北方汉水流域、南方三大支流流域。经济史学者李伯重提出以"八府一州"[⑥]界定江南：一是"以行政区划为依据确保地理上的完整性"；二是"以自然与经济条件为基础"的接近度进行区划。诸如此类，不一而足。

关于"江南村镇"概念的界定，以李伯重江南核心区的学理依据为纲，综合考虑了地理和文化意义上的江南，并结合当今行政区划的区域完整性，指出其地理范围是以长江下游以南的环太湖水系流域为核心区域的村落、小城镇乡村型居民点和"特色小镇"。"江南村镇"不仅在

---

① 参见张清河.晚明江南诗学研究[M].武汉：武汉大学出版社.2013.10.
② 张廷玉等.明史卷七十八 志第五十四 食货二[M].北京：中华书局.2000.1268.
③ 转引自胡晓明.江南诗学 中国文化意象 江南篇[M].上海：上海书店.2017.55.
④ 滨岛敦俊.明清江南农村社会与民间信仰[M].厦门：厦门大学出版社.2008.3—4.
⑤ 施坚雅主编，叶光庭等译.中华帝国晚期的城市[M].北京：中华书局.2000.10.
⑥ 李伯重.简论"江南地区"的界定[J].中国社会经济史研究，1991(1)：101—105.

自然地理与经济条件上具有相似性,而且更是一个文化特征较为明显的由村落和集镇共同组成的"人居生态系统整体"①,包括一定范围内的村落和集镇中的人们创造的一切生活要素的统称,以及诸因素相互依存、相互作用带给人的整体空间意象。

值得一提的是,1992年第十六届世界遗产大会将"文化景观"②列入遗产范畴。所谓文化景观,是指一个承载着特定地域文化特征和一定体量历史风貌遗存的村镇土地及土地上的人、事、物所构成的空间综合体。村镇无疑是文化景观的一部分,积淀着个人或者群体长期在一定的环境中生活所形成的人、地关系的印记。经历了不同时代发展的村镇,留下的是一个个具有群体经验的环境和记忆场所,构成了当下极具旺盛生命力的村镇空间有机整体。

江南村镇景观是江南文脉延续的重要载体,传统江南文化圆融通达的"实用理性"与自由超越的"审美诗性"兼容并蓄,是江南水乡诗意栖居之地。"被感动"是人类心智觉悟达到诗性意境的情感表征。江南村镇空间具有特殊的"语境"作用,规范着景观语言解释的合理性与情境重构的感觉阈限,成为江南村镇文化记忆可被解读以及可持续发展的内在准则和理由,有鉴于此,加大对区域历史地理的深度研究是做好当代江南村镇文化景观设计的逻辑起点。

如何通过深度研究的设计让沉睡的江南记忆复活,如何借助江南村镇景观这一记忆媒介,将全民普遍存在的怀旧与乡愁转化为当代村镇可持续发展的规范性和定型性力量,是本书亟待解决的问题。笔者认为,当代江南村镇的文化记忆与景观设计之间存在着融合共生的映射关系,村镇景观设计不是复古或者移植一个设计方案,而是一个从

---

① 费孝通.江村经济[M].上海:上海人民出版社,2006.12—26.
② 赵中枢.世界遗产保护的新概念——文化景观[J].城市规划通讯,1995(14):12.

"问题导向—深度研究—设计转化—文化自觉—综合反馈—再研究—文化认同"的过程,是对江南文化之"根"的寻觅、继承与表达,以期建构一个承载着江南村镇地域特征的文化记忆景观系统。概而言之,本书研究的"江南村镇"是一个自古以来有机生长、延续至今的,且与当代人们生产、生活和生态空间息息相关的江南村镇人居环境系统,是在自然景观基础上经过人类活动创造出的文化景观复合体。

三、"江南村镇"的记忆形态

前文我们已经梳理了"江南村镇"的物质形态和文化形态。从当前江南村镇建设普遍存在的"乡愁"问题出发,在此基础上,通过现场调研,便可以开展其建构形态的研究,进一步探讨江南村镇的文化记忆与景观情境的映射关系,从而唤醒民众的文化自觉意识,固化主体身份,并上升为理性的文化认同。一方面,这为当代景观提供了更加广阔的意义生成空间;另一方面,以期超越以往单纯的形式设计来讨论文化景观"根"的问题。毫不夸张地说,"江南村镇"作为文化记忆的载体,对其进行景观设计不仅是一种创造性活动,更是一个以人性关怀为终极目标的文化记忆建构过程。"建构"与"设计"的概念存在差异,"建构"(construction)这个词明确了形式与功能之间的关系,描述了"物质和非物质人工制品的生产过程和结果"①,是在一个明确的目标下所有元素和相互因果关系所组成的系统,并且可以用拓扑学的、句法的、几

---

① 迈克尔·厄尔霍夫、蒂姆·马歇尔编著,张敏敏、沈实现、王令琪译.设计辞典 设计术语透视[M].武汉:华中科技大学出版社.2016.61—63.

何的、结构的等术语清楚地进行描绘;而设计则是可以随着环境和历史的发展变化作出反应,包括解决无明确定义的问题。建构学在技术科学模式下运作,而设计的运作模式还亟待建立。20世纪各种出现在科学和学术领域的与建构学概念相关的哲学,被概括为建构主义,建构了在科学、技术和政治实践领域中复杂的人类行为和话语,这些合理的、可被人理解的方法是基于一种它与社会和生活之间密不可分的关系。正如英国学者雷蒙·威廉斯在《文化与社会》这本书中提出文化研究的基本范式,"把文化理论看作一种整体生活各种因素之间相互关系的理论"①,并从这个角度出发,考察一种扩展性文化的概念,探讨了文化与社会之间的复杂关系。

　　20世纪初,建构主义在视觉艺术中尤具影响力,建构作为一种对建造形式的真实性表达,本质上会受到建造结构、科学技术与实用功能的制约,但是建构形式对于科技和文化的映射关系,可以通过对文化记忆语言符号的选择、提取、转换,增强空间形式的地域感知,来加强科技和文化的关联性与融合度。从学理上来看,记忆和历史是两个不能等同的概念,法国学者皮埃尔·诺拉在《记忆之场》中区分了二者不可交合的对立关系:"历史是对过去的再现,重点关注时间连续性、事物的演变及相互关系"②,历史属于所有人而具有某种世俗化的思想,即普世理想,只承认相对性。今天的历史学家们已经摆脱了文献崇拜,却自觉地保存一些遗迹、证据、文献、形象、言语和直观象征物,仿佛这些日益丰富的资料终会在某历史法庭上成为某种证据。

　　而记忆把回忆植根于聚落空间、形象行为、器物等具象之中,记忆

　　①　雷蒙·威廉斯.文化与社会1780—1950[M].北京:商务印书馆.2018.002.
　　②　皮埃尔·诺拉主编,黄艳红等译.记忆之场 法国国民意识的文化社会史[M].南京:南京大学出版社.2015.03—33.

由现实的群体承载,是当下的、鲜活的、带有情感色彩的、动态演进不断变化的,容易受各种移情、屏蔽、压制、投射、利用与操纵的影响,会遗忘或者因选择性记忆而加强或删减,因此记忆既是个体的、多变的,又是集体的、多元的。文化之场唤醒了人们对集体记忆的关注,记忆成为历史研究的对象,记忆是对"过去"的社会性建构,那些残留物、博物馆、档案、古迹、会议记录等见证了逝去时代的历史,具有怀旧的特征,由此"记忆之场"诞生,意味着自发的记忆不再存在,图腾历史转向批判历史。

当记忆转化为最细致、最膨胀的物化时,记忆需要内化与重构,记忆与历史相互作用构成"实在的、象征的、功能的"①三个层次的"记忆之场",德国学者阿莱达·阿斯曼在《回忆空间》一书中从功能、媒介、储存器三大方面分析了文化记忆的形式与变迁,以记忆的社会基础为出发点,进一步指出了关于记忆的文化基础,是一个借助符号和象征的社会。记忆的"传统"与"残片"两面,对应于"功能记忆"和"储存记忆"②,两者密不可分。这里的文化记忆"是一种能够巩固和传播且被群体认同的集体形象",这种集体形象的建构则依托各种文化层面上的符号和象征,具体来讲,文化记忆的建构涉及"时间、功能、建构、媒介和权力"③五个基本维度。针对我国国情,将其中的"权力维度"改为"以人民为中心"的"社会维度"。考虑到江南村镇作为记忆的空间载体,将"时间维度"改为"时空维度";同时,"建构维度"不再单列,原因在于景观设计本身就是一个整体建构过程。

---

① 皮埃尔·诺拉主编,黄艳红等译.记忆之场 法国国民意识的文化社会史[M].南京:南京大学出版社.2015.20.

② 阿莱达·阿斯曼著,潘璐译.回忆空间文化记忆的形式和变迁[M].北京:北京大学出版社.2016.142.

③ 王蜜.文化记忆:兴起逻辑、基本维度和媒介制约[J].国外理论动态,2016(06):8—17.

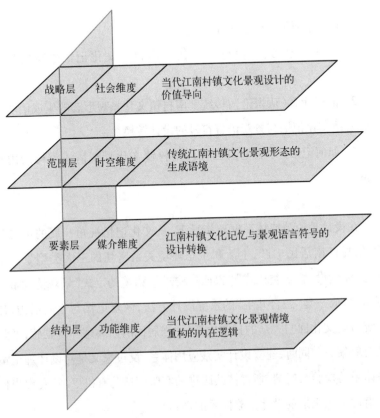

图 1-1　江南村镇文化记忆建构的四个维度

　　江南村镇文化记忆的建构从社会、时空、媒介、功能四个维度展开（见图1-1）：一是战略层——为什么记忆（价值论）：社会维度（为人民而设计）；二是范围层——记忆什么（认识论）：时空维度（溯源江南）；三是要素层——记忆什么（认识论）：媒介维度（符号语素）；四是结构层——如何记忆（方法论）：功能维度（身份认同）。本研究积极探索当代景观情境重构的内在逻辑，旨在建立一个融合共生的村镇景观系统，以整体延续的文化凝聚力量，构成当代江南村镇文化景观的文化记忆，并指向未来。

本研究主要解决以下三个问题：

1. 为什么记忆（价值论）：当代江南村镇文化记忆建构的价值取向。

2. 记忆什么（认识论）：传统江南村镇文化景观形态的生成语境和江南村镇文化记忆与景观语言符号的设计转换。

3. 如何记忆（方法论）：当代江南村镇文化景观情境重构的内在逻辑。

在设计理论策略体系框架指导下，从文化记忆视角开展的记忆建构，依托江南居民生产、生活和生态环境关系密切的三大类型景观空间，具体创设"指定类比式""象征隐喻式""语境约定式"景观情境重构逻辑，形成一套"融合共生"的系统设计方法，恢复记忆与空间活力，让传统村落文化回归大众的日常生活，加强居民的归属感和自豪感，增强社会凝聚力。同时，建立设计实践应用体系，反过来又是对设计理论策略体系的检验与反馈，通过持续跟进的实验调适与有机更新，实现当代江南村镇文化景观设计策略体系的创新与完善。

因此，"融合共生"既是江南村镇文化景观的价值目标与设计策略，更是一种多元开放、动态发展的理想空间景观形态构成的方法论体系，具有生成性、建构性和指向性特征。当代江南村镇文化景观"融合共生"系统的构建，实质上是江南村镇空间文化记忆在景观情境中的凝聚过程。在动态建构的过程中，景观客体与记忆主体的心灵息息相关，环境生态宜居、经济产业增效、社会文明和谐，各子系统互生共融，积极而动态发展的景观系统营造了整体性的社会交流空间，促进了主体的自省与文化自觉，从而上升为文化认同。更为重要的是，文化景观的形式美与文化记忆的内涵美融合共生，构成了"美美与共"的乡村图景，实现了生态、生产、生活与生命哲学意义层面的契合，促进了村镇的可持续发展。

综上所述，从文化记忆理论视角，综合运用设计学、景观设计学、建筑类型学、符号学等学科的理论与方法，提出从社会维度、时间维度、媒介维度、功能维度这四个层面建立一个立体多维的系统性研究框架。

首先，在社会维度阐释了乡愁发生的社会背景和文化内涵，强调当代江南村镇空间文化记忆建构的社会意义与"融合共生"的价值取向，分析了文化记忆与景观设计之间融合共生的互动关系，提出了当代江南村镇文化景观设计策略的系统框架。其次，在时空维度深层研究水岸共生的自然环境、集社合一的经济社会和诗性融通的文化观念等多元要素对传统江南村镇景观形态生成的影响，从空间形态的视觉思维转向江南村镇文化记忆的特殊语境和地域性规律。再次，在媒介维度研究文化记忆与景观语言符号之间的设计转化方式，选择、分解和提取江南村镇文化记忆符号要素，组建一个具有地域感知的江南村镇文化景观语言符号系统，凝练具有江南文脉精神内核的延续性和凝聚性结构。最后，在功能维度阐述当代江南村镇文化景观情境重构"融合共生"的内在逻辑，以文化记忆为导向，针对生态型景观、生产型景观和生活型景观三大类型空间，提出指定类比式、象征隐喻式、语境约定式等多元融合的情境重构互通方式，完成当代江南村镇文化景观设计策略体系的建构。

本书框架结构分为三个板块六个章节，具体研究内容如下。

第一板块：提出问题，选取理论视角。第一章"理论视角：源于乡愁的文化记忆"从中国社会语境下的村镇景观异化催生了集体意义上的"乡愁"出发，聚焦问题。在国内外研究现状分析的基础上，分析不同学科的城乡景观和乡村建设等方面相关的理论研究成果,提出本研究引入文化记忆理论的视角与研究思路。

第二板块:系统研究,记忆建构。本书不是停留在对文化记忆的物态描述上,而是通过当代江南村镇文化景观设计研究,提炼出某些规律性的要素,分别从社会、时空、媒介、功能四个维度,立体呈现一个江南村镇空间文化记忆整体建构的设计理论与实践体系,包括当代江南村镇文化景观设计的价值取向、生成语境,设计语言的选择与转换,景观情境重构的内在逻辑等内容。

第二章"社会维度:当代江南村镇文化记忆建构的价值取向"分析作为文化记忆媒介的江南村镇文化景观的功能定位,提出当代江南村镇文化记忆建构的价值取向,探究文化记忆与村镇景观之间的情境映射机制。

第三章"时空维度:传统江南村镇文化景观形态的生成语境"。此为历时性研究,探讨江南村镇文化景观的情境重构具有的特殊"语境"。它规范着语言解释的合理阈限,成为江南村镇空间记忆可被解读和可持续的内在准则和理由。溯源传统江南村镇空间形态的生成语境,深度剖析影响江南村镇文化景观形态演变的内外动因,采用调研访谈、史料分析、历史地图、文献比较等方法,整体观察和系统研究时空演变下江南村镇空间的文化特质与内核。

第四章"媒介维度:江南村镇文化记忆与景观语言符号的设计转换"。此为共时性研究,主要是对景观设计语言符号的本体研究。江南村镇空间作为储存乡愁文化记忆的场所,其中的文化景观犹如一个个动态变化、更替生长的有机体,存储了内容丰富且形式多样的语言信息,构成了一个强大的媒介符号表征系统。本书重点探究江南村镇空间文化记忆与景观语言符号之间的类型选择与转换方法。

第五章"功能维度:当代江南村镇文化景观'融合共生'系统的情境重构",以设计学研究为根本,依托与民生密切相关的村镇空间为记忆载体,通过指定类比式、语境约定式、象征隐喻式等方式,提出当代江南村镇文化景观设计理论系统的策略体系,唤醒民众的文化自觉意识,固化主体身份,完成文化记忆建构的"协调性"和"持续性"两大基本任务,以整体的文化凝聚性力量,促进村镇的可持续发展。

这四个维度的记忆建构不是片面的、孤立的,而是一个融合共生、动态发展的系统。在理论研究的同时,每个维度结合村镇景观设计实践案例,理论指导实践,实践检验理论,把村镇景观的更新设计纳入江南区域整体系统中来看待。细加分析,文化记忆导向下的当代江南村镇文化景观设计则是人地相依、持续渐进的更新、优化和提升过程。

第三板块:应用研究,实践检验。此模块主要为第六章"应用研究:文化记忆导向下江南水乡孟河古镇文化景观设计实践",以江南水乡孟河古镇为例,运用记忆建构系统理论指导江南水乡文化记忆建构的具体设计实践。在应用的过程中检验提出的理论与策略,及时修正,持续跟进,促进村镇的可持续发展。作为记忆之场的村镇空间是形式、意义生成和日常生活的综合体,既包含着很多纯粹实在的物理记忆场域,又是满足记忆主体功能需求的栖居之所,更是象征着主体内在动力的精神家园。

当代江南村镇景观设计不是单一的、孤立的、难以被理性法则囊括的形式美化问题,而是促进村镇文化记忆建构和持续发展的重要载体。本研究强调文化记忆在乡村景观设计中的协调和持续作用,通过具有丰富内涵和生命活力的创生设计、绿色设计、跨界设计、诗性设计完成乡村景观设计由传统"造物"向"融合共生"景观情境的转换与提升,从而实现理想家园"融合共生"的设计目标,体现出方法与本体的统一。

本书旨在尝试拓展设计思维,透过江南村镇的文化景观这一窗口来窥探文化记忆的空间载体,运用文化记忆理论研究江南村镇的文化景观设计,这无疑是一次跨学科研究的尝试与探索。作为记忆媒介的村镇景观是一个"融合共生"的景观系统,不仅是一个民族记忆的对象和符号,而且让个体在相互信任的集体层面有平等的交流环境和交往空间,回忆共同的传统经典和行为准则,有利于产生身份认同感。说到底,正是这些实质性的内容,才有利于形成地域文化的延续性和凝聚性结构。江南村镇空间的文化记忆与景观情境"融合共生",这既是记忆建构的价值目标,又是一套具有生成性和未来指向性的景观设计理论与方法。期许本研究成果对当前江南乃至全国的村镇建设提供一定的学理支撑和实践参照。

第一章
理论视角：源于乡愁的文化记忆

　　乡愁是人类共通的特殊情感，是一种绵延不绝的集体记忆。江南村镇空间的乡愁记忆是一个特殊群体对过去文化记忆的共同呈现，关涉聚落、耕地、山林、河流、湖泊、原野等景观物质形态肌理、生态环境及其变化状态，以及与群体生存密切相关的社会组织、人口、市镇、流通、信仰、思维方式、价值观念、经济结构等非物质层面，是人类的创造性智慧和文化的结晶。从表面上看，"乡愁"似乎是个体对故乡的思念情绪与追忆行为，当其上升为一种集体无意识行为时，就凝聚成一种固定持久的文化记忆，具有典型的社会责任和集体认同的内在力量。对乡愁的反思实际上是社会群体对已经失去的传统文化的"失忆"状态和人与自然和谐共处生存方式的一种追寻，是对国家高度认同感、归属感、责任感和使命感的表征，只有当国人普遍地接受这种情感特质，才能更深入地指导文化群体主动构建符合当代需求的具有重要社会规范意义的"文化记忆"。

一、乡愁记忆的文化属性

　　记忆是链接民族、国家、历史之间关系最为直接的纽带,过去发生的事和物虽然无法"拥有"自己的记忆,但它们可能会提醒后人产生回忆,触发人们的记忆。记忆不等同于遗产,记忆是感官印象在心灵上的投射,心灵的感应在于思维,心灵的记忆与回忆对象之间存在着映射关系。在古代中国,"空间上的阻隔造成了人与故土的割裂"①,戍边、宦游、学游、商旅与内乱等原因造成的空间变换所引发的思想情感,那些蕴含着故事的景观、风物、民俗、乡音、饮食等成为伴随游子一辈子的偏爱,也都成为地方认同的记忆,源于乡愁的文化记忆会持续地激发记忆主体生成文化追忆的心理,当其上升为这个时代自觉的文化思维时,个体的记忆就渐渐沉淀为集体稳定的文化记忆,成为"社会的文明规范和行为准则"②。

　　"乡"与"城"相对应,此字初见于甲骨文,形似两个人对着盛有食物的器皿,本意为"相对饮食",泛指聚餐,引申为"趋向、朝向"。《说文解字》中有曰:"国离邑,民所封乡也。"此"乡"即"向",民所向也。"乡"在古代又作为行政区划的一级单位。"乡"也是"愁"绪生发的场域与情境。从构词法来看,乡愁属于偏正结构,希腊语里,乡愁(nostalgia)的词义为"返回家园",是指对故乡记忆中的人、事、物、场等的一种爱痛之间喜忧交织的追忆与渴望,西方历史上曾经出现过"怀旧思潮"

---

① 陆邵明.乡愁的时空意象及其对城镇人文复兴的启示[J].现代城市研究,2016(08):2—10.

② 陶成涛.文化乡愁:文化记忆的情感维度[J].中州学刊,2015(07):158—159.

和"怀旧的田园主义传统"①。中国传统文化语境里的"乡愁"意义则不同,从游子的思乡情怀到对祖国无限依恋的家国情怀,再上升到一种对人生本质的追问与思辨,作为文化情感维度的"乡愁"成为当下一种集体记忆的唤醒媒介。

(一) 乡愁记忆与乡愁文化

乡愁记忆源自人们对过去故乡记忆的意愿选择和情感期待,在个体层面上形成一种既可持续延存又能转换认知的身份认同,在特定的语境中转化为整个民族的社会性意识行为,具有趋同性,是一种文化的集体无意识。所有亲历者的乡愁记忆聚合起来达到或超过一个限度,就会成为"共同记忆"②,这时候,个体的乡愁记忆就转化为关于乡愁的文化记忆。从时间上看,乡愁文化是故乡亲情在记忆灵魂中的定格,沉积已久的乡恋情绪触之即发,欲罢不能;从空间上来理解,乡愁文化记忆的不只是山水,更是一种对于故乡的恋地情结,一种对理想国和乌托邦的执念与热望,以及背井离乡的游子对家乡故土的永恒珍藏。全球化时代,基于乡愁的文化记忆成为对逐渐失落的传统文化的一种追忆,是人们文化心理上一种自发生成而特定有效的精神补偿。

就个体而言,乡愁记忆是主体与眼前事物和外在符号不断交互作用过程中产生的心灵记忆,诸如在日常生活中的物件、纪念日、节日、图标符号或景观等,作为记忆载体的外部表征对象在个人记忆的层面上发挥作用。就社会层面而言,乡愁记忆是乡愁主体赋予了村

---

① 雷蒙·威廉斯著,韩子满等译.乡村与城市[M].北京:商务印书馆.2013.13.
② 扬·阿斯曼."文化记忆"理论的形成和建构[N].光明日报,2016—03—26(011).

镇空间以情感与想象之后汇聚而成的共享的记忆,包括普通村民赖以生活、工作、休闲的情感空间和心理空间,宅院、河道、宗祠、寺观、节庆等都是乡愁的重要载体。"吴中泽国也"①,江南是一个典型的水乡泽国,拥有极其丰富的"水"资源,湖荡棋布、河港纵横、水域广阔,浸润着大片的农田。丰富的河网水系奠定了江南村镇聚落营建的基础,江南水系包括太湖与三江,文献《汉书·地理志》中的"三江"是长江、钱塘江和吴淞江流经区域,太湖的形成与三江关系密切,河流、溪渠、山水、田园等自然美景与聚落高度融合,创作了水岸共生的诗意人居村落形态,乡愁记忆将有记忆力的心灵与故乡的各种回忆对象对应起来,人的情感与物件、纪念日、民俗节日、图标符号或景观等之间产生"转喻"与共鸣。

作为文化的"乡愁记忆"不仅仅包括关于过去的知识和历史档案,而且超越日常交往成为一种集体认同的文本系统、意象系统和象征系统。乡愁文化将记忆与自然地理、地域文化、社会等要素关联起来,见证了千百年来的文化变迁,江南先民利用水利开展农耕的"塘浦圩田"和江南地区农作物的多样性,对不同时代人的生存方式和审美观念都产生了深远影响。人们世代躬耕劳作,丰富的生产技术和生活形式催生了丰富多彩的乡土文化。明清时期江南市镇繁荣,基于产业发展需求,原有的乡村文化与城镇文化交融,形成了江南市镇全新的社会生态类型。江南传统工艺至今也是人们挥之不去的美好记忆:有时建造房屋雕梁画栋,需要能工巧匠相互配合。按江南老家的规矩,非常讲究尊师礼仪,一日三餐,师傅没有动筷子,徒弟和小工都不能吃。江南工匠每行都有行规,日积月累形成一套自己的行话,如篾匠:"做篾的工具

---

① 袁景澜.吴郡岁华纪丽·白龙生日[M].南京:江苏古籍出版社.1998.131.

叫龙扇……床叫横山"①，充满着浓浓的文化意境。类似的乡愁记忆不胜枚举，融入不同历史阶段百姓的日常生活，蕴藏着丰富的乡俗密码，与之相关的民间信仰、民间技艺、习俗活动非常繁复生动，一些朗朗上口的佳话，反映了"仁义礼智信"等内涵丰富的价值观，构成地方整体文化场域的重要因素，乡愁文化也成为江南村镇千百年来凝聚而成的文化记忆的凝聚性结构。

（二）乡愁记忆的隐喻价值

隐喻和转喻"可以界定，甚至创造情感经验"②。"记忆"存在于真实前行的生活，是活着的，人们对"乡愁"的概念和含义应具有更开放性的阐释空间和更宽阔的历史和社会语境。在西方，隐喻是一个古老而弥新的话题，亚里士多德的《诗学》和《修辞学》中"他物"和"借喻"两个术语至今仍是隐喻最好的解释。西塞罗在其《论演说家》中讲到，书写是由符号以及能将符号写于其上的物质构成的，记忆是由储存空间和写在上面的符号构成的，就像蜡板一样，识别就是寻找新感知的印象与记忆表象之间的关联。隐喻可以创造很多情感经验，很多与记忆有关的经验表征术语，如"蜡板""记忆剧场""记忆宫殿""鸟舍""神经元""振动"③等等，都带有浓重的隐喻色彩。奥古斯丁在《忏悔录》第十卷中提出在记忆和用以描述记忆的术语、词语、意象之间存在着无穷的张力。隐喻能从一个内部空间中恢复记忆，用"田野与洞穴，房屋与

---

① 王向阳.雅活书系 手艺 渐行渐远的江南老行当[M].桂林：广西师范大学出版社.2017.30—60.

② 司建国.认知隐喻、转喻视角下的曹禺戏剧研究[M].广州：中山大学出版社.2014.172.

③ 德拉埃斯马.记忆的隐喻 心灵的观念史[M].广州：花城出版社.2009.271.

宫殿,宝库与鸟舍"①来比喻记忆的这些空间,是外在现实的内心映像。

　　记忆的方式很多,并上升为一门技术性很强的记忆术。古典记忆术正是将记忆与空间对应关系系统化的成果;中世纪时为了加强记忆将《圣经》中值得保存在书面记忆中的内容都抄写成书,读书和著书成了当时的特色记忆活动。书籍的散播不仅意味着文字的传播,也意味着图像的传播,书写是人类最早的助记方式,很适合用来比喻记忆。弗洛伊德的神奇书写板由蜡层、蜡纸和胶片构成,就是书写隐喻的一个变体,对计算机存储器的描述也夹杂着大量的书写隐喻。在记忆心理学中,计算机与记忆彼此交换各自所能引起的联想,使记忆更有技术色彩,也使计算机更有心理特征。心理学对隐喻的研究有了迅猛发展,并在语言心理学和记忆心理学领域取得了重大突破。

　　乡愁记忆的隐喻有两大功能:一是教育功能,二是启发功能。17世纪捷克哲学家和教育家夸美纽斯在《教学宏论》中率先详细论述了图示辅助教学的好处,隐喻提高了图示的教育功效。布莱克在瑞恰慈的基础上,提出了用"替代、比较和互动"②三种解释角度来审视隐喻,正如贝克指出"隐喻会指涉某种情境中的一组具体关系,以便识别另一情境中的一组相似的关系。他区分了两层思维,一层为感官和知觉思维,另一层为言语和语义思维,隐喻就是一个中介"③,"它的'象'不在逼真而在于替代"④,隐喻的转换完成了用一个标记替代另一个事物的抽象。

　　在日常生活中,记忆的隐喻无处不在,记忆隐喻和转喻路径的情

　　① 德拉埃斯马.记忆的隐喻 心灵的观念史[M].广州:花城出版社.2009.29.
　　② 德拉埃斯马.记忆的隐喻 心灵的观念史[M].广州:花城出版社.2009.6.
　　③ 德拉埃斯马.记忆的隐喻 心灵的观念史[M].广州:花城出版社.2009.10.
　　④ 程然.语文符号学导论[M].苏州:苏州大学出版社.2014.175.

感研究具有特殊意义，如果本体和喻体均能引起丰富的联想，这些联想之间就会有更多的相互选择和重组的机会，该隐喻也就更有可能产生新义。婉约派诗人纳兰性德的《长相思》①中描写的自然本体"山""水""风""雪"和喻体"故园"都是精神意义上对故乡的隐喻，通过联想建立联系，本体与喻体组合发生着互动关系。作为一种情感隐喻的乡愁还具有一定的倾向性或评价功能，如感情有积极、消极之分，温度也有正面、负面之别，皆与主体主观情绪的出发点有关，其逻辑起点不仅仅对应已消逝或者远离的过去、即将消逝的甚至是一个超越了时空和具体事物的现在，都有可能一触即发，即所谓的"泛乡愁"②概念，这种隐喻建立了"记忆"与"乡愁"两要素之间无界限的时空关系，自然现象与心灵成长对应，"自然界中的一切，无论是植物生长，还是四季更替，都要经历发展、完成、衰退、消亡四个阶段"③，任何人，只要审视自己的心灵，就会发现也有成长、形成、消退、观念的消失这四个阶段，自然界的四季更替与人类心灵之间产生共鸣。因此，乡愁记忆更是一部人的心灵观念史。

二、 传统中国乡愁文化的内涵与表征

在中国，乡愁文化是中国人对故土的一种特殊情感和普遍追忆，反

① 陈立红.婉约词全鉴[M].北京：中国纺织出版社.2017.253.纳兰性德《长相思》："山一程，水一程，身向榆关那畔行，夜深千帐灯。风一更，雪一更，聒碎乡心梦不成，故园无此声。"

② 汤南南.从传统型乡愁到超越型乡愁[D].中国美术学院，2016.12—62.

③ 德拉埃斯马.记忆的隐喻 心灵的观念史[M].广州：花城出版社.2009.83.

映着人们对自身来源的追索,也包含着对自身文化本质的追寻。从江南村镇空间的乡愁记忆入手,将个人即时的、鲜活的乡愁记忆与社会群体乡愁记忆的整体观察和系统研究相结合,深入剖析江南村镇文化记忆媒介与景观语言符号之间存在的真实性、地方性、连续性的深层联系,让客观的历史文脉通过主观的记忆构建,真正回归乡民的日常生活,成为村镇未来可持续发展的不竭动力,在一定程度上可以缓解身份认同危机,为我国当前记住乡愁、加强村镇文化内涵建设的社会呼声提供较好思路。

(一) 传统中国乡愁文化的丰富内涵

中国人的乡愁是以对"家园"的依恋为中心的,这种家园情感概念的形成是中国人与中华民族社会文化共同作用的结果。在由家、村、乡、城到国的层级关系中,家与乡村、城镇连接成"小乡愁",民族与国家构成了"大乡愁",如《诗经·豳风》①就反映了男耕女织这种以家庭为单位从事农业生产的生产方式和生活模式;而《周易》强调"凡君臣上下,以至万物,皆有相感之道"②,认为天下君臣万物和谐之规律在于阴阳之间的"无间"与"和合"③。江南传统乡愁的文化内涵极其丰富,对思乡情感的界定没有统一的定式,有亲情、爱情、友情、君臣之情等,关系错综复杂。儒家思想在中国传统文化中根深蒂固,其一,古人以家为本,重社会人伦情怀,故土、故乡、故人或者故国变成游子的精神依托和生命的归属,乡愁其实是一个精神世界的虚构、

---

① 李山.中国古典文学[M].北京:中央民族大学出版社.2004.
② 《周易程氏传》卷三"咸"。
③ 朱汉民.经典诠释与义理体认 中国哲学建构历程片论[M].北京:新星出版社.2015.29.

一个臆想的理想家园。其二，中国文化中特有的诗性表达及悲愁审美、托物言志、自然喻象饱含着万般"情愁"，以个体感发的乡愁情怀升华为一种灵魂的吟诵释放与诗学建构，大大消解了个体沉沦的绝望，起到一种移情、升华与救赎的作用。其三，强调天地宇宙精神与生命的时空意识，那种"独在异乡为异客"的心理，造成了无所不在的"乡愁"，陶渊明在《归园田居》中所描写的桃花源其实就是升华了的精神家园。

（二）传统中国乡愁文化的情感表征

对于背井离乡的人来说，引发"乡愁"的诱因很多，包含春耕秋种、生活方式、民俗节庆、寒来暑往、分离与死亡、战争与羁旅、忧国忧民之痛等。游子有家难回，生活中苦难愁情只能靠自己消解，从一种情绪上升到强烈的情感，与人类身体和外部世界互动产生的感知经验关系密切。"人们的认知能力、情绪情感和情感概念化过程都与人的感知经验有密切联系"[①]，"少小离家老大回"这种老少对比、悲喜交加的内心矛盾给游子们的乡愁增添了更深的文化内涵，因此也显得"格外深沉"[②]。

引发古人乡愁的情感表征有：（1）在时间表征上，常常表现为面对四季殊异的风光而产生的喜、怒、哀、乐情绪；（2）在空间表征上，则以旅途、戍边、登望中的场景为最普遍，《思吴江歌》中"吴江水兮鲈正

---

① 司建国.认知隐喻、转喻视角下的曹禺戏剧研究[M].广州：中山大学出版社.2014.
172—173.

② 史华娜.从几首还乡诗看中国古代士大夫的乡愁[J].安康师专学报,2003(04):49—
51.

肥"①表达了在秋天里诗人远离故乡的无限情思;(3)在物象表征上,个体常常触景生情,虽然各自表达的情感、思想、艺术形式都不同,但是引发古人创作乡愁诗画的时空景观确有很多相通之处,如传统节庆日场景、花草树木、山水、树石、鸟兽甚至茅屋、废墟等特殊景象,都会引起创作者的内在心理活动。由此情感语言包括现实情感语境、比喻性的情感,乡愁文化的情感从萌发到升华是一个渐进的过程,与人的心境、体验、经验和自身素养、胸襟、眼界有关,可概括为:对人(乡亲、亲友)的思念、对地方的怀念和"对作为安身立命根本之历史文化的深情眷恋"②三个层次。

从文化角度来反思古人对江南和传统村镇空间表现出的"乡愁情结"③,其产生凝聚着中国古代士大夫对和平安静生活的向往,对温馨淳美的人伦情味,对天人合一情境的向往等,也反映出他们的双重人格、矛盾心态和两难境地。一方面从家乡出走,追寻政治化、社会化的人生,实现自身价值;另一方面,回归家乡,回归出发地,向往那审美化、个体化的人生。因此,乡愁记忆离不开触发其无限情怀的记忆原点,如村前的大樟树、河边的草地和洗衣女、家门口的老井,在山上采野果、背着箩筐拾稻穗、骑在牛背上看天空等等,一幕幕自然、生态、和谐的碎片化记忆印刻于心。每个人身后的故乡自带着一个地方标签,那些脍炙人口的吟唱和感悟是记录人与宇宙天地关系的心灵印记,体现出中国人特有的血缘、亲缘、乡缘、地缘之情,凝聚成集体认同的乡愁文化。

---

① 汤南南.从传统型乡愁到超越型乡愁[D].中国美术学院,2016.12—62.

② 种海峰.社会转型视域中的文化乡愁主题[J].武汉理工大学学报(社会科学版),2008(04):602.

③ 刘怀荣等.二十世纪以来先秦至唐代诗歌研究[M].济南:齐鲁书社.2006.28.

三、 当代江南乡愁文化发生的多维要因

国际上对乡愁文化的研究随着时代及相关学科的发展而深入，大致可分为"生理病症""心理学现象""现代化反思"三个阶段。早在17世纪至18世纪，乡愁被认为是一种单纯的"情感—身体行为"生理疾病。首次使用了nostalgia一词的是瑞士医生霍弗尔（1688年），他提出"强烈思乡病"，通过送远离祖国的患者返乡或者打消患者的思乡念头等方式来治愈这种"思乡病"。但随着心理学、神经科学的发展，乡愁作为一种心理症状甚至是心理学现象，却难以被治愈。19世纪中后期以来，日益加剧的全球化、现代化导致了一些不可回避的环境和社会问题，人们普遍产生一种怀念以往家园的乡愁，尤其在一些亚洲社会表现出普遍意义上的"民族认同"[①]心理，这种集体反思型的乡愁成为全球学界研究的重点。

（一）当代江南乡愁文化的地方性因素

对江南村镇乡愁记忆的合理认知必须存在于人们对村镇历史地理时空变迁的认识过程中，第一阶段为近代中国的早期现代化进程，可以追溯到洋务运动，"中学为体，西学为用"，西洋知识"进入"中国观念世界"西学中源与实用技术"的两个边界，这就是所谓"现代性的入侵"[②]，

---

① 种海峰.社会转型视域中的文化乡愁主题[J].武汉理工大学学报(社会科学版),2008(04):601—605.
② 葛兆光.中国思想史 第2卷 七世纪至十九世纪中国的知识、思想与信仰[M].上海:复旦大学出版社.2013.393—421.

从表层的"器物的现代化"逐步深入制度和文化价值观念层面"道"的现代化,体现出"赶超"的特征。第二阶段为中华人民共和国成立后的现代化进程,一般以改革开放为时间节点,分为两个时期,1949年至1978年是"中国共产党领导社会主义革命和社会主义建设取得成就"①的重要历史时期;改革开放以来是中国现代化的转折期、稳定期、发展期和关键时期。随着城镇化的深入,消费主义思想盛行,深深影响到农民的生活方式、文化观念和信仰体系,中国农村社会的转型变迁也相应出现一系列社会问题,江南村镇景观因素之间的平衡关系被打破,共同的地域、信仰、语言与共同的历史记忆之间出现了断层。因此,江南村镇的文化景观不只是美学或者物理意义上的,更是一个具有生命力且不断动态发展的情境社会和复杂图景。当前引发当代江南村镇乡愁的地方性因素是多元的,其内因总结如下。

1. 传统文化与商业文化之间的矛盾突出

传统文化景观的商业化是一种经营方式,而且得到了消费需求的支撑和认同。从传统文化景观的保护与可持续化发展来看,传统文化景观的商业化是传统文化的传播和服务推广的很好载体,往往在现实商业化中"度"的把握成为具体而现实的问题,存在着"传什么""由谁来传"和"怎么传"等问题,这都涉及价值体系的建构。在用地扩张的过程中,传统历史城镇景观空间逐渐被破坏,文化记忆的退隐与弱化达到一定程度,完全意义上的商业文化导致景观缺乏内涵品质,没有正确的设计价值观就会走向僵化复古的形式外壳,用一套概念性的江南民居建筑碎片化符号来错误理解地域文化中的"古色古香",乡村在设计语境中被转译为一幅田园牧歌式的图景,这种转译固化了乡村的视觉

---

①　中共中央党史研究室编著.中国共产党历史[M].北京:中共党史出版社.2019.1062.

特征，导致了乡村传统文化基因的丧失。简单粗暴的"复古""仿古"热潮只能形成一个个既不传统又不现代的孤岛，依靠传统文化的碎片化景观来完成对地域文化内涵的凸显，不但没有满足公众对于传统文化的需求，更有可能给共同记忆带来"保护性破坏"。

2. 全球化与地域化之间的冲突加剧

随着改革开放的深入开展，中国以惊人的速度保持着经济水平持续快速地增长，江南地区作为经济发展的领先地区，改变了传统的生产与营销模式。首先，全球化带来价值观念的偏差，影响着在地居民的思想意识形态与价值观念，首要问题就是共同记忆凝结功能的失效，一味求新求异的结果就是乡土景观的差异化特色没有很好彰显，地域文化景观的传承价值大大降低，其社会意义也就无从谈起。其次，村民整体素养的欠缺，尤其是缺乏对自身乡村资源优势禀赋的认知，对新农村、美丽乡村、特色小镇政策产生了误读。在乡村，长官意志尤为突出，行政型景观、欧美型景观、公园型景观层出不穷，自上而下套用城市景观没有按照乡村的地形地貌来因地制宜，主观臆断的整体规划抹杀了村庄聚落的地域特征，导致乡村景观设计的价值取向严重偏离，在设计者和公众没有话语权的情况下，景观从业者面对着各种经济诱惑和权力意志的考验，也越来越难以坚守自己的职业理想和道德准则，当景观浮于表面或者过度包装之后，就变成了不断变换的消费文化符号，在"审美物化"[①]过程中彻底丧失景观自省的可能性。

---

① 王中、杨玲.看起来很美——当代中国城市空间景观泛视觉化的理性批判[J].新建筑,2010(01):120.

3. 城市与乡村二元对立的局面显现

随着工业化、城市化进程加速，商业用地占据了农村大量土地，城市综合扩张加剧了不断拉开的城乡差距，同时加剧了城乡二元结构的对立。很多因拆迁失地的农民住进了统一再分配的小区新房，获得了梦寐以求的城市户籍，但是农民市民化及社区转型却表现出一定的艰难和困境：一方面传统乡村赖以生存的日常生活关系、风俗习惯、人与人之间的相处模式依然存在，千年延续、约定俗成的生活心态和行为状态成为失地农民内心渴望的文化需求，与紧张的城市生活形成强烈反差；另一方面城乡产业空间的扩张，流动人口的剧增，无论是江南本地的农民群体，还是走进江南城镇的外地农民工群体，无不面临着快速城市化中各种矛盾和压力带来的冲击，人与人之间的亲密关系受到严重干扰。"我"是谁？大规模征地拆迁带来的失地农民城市化以后的心态调适问题、新村民如何融入当地社区文化的问题日益凸显。

在传统与现代、全球化与地域性、城与乡等多元力量碰撞融合的大语境之下，乡村地区长期经历着劳动力、土地及资本等生产要素的流出，村镇文化主要朝着"衰落和异变"两个方向演变，试图强调以政策的强制执行或者市场资本来加快乡建速度，都是不符合乡村发展的原生规律的。随着科技、交通等迅猛发展，人们在世界范围的物理空间里移居与漂流，在虚拟的电子世界里遐想，技术理性与生态观念、更新意识与文脉延续理念、文化中心论与多元文化论并存，人们在集体乡愁困扰和文化危机后深刻反思并逐渐觉醒，在认知思维和理念上正在进行着一场革命，引发更多的人去思考乡村景观设计的价值和特殊性，经济条件改善后的人们开始不断追问"我从哪里来？"，当下富裕起来的人们比任何时候都更关注对传统文化的反思和对家乡保护举措的实践，如何正确地处理好保护与可持续发展的平衡关系是当代乡村建设问题的焦点。

（二）当代江南乡愁文化的现代性源流

与乡愁相关联的西方理论包括心理学领域源于时间维度的"怀旧情感"和文化地理学领域源于空间维度的"恋地情结"①等,都是现代性的产物。现代性就是一种时代的特性与精神。我们在探究其怀旧表象时,必须深入到现代性的语境中探寻其问题情境,赵静蓉认为现代性就是探讨现代文化转型的"元语境"②,现代是与当代相对应的概念,现代性的词根 modo 源于拉丁语,意思是"当前的""最近的",现代性首先是一个"时间概念或历史范畴",还是一个兼指"现代现象和现代意识"的逻辑范畴、包容广阔的"整体性"特征,使其与众多理论紧密联结。

从社会发展的历史进程来看,西方的怀旧理论明朗化过程几乎是与现代化进程同步推进的,一般以 18 世纪 60 年代"英国的工业革命作为起点"③,现代经济结构的建立,西方社会走向民主化,理性被视为知识的源泉,是获得人性解放的根本力量、社会进步的动力以及整体存在的基础。法国思想家卢梭就提出了对现代科技和工业文明的批判,体现了现代性的张扬理性与审美救赎、精神怀乡的对抗。席勒以"游戏冲动"开启了在文学艺术中的怀旧主题。同时,黑格尔对现代性的问题非常敏锐与敏感,表现出对古典主义的向往与热爱。

怀旧并非一种历史性的回返,而是一种超越。社会矛盾日益激化的现代西方世界,人们开始怀疑并从各个角度反思现状,出现了信仰危机,现代主义文化深受康德先验唯心主义思想的影响,同时又吸收了尼

---

① 陆邵明.乡愁的时空意象及其对城镇人文复兴的启示[J].现代城市研究,2016(08):
2—10.

② 赵静蓉.怀旧 永恒的文化乡愁[M].北京:商务印书馆.2009.203—210.

③ 《社会学新编》编写组编写.社会学新编[M].长沙:湖南人民出版社.1988.200—201.

采、弗洛伊德、荣格、萨特等现代哲学家的学说,于是产生了一大批有影响的哲学家和伦理学家,他们的思想为后现代大众文化的产生和成熟提供了理论支持。其中,斯宾格勒的"世界历史形态学"运用观相法,即整体的俯瞰和同源的类比方法,深刻地揭示出现代人对大城市的思乡病,这是怀旧理论史上的一大转折。怀旧成了在现代社会中被现代科技所包围的个体的自救手段,20世纪以来的怀旧强化了对个体自我的认同和个性。尼采和海德格尔是现代主义理论向后现代主义转向过程中出现的理论先驱,他们对现代主义进行了彻底的批判,整个德国哲学界弥漫着"浪漫主义和乡愁"①色彩,海德格尔是这一德国传统的继承者,他反对"形而上学的人类中心论",认为人类不能因一时利益用技术的力量"砍倒开花树",应该做"存在的看护者"②。他认为"在漫游中寻找大地,以便在大地上诗意地筑造和栖居"③,其著作《存在与时间》中有一个主要词语"sorge"德语可译为"愁"④,呼吁人们重新学会在语言中栖居,目的在于唤起人们对本原自然世界的回归与保存。后继者本雅明充分地发挥了这一思想,他认为怀旧行为是与其个体的身份认同直接联系在一起的,在保持共时性平衡的同时,还要争取获得历时性的完整感,把被现代科技割断的传统重新连缀起来,使个体和社会集体的历史记忆不再残缺。因此,怀旧并非个体对一个具体对象的眷恋,而是一种精神层面上的哲思。

"二战"以后,现代主义作为一种社会思潮,通过美术、音乐、文学等文化作品的形式表达出来,并产生了很多流派。随着经济、科技迅速

---

① 贾雪丽.大众文化价值论 以伦理学为视角[M].北京:中央编译出版社.2017.118—121.

② 张苏卉.艺术、生态与城市的共生[M].上海:上海人民出版社.2017.10.

③ 海德格尔.在通向语言的途中[M].北京:商务印书馆.1999.27—28.

④ 张庆熊.诗与思——从海德格尔视角出发诠释中文和德文诗歌中的生存论意境[J].复旦学报(社会科学版),2011(03):46—53.

发展,经济全球化已经成为历史发展的必然趋势,人们反对传统的思维模式和文化模式,反对权威的存在,现代性、现代主义所提倡的伦理关怀和人文价值受到质疑,人类的精神家园轰然倒塌。后现代主义开始质疑客观性和绝对真理,以及固化的思维。阿什贝利的诗、文丘里的宣言《向拉斯维加斯学习》、沃霍尔的波普艺术、朋克和新浪潮摇滚等等,对过去的背离,为后现代主义的出现做了铺垫①,后现代主义的出现是对盛期现代主义既定形式的一种明确反对,后现代主义的实践表现出混杂的拼贴特征,不局限于稳定的历史参照。

随着改革开放的推进,西方的现代性与后现代性思潮同时涌入中国,在波涛汹涌的城市化浪潮冲击下,具有小桥流水特质的江南古村镇与乡土记忆在迅速消失,江南的乡愁带有浓重的精英主义或“文化人”②的情结,余光中的《乡愁》既包含着作者对中华传统历史文化挚爱的情感乡愁,又包含海外游子对中华民族的归依与认同,属于典型的现代性乡愁。可见,现代性是多元的,对村镇记忆的合理认知必须存在于历史时空的延续过程中。

（三）当代江南乡愁文化的全球化语境

麦克卢汉提出的“地球村”似乎是“全球化理论的萌芽”③。施陶特和图尔纳提出了“乡愁范式的四个主要预设”④,即“历史衰落”“整体

---

① 克莉斯汀·埃瑟林顿-莱特、露丝·道提,余德成译.电影理论自修课[M].北京:世界图书出版公司北京公司.2016.175—177.

② 金惠敏.回不去的乡村美学——《返乡》与“在”乡[J].艺术百家,2014(06):44—46.

③ 程光泉主编.全球化理论谱系[M].长沙:湖南人民出版社.2002.3—47.

④ 罗兰·罗伯森,梁光严译.全球化 社会理论和全球文化[M].上海:上海人民出版社.2000.218—230.

感觉""表现性丧失""失去个人自主性（自发性）的感觉"，其中"自发性和个人自主性的怀旧"被认为是现代性的一种标志，已经成为乡愁的突出维度，图尔纳将乡愁作为疏离和异化的一种基本形式，是从德国现象学视角进行，并从社会学意义上提出的。罗兰·罗伯森从社会学的视野，把乡愁问题放在"心存怀旧的全球背景"下分析，从"个人观念—人类意识—民族国家—国际关系"四个维度来建立理论，探索"怀乡范式"①，反思18世纪末英格兰的乡愁和怀旧。同质化是现代性的主要特征之一，对怀旧产生巨大影响；全球化给全社会带来难得发展机遇的同时，"也给人类带来了负面影响"②，人对物质享受的极端追求在全球蔓延，文化颓废，传统价值观丢失，全球性文化危机正在上演，客观反思并理性地评价全球化，直接关涉全球可持续发展的进程。

　　20世纪90年代以来，"空间"转换成为新社会史研究的焦点，全球范围内的空间观念发生了激变。文化本身的功能与空间如何协调？迪伯德对以马克思式社会分析的基本概念"生产模式"③为焦点的研究提出质疑。汤姆·沃尔夫在《从德国包浩斯建筑学派到我们的住宅》④中表达了鲜明的现代主义空间观。柯布西耶赞赏贝伦斯的功能主义和工业化生产，提出三种空间方式，即以自然方式存在的身体空间，被科学和理智主义客观化、对象化的空间，具有"两义性"的知觉空间。萨特

　　①　罗兰·罗伯森，梁光严译.全球化 社会理论和全球文化[M].上海：上海人民出版社.2000.211.

　　②　张光璘编.东西文化比较[M].北京：新世界出版社.2015.225.

　　③　让-弗朗索瓦·利奥塔，岛子译.后现代状况 关于知识的报告[M].长沙：湖南美术出版社.1996.16—18.

　　④　冯雷.理解空间：现代空间观念的批判与重构[M].北京：中央编译出版社.2008.44.

和梅洛-庞蒂清楚地阐明了存在主义场所论①反对现代主义空间观念的理由。列斐伏尔的空间生产理论和社会空间评论，对分析当代资本主义空间的复杂局面进行了独创性的、极富启发意义的尝试。上述空间类型的划分，综合地反映了这些时期各学科对空间的认识。近现代中国社会变革发展至今，中国学人随着中国在世界历史时空中的位置转换，正在不断调整自己观察社会和历史的视点，当代江南的村镇空间不是孤立存在的，而是全球化视野中当代世界空间组成的一个分子，需要进一步打开视界和思维，才能做好地方与全球、传统与当代文化的有效转换。

四、 记忆研究的兴起与理论基础

在中国，人们对记忆满怀敬畏之情，古代神话传说和民间信仰中掌管记忆的孟婆常常出现在很多文学作品中；在西方，从神秘的古典记忆术时代到计算机储存容量和技术飞速发展的当代社会，各个时期对记忆关注的程度和方式都不一样，经历了从古希腊的位置记忆术、古罗马的艺造记忆到文艺复兴时期卡米罗的记忆剧场、布鲁诺的记忆密码和

---

① 冯雷.理解空间:20世纪空间观念的激变[M].北京:中央编译出版社.2017.52.他区分了三种空间方式:第一种空间是身体空间,是习惯行为的外壳,身体与运动一致,以自然方式存在的,没有主体表象;第二种空间是客观空间,采取的是二元对立的思维方式,被科学和理智主义客观化、对象化的空间,意识作为主体处于客观世界的对立面;第三种空间,是上述两种空间的交叉,是在两种空间之间自由转换,或者说具有"两义性"的空间,两者是可逆性的,在相互蕴涵之中得以呈现自身。梅洛-庞蒂把第三种空间称为"知觉世界",后来学者称之为"知觉空间"。

利玛窦的记忆宫殿等研究过程。在18世纪,史学逐步被视为如同自然科学一样的严谨学科,学者们认为单凭记忆保留下来的东西比有文字记载的历史更容易被误解、歪曲和遗忘,记忆被认为是靠不住的信息来源和雕虫小技,政治、科学和文化不再把主要精力放在保持传统,而是投向未来。19—20世纪,持续存在的记忆研究得到强化,并受到越来越多学科的关注,对记忆的研究经历了从历史研究向科学研究的转向。

(一) 神秘的古典记忆术

古典记忆术是古代先贤们在指导一切人类活动中为改善记忆而制定的训练记忆的规则与戒律。从古希腊神话中有关科学、艺术女神缪斯论述(主神宙斯与记忆女神谟涅摩绪涅所生)可见,古希腊人对记忆术的崇敬之情无可比拟,记忆可谓灵感的前提,是艺术灵感的直接来源,记忆术成为人类古老的艺术之一,它不仅是生存所需要的,而且是日常生活不可或缺的技艺。在印刷术发明前,先祖们不得不考验他们的智慧和想象力,以记住从事实到表象的全部细节,于是,好的记忆力是成功的前提和基础。

公元前6—前5世纪中叶,古典记忆术作为关于记忆的一项原则即"位置记忆理论"由古希腊的一位抒情诗人西蒙纳德提出,根据场景位置"排列有序"回忆细节发明了记忆术。古典记忆术属于修辞学的一种技巧,演说家可以靠它来提高记忆力,发表长篇演说,记忆术即"记忆的艺术",是作为演说艺术的一部分在欧洲流传下来的。通过古典记忆术的训练,认真选择被记忆对象—构思成图像—有序储存于各自场所空间,反向场所空间位置的顺序维系着被记忆对象的顺序,并通过与之对应的图像标示出对象本身。最常用的记忆场所系统是建筑类系统,但这并不是唯一的记忆场所系统,这套方法很管用,只要提到事物的地点,便能立即回想起事物本身,这些习惯也能让人的推理更敏捷,因为他心灵的眼睛已经将推理的前提归类,每个被记忆的事物都有自己的代码。记忆术的场景就是储存事物的位置和空间场所,从而演化成"位置记忆理论"。

　　古典艺术以切实可行的记忆术原理为基础,依靠强烈的视觉记忆官能,使人们在最短时间内有逻辑地记住事情并能回忆起它们。古希腊的哲学家亚里士多德意识到联想在记忆中的重要作用,其提出没有心智图像便无法思维的说法,不断被用来支持形象在记忆术中的应用,他将记忆和回忆(或是追忆)区分开来,回忆是恢复以前有过的知识或感受,是有意识地努力在记忆中寻找自己的道路,在记忆中猎获自己希望找到的东西。对此,亚里士多德强调"联想原则"以及"顺序原则",它们相互联系,为艺造记忆提供哲学依据。亚里士多德曾四次提到艺造记忆,在《论梦》中说人们在梦里"似乎按照自己的记忆术体系安排眼前的物体";在《论灵魂》中也有类似的话:"可以像那些发明记忆术和创造形象的人一样";在《论记忆与回忆》①中分析记忆中的形象是经过心灵的想象以有序的方式呈现的,从选择一个合适视角出发到理性的回忆,最后得出回忆本身对时间流逝的评估结论,这里所指的记忆术与西塞罗的规则融合,从此为那些记忆规则提供了一个哲学和心理学的支撑。"若灵魂无心智图像便不思维";"思维功能以心智图像想象其形式";"如无感知能力,人便无法学习或是理解任何东西,即使推测性的思维,人也必须依靠一些心智图像来完成"②,他认为五种感官带来的感

---

　　① 杨俊建.集体记忆中的"生成性记忆"和"固化形式记忆"[J].武汉科技大学学报(社会科学版),2017(03):337—341.

　　② 叶芝,钱彦等译.记忆之术[M].北京:中信出版社.2015.34.

知首先由想象功能处理和加工,由此形成的形象成为智慧的材料,感知与想象是思想之间的媒介。

柏拉图在《泰阿泰德篇》的著名段落里也使用了"图章刻印"的比喻,苏格拉底假定我们的灵魂中有一块蜡,其质量因人而异,并说这是"记忆天赋,缪斯之母"①。柏拉图和亚里士多德不同,他相信有一种知识并非来自感官印象。他认为在我们的记忆中有一种潜在的思想形式或模式,是在灵魂降临人世之前便已经知道的真实形式或模式。在《斐德罗篇》中,柏拉图阐述了他对修辞的真正功能的理解,即说服人们认识真理。他进一步阐释了"真理和灵魂的知识在于记忆",记忆是一切的基础。《斐德罗篇》是关于修辞学的论著,在这里,修辞学不是一门以说服人为手段,以达到个人或政治利益的艺术,而是一门阐述真理、说服听众信服真理的艺术。这种力量依赖于灵魂中的知识,而灵魂中的真正知识在于回忆起理念。

古罗马人对记忆术的发展也做出了杰出贡献。对古典记忆理论的最完整记录是一个无名者所著的《献给海伦留姆》三部著作,所论述的记忆方法都建立在古希腊记忆术的基础上,场景和形象构成"艺造记忆",例如房屋、柱子之间的空间,一个角落或一扇拱门等。场景的建构非常重要,嘈杂的环境往往会减弱印象,想要获得一组令自己印象深刻、轮廓明晰的场景,就应选择人迹罕至的建筑物作为记忆的场景;记忆场景应该大小、光线、距离适中,形成系列,按照顺序任意前移或后移,相同的场景可以重复地被用来记忆不同的材料,但不应太雷同,太相似的场景会令人感到困惑。形象(事物形象和语言形象两大类)是我们希望记住事物的形状标记或影像,换言之,"事物记忆"通过创造

---

① 叶芝,钱彦等译.记忆之术[M].北京:中信出版社,2015.37.

形象来提示论证要点；而"语言记忆"则通过创造形象提示论证的字词与句子。记忆的艺术就像一种内在书写，记忆语言更加困难，要先记住那些保存形象的场景。

古罗马佚名作者撰写的《献给赫伦尼》中将记忆分为两种，一种是自然的，另一种是艺造的。如果我们希望记住很多材料，就必须在记忆中储备大量的场景。这些场景应该形成系列，将它们按照顺序记住以后，便能够从任何一个场景开始，任意前移或后移，场景的建构非常重要，因为相同的场景可以重复地被用来记忆不同的材料。"最好在空寂无人或偏僻之处建构记忆的场景，因为嘈杂的环境往往会减弱印象"①，记忆的场景应根据需要而设定，大小、高度、距离和光线等适中或适宜，随意建造场景的背景。形象有两种，一种是记忆事物的形象，另一种是记忆语言的形象，二者都是处于戏剧性场景中的生动鲜活的形象，从选材与设计来构思，区分真实与近似真理的事物，使自己的论据听来可信；布局是按照事物发现的顺序安排布局，文体是以合适的词语来烘托发现的事物；记忆是在心里明确领会事物和词语；演讲技巧是指控制声调和姿态，以配合事物和词语表述的庄严。

这种理论为西塞罗和昆体良借鉴并完善，成为先天性记忆（自然记忆）和人工式记忆（艺造记忆）两种记忆类型，后者是我们运用记忆术提高记忆能力的关键。之后所有关于记忆术的论著，都是参照《献给赫伦尼》，并将之视为传统的主要来源，场景规则、形象规则、事物记忆和语言记忆这些精彩要点一直沿用到文艺复兴时期。伟大的政治家和雄辩家、罗马最著名的记忆术研究学者马库斯·西塞罗（公元前

①　叶芝，钱彦等译，记忆之术[M].北京：中信出版社.2015.9.

106—前43年)在《雄辩术》一书中提出"可通过人工式记忆的运用提高个人记忆水平"。西塞罗本人就有很强的记忆力,能连续讲说三个小时,非常认可记忆术的重要辅助作用,场所位置的顺序与事物形象一一对应,并将古希腊的记忆术传播到拉丁语系的国家。① 场所位置的顺序与事物形象一一对应,认为可"通过事物的图像标示出事物本身"②。西塞罗最早有关修辞学的著作是《论发明》,在后来的记忆术历史中仍起着非常重要的作用,其中有关美德的定义具有四个部分,即审慎、公正、坚韧和克制,西塞罗将美德定义为"一种与理性和自然秩序相协调的思想习惯",一种坚韧的美德定义,艺造记忆成了中世纪最重要的美德"审慎"③的一部分。西塞罗在《论演说家》里谈到"艺造记忆"的优点就是人们天赋的能力确实可以借助其描绘的训练方法加以强化,演说家使用的是"场所和形象"训练记忆能力的"图像储存法"。他在《献给赫伦尼》中记录了提升专注力的内在训练技巧,让后人能理解其无形的运作,展示了古代记忆系统的神奇力量。"现实通过眼睛进入脑子,转移到记忆中,营造出想象的景色。"④记忆的艺术令人难以捉摸,在其整个历史过程中,这些问题始终困扰着研究者。

古罗马时期著名雄辩家、律师、西方第一位真正的教学法专家和教育理论家昆体良(出生于公元35年左右)在《雄辩术原理》中曾描述过"为了在记忆中形成一系列的场所,记忆的大楼应该尽量宽敞,前院、起居室、卧室、客厅以及装点这些房间的雕像和其他装饰品,这一切应

---

① 多米尼克·奥布赖恩,闫圆媛等译.记忆术[M].海口:海南出版社、三环出版社.2006.10—14.

② 叶芝,钱彦等译.记忆之术[M].北京:中信出版社.2015.3—25.

③ 谢延龙.西方教师教育思想 从苏格拉底到杜威[M].福州:福建教育出版社.2015.68—75.

④ 叶芝,钱彦等译.记忆之术[M].北京:中信出版社.2015.47.

尽量错综有变化"①。记忆术老师的责任是传授学生构建"形象"记忆的方法。昆体良提出教师应当是"德才兼备"，赢得了后人极高的赞誉："是桀骜年轻人最高贵的导师，是罗马人民的光荣"②；"甚至改变了下一代的修辞感觉和文学口味"③。如何放置记忆形象，《献给赫伦尼》的作者认为："我们建构的形象，应该是那些能在记忆里依附最长时间的形象。"建构鲜明突出的类似物，就能做到这一点，"让其形象更加鲜明，或赋予它们某种戏剧性的效果，那么，它们就会更加容易被记住"④。中世纪的托马斯·阿奎那在记忆时代备受尊崇，他的记忆规则中有四件事可以帮人增强记忆⑤：（1）将想要记住的事物按照某种顺序排列；（2）对这些事物保持热情执着；（3）将它们简化成不寻常的象征；（4）常常重复默想它们。在意象构建完成之后，很多人的想象和记忆仍在积极地活动，艺造记忆开始成为一种对普通教徒的信仰训练，在那些虔诚而又具艺术天赋的信徒人的记忆中，为了记住新的、熟知的以及不寻常的美德与恶习，要借助异常而鲜明的形象，这些形象也会流入富有创造性的艺术作品和文学作品中。尽管在过去的几百年中进行了大量的科学研究，记忆力仍然保持着它的神秘并且以一种令人敬畏的方式存在，它是一个令人惊叹的迷宫，我们仅能管中窥豹。尽管古典记忆哲学的许多奥秘仍未被揭开，毋庸置疑古希腊和古罗马人运用的记忆技巧，闪耀着智慧的光芒。

---

① 昆体良,任钟印选译.昆体良教育论著选[M].北京:人民教育出版社,1989.19—72.
② 葛怀恩.古罗马的教育 从西塞罗到昆体良[M].北京:华夏出版社.2015.147—148.
③ 芬利,张强等译.希腊的遗产[M].上海:上海人民出版社.2004.211.
④ 叶芝,钱彦等译.记忆之术[M].北京:中信出版社.2015.84.
⑤ 多米尼克·奥布赖恩,闫圆媛等译.记忆术[M].海口:海南出版社、三环出版社.
2006.14—17.

（二）文艺复兴时期的记忆之术

随着文艺复兴时期对古典主义和人性的复苏，对记忆力的研究进入鼎盛时期。正如科学和艺术的繁荣发展一样，记忆不再是宗教的专利，许多记忆理论研究者诸如伽利略·卡米奥和佐丹奴·布鲁诺都借鉴过柏拉图的记忆理论。他们认为通过记忆人类能超越生死而与上帝直接沟通。他们认为通过运用记忆力，我们能理解神的意志并能解释"大自然的规则"，伽利略发明了一系列复杂精美的"记忆剧院"；布鲁诺创建"记忆剧场"，其赫尔墨斯神秘哲学认为将宇宙反映在思维中是一种宗教经验，这个原则借由记忆术发展出一种魔法的宗教技巧，凭借想象力塑造象征物运用于记忆，通过布置重要的意象来捕捉并统一可见的世界。卡米罗的"剧场"只是这种记忆术经赫尔墨斯神秘哲学转化后的简单形式。弗洛德是英国文艺复兴时代的哲学家和心理学家，其剧场记忆系统所使用的剧场模式集文艺复兴晚期记忆研究之大成。他们都属于文艺复兴的产物，对想象力的不同态度正是中世纪与文艺复兴时期之间最大的差别。

朱力欧·卡米罗的"记忆剧场"是 16 世纪最杰出的范例。叶芝在《记忆之术》一书中描述卡米罗作品的蓝图是个圆形剧场："有七级或七阶高，由代表七颗行星的七条通道划分开。"①研究者就像是观众，在他面前展现着世界七大范畴的景象。卡米罗所说的世界组织结构，源于皮科·德拉·米兰多拉所阐述的古希伯来神秘哲学的三个世界，分别为神源体的或神圣流溢的超天界世界、位于中间的星辰的天界世界以及尘世或基本的世界。三大范畴贯穿三个世界，虽然它们的呈现各

---

① 叶芝,钱彦等译.记忆之术[M].北京:中信出版社.2015.130—136.

有不同。在此,超天界世界的神源体等同于柏拉图式的真实理念。卡米罗将自己的记忆系统建筑在初因、神源体和理念之上,这些都是他的"永恒场景"。一个好的记忆形象要具备感情或感染力,以情感激发记忆正是古典记忆术所推崇的,卡米罗的剧场源于古典记忆术原理,但又不再属于经院哲学,从根本上来说,卡米罗的记忆观是新柏拉图主义,利用了一个新古典主义风格的剧场作为存放形象的场景,其目的是建造一个基于真理的艺造记忆系统。在卡米罗的剧场里,那些基于真实的原型是所有自然与人类的附属形象所依赖的基础,宇宙及其组成部分与根本的永恒秩序被有机地联系起来,代表了宇宙从初因扩展到经历创世的各个阶段,整个建筑物随着七大范畴的发展形成一种秩序:"要理解较低世界的事物,只有到较高的地方,从高处俯瞰,这样我们才能对低级世俗的事物有更确切的认识。"①记忆剧场里的基本形象是行星之神,这些形象恰好充分表达了主神朱庇特的平和、火星马尔斯的愤怒、土星萨杜恩的忧郁和金星维纳斯的爱,剧场从初因开始,从各种情感的行星缘由开始,不同的情感热流从行星的源头涌出,穿过分为七层的剧场,形象之下有许多抽屉、盒子或某种柜子,里面藏着大量纸片,纸上是据西塞罗著作所拟的演讲辞,与形象所提示的内容有关,在卡米罗的剧场里,记忆的作用是在与初因有机结合的情况下发生的,内在地、富于想象力地使用护符意象的方法,以绝对正确的方式构建了一个以建筑为代表的永恒的真理秩序,凭借来自天界的形象,使"观者"在"观察这些形象"时,形成具有或假定具有统一记忆内容的能力。

卡米罗剧场代表了记忆术的非凡变迁,他从文艺复兴辉煌的艺术视角展现了形象记忆的魔力,文艺复兴时期的记忆建筑不再是一个哥

---

① 叶芝,钱彦等译.记忆之术[M].北京:中信出版社.2015.138.

特式的教堂或主教座堂。"古典记忆中情感鲜明的形象在虔诚的中世纪变成物质的象征,然后再次被改变,成为魔力强大的形象。与中世纪相连的宗教热情已转向新的、大胆的方向。"①人的思想和记忆通过具有魔力的想象力,拥有了理解现实的能力,记忆术变成了一种玄秘的艺术。卡米罗的记忆系统向我们展示了心灵方向发生的基本改变,在精神上比伊拉斯谟更接近科学发展运动,与即将发生的新运动世界观的改变有着极其重要的联系。16世纪末期哲学家布鲁诺出版了其第一部重要著作《观念的阴影》,将详尽的新柏拉图哲学体系与记忆术实践观念联系起来;在他的另一部著作《影子》②中,以星辰为基础形象,把天体形象作为记忆形象来运用,正如把想象的内在世界与星辰拴系在一起,在内心复制一个巨大的天体世界,这就是布鲁诺的魔法记忆系统。他认识到诗人、画家和哲学家都是相通的,元素的各种混合湿热、干热、湿冷、干冷等不断变化形成心灵内在元素性质的改变,记忆形象穿过记忆房间,每个形象从房间里抽取所需的素材。在接下来的几个世纪中,由于科学之花的繁盛,虽然人们对"记忆的艺术"的兴趣不再如以往般强烈,但它也从未真正消失过。

（三）记忆研究的学科转向与互补视角

"记忆"这个词包含着多层含义的积淀,专家之间的互补视角跨越了学科之间的界限,不同学科之间相互吸收、借鉴、合作、竞争和制约。在自然史学家达尔文生物学进化模式的框架下,生物时间观塑造了思考记忆的方式,涉及物种记忆。当文化为自身创造一种独特的模式时,

---

① 叶芝,钱彦等译.记忆之术[M].北京:中信出版社.2015.150.
② 叶芝,钱彦等译.记忆之术[M].北京:中信出版社.2015.201—212.

文化就是一种记忆。19世纪晚期心理学家的记忆研究分成了两个阵营,一种是关注回忆的行为,另一种是关注作为重构过程的记忆。1885年心理学家艾宾浩斯的《论记忆》出版,标志着真正科学意义上的记忆研究开始。具体而言艾宾浩斯考察了记忆材料的数量与其达到"完全掌握"的标准所需要的学习时间和努力之间的关系。他使用不同的音节表,每个音节表有16个无意义音节,并且使每一个音节表的重复次数都不同,从而评估了不同数量的学习对记忆的影响;24小时后再学习所有音节表,研究了时间间隔长度对记忆的影响。遗忘是有规律的,遗忘在学习之后立即开始,而且遗忘的进程并不是均匀的。最初遗忘速度很快,以后逐渐缓慢,这就是著名的艾宾浩斯记忆曲线[1]。在《论记忆》出版一百周年的回顾性评论中,亨利·罗迪格称该书为"心理学史上最卓越的研究成果之一","作为一种研究联想方法,借助无意义音节标志着从亚里士多德时代以来在心理学篇章中最为重要的进步"[2]。艾宾浩斯记忆实验的成功确立了一种记忆研究的实验室实验的范式,它统治心理学长达90年。

　　20世纪50年代,认知心理学思潮[3]兴起,不仅有格式塔心理学家的工作,也包含很多其他例如格里斯、托尔曼等反行为主义的心理学家,以及皮亚杰等重要心理学家的努力,记忆心理学的研究如火如荼。从哈佛建立"认知研究中心"[4]到1967年奈塞尔出版《认知心理学》、美国心理学家詹姆斯提出的"初级记忆和次级记忆"理论、60年代沃和诺曼提出的"记忆系统",之后"感觉记忆"被提出,出现了记忆的另一个

①　齐港主编.社会科学理论模型图典[M].北京:经济管理出版社.2012.2

②　戴维·霍瑟萨尔,郭本禹、魏宏波等译.心理学家的故事[M].北京:商务印书馆.2015.177—181.

③　鲁忠义、杜建政.记忆心理学[M].北京:人民教育出版社.2005.1.

④　奈杰尔·C.班森.心理学[M].北京:生活·读书·新知三联书店.2016.102.

主要理论模型——多储存模型,又叫形态模型,具有一定的影响力;还有哈特的"元记忆"、巴德利何希契提出的"工作记忆模型"、70年代的"前瞻性记忆"和"自我记忆""内隐记忆"等等,记忆研究开始突破计算机模型化的机能主义桎梏,逐步走入真实生活。在过去的一百年里,艾宾浩斯的储藏室记忆"数量取向"研究范式正向目击者记忆"准确取向"研究范式转变,《论记忆》的研究范式受到挑战。乌尔里克·奈瑟断言记忆的心理学研究建立在人为实验室任务基础上,这太过狭隘,缺乏生态效度,无法提供与记忆的趣味方面或社会意义方面有关的信息,但是记忆的生态学研究方法也引起广泛争议,两种方法的确都具有价值,正如奈瑟所言:"我相信生态学研究与传统研究之间的关系在未来更可能是相互补充,而不是相互对抗。"[①]

20世纪伊始,"集体记忆"这一术语诞生(1902年霍夫曼斯塔尔暗示物欲泛滥和个性膨胀的西方社会所面临的集体身份危机),不少学者开始强调记忆对一个国家、一个民族所具有的安身立命的重要性。"集体图像记忆"是艺术史学家阿拜瓦尔堡提出的,并称之为"社会记忆"[②]。法国社会学家莫里斯·哈布瓦赫认为记忆是一种社会建构、一种集体行为,而且这个社会框架是不断变化的,1925年哈布瓦赫正式提出"集体记忆"[③]概念,其关于集体记忆的研究可追溯到他所处的时代与社会背景。柏格森作为世纪交替时期的伟大哲学家,其哲学思想"时间的观念才是哲学反思的真正核心""意识的真正本质是潜伏期下

---

① 戴维·霍瑟萨尔,郭本禹、魏宏波、朱兴国等译.心理学家的故事[M].北京:商务印书馆.2015.181.
② 冯亚琳、阿斯特莉特·埃尔主编,余传玲等译.文化记忆读本[M].北京:北京大学出版社.2014.3.
③ 李娜.集体记忆与城市公众历史[J].学术研究,2016(4):119—120.

的心理绵延"和"基本的自我"①,都对哈布瓦赫早期的学术生涯产生了深刻的影响,在声名显赫的亨利四世中学,哈布瓦赫开始哲学的研究,并在巴黎充满激情的知识分子圈子里成长起来。20 世纪 20 年代,哈布瓦赫逐渐改变了玩世不恭的写作风格,开始对马克斯·韦伯的生平与著作进行全面深入的研究②,但是哈布瓦赫没有沉溺于柏格森消极避世的思想,与涂尔干学派中的经济学家西米昂成为良师益友,并继承了涂尔干"社会组织的各种形式导致记忆的差异,试图扩展社会联系范畴"③。哈布瓦赫从社会学的角度解释了记忆的集体性,认为记忆是一种有机整合的力量,记忆与现实息息相关,拓展了历史学对公众纪念、口述史、集体记忆、仪式活动等鲜活性方面的研究,但是其仅限于关注对某一具体群体通过交往传播,而不是关注生理遗传的记忆现象,或者民族内部低层面的集体记忆,忽视了个体记忆的社会现象和文化关怀。记忆心理学研究的新取向,为记忆研究开辟了新天地,催生了泰弗尔的"社会认同论"和特纳的"自我分类论"④,泰弗尔首先提出社会认同论,着重研究对群际区别的解释,强调个体寻求自己所属群体与其他群体的区别,以获得正面的社会认同;自我分类论主要讨论社会认同的三种机制——社会分类、社会比较和积极区分原则,认为自我是认知的产物而非认知的源泉。

---

① 莫里斯·哈布瓦赫,毕然、郭金华译.论集体记忆[M].上海:上海人民出版社.2002.13.

② 沃尔夫·勒佩尼,刘春芳、高新华译.德国历史中的文化诱惑[J].当代外国文学,2010(03):25.

③ 李娜.集体记忆与城市公众历史[J].学术研究,2016(4):119.

④ 滕星主编.教育人类学通论[M].北京:商务印书馆.2017.483—485.

（四）"文化记忆"概念的提出与理论视角

20世纪80年代以来,记忆研究更加关注记忆与历史的差别,两者是两个完全不等同的概念,法国历史学家皮埃尔·诺拉[①]认为记忆是鲜活的,容易受到各种利用和操纵。一个完全在历史影响下生活的社会,已不再是传统社会,历史的批判精神会把这些东西从其记忆之场中清除出去。今天的历史学家们已经摆脱了文献崇拜,整个社会都沉浸在档案的保存与生产热之中,于是,人们禁止销毁,将所有东西都立为档案,纪念物的领域被不加区分地扩大,记忆的功能病态地膨胀,各种记忆机构也就相应地被强化了。阿斯曼认为"如今的历史市场上提供给人们的各种选择,都是'争夺关注度'文化背景框架下的短暂繁荣、灵感和成效。历史究竟能否以这一方式进入记忆,以及如果能的话,它其中的哪些部分将进入记忆,这一点还有待长久的验证"[②]。在个体生理学的基础上,文化作为基因信息积累下来的认知潜力与生物学基础之间的界限是流动的,涉及物种记忆,当文化"为自身创造一种独特的模式"时,文化就是一种记忆,从这个角度看,文化是人们行为条件的总和,文化可以表现为集体记忆或者社会记忆,成为记忆存储的容器和形式、方式,也就是说文化记忆被理解为复杂的存活机制和传承路径,它为适应环境的变化提供了保障。

自20世纪90年代起"文化记忆"研究在德国兴起,代表人物扬·阿斯曼提出了"文化记忆"这一关键概念,用以概括人类社会的各种文化传承现象,极具里程碑意义,目的是把文字和文本置于文化的大背景

---

① 皮埃尔·诺拉,黄艳红等译.记忆之场 法国国民意识的文化社会史[M].南京:南京大学出版社.2017.5—10.

② 阿莱达·阿斯曼,袁斯乔译.记忆中的历史[M].南京:南京大学出版社.2017.165.

中进行考察,不仅重视文本产生的具体社会环境,而且把视域扩展到文字和文学诞生的人类早期,以便对文字和文学对其创造者和使用者及其社会产生的影响有一个纵向的了解,"把古代埃及的物质文化与埃及人的记忆和回忆模式结合起来"①,文化记忆理论具有跨学科、跨文化的特征。

阿斯曼认为"文化记忆"具有以下特点:(1)"文化记忆"具有历时性特征,更注重历史中不同代际之间的交往记忆与代际更替,借助文字、建筑、器物、仪式、神话、图像和舞蹈等形式保存下来,超越了交往记忆,以及口述史研究的视界和时间(80—100年)限定,将记忆的时间往前追溯到过去几千年延续的文脉,回答"我们"是谁的记忆追问。(2)"文化记忆"具有共时性特征,将记忆概念运用于对文化现象的分析,更关注一个群体内所有成员共有的、集体的共识与认同,从而摆脱了个体记忆的生理神经因素或者复杂的社会因素的干扰。(3)"文化记忆"超越了集体记忆的视界与边界,记忆被外化、对象化并以稳定的符号形式储存,文化记忆犹如"常销书"历史悠久而影响深远,而集体记忆就像"畅销书"聚焦于一段时间内一样。人类的记忆是在与事物和外在符号不断交互作用过程中产生的心灵记忆,诸如人类日常生活中的物件、纪念日、节日、图标符号或景观等。

"文化记忆"更是一种机制,以集体记忆为奠基石又超越于集体记忆,使得记忆不会随着某个时代参与交流群体的消失而消亡,过去发生的事和物虽然无法"拥有"自己的记忆,但它们可能会提醒后人产生回忆,那些仪式、图片、故事、文献、风景、菜肴、宴会等以及各种记忆场所都有可能触发人们的记忆,它们之间存在着映射关系。因此,"文化记

---

① 陈新、彭刚主编.文化记忆与历史主义[M].杭州:浙江大学出版社.2014.35.

忆"是一个记忆及其传承、保存和延续的过程,包括学习、训练、研究、解释和实践,又可以被理解为一个被筛选、被揭示、被重新发现和重新建构的结果;文化记忆与景观空间之间存在着真实性、地方性、连续性的深层联系,让客观的历史文脉通过主观的记忆构建,真正回归人们的日常生活;在社会层面上,对于群体和社会,外部符号的作用变得更加重要,通过反复的描述、分析、阐释和建构等方式,促使历史成为人类的共同记忆,与共同遵守的规范和共同认知的价值观紧密相连,从文化自觉上升为文化认同,成为未来可持续发展的不竭动力。

本章小结

　　乡愁记忆作为情感沟通的媒介能促进人与自然和社会环境的和谐关系,关注乡愁就是让当今的城镇化建设具有文脉的延续和情感的温度。从国家战略的高度将作为文化情感的"乡愁"当成当下文化记忆的唤醒媒介,重在履行一种社会责任。江南村镇空间作为回忆文化的激活器和文化记忆的媒介,承载着浓浓的乡情和文化规约,文化记忆引发了景观设计的系统性选择,使得当代江南村镇文化景观语言符号系统变得极为丰富而具有凝聚性,具有"身份固化"或"群体关系"的特点,设计提炼的"记忆形象"突破了时间与空间的障碍,具有群体关联性和重构性特征,在社会和时空层面起着链接和延续的作用,构建出一个代表江南地方性的象征意义体系。

　　我国城镇化进程的加速引发了集体乡愁和一系列社会问题,从乡愁到乡建的过程实质上是对我国乡村文化建构的一次深刻反思与战略思考。江南村镇空间文化记忆的建构不是回到过去,也不是将古代景观复原,而是以乡村可持续发展为目标,通过"融合共生"的设计,兼顾"环境—经济—社会"诸要素之间的平衡关系,将过去具有英雄时代特征的记忆变为当下的文化资源,转化为改变乡村景观异化现状问题的策略、方法与路径,传达具有地域特色和时代特征的文化意义,具有激活乡村可持续发展内生动力的社会价值。只有对碎片化的个体记忆进行科学实证,或者对史料进行"校准"与"修正",让本时代的人与前一代人,或者更前一代人的记忆相连,才能实现文化自觉,只有根植于传统的"推陈出新"和"过滤扬弃"才能达成文化认同。

第二章
社会维度：当代江南村镇文化
记忆建构的价值取向

20 世纪 70 年代中期以来,社会经济发展、意识形态多元化和国际关系复杂化等因素促进了西方学术界关于记忆论题的研究,逐渐形成一股强劲的"记忆潮"。诺拉认为记忆是"当下的"①、情感性的、主客体交流的活动现象,而历史具有某种普世理想。历史上的"江南"这个地域概念是多变的,是一个动态发展的人居环境系统,已经成为一种文化意象的理想之境,构成了集体归属感和身份认同的根本。从文化记忆视角来探讨江南空间记忆与景观情境的互动关系,重现江南文化的光芒与智慧,具有一定的社会意义。江南村镇空间文化记忆的建构不是回到过去,也不是将古代景观复原,而是以乡村可持续发展为目标,通过"融合共生"的设计,兼顾"环境—经济—社会"诸要素之间的平衡关系,将过去具有英雄时代特征的记忆变为当下的文化资源,转化为改变乡村景观异化现状问题的策略、方法与路径,传达具有地域特色和时代特征的文化意义,具有激活乡村可持续发展内生动力的社会价值。

---

① 皮埃尔·诺拉主编,黄艳红等译.记忆之场 法国国民意识的文化社会史[M].南京:南京大学出版社.2015.6—20.

一、 当代江南村镇文化记忆建构的意义

用文化记忆理论视角研究江南村镇空间景观设计具有重要的指导意义。文化记忆通过对共同拥有的回忆，从文化层面对记忆的建构和传承做出整体的思考，这种思考与共同遵守的规范和共同认知的价值观紧密相连，支撑着受众对地域的整体感知和知识体系，具有明确的未来指向性。回忆、认同和文化的延续性共同形成乡愁记忆文化的凝聚性结构，促使历史成为现时人类的共同记忆。作为文化记忆媒介的当代江南村镇景观设计，与传统景观设计的差别在于拓展了设计的多元价值和社会意义。文化记忆理论视角下的乡村景观设计目标非常明确，一是"协调"功能，通过设定不同的情境，不仅仅是关于过去知识的储存，更是对群体共同历史的回忆与思考，这种思考链接到价值观念，支撑着受众对地域的整体感知和知识体系；二是"持续"功能，通过溯源为当下社会核心价值观提供规定性的文化认知和科学依据性，从社会可持续发展的战略高度，以满足当前江南村镇记忆主体对生态、生产和生活多方面需求为目标，建立一套当代江南村镇文化景观系统设计的研究框架和策略体系，以整体性、延续性的文化凝聚力量，共同开创一个融合共生的江南村镇空间记忆工程，具有明确的未来指向性。因此，用文化记忆理论视角研究江南村镇空间景观设计具有重要的指导意义。

（一）江南村镇空间作为回忆文化的激活器

江南村镇空间犹如一个大容器，承载着文化传统与人们的乡愁情感，历史事件、特殊场所、集体记忆、社会关系、情感认同等综合要素都

被容纳其中。"记忆不再作为一个单独存在来行使其功能,而是与意识融为一体"①的符号化了的空间整体。在传统中国的农村,从远古族群到聚落社会,人们总是依托某种共同性、一致性的仪式维系日常生活,各种细节和知识为记忆的仪式服务,这时的仪式可谓储存知识的场所。之后随着文字的出现和普及,在文化记忆的过程中回忆形象,"重复和解释""重复和回忆""文本与文献"②都具有记忆术的功能,一成不变的文本与不断变化的现实之间总是存在着距离与差距,解释又成为弥补和保护原有"文字真真切切"文化一致性和文化身份的核心原则,解释与回忆不停地提醒和告诫相关人不要忘记真理。当一个文化内部出现分化、传统出现断裂的时候,其成员就应该做出决定,遵循何种秩序去体现最优秀的传统和最真实的传统,以消除差异,强化记忆内容的价值成分,促进身份认同。古典时期的记忆术借助想象出的空间强化记忆,其最早使用的媒介手段就是空间化,今天通过景观设计营造村镇情境也是一种记忆术,江南村镇的整体空间成为回忆文化的激活器。

在内容上,江南村镇空间的文化记忆包括与人们衣食住行有关的一切物质文化、具有神圣因素的神话传说、村镇历史上发生过的大事,还有被创建的技艺、故事、民间艺术、地方戏等非物质文化遗产;在形式上,以仪式性的社会交往替代了非正式的、自然发展的人际交往和日常生活,以超越寻常的庆典、节日和遵循规范的、高度成型的仪式巩固根基式回忆,加深人们对地域感知的认同;在媒介上,古代建筑遗构的坚固性是首要的,屋架、梁枋、柱础、基石具有凝固记忆的作用。民居的外

---

① B.K.S.艾扬格,杨玉功译.光耀生命[M].上海:上海锦绣文章出版社.2008.165.

② 扬·阿斯曼,金寿福、黄晓晨译. 文化记忆[M]. 北京:北京大学出版社. 2015. 86—126.

在形式在深层上仍受环境生态观的影响,檐前瓦当、门窗上的木雕、廊前的柱头饰物等,看起来似乎是一种造型艺术,却都标志着丰富的民俗文化特征。若从深处来分析,都与长期经验积淀形成的生态观有关,这就需要设计师加强田野考察,深度研究,寻根溯源,追寻记忆的来龙去脉才能有效地提炼文化的精髓,然后加以重复与反复,加强大脑中鲜活的回忆与记忆,将回忆的形态凝结成为文本。被固定下来的客观存在的外化物,凝聚成文字、图像、建筑、戏曲等符码与展演。在记忆主体方面,包括政府公务员、学者、艺术家、诗人、教师、社区居民、地方百姓等组成的文化共同体。

空间对回忆过程的叙述式描写作用大致由以下两个方面确定:一方面,空间和世俗世界处于一种模仿式的描绘关系;另一方面,文学作品中的空间首先被看作象征性的空间,且承载了附加的含义。在空间记忆的叙事过程中,空间成为回忆的激活器,空间的体验转化成了时间式的体验。描述的场所首先说明了空间参数通过时间的连续性引起了一种熟悉感:一切都没有改变,在这里,空间的象征作用是时间的存储器。从具体的情节发生场所到极其抽象的观念,内心世界和外部世界存在密切联系,"空间"这一概念可以指许多不同的现象,被回忆的空间被赋予特别的象征力,空间关系的语义学记号是文学空间的特征,如"上—下"或者"远—近"承载了非空间"陌生—熟悉""善—恶"的含义,空间的语义化在描写回忆过程时起到了特殊的作用,即便是回忆和记忆的大多数常用的比喻也通过空间化发挥作用。所有已经提到的通过空间描写来演示回忆的元素都有一个共同之处,即不同的时间之间被连接,增了空间的回忆性。同时,除了不同层面之间的联系外,这种联系与主体感觉之间的紧密程度对空间的回忆性激发具有决定性作用。"记住乡愁"需要一种全方位让人感知的内容,中国现有村庄约60

万个，其中古村落约有 5000 个，被住房和城乡建设部、国家文物局界定为传统村落的只有 1561 个，这些村落的历史长短不一，有的可以追溯到上古时期，有的盛行于唐宋或者宋元。"空间时间化"可以借助"探寻乡愁"旅行主题来分析其"经典"的模型，在寻找失去的乡愁记忆之旅行的过程中，通过空间进行的运动和通过时间（历时性）的运动相联系。从身份建构作用的演示到将旅行描述为一次"探寻乡愁"，去面对一个不可克服的创伤或者是寻找一个不可企及的乡愁记忆的幻影，回到过去的旅行对于回忆者身份建构过程的作用大不相同，"时间空间化"就是将回忆写入回忆者的身体。

（二）江南村镇空间作为文化记忆的媒介

记忆本身是一个更抽象的概念，历史学家总是被赋予官方记忆政治的身份。一部分先富裕起来的人们通过把历史当作一种文化品味来"记忆"；也有些艺术家提倡创造一种"反风景"艺术，希望把对风景的干预降到最低；同样环境史家也认为"集约农业"为西方整个历史中的"开掘土地—技术革新—自然资源枯竭"的恶性循环提供了可能。正如《风景与记忆》书中所言要"展示我们失去的最尊贵的东西"①，即文化与自然的紧密关系。文字作为一种全新的展现过去的形式，不仅能记下不再被使用的东西，还打开了社会共识的视野。在原始的交往记忆、口口相传过程中，继而出现了语言文字，通过纯粹的符号构造出了文字。当然，阅读文字除了视觉感官在工作，也离不开思维与想象，集中阅读的目标是在解读抽象文字符号编码的基础上，强调媒介在中介、

① 沙玛，胡淑陈等译.风景与记忆[M].南京：译林出版社.2013.11—20.

转移、翻译过程中的意义,这样的阅读让文字实现了将文化记忆转移到物质载体上,文本作为一种新的物化存在形式出现,文化记忆以文本的形式和鲜活的载体重新出现在新的交流情境中,存储在文本里的信息可以被积累、被批判、被改写、被传播和被重新阐释。

江南村镇空间的文化记忆是一种群体记忆,可以看作是在单个文本中得以体现的共同记忆,地方志等史料以及与之对应现存的村镇建筑、景观、人文活动、图像往往能成为记忆的支撑点。村镇空间里的景观是文化记忆的重要媒介,如一个村子最重要的公共建筑就是寺庙圣地和祠堂。村镇里值得记忆的场所还有纪念之地、节庆之地、典型的具有地域特征的场地,如里弄、老街、庭院、老宅、茶馆等构成了江南村镇景观要素和市井日常生活的百态人生。记忆符号化的过程就是记忆从存储到重建,或者以"一种确定的形式"①被呈现、被表达和演示的过程。

文学是一种杰出的记忆艺术,创造出一个个鲜活的图像世界,而这种图像世界一定会被融入空间记忆的构建中。"汪曾祺笔下的高邮、陆文夫笔下的苏州、叶兆言笔下的秦淮、苏童笔下的枫杨树村"②等都是印刻着江南风貌的记忆地标。王德威的《南方的堕落与诱惑》③、苏童小说时空交错的地缘背景,时序错置形成日常生活的动线,精致的文字意象,反照了当代大历史的无常与消弭,暗藏了一则衰败中的国家与民族的寓言。正如布迪厄提出的"符号的神奇魅力来自它与指涉物之间的脱节而自行衍生繁殖出的无限新意"④,"南方"与"江南"都是抽

---

① 赵静蓉.文化记忆与身份认同[M].北京:生活·读书·新知三联书店.2015.43—44.
② 邹静.论苏童笔下的小城叙事[D].扬州大学,2012.
③ 王德威.南方的堕落与诱惑[J].读书,1998(04):70—80.
④ 陈思和主编,谢有顺编选.中国新文学大系1976—2000 第3集 文学理论卷3[M].上海:上海文艺出版社.2009.403.

象的地理概念,而不是实体。在大规模城市化过程中,越来越多的城镇被各式各样的"记忆想象"艺术包装,导致很多有价值的历史场所被彻底改造,乡村的空间被异化、自然肌理被侵蚀,乡村记忆正在退化,城乡之间的记忆鸿沟已经形成并仍在迅速扩大。当代村镇文化记忆的建构刻不容缓,要让作为江南村镇记忆媒介的文化景观在修复、重复、演绎和再生产的过程中,实现记忆储存和重建两大功能,从而使优秀的传统文化模式得以延续。

二、 当代江南村镇文化记忆建构的价值取向

记忆帮助人们增进心性,为未来作准备,记忆的积极功能才得以体现。回忆的主体(群体)对"什么是不可遗忘的?"这一问题的关注程度受到社会的影响,诺拉称此群体为"记忆的共同体"。乡村文化泥土般的厚重、自然,乡村主体特有的厚德载物、团结协作的精神,倡导自强不息、勤思好学、淳厚朴实民风的道德情操,在市场带来的消费主义盛行之下,江南村镇空间记忆中本身自带的审美属性也逐渐淡化,千百年来人们心目中约定俗成的如"忠义守信、夫义妻柔"等伦理观受到严重冲击,"离土又离乡"①的现实语境引发人们对价值观的道德反思,从一个实践层面的问题上升为道德价值取向层面的问题。只有通过文化整合,积极寻求乡村文化的多元价值,坚持以人民为中心的价值取向和实践原则,才能积极稳定地推动乡村乃至城乡融合的现代化进程。

---

① 吴瑾菁.当前我国市场化进程中"价值难题"的道德反思——"市场化下的价值难题"高层论坛会议综述[J].江西师范大学学报(哲学社会科学版),2010(03):140—144.

(一) 天人合一:江南村镇文化记忆价值重塑的思想之本

纵观人类文明演进的历史,人类价值观念的形成并非一开始就被确立,而是"由对人的行为定式和社会习俗不断提炼而形成的"[①],经历了"血缘—亲缘—种族—国家—全人类"的历史发展过程。我国环境伦理观念强调人与自然的和谐,"共生"作为一种朴素直观的和谐思想取得了人们的普遍认同。中国古代哲人以生命的直觉精神提出的"天人合一"[②]思想具有重要的现实借鉴意义,以农耕文化为核心的传统乡村文化始终处于相对稳定状态,是丰富多彩,极具生命力的,乡村资源是养育和支撑城乡融合发展的宝贵财富,具有对乡村秩序自我调节的多元价值。

两千多年以来,"天人合一"强调宇宙万物天地人之间相融共生的整体性与联系性,这一流芳百世的朴素哲理充满着自然辩证观,成为中国文化乃至东方文化的基本格调。儒家的"天人合一"强调以人为主体、仁与乐相统一,在主题上强调人格美;道家的"天人合一"是以自然为主体,崇尚天地自然的生态和平衡,"道"是宇宙之源,是万物的联系纽带与法则,"道"[③]形似虚无而富于玄想。道家、儒家皆认为整个宇宙应为"融合共生"的整体,弘扬尊重自然、顺应自然的观念。"天人合一"依然是当代中国江南村镇空间记忆建构的价值取向,是重塑当代江南乡村复杂人居环境系统价值观和方法论的思想之本,对维护江南传统村落文化生态平衡起着重要而积极的推动作用。

儒家思想强调"兼爱万物"善待生命的生态伦理观,提倡"以时禁发,以时养发","不违农时,谷不可胜食也",体现了崇尚自然的思想。

---

① 雷毅.人与自然 道德的追问[M].北京:北京理工大学出版社.2015.34—35.
② 陈光磊.生态与生存[M].南京:东南大学出版社.2015.143.
③ 董仲舒,阎丽译注.董子春秋繁露译注[M].哈尔滨:黑龙江人民出版社.2003.95.

儒家思想更看重"仁、义、礼、智、信"(五常)"人文"①的一面,将父子、兄弟、夫妇之间的伦理关系扩大为重建整个国家政治、伦理秩序的基础,反映了以人文为中心的德性追求。"仁爱"成为人类参与社会实践的基本操作程序和具体的方法,表现为个人的孝悌精神与忠恕之道,通过"格物致知"的方式实践"仁道"的方法论路径,中华民族的古典"仁爱"精神已经转化为现代的人道精神,具有一定的现实价值。

江南水乡孕育了江南的文化精神,江南人受道家和禅宗影响较大,道家哲学强调心物交融,人与山水物我两忘,人的精神徜徉在山水意境中,其形象多是人格化的形象,是人化的自然。中国山水画追求的审美旨趣,在意象、色彩、乐感等方面,融合了三教的美学思想,形成了具有独特神韵的东方艺术风格。儒释道的义理成为传统文化的核心和"中华民族的共同信念"②,融于中华儿女流淌的血脉中,成为当代中国乡村文化发展的动力之源。儒释道圆融无碍、互补相通的"融合"思想孕育了江南的文化内涵和人文品格,影响着江南大众的日常心态、价值观念和行为方式。孔子的"仁学""修身齐家治国平天下",禅宗的"自性清净",老庄的"无为""顺物自然"和避世的"隐逸"③,多元文化思想为江南先人提供了归隐山林、淡泊清高的精神追求之境界,也造就了其天人合一的哲学精神、行善修德的道德实践、完美结合的治国功用、进退自如的处世法则和文化特质。儒释道"融合"的观念精神又如春雨一般浸润于民间日常生活之中,江南村镇建筑平面布局受儒家思想影响,同时建筑、园林与自然的青山碧水有机结合,错落有序,人之于山水往往体现出道教一种人格化的"智者乐水,仁者乐山"与"上善若水"的相

---

① 洪修平.儒佛道思想家与中国思想文化[M].南京:江苏人民出版社.2015.29—31.
② 陈璧耀.国学概说[M].上海:上海教育出版社.2008.164—169.
③ 王春林.和而不同 儒释道与中国文化[M].郑州:中州古籍出版社.2015.69—127.

互关系,正是在儒释道高度融合的文化背景下,显现出江南地区"圆融通达"的文化精神。

江南村镇空间是一个"融合共生"无法分离的有机生命体,"合"与"和"是万物共存的前提,即"和实生物,同则不继"①,强调多样性和差异性的整体统一,不同性质的事物彼此会通共存。"融合"是推动系统生生不息持续发展的动力,关注整体运行和事物的内在功能、结构与关系,"不息的变动"是生命的本质,异中求同,才能有机共生。"生"作为动词,既是一种抽象的精神形态,也是一个化育和创造的过程;"生"作为名词,又指万物,就是创造生命。传统江南村镇聚落的营建将建筑、环境与人看作一个有机的整体,强调万物之间的联系,时空互融,虚实相生。因此,"融合共生"体现了中国古代哲学的一种异类求和、动态演变、开放包容、多元融合的整体价值论和系统思维,也成为当代中国江南村镇空间记忆建构和景观设计的目标追求。

(二) 文化认同:江南村镇文化记忆价值重塑的内在力量

随着传统乡村生活方式的解体,农村百姓迫切需要"身份认同",20 世纪 90 年代初,农民工大军涌向东部沿海城市,靠着辛勤的劳动在城里拼搏。几十年过去了,如今第一批进城的农民工有的已经在城里安家落户,有的通过勤劳致富回到家乡新建家园,乡村的新楼房如雨后春笋,传统村落再次被冷落和空心化,"身份认同成为共同体的普遍期待与信赖的庇护所"②。在现实生活中,身份认同最基本的任务就是去同质化,"我们只能从自身、从内部寻找资源",从信任自我的情感现实

① 黄永堂译注.国语全译 修订版[M].贵阳:贵州人民出版社.2009.477.
② 齐格蒙特·鲍曼,徐朝友译.流动的生活[M].南京:江苏人民出版社.2012.18.

中获得"真实而纯粹"的"主体性"①,从而完成真正意义上的文化认同。

乡村文化是人在不同类型的村镇空间中伴随着不同的行为而产生的,包括传统乡村文化记忆和乡村所固有的自然及人文禀赋;对传统乡村文化精华的再认同是乡村文化持续发展的必然规律,凝聚成"同心同德"的社会整体力量。市场经济、政府角色、公民社会三者既相互独立又相互支撑的逻辑关系,促进乡村文化的重构和创新,在更理想的层面上有序发展。近年来,在原真、仿真与失真的争论中,传统村镇真正进入了当代大众的视野,"记住乡愁"首先源于人们对过去故乡记忆的情感期待和自愿性的意愿选择,这就需要对碎片化的个体记忆进行科学实证的研究,同时对史料进行"校准"或"修正"。在记忆的框架中,人通过交流,形成语言符号、行为准则和社会习俗,个体记忆不断融入其中,从共同回忆到集体共识,让本时代的人与上辈乃至上上辈人的记忆相连,文脉持续,代代相传。因此,这一社会框架决定着我们如何回忆以及回忆什么。伦理即人周围的各种关系,"伦理本位是传统乡村文化的社会基础"②,传统乡土社会的特性,土地是乡里人的命根,集聚而居、熟人社会、有机团结、礼制秩序,每个人都以"己"为中心形成特殊的"亲属体系"和"差序格局"③,克己也就成了传统乡村社会生活中最重要的伦理道德。身份认同是动态变化的,具有"流动性"的特点,江南村镇空间的文化记忆承载着浓浓的"文化规约"④和乡愁情感,是属于社会范畴的集体记忆,具有社会选择性、动态重构性和媒介依赖性⑤三大特征。

---

① 赵静蓉.文化记忆与身份认同[M].北京:生活・读书・新知三联书店.2015.35.

② 赵霞.乡村文化的秩序转型与价值重建[D].河北师范大学,2012.27.

③ 费孝通.乡土中国[M].上海:上海人民出版社.2006.20—25.

④ 杨同卫、苏永刚.论城镇化过程中乡村记忆的保护与保存[J]. 山东社会科学,2014(1):68—71.

⑤ 汪芳、孙瑞敏.传统村落的集体记忆研究——对纪录片《记住乡愁》进行内容分析为例[J]. 地理研究,2015(12):68—71.

在扬·阿斯曼看来,文化记忆的第一个重要特征就是其具有社会性,能发挥"身份固化"或协调"群体关系"的作用。乡愁记忆既是我们进入"认同"问题的一个极佳切入点,也是在世界文化的大环境下探究当代中国村镇空间发展的基本路径之一。无论是端午、中秋还是牵动十几亿中国人的春节,那些薪火相传的传统佳节,使人间充盈着温情与暖意,缕缕乡情使游子们悬浮的内心变得柔软和安定,江南的文化记忆在社会和时空层面起着链接和延续的作用,以"凝聚性结构"[①]构造出一个代表江南地方性的"象征意义体系",理性的文化认同才是中华民族文化走上健康发展的标志。

江南村镇空间包含了几千年来所沉淀固化的文化记忆因素,并长久地存在于记忆之中,最终又影响着新的空间景观实体和重构场景的生成。阿斯曼认为,在回忆文化或者文化记忆的概念所描述的现象中,有的可以被称作传统或者传承,但是忽略了其中被接受或者越过"中断"而断续继承或者延续的部分,以及遗忘和压抑的消极部分,因此文化记忆有别于通常的"传统"概念。乡愁记忆是被集体达成共识的文化记忆,包含自然环境—生产方式—生活方式—价值观念—宗族礼仪—整体布局—民居特征—图式符号—公共场所—江南风物—民俗习惯等记忆内容。因此,乡愁记忆是鲜活的、当下的记忆,具有社会建构性,犹如拼图的模板和指引方向的灯,体验者或者记忆主体在主题性场景中被"即兴唤醒或回忆起深藏在繁杂的记忆中的特定的符号或形象"[②],想象力在审美意象的创构过程中起着关键作用,凝聚着集体内在的生命力量,规范着一个地方群体的行为,为江南村镇提供了更加广阔的意义生成空间。

---

① 扬·阿斯曼,金寿福、黄晓晨译.文化记忆[M].北京:北京大学出版社.2015.6.
② 朱志荣.康德美学思想研究[M].上海:上海人民出版社.2016.160—163.

三、 文化记忆与村镇空间的情境映射机制

　　情境映射是指以喜悦、欢快、飘逸、沉稳等情感或者空间的情节引导为主的映射形式。江南村镇空间与文化记忆的情境映射,以自然状态和日常生活情境为主线,目的是通过空间情节与叙事,促进记忆主体的行为感知与村镇景观情境之间产生互动、交流与共鸣。正如德国康德所述的"审美意象就是由想象力所形成的那种表象"①,审美意象超越于经验的意味,是主体想象力在表象基础上创构的结果,这种创造意识不仅仅体现在艺术中,更是贯穿在整个审美判断之中的,"审美意象实质上是感性表象同理性观念的有机统一"②,想象力作为一种创造能力,能突破现实时空的局限,自由驰骋。从方法层面来看,情境映射以直观视听物象为主要手段,综合五感体验,让江南村镇的人、事、环境、历史故事、自然景观等文化记忆通过空间特定的符号和情节设定,形成情境映射机制、"通过认识乡土环境、培养乡土感情、参加乡土活动、改进乡土社会的目的引导"③,激发大众主体以爱乡为起点,通过情境体验增加参与感、幸福感和认同感,从而从文化自觉上升到文化认同。

（一）文化记忆影响着景观情境的空间属性

　　阿摩斯·拉普卜特认为文化本身是一个概念术语、一个标签,显得

---

　　① 康德,宗白华译.判断力批判 上卷[M].北京:商务印书馆.1964.160.
　　② 朱立元主编.美学大辞典 修订本[M].上海:上海辞书出版社.2014.398.
　　③ 李新.中国教科书发展史丛书 百年中国乡土教材研究[M].北京:知识产权出版社.2015.6.

过于抽象笼统和普遍,"最好的办法就是分解,对其中的要素和表现及其相互关联的方式加以研究"①。这个观点解决了"文化"与"环境空间"之间的转换问题。文化记忆对景观设计的作用主要体现在:一是文化研究对设计学学科发展的作用;二是文化与环境设计之间的密切关系。村镇空间是为人而设的,因此离不开一个群体的文化记忆,如具有时代印记的物品、技术、历史建筑、宗教、神话传说、民俗与表演、绘画与雕刻、音乐与舞蹈等;与文化相关的社会环境可以拓展到性别、民族、禁忌、宗亲、家族、教育、社会制度、语言与交流等。文化景观就是一个组合体,包含固定元素、半固定元素和非固定元素,使用群体与这些要素之间的作用机制本身就具有文化性,它们千差万别、共同生效。

传统文化景观不仅包含可见的建筑与自然生态环境,同样包含景观中的人和生活构成的文化生态环境。人们对传统文化景观的向往,是对传统文化的认同与需求,也是对"采菊东篱下,悠然见南山"的美好生活的憧憬,关注场景构成中复杂的文化因素是景观设计的内核,在传统社会里,一个家族的住宅就可以作为多个场景来使用,空间记忆的情境重构没有固定的构架和法则,江南文化背景决定了住宅主人的修养和气质。

周庄的沈厅就是江南"一镇巨室"②(图2-1)的典型,主人是具有传奇色彩的乡绅沈万山,据《周庄镇志》③记载,沈万三的父亲在元末从湖州南浔镇迁往周庄,不惜重金培养子孙,使沈家久盛不衰。沈厅是一座"以三合院为基本单元所组成的大型住宅"④,原名敬业堂,正厅堂是

①　阿摩斯·拉普卜特,常青等译.文化特性与建筑设计[M].北京:中国建筑工业出版社.2004.88—94.

②　徐潜.中国古城镇[M].长春:吉林文史出版社.2014.54—55.

③　光绪《周庄镇志》卷四《人物三》。

④　段进等.城镇空间解析 太湖流域古镇空间结构与形态[M].北京:中国建筑工业出版社.2002.115.

"松茂堂"①居正中,有匾额书写"积厚流光"四个大字,四周为"红梅迎春"浮雕,正房与厢房的开间数是按家里的人数和规模而定的,通过纵横拼接后构成的组合体,整个厅堂序列明晰、相互套接联通,构成等级分明的院落组,是典型的"前厅后堂"②建筑格局。流线复杂而便利,成为贯通全宅的交通网,在整体平面布局上,充分地利用空间,显得自由灵活而又比较紧凑。这样的建筑场景也许没有专业的设计,却是几百年来祖祖辈辈无数次独立决策的结果,人们按照自己理想的景观标准和图式观念构建了整体景观系统,这种图式观念就是文化。不同的人群在使用建筑和其他环境时与各自的文化差异相适应,故显示出某种群体共有的偏爱,形成可识别的地区风貌和建筑风格。

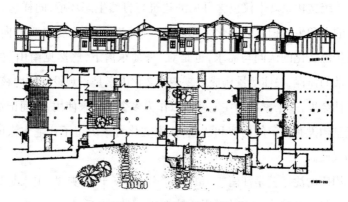

图 2-1   沈厅院落平面图③

阿摩斯·拉普卜特分析了设计中的"过滤"作用,让人们体验到"感知"的环境及其特质,"个人过滤是个人经历和审美经验的直接反

①   杨循吉《苏谈》。
②   胡石.典雅之美 住宅园林卷[M].北京:机械工业出版社.2012.46.
③   段进等.城镇空间解析 太湖流域古镇空间结构与形态[M].北京:中国建筑工业出版社.2002.115.

映,群体过滤则是最大范围内濡化的产物"①,这些差异不仅影响着环境的属性与地域感知,还作为评估环境的标准依据(图2-2)。人们对环境质量的评估来自两个标准:一类是客观上的环境的物理和化学生态学层面的自然标准,如空气、水质、辐射、植被等;另一类是人们心理上对环境的文化、社会认知,可见人们对定居环境的选择包含多种因素,设计师对环境的两类因素都要均衡考虑,如特定场景的吸引力、环境的质量、地理区位、建筑类型、社会环境、邻里关系等。因此,是文化引发了景观设计的系统性选择,以传达特定的意义与信息。可以说,文化记忆导向下的景观设计是一种探索性、开放式的选择模式,通过跨越历史时空的文化研究、过滤与筛选,传统与现代、全球与地方、风雅与风土等相互链接,成为文化记忆建构的依据。

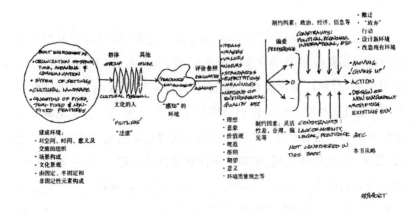

图2-2 景观评价流程示意②

从文化记忆的视角去分解与江南村镇景观环境特殊性相对应的文

---

① 阿摩斯·拉普卜特,常青等译.文化特性与建筑设计[M].北京:中国建筑工业出版社.2004.47.

② 阿摩斯·拉普卜特,常青等译.文化特性与建筑设计[M].北京:中国建筑工业出版社.2004.48.

化要素可以有两条路径:一方面,分解影响江南社会的变量要素,包括社会行为与社会关系;血缘关系决定了人的出生家庭、身份地位和宗族关系;传统乡村依靠的宗法和礼治、乡绅阶层、村镇内部的姻亲关系都是维系村镇社会的重要力量,塑造了乡村的社会空间属性和社会空间结构。另一方面,世界观作为特定江南文化共同体"观察"世界的方法而具有一定的实用性。自古以来村镇居住者对地方文化的偏爱与选择就是以价值观为基础的;反之,世界观、价值观、意象等意识形态又规范着人们的生产生活和行为方式等,文化记忆要素与环境空间的各种作用机制联系起来,其目的是让使用者在文化村镇记忆空间情境之中产生共鸣。

(二)景观情境是文化记忆映射的共生系统

江南村镇空间的营造是一个动态发展过程,景观情境对强化村镇空间记忆具有重要的意义。前文提到,由古希腊(公元前6—前5世纪中叶)抒情诗人西蒙纳·德提出的古典记忆术的"位置记忆理论"就是最早利用空间强化记忆的研究成果;古罗马人在此基础上对记忆术的发展也做出了杰出贡献,他们认为记忆的场景应该大小、光线、距离适中,形成系列,按照顺序任意前移或后移,形象是希望记住事物的形状标记或影像,"事物记忆"通过创造事物和语言形象来提示和强化记忆、展现论证要点。《论演说家》里谈到"艺造记忆"的优点,在特定的场所里进行"图像储存",想要记住的事物与构思的图像一一对应,人们记忆天赋的能力"确实可以借助其描绘的训练方法加以强化"[1]。而且记忆场所中的内容与记忆方法受到传授者思想观

---

① 谢延龙.西方教师教育思想 从苏格拉底到杜威[M].福州:福建教育出版社.2015.68—75.

念的影响，昆体良提出教师应当是"德才兼备"，赢得了后人极高的赞誉，"是桀骜年轻人最高贵的导师，是罗马人民的光荣"，"甚至改变了下一代的修辞感觉和文学口味"。被称为是整个文化教育领域中古代思想的百科全书《雄辩术原理》①所言记忆术老师的责任应当是传授学生构建形象的方法、学会如何放置记忆。② 尽管古典记忆哲学的许多奥秘仍未被揭开，但古希腊和古罗马人运用的记忆技巧毋庸置疑，闪耀着智慧的光芒，为当代景观设计中场景与记忆内容的映射关系建构提供了理论的依据。

人类的回忆性表述和反思过程反映了信息被保存的空间的存在，我们把这个空间叫作记忆空间，空间里包容的文化记忆被称之为"空间记忆"。作为名词，从记忆客观视角来看，"空间的文化记忆"以村镇景观作为记忆的媒介，被回忆的对象包括物态的环境、空间、场所，如从江南环太湖流域地区的自然地理、聚落形态、景观场所、建筑物、衣食住行的生活器具等客观外化物出发，也包括一本小说、一个人、一本方志、一起事件、一段情感经历、一个抽象概念等等非物态记忆客体，以及客观对象、意识形态之间对主体记忆引发的关联性。从记忆主体角度来看，作为动词的"空间记忆"，是一个由记忆主体与记忆客体在特定时空中相互作用而形成的动态过程（见表2-1），不仅受到客观物象的启发和唤醒，也受到记忆主体情绪思维、价值观念、组织制度和文化习俗等的支配，体现出一定时空范畴中的社会群体关系。

---

① 葛怀恩，黄汉林译.古罗马的教育 从西塞罗到昆体良[M].北京：华夏出版社.2015.147—148.

② 昆体良，任钟印选译.昆体良教育论著选[M].北京：人民教育出版社.1989：19—72.

表 2-1 江南村镇文化记忆与景观空间的映射关系

设计目标	记忆对象	文化记忆形式	文化记忆内容		文化记忆与景观空间映射关系
江南村镇文化记忆建构	记忆客体	显性记忆	纪念性场所	风貌特色	建筑形态
			标志性景观	功能性质	空间秩序
			文化性仪式	符号语言	庆典礼仪
		隐性记忆	价值系统	归属意识	占有性、认同性、亲和性
				角色地位	自我表现、尊卑等级、人格化
				自由创造	参与性、创造潜力、自娱性
			文化系统	社会规范	道德准则、民族风情、社会习俗
				历史人文	文化认同、集体记忆、宗教礼仪
				隐喻象征	天、地、人、万物
	记忆主体	价值取向	适用价值	有机适度	生产生活空间
			生态价值	天人合一	自然环境空间
			文化价值	生生之意	精神空间
		情感体验	心理距离、愉悦感		场所情境 看得见的乡愁
		日常生活	安全性、便利性、交往性、自由性		生产、生活、生态、生命(记忆主体)生生融合空间

记忆的主客两大体系看似不同却密不可分,"空间"作为"抽象的概念"并非只指代狭义的三维空间,而是指作为生物的人类所能够感受到的所有彼此相互牵连、彼此制约的一个不可分割的整体"系统空间"[①],记忆客体分为显性记忆和隐性记忆,具有综合性、整体性、系统性的认知特点,为设计学的跨学科合作提出了考察事物的方法论和基

---

① 沈源.整体系统:建筑空间形式的几何学构成法则[D].天津大学,2010.45.

本理路。"空间对于记忆有唤起和重塑作用"[①],江南村镇空间中不同的物象、景观、情境等载体或者文本媒介被用来作为回忆的隐喻,或者对理想江南的一种回溯,被称之为景观情境,景观情境是村镇空间的一种表达方式,可从三个不同的角度加以阐释:第一类景观情境是反映客观对象物态之间的关联性;第二类景观情境是记录主体在时间中的感知经历,包括基于地域感知的场景记忆、受众主体的思维记忆、参与主体的情绪记忆等方面;第三类景观情境是通过归纳、描述、构思生成的创设空间。对地域感知的感官体验是诸多思维模块调用信息的来源,这意味着要么记忆在储存时已经蕴含了其所储存事物之间的某种联系,"沿着时间轴进行的感知记忆,无论是感官场景体验的记忆还是思维过程的记忆或是情绪体验的记忆,都是以识别、拆分、存储的方式进行;而回忆则是重构的过程"[②]。因此,文化记忆与景观情境是一个相互映射的共生系统。

随着因特网、新媒体、VR 及 AR 技术和人工智能等科技的更新迭代,记忆媒介发生了革命性的蜕变。在微信、QQ、微博、云视讯、钉钉等这些新的微观视野中,因特网提供了一种对场景边界无限延伸的机制,世界范围内的交流随时可以进行,增强了交往空间优势。强大的储存与搜索引擎使当代的文化记忆超越了对过去经验的稳定化,媒介的储存能力正在漫无边际地增长,文本可以"溶化"成无形的大量数据。传统视野下的记忆形成过程彻底被瓦解,时间却趋向消失,功能强大的新媒体让所有信息随时可以在全球范围内传播。

---

① 荆其敏、荆宇辰、张丽安.城市场所空间的认知与设计[M].南京:东南大学出版社.2016.22.

② 钱小一.思维工程导论[M].上海:上海社会科学院出版社.2015.80.

（三）当代江南村镇文化记忆构建的目标与评价

一般认为,江南村镇文化景观多数是县城以下的广大地区物理空间范围内由村落和集镇共同组成的人居生态系统整体,村镇景观分为自然景观和文化景观。全球化将各种文化传统与时代精神集聚于共时性空间中,世界文化呈现出多样性、多民族、多层次的立体结构。在经历着现代化、全球化和城镇化等这样复杂的语境下,当代江南村镇文化景观设计总是与社会发展的时代性相适应,以可持续发展作为未来的价值目标,"是以人类利益为出发点导引下而实施的一种有伦理约束、有节制、有规范的发展"[①],江南村镇空间可持续发展的战略目标是要构建一个整合了"环境—经济—社会"诸要素之间的平衡关系,从视域上汇通微观、中观和宏观三大领域,在时间观上链接过去、现在和未来。

1. 当代江南村镇文化记忆构建的目标定位

乡村是中华民族文化之根和心灵的家园,在乡村这个研究领域,设计学在其中发挥的作用与价值归根结底就是要在人与环境和谐关系营造的过程中,为乡村未来的可持续发展提供正确建议和对策,要把传统江南人地系统的地域变化规律及其特征与当代发展有机地结合起来作为研究的首要任务。因此当代江南村镇的景观设计绝不只是视觉形式上的愉悦,它暗合国家战略总体要求、社会发展的目标和建设主体的价值观、设计思维与构成逻辑等复杂因素。国家高度重视"三农问题"[②],城乡融合发展是社会发展的终极目标。这就意味着我们要打破城乡绝

①　俞田荣.环境伦理学[M].长春:吉林人民出版社.2008.245.
②　《中共中央、国务院关于实施乡村振兴战略的意见》从国家层面提出了乡村振兴战略的总要求是"产业兴旺、生态宜居、乡风文明、治理有效、生活富裕"。

对分野,把江南村镇看作一个可持续发展的空间融合系统,其首要任务就是探讨如何将乡村特有的自然环境、经济生产以及社会生活纳入一个完整的系统之中(图2-3),使其相互支撑、和谐共生。江南村镇水网相连,最大特色就是广大村镇或多或少都与大运河有关联。当代江南村镇文化景观的营造要纳入国家战略的视野与高度,将国家要求与村镇实际联系起来,在明确目标和标准、强化规范的同时,创新保护传承利用机制。

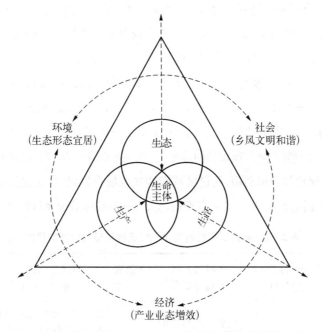

图2-3 江南村镇"环境—经济—社会"可持续发展战略目标

当代江南村镇文化记忆的价值重塑具有很强的目的性。环境、经济和社会三大领域协调发展包含了"为了谁的发展"的价值论的问题,包含操作规范和道德底线的标准。村镇的景观营造策略如何与经济增长融合联动,这是个方法论的问题。资源禀赋、节庆仪式甚至地方美食等乡土特色如何成为社会持续发展的内生动力,这会影响到江南村镇文化景观设计概念范畴的扩展和策略方法的更新。"如何发展"这是伦理的问题,要处理好全球化多元文化交融与乡村地域性本土文化发展之间的矛盾等等,都值得深度研究。

"江南"村镇范围内围合而成的具有不同功能和意义的聚落,是人们日常生活的场所。自然环境、经济社会诸因素相互依存、相互适应构成了一个具有地域感知的有机动态发展的生态系统,是承载文化延续、传达情感、寄托希望等多功能的记忆容器。不同的行为空间包含着特定的活动系统和场景构成,一条街道可能会拥有近百个场景,情境设定起着增强记忆的作用,场所包含相应的行为,乡土建筑、公共空间、庭园景观,甚至虚拟空间,以及与衣、食、住、行有关的场所,按照不同主题内容,将不同空间场所连珠成线,有机链接成不同类型情境的景观系统。因此,在"乡村振兴"的战略框架下,当代江南村镇景观的设计目标在生态、生产、生活三大类型空间合理布局的基础上,进一步强化大运河沿线文化遗产系统的保护和合理利用,促进区域间的文旅融合发展,以文化为引领来规划设计目标(见表2-2),以期推动大运河沿线区域的乡村振兴。

表 2-2　当代江南村镇文化记忆建构与景观设计的目标

可持续发展子系统	乡村振兴总目标	乡村振兴目标具体要求	景观类型	当代江南村镇文化景观设计目标
环境	生态宜居	1. 建设生态宜居的美丽乡村 2. 保护生态环境,优化乡村发展空间,合理布局乡村生产空间、生活空间、生态空间	生态型景观	1. 深化全域美丽乡村格局 2. 生产空间集约高效、生活空间宜居适度、生态空间山清水秀 3. 深入挖掘和丰富村镇遗存文化内涵 4. 强化生态环境的保护修复

续表

可持续发展子系统	乡村振兴总目标	乡村振兴目标具体要求	景观类型	当代江南村镇文化景观设计目标
经济	产生兴旺生活富裕	1. 高质量发展现代乡村经济[绿色兴农、科技(智慧)兴农、质量兴农] 2. 推动一二三产业融合发展,尤其是文旅产业融合发展	生产型景观	1. 推动一二三产业融合发展 2. 创新现代农业发展路径 3. 推动文化与相关产业融合
社会	乡风文明治理有效	1. 焕发新时代乡风新气象 2. 提升乡村文化服务供给品质,推动乡村文化振兴	生活型景观	1. 夯实文明乡风宣传阵地 2. 建设社区文化共同体 3. 提升乡村公共文化服务水平

从记忆客体来看,当代江南村镇文化景观要体现地域感知的智慧观。与古代文人的思乡之情不同的是,当代的村镇建设要以集体乡愁所关注的问题为导向,深度剖析江南村镇不同历史时期的共同记忆,考察自古以来典型名人中成就最大的,或者对村镇建设发展做出巨大贡献的人物及其背后的故事,调研与人的活动密切相关的传统艺术、技艺、传说、民谣、谚语、非遗传承人及活化传承现状等文化记忆符号,凝练出江南村镇文化记忆的文脉与内涵,弘扬能唤起村民内心深处最具质朴情感的传统美德。文化记忆在回忆、梳理、提取各种记忆符号的过程中,把记忆之场、文化凝聚力和社会这三大领域关联起来,建构出一个具有延续性和凝聚性的地域文化内核,再延伸到未来。

从记忆主体来看,当代江南村镇空间记忆的建构是一个回忆文化的心灵之旅,不是回到过去,而是重在履行一种社会责任,今天的反思本质上就是对整个社会从过去、现在到未来可持续性发展内生文脉动力的探寻。回忆文化把人群凝聚成整体的记忆群体,村镇空间记忆内容选择和表达方式要针对目标受众和消费者而设定,实现空间记忆的情境重构离不开原居民、村民、游客、受众、外部社会力量等群体的有机融入机制,构建跨界协同的乡建文化共同体。

2. 当代江南村镇文化景观设计目标的实现路径和评价标准

地理学家认为景观是内部规律性一致类型的统称,如乡村景观、沙漠景观等,是"自然属性与人文属性的统一"[①];生态学家把景观定义为具有分类含义的自然综合体和生态系统;美国地理学家索尔作为文化景观学派的创立者,认为"文化景观是附加在自然景观上的人类活动形态"[②]。汉语里的"景观"由"景"和"观"两个单词组成,"包含了'观看'的意思"[③],江南村镇空间中的景观虽然由多种文化特征集合而成,但文化景观不等同于文化特征。村镇景观的艺术形式类似于"流派""风格",代表一种"景观类型"[④],具有某种地域文化特质。抽象的形式要完成人类所有的心理诉求,其中的材料、体积、长度、颜色等都可以被忽略,在一定程度上,记忆场所的材质美与功能结构处于平行的地位,而"形式"则处于这三者的上游,抽象的"空间形式"可以衍生出千姿百态的具体建筑物与景观。实践证明大多数景观设计的过程不是单一的,或者按照某种顺序的,而总是"自内而外"和"由外而内"同时并行或交替进行的,要经过反复推敲最终才能获得较满意的设计方案,这在

①　R.J.约翰斯顿主编,柴彦威等译.人文地理学词典[M].北京:商务印书馆.2004.367—368.

②　曾大兴.文学地理学概论[M].北京:商务印书馆.2017.230.

③　陶礼天.试论文学地理学的过去、现在和未来.中国文论研究丛稿[M].北京:学苑出版社.2011.152.

④　沈源.整体系统:建筑空间形式的几何学构成法则[D].天津大学,2010.35—45.

很大程度上依赖于对该村镇文脉基因的特质定位，以及其所处的文化语境、社会制度及人际交往规则相匹配。

江南文化与其他地域文化相互影响、相互渗透，构成具有自己文化归属的多样性区域文化特征。作为文化记忆媒介的景观体现出其特殊的功能性，一是根据性质来划分，村镇景观文化具有记忆与认知功能、传播功能和教育功能，不同程度地记录着创造者的知识经验、审美观念和文化价值取向，在广泛的社会交流中传播、凝聚与整合，持续地创造出更加灿烂的新型文化。二是根据作用对象来看，景观文化可以融汇于政治、经济、文化、教育、科技、产业、生态等领域，体现出复合的社会功能。

3. 当代江南村镇文化景观设计目标的实现路径

当代江南村镇文化景观设计目标的实现路径分为层层递进的六大模块：围绕设计目标，从"深度调研—符号转换—情境建构—整体体验—审美共鸣—观念改变"，是一个动态变化、持续跟进的记忆建构过程（图2－4），完成文化记忆"协调性"和"持续性"的最根本性任务，即民众文化自觉意识的唤醒、主体身份的固化、主体行动力的激发、社会凝聚力的形成，促进村镇的可持续发展。当代江南村镇文化景观设计目标的实现路径在广泛的社会调研基础上，对村镇的区位、交通、土地利用进行现状分析，对历史遗存分布、地形地貌、聚落结构、现存建筑历史功能、风貌等做深度研究与分析，形成递进式、分层次、动态平衡的六大模块实现路径具体设计流程如下：

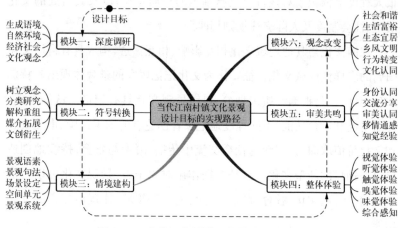

图 2 - 4　当代江南村镇文化景观设计路径

　　模块一：深度调研。加大对设计对象本体的深度研究,从田野考察到文献研究,对江南村镇的历史记忆和社会语境全面了解,从地理地貌、环境生态、江南经济、江南社会、文学艺术等方面认识一个多维度的江南。模块二：符号转换。符号转换在于对记忆形象的过滤、选择、凝练与设计转化,树立正确的价值观念,分类研究之后再整体构架,类型抽象解构重组,在表现媒介方面拓展思维,系统策划文化创意衍生品的设计。模块三：情境建构。江南村镇景观情境的建构,根据景观整体构架、主题概念整合景观语素,包括前期的记忆形象和景观媒介材料,按照景观句法规则设定场景,完成各个空间单元,最终合成一个完整的景观系统。模块四：整体体验。以受众五感整体体验为整体,获得综合感知。模块五：审美共鸣。从知觉经验到移情通感,再到审美认同,参与者在交流分享的过程中,获得审美共鸣,找到了身份认同感。模块六：观念改变。积极参与环境生态、生产增效的社会实践,有利于培育热爱生活的激情,增强活力,人们在共建共享景观溢出的多元效应过程中,形成积极健康的价值观,并进一步升华情感,影响到更多人的行为方式,达成文化认同,实现社会和谐。

记忆是一种能力,总是依赖于人们生活的环境,文化记忆和建成环境之间形成密不可分、融合共生的关联方式。"在尧斯的文学史建构中,期待视野甚至成了衡量作品审美价值的准绳"①,窦可阳曾经分析了尧斯"审美距离、视野融合"的共时性、历时性等概念范畴。接受美学理论家沃尔夫冈·伊泽尔提出的"召唤性结构"宣言,不但不是作品的缺陷所在,反而凭借作品中的未定性、意义空白的本体化地位,给予读者更多能动的想象余地和反思空间,正如莎士比亚所言"一千个读者就有一千个哈姆雷特"。尧斯与伊泽尔都是本着阐释学、现象学的深层理念而展开自己的研究的,两种理论异曲同工,更是哲学意义层面的契合,虽然两者在方法论上存在很大的分歧,但是都有共同的"终极依据",尧斯认为审美经验的三个基本范畴"创作、感受和净化"②不是概念化认知体系中那种条块分割、泾渭分明的三种封闭的概念,而是形成了一个整体性审美经验从"生产—接受—交流"的流动式文化交流图式。因此,从这个意义上说,"认同不是一个确立理想进而有步骤有计划地去实现理想的行为,也不是一个有开始有结束,可以借助线性时间观来理解的过程"③,而是一个触景生情、动态发展的持续自省的提升过程。

4. 当代江南村镇文化景观设计的评价指标

影响景观评价的因素是多元的,一般情况下人们对环境质量的

---

① 窦可阳.接受美学与象思维 接受美学的"中国化"[M].北京:中央编译出版社.2014. 66—74.

② 窦可阳.接受美学与象思维 接受美学的"中国化"[M].北京:中央编译出版社. 2014.80.

③ 赵静蓉.文化记忆与身份认同[M].北京:生活·读书·新知三联书店.2015.36.

评估主要来自两个标准:一类是环境系统生态学层面的,如生态因子种群、生态系统元素循环,以及空气、水质、辐射、植被等自然标准;另一类是人们在心理上对环境文化和社会的认知。对当代江南村镇文化景观设计的评价是一个多层次的、系统化的思维过程,对环境的两类因素都要均衡考虑。当代江南村镇文化景观具有灵活性、有机性、多样性、复杂性、艺术性等特征,文化记忆引发了景观设计的系统性选择,从而传达出特定时代的意义和地域文化,传统与现代、保护与更新、乡土性与全球化的平衡关系处理成为当代江南文化景观设计的主要评价依据。

参照国家发展改革委员会《关于加快美丽特色小(城)镇建设的指导意见》(发改规划〔2016〕2125 号)和《美丽乡村建设评价》(GB/T 37072－2018)国家标准,对照当代江南村镇文化景观设计目标,制定出以下相应的评价指标(见表 2－3),分为环境、经济、社会和情感四个维度,各部分权重占比 25%,按照乡村振兴总目标和具体设计目标要求,一级指标(国家战略目标层)7 项;二级指标(江南村镇发展目标层)13 项;三级指标(江南村镇景观因素层)15 项,展现当代江南村镇文化景观的自身特点和发展规律,实现融合共生的价值追求。

一是环境维度,生态宜居依托生态型景观来实现,包括 B1 生态环境、B2 空间优化、B3 美丽乡村等任务;验收标准:C1 生态形态宜居、C2 风貌特色鲜明、C3 展现遗产文化、C4 文化遗产保护、C5 自然生态保护。二是经济维度,产业兴旺、生活富裕依托生产型景观来实现,包括 B4 农业现代化、B5 产业融合、B6 文旅融合等任务;验收标准:C6 现代农业风貌、C7 现代农业效益、C8 一二三产业联动、C9 传统技艺延续、C10 工业遗存保护。三是社会维度,乡风文明和治理有效依托生活型景观来实现,包括 B7 乡风新气象、B8 文化供给等任务;验收标准:C11 价值观念和谐、C12 回归日常生活、C13 公共文化服务、C14 主体意识激活、C15 民居保护利用。四是情感维度,强调对记忆主体人的尊重,树立融合共生的价值观,包括 A6 观念改变与 A7 文化认同,依托景观载体进行记忆建构的中心任务,老百姓和人民大众是生活其中的主体;验收标准:B9 满意度、B10 支持度、B11 参与感、B12 幸福感、B13 认同感即老百姓的认可,真正实现为人民安居乐业才是当代景观设计的意义所在。

表 2-3 当代江南村镇文化景观评价维度

评价维度	景观类型	A 一级指标	B 二级指标	C 三级指标
环境维度	生态型景观	A1 生态宜居	B1 生态环境 B2 空间优化 B3 美丽乡村	C1 生态形态宜居 C2 风貌特色鲜明 C3 展现遗产文化 C4 文化遗产保护 C5 自然生态保护
经济维度	生产型景观	A2 产业兴旺 A3 生活富裕	B4 农业现代化 B5 产业融合 B6 文旅融合	C6 现代农业风貌 C7 现代农业效益 C8 一二三产业联动 C9 传统技艺延续 C10 工业遗存保护
社会维度	生活型景观	A4 乡风文明 A5 治理有效	B7 乡风新气象 B8 文化供给	C11 价值观念和谐 C12 回归日常生活 C13 公共文化服务 C14 主体意识激活 C15 民居保护利用
情感维度	融合共生	A6 观念改变 A7 文化认同	B9 满意度 B10 支持度 B11 参与感 B12 幸福感 B13 认同感	

当代江南村镇文化景观设计系统中,空间成为引发认同的中介,审美主体对景观作品的认同效果,与主体的知识背景及审美经验有关,正如尧斯所说的"审美认同",就是接受者在审美经验中追寻本真的体现,具有突发性和顿悟性特点,读者在交流中认同,从而找寻自我审美经验的存在。村镇景观为主体提供了唤醒记忆和生发审美认同的情境,当代江南村镇"融合共生"景观系统的设计是基于记忆主体与客体之间的对应关系,深度研究村镇空间文化记忆的各类资源,就地取材、整体谋划、科学定位、设计构成、精心营造、超越现实图景表象,表达出多元的心态和意境,以达到自然与自我的统一,营建出的文化景观与生产生活空间融合共生,构成完整的人居环境系统,这样的景观在发挥连接和约束作用的同时,增进观者之间的交流和相互信任,从而凝聚成同心同德的社会整体力量,建构出可持续并指向未来的当代文化记忆。

四、 文化记忆导向下当代江南村镇文化记忆景观系统架构

新时代的村镇建设对中国景观设计学提出了严峻的考验和新的要求。这就迫切要求我们进行深刻反思,如何建构既能有效延续地域感知,又能促进乡村可持续发展的记忆空间。对江南村镇的保护与利用不能太急于求成,应以呵护之心重视古镇中居住者和游客人群的体验感受,找到居民与生产生活空间之间的联系,建构一些日常生活需要的具有地方感知的景观或相关活动,让村镇历史空间与时间的关系在人们的记忆中得到固化,建立个体和集体的身份认同。原真、活化等景观

形式的连续性为村镇空间赋予了内生活力。设计作为一种新兴的文化力量,正在承担越来越多的社会责任,参与解决社会问题,同时以江南地域乡村景观自身"水岸共生"的优良传统作为榜样,对环境问题产生"设计警觉"[1],以期带动一切积极的力量。

(一) 社会责任:当代江南村镇文化记忆建构的出发点

设计史的拓荒者佩夫斯纳出版《现代设计的先驱者》希望适合"时代精神"[2]。百年来世界各地的设计师们都在以自己的方式去探讨设计实践的观念和解决方案,"为人民的设计"在德国体现为"工业化""形式追随功能"等观念[3]。帕帕奈克呼吁"为真实的世界设计",提出为老年人、残疾人、儿童、工人,甚至第三世界而设计,民主设计、生态设计、绿色设计理念在全球蔓延。自 20 世纪 70 年代以来关注参与式设计、协同设计等加深了对人与环境关系的思考,将消费者的行为、日常生活方式、产品系统构架等现实问题纳入设计研究范畴,设计的内涵变得更加丰富。设计是对复杂系统的管理,是社会创新和城乡融合可持续发展的方法与路径,更是解决日常问题的方案和创造过程,在满足人类衣食住行和身心需求方面扮演了非常重要的角色。

改革开放以来中国设计飞速发展,在过多追求商业高利润的市场经济社会,普通消费者以及在欠发达地区的"人民"常常被设计所遗忘。国内很多设计团队责无旁贷地承担起这份"再设计"的重任,使得

① 郑子云.设计的立场 扩展的服务设计观念[M].北京:中国轻工业出版社.2014.82—85.

② 理查德·肖恩、约翰-保罗·斯托纳德主编,万爽、吴剑、郭亮译.塑造美术史的十六书[M].桂林:广西美术出版社.2016.74.

③ 郑子云.设计的立场 扩展的服务设计观念[M].北京:中国轻工业出版社.2014.44.

设计内在追求回归可持续发展的原点。近年来,当代设计师表现出更多的社会担当,通过研究"设计"与"人民大众"①之间的关系,来理解社会创新设计的不同路径与发展脉络,尤其以跨学科的视角,更侧重于关注社会责任设计、社会设计等核心的社会问题,为相对弱势群体和社会公正做出很多用心的设计产品。

最早由联合国儿童基金会在 1997 年提出的"厕所革命"理念在中国得到了有效落实。"小厕所"关系"大民生",中国的"厕所革命"是从物质追求到精神文明思想观念的转变,厕所设计本身是一项系统工程,涉及不同学科与专业,是服务管理能力的一场革命,尤其在技术不发达、气候条件欠缺和物质资源相对贫乏的乡村,厕所设计不到位严重影响到当地的生态和卫生,具有极大的社会性。清华大学刘新教授提出"以设计介入厕所革命"②就是以"人"为中心来洞察问题、定义边界与整合创新研究,围绕生态设计与设计思维做出了一系列的协同创新设计实验,确定了设计可持续的商业模式,尊重文化差异与习俗,共建了新型的融生态、经济、社会与文化目标于一体的当代公共厕所系统设计目标,从厕所的点位分布区域规划、生态循环技术合理应用、建筑和景观设计、功能分区空间设计、便器与无障碍设施的造型设计、视觉传达设计、日常管理方式与商业模式设计等方面,完成了从原型创新设计到工程实施的实践,这是一个不断纠错、不断迭代的全流程系统设计创新过程。

随着旅游业的迅速发展,江南古镇千百年依河而居,在河边用水洗菜、洗衣,乘凉聊天等家务活动的日常生活空间被侵占,居民日常的户

---

① 钟芳、刘新.为人民、与人民、由人民的设计:社会创新设计的路径、挑战与机遇[J].装饰,2018(05):40—45.

② 刘新、夏南.生态型公共厕所系统设计的理念、原则与实践[J].生态经济,2018(06):234.

外家务活动几乎很少。通过一系列看似科学的保护与利用措施，在许多部门和领域运行有组织的形式规约下，百姓的日常生活本身被制度化了，人们正在通过创设一系列精神空间去覆盖一个"原真的"自然空间，在一些复古的伪装下，江南水乡系统原本的意义"被表象"[①]掩饰了，是按照一群专家或技术权威制造出来的"社会空间"[②]。乡村价值是多元性的，"乡村的多样性是对冲城市工业化、标准化的最好方式"[③]。当代的乡建，无论是"厕所革命"，还是桥、路、银行、医院等公共服务配套设施的设计，都并非简单的设备、设施升级，而是以"革命"性的创新思维颠覆了对传统乡村系统构架的固有认知，从功能修复到灵性激活，从增产创收转向提质增效，强化了乡村自身发展的原生动力。

（二）融合共生：当代江南村镇文化记忆
建构策略系统框架

当代江南村镇空间文化记忆建构是在营建一个可持续发展的大系统，为应对系统的复杂性，设计学科中一切与衣食住行有关的设计实践，如材料选择、建筑物、基础设施、公共空间、地方产业、生活用品等要素特性、尺度之间与主体身心的匹配度，生产业态、空间形态、生活方式、民俗宗族、乡愁记忆、宗教信仰、价值观念等文化要素都通过建立与江南村镇文化景观之间的关联性和社会适应性，而被纳入村镇景观系

①　张琳、杨珂、刘滨谊、刘苏燕.基于游客和居民不同视角的江南古镇景观地域特征感知研究——以同里古镇为例[J].中国园林,2019(01):12.

②　亨利·列斐伏尔,叶齐茂、倪晓晖译.日常生活批判 第3卷 从现代化到现代主义（关于日常生活的哲学）[M].北京：社会科学文献出版社.2018.652.

③　张京祥、申明锐、赵晨.乡村复兴：生产主义和后生产主义下的中国乡村转型[J].国际城市规划,2014(05):1—7.

统设计和创造的逻辑框架中(图2-5)。促进当代江南村镇可持续发展的因素是多方面的,涉及与居民"生态、生产、生活"相关的多元空间,乡村人居环境的有机生态性、多样性与地域差异性是其本质与底色,特定的村镇空间情境能调动人们的情绪、引起共鸣、形成跨越时空的心灵对话。

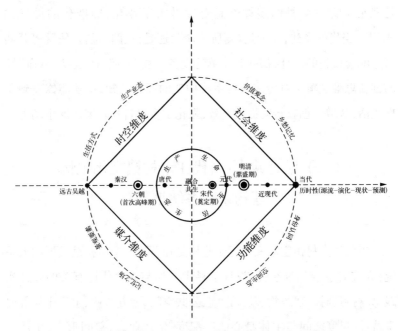

图2-5　当代江南村镇空间文化记忆建构逻辑框架

当代江南村镇文化记忆建构的思维过程聚焦于四个维度、四个层面。(1)社会维度:价值导向的战略定位。以江南村镇可持续发展的战略目标为引领,强调江南村镇文化记忆的价值导向。(2)时空维度:现有乡愁记忆的寻根溯源(历时性研究)。通过回溯传统,对传统江南村镇社会制度、规范尺度、评价标准、技术行为、传统技艺、生活方式、社会组织、宗族血缘、衣食住行、价值观念、审美理想、地域特质、文化基因、语言符号等方面的研究与实证,提炼江南村镇文化记忆的凝聚性结构。(3)媒介维度:语言符号的类型转换(共时性表达)。研究江南村镇自古以来的文化记忆媒介,通过类型提取与转换,完成文化记忆与景观语言符号物态、非物态媒介系统的分类,判断与提取文化记忆中的变量元素,通过重复、提炼、抽象、阐释等方式完成多元媒介要素设计转换。(4)功能维度:情境建构的融合共生。发挥文化记忆的持续性与协调性功能,重建具有乡愁情怀的精神家园,实现生态、生产和生活景观三大类型空间的融合与共生,形成情境重构的景观系统设计构架,形成可持续发展的整合力量。四个维度之间相互渗透、相互作用、动态建构和持续完善,构成当代江南村镇文化景观设计"融合共生"的系统框架,体现了哲学思辨的多元统一性,探讨了景观本体研究从理论到实践体系建构的核心问题。

"江南村镇空间文化记忆的建构"以江南人居文化的地区性为核心,以村镇景观为载体,以扬·阿斯曼的文化记忆理论为研究视角而展开。结合中国社会和村镇发展的现实情况,历时性和共时性两个研究轴线形成严密科学的江南村镇文化景观设计研究整体思维逻辑框架:历时性研究深度剖析传统江南村镇的历史地理源流、演化及现状问题;共时性研究以江南村镇空间的文化记忆建构为目标,从社会维度(战略定位)—时空维度(历时性研究)—媒介维度(共时性表达)—功能维度(身份认同)四个维度来整体建构,各层面子系统之间相互关联,完成乡村景观设计由传统"造物"向"融合共生"景观情境的转换与提升,从而实现理想家园"融合共生"的终极目标,体现出方法与本体的统一,构成一个相互支撑、相辅相成的整体景观系统。在文化记忆导向下,从社会、时空、功能、媒介四个维度搭建起一个精妙互通的生态、生产、生活与生命"融合共生"的当代江南村镇文化景观设计策略体系模型(图 2-6),具有生成性、建构性和对未来的指向性等特点,承载着持续与协调的功能。

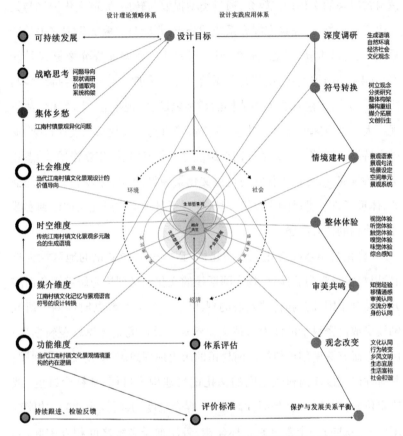

图 2-6　"融合共生"当代江南村镇文化景观设计策略体系模型

"融合共生"的当代江南村镇文化景观设计策略体系包括设计理论策略体系和设计实践应用体系两大子系统。

设计理论策略体系以国家战略为依据,以问题为导向,在深度调研的基础上确定本研究的理论研究视角、设计目标、价值取向和系统构架,再从社会、时空、功能、媒介四个维度建构一个"融合共生"的江南村镇文化景观设计理论框架,搭建起一个生态、生产、生活不同类型空间景观系统创新模型。设计思维过程聚焦于:一是社会维度(战略层)规划定位,直指江南村镇文化的核心层,强调当代江南村镇文化景观的价值指向;二是时空维度(范围层)寻根溯源,对传统江南村镇景观形态本体的生成语境开展深度研究;三是媒介维度(媒介层)转换设计,研究江南村镇文化记忆与景观语言符号的映射关系以及类型转换方式;四是功能维度(构架层)情境建构,提出当代江南村镇文化景观情境的重构策略。这四大维度融合共生整体完成江南村镇文化记忆的建构。"融合共生"既是设计目标也是设计方法,不同的场所对应不同的媒介和表达方式,要将景观形象与江南村镇文化记忆之间的映射关系链接起来,乡愁记忆的"情感动线"始终是一种贯穿始终的内在驱动力。

设计实践应用体系对应具体可居、可游、可赏、可劳作的空间场景,江南村镇空间可以分为生态型景观(自然)、生产型景观(经济)、生活型景观(社会)三大类型的景观系统。生态型景观要素包括生态安全格局、自然山水的品质、建筑形态风貌特色与文化遗产的保护、园林绿化发展水平等;经济型景观要素能反映当前村镇产业的激活与可持续性,如产业融合发展的科学定位与规模、创意农业与产业链延伸拓展情况、乡村旅游景观的创建与运行水平等;社会型景观要素指当前乡村价值观念和谐,包括乡风文明、村镇整体风貌情境的营造、民居空间的保护与利用、区域文化共同体建设等方面,依托"融合共生"的三个类型景观空间,以文化记忆为导向具体创设"指定类比式、象征隐喻式、语境约定式"景观情境重构逻辑,形成一套针对乡村文化景观可持续发展的整体设计方法,结合实际案例,从"深度调研—符号转换—情境建构—整体体验—审美共鸣—观念改变"，不同的景观空间相互交融，不可分离，使江南村镇成为从文化自觉、文化自信走向文化认同的一个全新精神家园。

千百年来江南村镇水岸共生的自然优势和地域属性，成为当代人居环境系统协调、持续、健康发展的有利条件和示范基地。场所与空间不同，一个空间在一段时间内可能会包含多个不同的场所，大到村镇、街道、建筑，小到居家包含若干情境，江南村镇的一条街巷可以由一个交通场所转变为集市街道，形成一种混合着市场、社交、烹饪、餐饮等情境的景观系统。具有地方记忆的景观，不仅提高了村镇环境生态的质量和风貌特色的展示，而且缓解人们的思乡之苦，增进了主体之间的交流，人们在平等的交往中找到了一种身份的认同，从而改变观念和行为，积极的工作和生活态度促进生产增效，经济收入随之提高，同时公共文化活动有利于激发人们热爱生活，对社会的和谐稳定发挥着巨大作用。

综上所述，在生命主体的参与和支配下，文化记忆作为情感维度的核心，发挥着规范性和凝聚性的作用，"融合共生"既是村镇可持续发展的目标，也是实现的方法与路径。基于江南村镇文化记忆建构的"融合共生"景观系统更是一种地方的创生模式，是对中华民族天人合一生态观和价值观的回应，体现了当代人对于乡村人地关系的态度和价值取向。当代江南村镇文化景观作为人类劳动的产物，承载着日常生活的全部，映射出一个群体的思想、组织、制度、行为、知识、语言、符号、情绪、信仰等综合意义，构成了一个层次分明且相辅相成、融合共生的有机复合人居系统。在价值战略定位、审视地方资源、激活地方文化产能、协同和谐社会发展等方面，景观设计能促进村镇发展的战略规划、情感联结、资源整合及有效转化，多元要素在按照某种逻辑有秩序地运行于大系统中，搭建起一个融合共生的江南村镇文化创新平台。

本章小结

　　以集体广泛关注的乡愁文化为导向，从社会战略的高度审视当代江南村镇文化记忆建构的意义及价值取向，江南村镇文化景观作为文化记忆的激活器和媒介，天人合一的哲学理念是当代江南村镇文化景观设计的思想之本，文化认同是城乡社会可持续发展的力量之源。当代江南村镇文化景观设计要顺应百姓期盼，充分挖掘村镇的地方资源和文化价值，推进文旅及相关产业深度融合发展，进一步集聚社会资源，充分激发社会各界参与村镇发展的积极性、主动性、创造性，协同建设生态宜居的幸福家园。文化记忆影响着景观情境的属性和社会价值观，景观情境是记忆主客体情景交融的互动系统，朝着"融合共生"的设计目标定位，深度研究当代江南村镇空间文化记忆与景观情境的互动关系，凝聚成文化记忆导向下当代江南村镇文化景观设计的系统架构，将肩负起应有的社会责任与担当，通过生命主体与生态、生产、生活型不同类型景观之间的互通与融合，有利于处理好保护与发展各子系统之间的平衡关系。

第三章
时空维度：传统江南村镇文化
景观形态的生成语境

　　回忆文化成为日常生活中的一个普遍现象，记忆总是依赖于自然与社会环境，人们诞生的居所就是一个到处充满着记忆痕迹的空间。江南村镇空间记忆由不同的景观形态构成，《辞海》中形态包含"形状和神态"之意。"形"同"型"①等含义，"态"是指某种特定形式的常见的物质状态、神态、姿态、体态、情态。景观形态有两层含义：一是构成村镇空间的物质形态，形成具有了可识别性的、客观存在的景观场所；二是构成村镇空间的非物质形态，是主体心理的反映和认知，包含主观的精神和意义。两个层面互生共存、相互影响，人、村镇聚落与自然构成一个"形、意、理"②天人合一的有机整体。景观形态的生成与更迭离不开环境、经济、社会等各因素之间的相互作用与相辅相成，自然环境制约经济形态，经济形态影响到社会结构和意识形态领域，反过来，价值观念和社会生态又制约生产技术的革新和经济结构形态。回忆文化成为日常生活中的一个普遍现象，以充满主观情感的回忆

---

① 李立.乡村聚落：形态、类型与演变——以江南地区为例[M].南京：东南大学出版社.2007.14—15.
② 程泰宁.程泰宁文集[M].武汉：华中科技大学出版社.2011.33—34.

作为引擎,对江南地区历史地理尤其是"人地关系"①的深度研究是做好设计的起点。"通过指涉过去获得有关自我定义的各种因素,并为未来的期望和行动目标找到支撑点"②,为当代文化景观的设计提供科学依据,让时间和空间极其紧密地联系起来,从而将江南传统村镇文化中蕴含的基本原理内化为现实需要,用于当下,并影响未来。

一、 知理:自然环境对江南传统村镇
空间形态的影响

中国大陆环境的地理结构是中国社会形态构成的基石,与之相应的生产生活方式、聚落形态、建筑型制、器具尺度、宗族结构等形成一个文化有机体。江南区域地理景观的变迁是中国大陆整体开发史中不可分离的一部分,从生态学的角度来看,古代中国人的生存环境具有向心性,是相对自我封闭且良性稳定的;同时传统村落又是开放的,周边地带也可以通过交流融合参与这种向心结构。千百年来,江南村镇以水环境作为基底,河流为脉络,在人与自然双向作用的过程中,地表、气候、动植物界包括人类自身都在不断地动态发展和变化着,多元要素互融共生形成了"宛如天开"的水乡风貌和地域文化特色极其鲜明的江南村镇景观。

---

① 侯仁之.城市历史地理的研究与城市规划[J].地理学报,1979(04):315—328.
② 扬·阿斯曼,金寿福等译.文化记忆 早期高级文化中的文字、回忆和政治身份[M].北京:北京大学出版社.2015.80.

（一）地形地貌是成就江南村镇水乡格局的核心要素

我国自然环境极富变化,包括山岳、平原、江河、湖泊、丘陵、盆地、岛屿、沙漠等。江南地区"山地地貌的发育受到大地构造单元特性约束"[①],宁镇山脉地势从南京到孟河,西高东低,西宽东窄,成就了江南东部地区海拔低、地势平坦、江湖河海交汇、地域性极强的水乡格局。自然气候影响着村落的选址、形制与发展;地形地质也是聚落形成的载体、影响建筑风貌的基本因素,不同的地质环境和自然条件还为当地村落和民居建筑提供了就地可取的建材,古代先民针对不同的自然条件和地质环境采取了不同的防护技术和生存手段。如我国南方建筑的干栏结构体系就是为了适应居住地崎岖不平、岩石坚硬的地形地貌特殊性,考虑到诸如雨季多、潮湿、炎热等气候因素,创造了一个底层架支撑建筑结构的模式,来调节高度,以增强二层或以上楼层平面平坦和舒适度。

1. 多样性的地形地貌决定了江南村镇聚落择址的多态性

江南地区自然环境比较复杂,地形地貌极具特色,水陆相间、平洼错杂,江河湖海相互通流、河村相依。从总体上看,其基本特征是四周高仰,中部低洼,西部地区分布着浙西北的莫干山地、苏浙交界处的长兴和宜兴山地、西北部的宁镇山脉,山地地貌在外来力量的作用下形成,从南向北逐渐过渡特征鲜明。陈月秋在《太湖成因的新认识》一文中否定了太湖是泻湖成因的传统说法,提出了"太湖是一个构造湖""受新构造运动控制"[②]的结论。据"遗址考古"报告可知:在距今七八

---

① 陈吉余、虞志英、恽才兴.长江三角洲的地貌发育[J].地理学报,1959(03):201—220.

② 陈月秋.太湖成因的新认识[J].地理学报,1986(01):23—31.

千年前的马家浜文化遗址中发现了中国最早的古稻田灌溉系统,说明当时先人过着农耕为主渔猎为辅的定居生活,古村落基本还是沿河聚集分布(图3-1)。

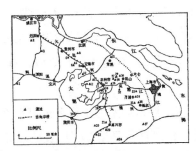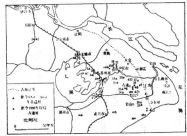

图3-1 长江下游距今7000—5000年古遗址分布图(左)/长江下游距今5000年以来古遗址分布图(右)①

从上图中古遗址分布点可见,距今7000—5000年"马家浜文化"和"崧泽文化"从西往东分布的古村落遗址有溧阳神墩、丹阳八卦荡、金坛北水荡、常州市圩墩、无锡庙墩上、无锡新续南、江阴护城河北、无锡卢花荡/庵基庙、吴县虎山、吴县华山招、苏州市白虎墩北/六墩桥/磨盘山/越城、桐乡谭家湾/罗家角、嘉兴马家澳桐,东到上海地区福泉山、汤庙村、查山等村落遗址都在古运河岸线和吴淞江周边,从距今5000年以来古遗址分布图可见古代江南聚落随着古海岸线的东移。

早期江南聚落遗迹呈现出多以河流为中轴的平面布局特征,这十八处不同时期典型遗址的选址,其中绝大部分的聚落坐落在河流、湖泊岸边或附近(图3-2)。早期考古研究成果使得学界不但能够观察江南地区部分史前城址的规划布局,也能进一步考察聚落之间,聚落与城址、城址与城址之间的联系,并由此进一步思考江南地区早期城邑起源和发展的独特道路,以及早期城邑与城市产生、国家起源之间内在历史

---

① 陈月秋.太湖成因的新认识[J].地理学报,1986(01):26—27.

联系等重大问题。高蒙河在《长江下游考古地理》一书中认为江南水域环境是一个持续动态变迁的过程,反映出人地之间相互影响互为因果的关系,江南地区聚落选址受到地理环境要素的制约,其中地貌、水源、交通、资源等最为关键;他还提出长江下游地形地貌的"多样性"决定了古人在选择生存居所的"多态性"①,并详细指出了原始聚落是分等级的聚落,分为乡村型聚落、城镇型聚落,基本类型有坡地型、岗地型、台墩型、湖泊型、复合多态型。

以"聚落考古学"理论为指导,长江下游地区发掘了许多史前聚落遗址,从良渚时期的聚落遗址数量来看,"良渚早期 87 处,良渚中期112 处,良渚晚期 110 处"②(图 3-2)。其中数量占多数的是台墩型遗址,其功能包括居住、埋葬墓地、祭坛等。聚落和建筑结构功能分区化,有地穴式建筑、平地式建筑、干栏式建筑、台基式建筑等多种形制,家庭也呈现出向心式与离心式的布局形态,聚落演化和文化发展过程形成连续进化模式、异化进化模式和断裂进化模式,这些模式的形成与遗址所在的地理环境和气候等自然条件变化以及人的生产活动息息相关。

2. 水岸互生是平衡江南动态变迁的内在要因

江南地区以太湖流域为中心,河道纵横交错。《史记》上记载的"五湖"(游湖、莫湖、胥湖、贡湖、菱湖)周边都是当时文明发达之地。《三吴郡国志》也证明五湖是太湖形成之前动态变化的水系状态,东汉以后太湖才逐步形成,汇入太湖的有荆溪和苕溪等众多汇口,在注入水系波浪的作用下,湖盆的外貌特征鲜明,太湖以东形成淀泖湖群和阳城

① 高蒙河.长江下游考古地理[M].上海:复旦大学出版社.2005.132—139.
② 陈国灿编.江南城镇通史 先秦秦汉卷[M].上海:上海人民出版社.2017.2—7.

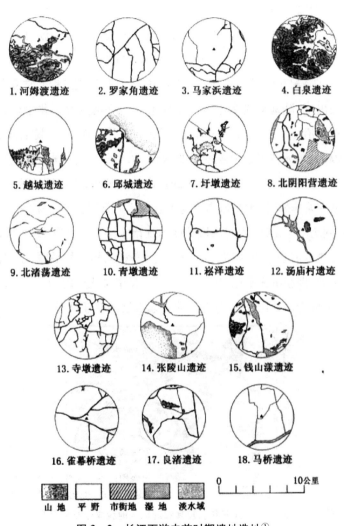

1.河姆渡遗迹　　2.罗家角遗迹　　3.马家浜遗迹　　4.白泉遗迹

5.越城遗迹　　6.邱城遗迹　　7.圩墩遗迹　　8.北阴阳营遗迹

9.北渚荡遗迹　　10.青墩遗迹　　11.崧泽遗迹　　12.汤庙村遗迹

13.寺墩遗迹　　14.张陵山遗迹　　15.钱山漾遗迹

16.雀幕桥遗迹　　17.良渚遗迹　　18.马桥遗迹

山地　平野　市街地　湿地　淡水域

0　　　　　　10公里

图3-2　长江下游史前时期遗址选址①

①　图片来源:高蒙河.长江下游考古地理[M].上海:复旦大学出版社.2005.146。

湖群,太湖以南为湖州低地,太湖以北有古芙蓉湖群,东北湖岸受到零碎分布的山体影响,地形较复杂化,太湖以西发育为洮滆湖群,地面海拔高度一般均在3.5米以下,使之成为闻名世界的"鱼米之乡"[1]。

在江海相互作用之下,长江三角洲的发育和形成过程非常复杂,局部地段出现"陆地坍塌和岸线内缩现象"[2]。在河姆渡文化全盛初期,我国东部沿海发生最后一次海进(图3-3)并迅速扩大,陈吉余认为"友地构造单元特征是地貌发育的基础"[3],《长江三角洲的地貌发育》一文科学分析了长江三角洲区域的江南地区地貌,指出该地区地貌成因类型非常丰富:西部是以南京为中心的凹陷范围,南部是杭州的凹陷区,中间为莫干山区,太湖流域地区为江南古陆部分,东面是古代海积平原或掩埋海积平原、新海相沉积平原、海相河相沉积平原、沙洲河相沉积平原、湖相沉积平原、陆屿、沙堤等。良渚文化后期,大面积海退开始,逐渐成为一片沼泽地,这是一个动态发展的变迁过程。

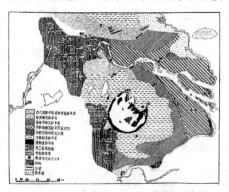

图3-3 长江三角洲及其邻近地区地貌成因类型图[4]

---

① 王建革.水文、稻作、景观与江南生态文明的历史经验[J].思想战线,2017(1):156.
② 林峰编著.江南水乡 第2版[M].上海:上海交通大学出版社.2008(8):4.
③ 陈吉余、虞志英、恽才兴.长江三角洲的地貌发育[J].地理学报,1959(03):202.
④ 图片来源:陈吉余、虞志英、恽才兴.长江三角洲的地貌发育[J].地理学报,1959(03):205。

　　环太湖江南地区整体空间犹如一个生命有机体,人的行为与自然环境之间相互作用形成天人合一的人地平衡关系。首先,是远古时期地球气候的变化具有特殊的灵敏性,地处河口地区的三角洲平原在海水(波浪)、江水(泥沙)以及水流、合成风的共同作用下发育和形成;其次,江岸海岸的发展受到人类生产生活行为的重大影响,三角洲的人工水系在吴越时代前就已经基本完成,开始兴建海塘、宋石塘保坍、明到清初系统的石塘和在河流上兴建的垮堤,在生产过程中形成的圩田和丘田等等,使得平原上的微地貌特征显得复杂化。在海进与海退的反复冲击下,不同时期的海面高潮位控制着其高程,"长江三角洲广大的滨海平原的古地形原始高低起伏逐渐淤积填平,发育形成了一系列复式岸外砂咀"[①]。人们在不断与自然适应的过程中提高了应对自然的技术能力,影响到长三角环太湖地区的江河湖海沿岸地形地貌的发育和村镇聚落的变迁。几千年以来在人与自然力的耦合作用下,三角洲碟形地貌沿海岸线逐渐抬升,海面在波动中呈现上涨趋势。太湖汇水成湖耗时千年甚至更长,考古证明:"太湖平原在战国和西汉时代没有形成统一湖面"[②],"太湖形成于春秋到西汉末年这一段时期"[③]。

　　不同历史时期的江南地理环境是动态变化的,聚落与河道水网、圩田、海塘等核心要素形成密不可分的"浜村相依"[④]关系(图3-4),河浜的格局决定了村镇景观的形态。江南古镇区位选址较为相似,大都通过主干或直流与大运河相连通,一般为城市与乡村的贸易中转站以及州县与乡村之间贸易的联结纽带,如苏州的周庄、同里、甪直震泽、千灯、凤凰等;嘉兴的乌镇、西塘;湖州的新市;无锡的惠山;常州的孟河、

①　陈吉余、虞志英、恽才兴.长江三角洲的地貌发育[J].地理学报,1959(03):201—220.
②　王建革.江南环境史研究[M].北京:科学出版社.2016.401.
③　王建革.太湖形成与《汉书·地理志》三江[J].历史地理,2014(01):44—55.
④　吴俊范.水乡聚落 太湖以东家园生态史研究[M].上海:上海古籍出版社.2016.3.

焦溪；上海的新场、朱家角、金泽、练塘、枫泾等，江南村镇聚落空间布局与江南水网之间形成了相互依存的共生关系。

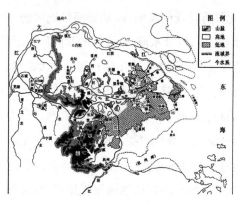

图 3 - 4　古代太湖流域水网情况①

（二）运河贯通是维系江南村镇聚落兴衰的人工智慧

在农耕文明时代，沿岸水环境的变化速度与人类的活动息息相关，河流是江南地域各环境要素中最为关键的因素。《淮南子·齐俗训》记载"胡人便于马，越人便于舟"②，在河姆渡文化时期，船只成为重要的生产工具和交通工具，按照学者陈月秋提供的"距今 7000—5000 年古遗址分布图"可知，马家浜文化遗址古村落分布所在的古运河岸线与后来的江南运河线路很接近，可见远古时期的江南就有一些人工开挖或者疏浚的河流。尧、舜、禹时代发生大洪水，《史记·河渠书》中描述了"禹抑洪水"③即大禹治水的状况，"东方则通（鸿）沟江淮之间。

---

①　图片来源：王建革.太湖形成与《汉书·地理志》三江[J].历史地理.2014(01):47。

②　刘安，许慎注，陈广忠校点.国学典藏 淮南子[M].上海：上海古籍出版社.2016.271.

③　周魁一等注释.二十五史河渠志注释[M].北京：中国书店.1990.1—3."禹抑洪水十三年，过家不入门。"

于吴,则通渠三江、五湖……此渠皆可行舟"①,这里指的是相当于良渚文化后期(4200年前)大禹疏通江淮邗沟的景象。

1. 江南运河的疏浚沟通为江南村镇发展奠定了基础

江南运河,古运河名"江南河",至于江南运河缘起于何时至今没有统一定论。宋代《舆地纪胜》卷七载"禹疏渠"秦代在春秋吴人基础上疏浚而成人工运河;隋大业六年(610)重浚,隋炀帝"敕穿江南河"②,即"自京口经常、锡、苏,绕太湖东缘,经浙江嘉兴而至杭州"③。后屡经疏浚拓展绵延至今,兼具交通运输、农田灌溉、水产养殖、生活用水、泄洪排涝等综合效益,成为江浙沪内河航运主干线,更是古代漕运事业最为繁忙的黄金地段,江南运河的开发也成为历代帝王极为关注的要事。商末(公元前1122年)周朝开国君主古公亶父长子太伯南下,在今无锡梅里建"勾吴国"④。周太伯围湖造田,像筑城一样地围堤,疏浚吴国都城梅里贯通东西的交通水道,此河以"泰伯"命名。从太伯开渎(史称"太伯渎"),到春秋吴国时,江南生产发展较快,经济实力雄厚。

汉代《越绝书》卷二"吴古故水道"⑤中的"渎"就是"太伯渎",梅亭就是梅里。古吴水道东段与太伯渎基本重叠,二者方位基本相同,在一

---

① 陈正宏.史记精读[M].上海:复旦大学出版社.2005.67."此渠皆可行舟,有余则用溉浸,姓缘其利。至于所过,往往引其水,益用溉田畴之渠,以万亿计,然莫足数也。"此处的"江",特指长江,这与"河"特指黄河是同样的用法。又研究者参照其中"西方""东方"两句的句式及其在楚地的位置,认为"鸿沟"的"鸿"是衍字,而推定此处所言的"沟",当指南起扬州、北至淮安,沟通长江淮河两大水系,后来成为京杭大运河重要基础的人工渠邗沟。至于接着讲到的吴地"三江"与"五湖",则据此前者应当指松江、娄江和东江,后者乃指以太湖为中心的太湖流域湖泊群。

② 钟军、朱昌春、蔡亮.唐唐运河故道地名考[M].北京:中国社会出版社.2017.116.

③ 河海大学《水利大辞典》编辑修订委员会编.水利大辞典[M].上海:上海辞书出版社.2015.24.

④ 赵晔.吴越春秋[M].北京:商务印书馆.1937.7—8.

⑤ 袁康、吴平.越绝书[M].杭州:浙江古籍出版社.2013.7.

百多里长的水道上,前后利用了濠湖、漕湖(蠡湖)、杨湖(阳湖)等,这些水道与湖泊多数利用了自然水域,并加以人工疏浚沟通而成,承前启后,水脉相承,大大节省工役,加快疏浚通达的时间。同时,由于常州以西地势渐高不易开凿,古吴水道达于阳湖后没有往西,而是折北呈"L"状,随着安阳湖、宋剑湖、芙蓉湖等有利的水网,由渔浦(利港)入江,对于灌溉、泄洪和达江通海的运输等均具有重要意义。

早期对于江南范围的界定比较宽泛,包括长江中游的楚国,《汉书》中"或火耕水耨,民食鱼稻,以渔猎山伐为业"[①]正是描述楚地的环境生态和产业状况。据欧阳洪《京杭运河工程史考》[②]可知,吴王阖闾为了伐楚,于周敬王六年(公元前514年)沿荆溪上游开河运粮,西入长江,东通太湖,史称胥河(图3-5),后名胥溪河,其间胥门到横塘的一段河道,可谓江南运河的前身。

图3-5 古江南河与百尺渎[③]

清《江南通志》卷十三《舆地志》记载:"运河,在府南。自望亭入无

---

① 班固,颜师古注.汉书 卷二十八上地理志 第八 下[M].北京:中华书局.2005.1327.
② 欧阳洪.京杭运河工程史考[M].南京:江苏省航海学会.1988.89—95.
③ 图片来源:傅崇兰.中国运河传[M].山西:山西人民出版社.2005.29。

锡界,流经郡治,西北抵奔牛镇,达于孟河,行百七十余里。吴夫差所凿。"①此河开凿时间比通江淮的邗沟早了9年(公元前486年吴王夫差因争霸中原运粮之需筑邗城),《左传》载"秋,吴城邗,沟通江、淮"②。(图3-6)介于扬州与淮安之间的邗沟为贯通江淮南北的大运河奠定了基础。"在邗沟之先开凿的有'堰渎''胥渎''古江南运河''百尺渎'4条运河"③,吴古故水道和吴邗沟是江南运河的统称。

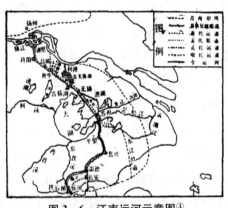

图3-6　江南运河示意图④

2. 大运河成为维系江南区域与国家命脉的重要枢纽

《越绝书·吴地传》:"秦始皇造道陵,……通浙江。"⑤此水道正是江南运河南段的雏形。《至元嘉禾志》卷五:"马塘堰在县南七里。……秦

---

①　欧阳洪.京杭运河工程史考[M].南京:江苏省航海学会.1988.8—20.

②　杜预集解,左丘明撰,李梦生整理.四书五经 大儒注本4 春秋左传集解[M].南京:凤凰出版社.2015.848.

③　傅崇兰.中国运河传[M].太原:山西人民出版社.2005.27.在邗沟之先开凿的有"堰渎""胥渎""古江南运河""百尺渎"4条运河;在其后开凿的有"菏水"运河,这几条运河不是各自孤立出现,而是在吴国崛起争霸过程中循着当时的历史进程而有序形成的。

④　图片来源:潘镛.隋唐时期的运河和漕运[M].西安:三秦出版社.1986.6。

⑤　童一秋主编.千古王朝——秦皇嬴政王朝上[M].北京:中国盲文出版社.2002.312.

始皇三十七年东巡至此,改长水乡为由拳乡,遏水为堰。"①秦代江南运河的开凿,与秦始皇出巡会稽的目的是一致的,都是为了加强对吴中地区的控制。据《南齐书》卷十四《州郡志》中有关漕运兴起的记载,公元前210年"丹徒水道入通吴、会"(丹徒水道即江南运河),为了解决南北粮食的运输问题,秦始皇开挖运河,在荥阳附近的鸿沟和济水处由黄河分流出来的水口上,建立起了一个巨大的粮仓(敖仓),从鸿沟和济水运来的粮食在此总会合,然后再由黄河、渭河转运输送到咸阳,班固称此漕渠"泛舟山东,控引淮、湖,与海通波";在南方,也接通了苏州到嘉兴的运道。

魏晋南北朝多战乱,漕网遭到破坏,孙权建都于建业,"遣校尉陈勋将屯田及作士三万人凿句容中道"②,这条通吴郡至会稽郡转运漕粮的运河一直到六朝时期都是漕运要道。隋代是我国南北大运河贯通的形成时期,隋建都长安(今西安市),隋大业六年(610年)"自京口至余杭浙江杭县,八百余里,广十余丈"③,对江南运河故道进行全面整治。唐代漕运蓬勃发展,宰相李吉甫的《元和郡县图志》④、皮日休的《皮子文薮》、李敬方的诗《汴河直进船》⑤;白居易的"平河七百里,沃壤二三

---

① 魏嵩山.太湖流域开发探源[M].南昌:江西教育出版社.1993.142—145.

② 潘镛.隋唐时期的运河和漕运[M].西安:三秦出版社.1986.13.

③ 邓之诚.中华二千年史 卷三 隋唐五代[M].东方出版社.2013.48.炀帝二游江都,大摆宴席,宴请江淮名士,炫耀豪华;大业十二年(公元616),隋炀帝令毗陵(今江苏常州)通守路道德集十郡兵数万人,于郡东南建造宫苑"毗陵驿"。经过隋代修治,江南运河更加径直、深阔,终于成为我国东南地区一条重要的航道。

④ 吕思勉、马东峰主编.隋唐五代史 下[M].北京:北京理工大学出版社.2016.876.唐宪宗元和八年(公元813年),宰相李吉甫奉诏撰成《元和郡县图志》四十卷,每镇皆有图,其后图已散失,是研究唐代地理的重要著作。"隋氏作之虽劳,后代实受其利","公家运漕,私行商旅,舳舻相继"。

⑤ 潘镛.隋唐时期的运河和漕运[M].西安:三秦出版社.1986.51.皮日休的《皮子文薮》卷四《汴河铭》有"隋之疏淇汴……在隋之民不胜其害也,在唐之民不胜其利也""通涿郡之渔商,南运江都之转输,其为利也博哉"的评价;李敬方诗《汴河直进船》:"东南四十三州地,取尽脂膏是此河。"

州①"都是称赞唐朝漕运空前发达、国力强盛的创举,唐代开元时期每年的运量在"230万石—250万石"之间,唐中期以后漕运兴起"每年通过大运河北上的粮食不下400万石"②。但是"安史之乱"之后,农业和交通运输遭到破坏,"每年漕运的运量只有10万石—20万石"③。宋代的江南运河在南粮北调始发中占据重要地位,尤其是南宋建都临安后,大运河作为国家的生命线,在运河航道疏治维护、堤岸大修、闸坝配套、纤道桥涵、水源调济以及管理制度等各个方面成就斐然。正如南宋詹体仁曰:"苏、秀、常、润田之高中者实赖之。"④到了明代,漕粮的征解和漕运管理制度经历了"支运—兑运—长运"⑤三个发展阶段,促进了漕运方式的变革,也带来了南北运河沿线城镇和商品经济的繁荣。漕运在明清时期达到顶峰,成为维系帝国命脉的重要枢纽,清代初期对漕运航线和制度精心管理,保证通航不断,运河所经过的地方也是江南极其富庶的区域。苏轼《表忠观碑记》"吴越地方千里,带甲十万"⑥,当时兴盛的宋代新兴城市,大多是漕运枢纽点,其中有一半以上都在江南地区。北京、沈阳故宫博物院藏《南巡图》⑦(图3-7、3-8、3-9)画卷中都可以推演出江南当时漕运的繁荣盛况。

后来随着漕运制度自身的弊端显现、河运向海运转变和鸦片战争的社会巨变,漕运制度走向衰亡。可见,古代漕运制的产生和实行,对稳定地区社会秩序,促进商品经济的流转和物资流通,加强文化交流,

---

①　《白氏长庆集》卷二十七"想东游五十韵并序"。

②　黄胜平,郑晓奇主编.江南文史钩沉[M].兰州:甘肃人民出版社.2003.

③　彭云鹤.明清漕运史[M].北京:首都师范大学出版社.1995.33—34.

④　《泉南杂志》卷下.参见潘镛.隋唐时期的运河和漕运[M].西安:三秦出版社.1986.44."浙右之有漕渠,非止通馈运,资国信往来而已,苏、秀、常、润之高中者实赖之。"

⑤　彭云鹤.明清漕运史[M].北京:首都师范大学出版社.1995.138.

⑥　姚鼐纂集,胡士明、李祚唐标校.国学典藏 古文辞类纂[M].上海:上海古籍出版社.2016.484.

⑦　李理.紫气东来 沈阳故宫博物院院藏绘画研究[M].北京:故宫出版社.2013.93.

巩固国家政权统治等方面发挥着至关重要的作用,中国漕运事业事关国家的兴衰和生死攸关。大运河催生了江南运河沿线城镇聚落,加强了从"乡村—集市—城镇"的空间联系,几千年的文明积淀发展成为中国人集体认同的母亲河。中国大运河将不同历史时期零散分布于不同城镇区间的运河连通成一条统一管理、疏浚和建设的人工河流,大运河的水路运输对于国家和区域发展具有无可替代的强大支撑力量。

图3-7　北京故宫博物院藏《南巡图》正本第九卷(左)/正本第十卷(中)/正本第十二卷(右)(局部)①

(三)水乡生态是影响江南农业景观变迁的重要条件

　　古代江南的植被景观与当时的气候和水环境密切相关。考古研究分析表明,河姆渡遗址马家浜时期和崧泽遗址崧泽时期"人的食物结构是以稻米为主(图3-8),兼及菠菜、甜菜等"②,陆地和水生植物等环境景观共生,而且崧泽时期的生产生活高于马家浜时期,出现了比较发达的农作物生产和"渔猎景观"③及桑林景观,出土的象牙雕器器表"也

①　李理.紫气东来 沈阳故宫博物院藏绘画研究[M].北京:紫禁城出版社.2013.93.
②　高蒙河.长江下游考古地理[M].上海:复旦大学出版社.2005.146.
③　黄渭金.河姆渡人的饮食习俗[M].农业考古,1997(03):250—254.

有蚕纹和编织纹图案"①。苏州草鞋山遗址进行的古稻田遗址证明太湖流域是稻作文明的起源地(图3-9),此次考古发掘包括"以蓄水井为水源"的灌溉系统和"以水塘为水源"②的灌溉系统;太湖流域地区的自然面貌的改造,有利于当地居民的生产生活,促进了经济繁荣,也催生了江南先进的地域文化。

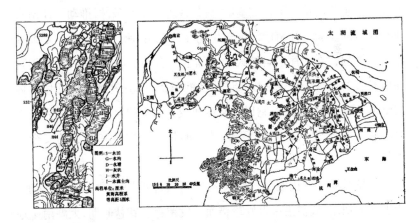

图3-8 马家浜时期的水田遗迹图③(左) 图3-9 太湖流域图④(右)

1. 江南"塘浦圩田"农业景观的形成

江南地区水网密集、沼泽遍布,适宜水稻生长,大开沟渠不仅可以疏散积水,还可以筑土堆墩,将田埂储水成稻田。这样按照"井"字格规划形成江南地区原始氏族公社土地公有制的雏形。在西周以前

---

① 南京博物院.江苏吴县草鞋山遗址 文物资料丛刊3[M].北京:文物出版社.1980.3—4.
② 高蒙河.长江下游考古地理[M].上海:复旦大学出版社.2005.229.
③ 图片来源:高蒙河.长江下游考古地理[M].上海:复旦大学出版社.2005.230。
④ 图片来源:郑肇经.太湖水利技术史[M].北京:农业出版社.1987.97。

"井"字格规划就已经存在,但"直到西周才臻于完善"①,对具体数据做了严格规定,"以井字形划分为九等份"②。《吴越春秋》卷四记录大禹定都绍兴后"造井示民,以为法度"③,称"井"为法度来教化、推行法度,实现文明兴邦的宏图大略。《说文》中言"井,八家一井。象构韩形"④。分布在太湖周围的江南农耕稻作灌溉水利系统成为江南运河的雏形,不仅为吴越争霸奠定了物质基础,更是改善了水运条件,推动了江南农业和经济的发展。江南传统聚落中所呈现的井字形和方形,不是纯粹用来装饰的,"在无序的自然大地上加上了有序的创造,是我们人类存在所具有的最富于特色和极具证明性的东西"⑤,这些纯粹的几何学体块给人一种抽象的思考,它以日常劳作或者活动的尺度、体量关系与人的身体综合感觉取得一种平衡,满足的是人的精神和心灵的安全与愉悦。

春秋时期,"井田制"已被废弃,唯有其灌渠深阔广大,且有交通、泄洪之大功用,故被沿岸百姓珍惜而自发留存。春秋时期,太湖南岸地广人稀、河流纵横、交通不便"其厥土唯涂泥","厥田唯下下",因战争需要,吴王阖闾及其弟夫、越王勾践和范蠡都在此修城屯兵,其后,"春申君在苏州西南设立菰城县,并作为屯兵之所"⑥。同时,在水利和海防条件较好的常州、无锡、苏州、常熟、太仓、松江、嘉兴一带大面积的

---

① 陆步亭主编.中国通史[M].北京:中国华侨出版社.2015.24.
② 中村邦彦,李青、梁艳译.中国的故事[M].北京:中国友谊出版公司.2016.16.把边长为1里、面积为900亩的正方形土地以井字形划分为九等份,周围的八块地作为私田由八户人家各自耕种100亩,中间的100亩作为公田由各户共同耕种,并把公田的收获作为租税缴纳给国家。
③ 沈建中.大禹陵志[M].北京:研究出版社.2005.14. 井:地穴(体切出水也),故《易》曰:"井冽寒泉食","甃之以石,则洁而不泥。汲之以器,则养而不穷,井之功大矣"。
④ 马宗申校注.授时通考校注(第二册)[M].北京:农业出版社.1992.321.
⑤ 王昀.空间穿越[M].沈阳:辽宁科学技术出版社.2010.13.
⑥ 吴兴区水利局编.吴兴溇港文化史[M].上海:同济大学出版社.2013.13.

"屯田"活动兴起。太湖周围因要化湖泽为良田,只能舍弃私利,守"井田"之良法,呈现出一幅"圩圩相接,沟渠交错""旱则溉之,水则泄之""以沟为天"①的水网圩田图景。太湖流域水网密集,河流纵横,棋盘式的"塘浦圩田"②易于施工。塘浦是太湖地区的河网,南北向的沟渠为纵浦,东西向的为横塘,当地称之为泾、㳇、港等名称(图3-10和图3-11)。圩田也是江南地区水利工程的一种类型,范仲淹对圩田的结构、规模和工程布局有过具体描述:"江南旧有圩田,每一圩方数十里,如大城。中有河渠,外有门闸,旱则开闸引江水之利,潦则闭闸拒江水之害。旱涝不及,为农美利。"③

图3-10 左:陂塘/右:水塘 　　　图3-11 田圃④

自汉末到唐代中叶,北方长期战乱,中原大批移民南迁,经历了以太湖农业为经济重心的六朝治理,太湖塘浦圩田逐渐形成,《陈书·宣

① 《钦定全唐文》卷四二九—四三〇。

② 王英华、杜龙江、邓俊.图说中华水文化丛书 图说古代水利工程[M].北京:中国水利水电出版社.2015.63.塘浦圩田就是利用湖区天然河渠开挖塘浦,疏通积水,同时以挖出之土构筑堤岸,将田围在中间,水挡在堤外围;内开河渠,设涵闸,有排有灌。塘浦是太湖地区的河网水系,太湖平原地势平坦,塘浦纵横,其中,沟渠南北向者称纵浦,东西向者称横塘,太湖地区的围田形成棋盘式的独特景象。

③ 熊达成,郭涛编著.中国水利科学技术史概论[M].成都:成都科技大学出版社.1989.205.

④ 图片来源:鄂尔泰、张廷玉等.钦定授时通考 第2册[M].1742.304—306。

帝纪》中的"良畴美柘,畦畎相望,连宇高甍,阡陌如绣"①称赞了梁武帝时代的江南地区秀美之景象。唐代是我国水利营田蓬勃发展的时期,更加注重南方经济的开发,当时在江南东道(太湖流域)下游地区创置了三大屯田区,大规模地开展治水治田活动,脉络贯通,纵横分布,"仿佛井田遗象"②,至五代吴越进一步臻于完整和巩固,水工技术进一步提升,人类活动是造成河流、沼泽、降雨等水环境变化的重要原因,从而影响到农作物景观的类型和格局。

2. 江南水乡生态与审美观念变迁的依存关系

人类活动对农作物景观生态系统的形成和运行产生重要影响,农业景观生态系统包括自然生态和文化生态,两大子系统和谐共生,难以分离。王建革认为乡村和农田是"江南生态环境系统的核心层""土壤、海塘、水生植被等是核心外层的自然环境因素"③。长江以北的扬州、太湖平原以西丘陵地区的南京作为政治中心,以及浙江北部杭州等地,火耕农业和生活方式趋同,在汉唐时期文化经济相对一体化。江南的概念主要集中于太湖东部的吴淞江流域,与河道、水环境变化息息相关,社会组织、聚落形态和经济水平与早期的江南区域有明显差异,东部的苏松与杭嘉湖地区,以溢流的方式入海,圩田水利具有非常高的生产力,形成太湖东部地区的特色经济。

从东汉到六朝,江南大量的水生植物如芦苇、菰草与菖蒲等挺水植物大量繁衍,沼泽地也适宜树类和灌木状散生竹、乔木的生长,与旱地植被如松类、映山红等错落有致,荷花与水生植物群落生长。生态环境和

---

① 姚思廉撰.陈书 卷五[M].北京:中华书局.1973.82.

② 《捍海塘志》称:"五代钱王,沿塘以置泾,由泾以通港;使塘以行水,泾以均水,塍以御水;脉络贯通,纵横分布,旱、涝有备,仿佛井田遗象。"

③ 王建革.江南环境史研究[M].北京:科学出版社.2016.2、21、307.

农业景观的变化影响着各时代不同的审美观念。水稻本为江南主要农作物,但由于东晋大批北方人南迁,"江南人口猛增,官府公开督民种麦"[①],东晋太和六年(371)"丹杨、晋陵、吴郡、吴兴、临海五郡又大水,稻稼荡没,黎庶饥馑"[②]。梁元帝有《春荻》诗:"翠炎玉池前,遥映江南莲。非秋无有眊,未烧不生烟。"[③]该诗记录了荻与荷花相邻生于水泊的自然美景。六朝时期南方也开始种植大麻、苎麻等,成为重要的麻布产区,人民安居乐业、知足常乐,江南逐渐发展成为全国最富庶的经济区域。

唐中期以后,"高度权力的运河和自由分散的小农田块的密切结合"[④],河道与河岸上的植被,网络化的圩田与农作物,共同塑造了江南的田野景观(图3-12)。南唐李后主的词《望江南》[⑤]中秋天景色被苇花占去了很大部分,芦苇滩也是池鹭、华亭等禽鸟类最佳的栖息之地。宋代水面被开垦成圩田、湖田,芦花景观大规模减少,"江上秋深客未归,获花枫叶两依依"构成极为壮观的秋景。元代随着淤积的清理和农业的开发,湖边浅滩芦苇成片减少,只能出现在河道和江心洲上,文人画家倪瓒的《江南春》"春风颠,春雨急,清泪泓泓江竹湿"[⑥],就描绘了江南夜雨、芦笋、日出、惊禽的美妙景观,与吴镇的《芦花寒雁图》[⑦]相

①　陈国灿编.江南城镇通史 六朝隋唐五代卷[M].上海:上海人民出版社.2017.12.
②　房玄龄.晋书 卷二七 五行志[M].北京:中华书局.1962.816.
③　谢灵运《山居赋》载《宋书》卷六七:"阡陌纵横,塍埒交经。导渠引流,脉散沟并。蔚蔚丰秔,苾苾香秏。送夏蚤秀,迎秋晚成。兼有陵陆,麻麦粟菽。候时觇节,递艺递孰。"谢灵运就是选择了这样一处山水幽深的地方,来"刊剪开筑,此焉居处",建立他的居宅的。山墅周回,有上好的土地,所谓"田连冈而盈畴,岭枕水而通阡"。
④　王建革.19—20世纪江南田野景观变迁与文化生态[J].民俗研究,2018(2):35—38.
⑤　许渊冲译.许渊冲文集 唐五代词选 汉译英[M].北京:海豚出版社.2013.
⑥　王晓骊.三吴文人画题跋研究[M].上海:上海人民出版社.2013.188."春风颠,春雨急,清泪泓泓江竹湿。落花辞枝梅何及,丝桐哀鸣乱朱碧。嗟我何为去乡邑,相如家徒四壁立。柳花入水化绿萍,风波浩荡心怔营。"
⑦　吴镇.芦花寒雁图[J].汉江论坛,2018(11):162.吴镇(公元1330年)的《芦花寒雁图》此图画"远岫平溪、石滩丛树。溪中芦苇丛生,扁舟一叶。一人坐舟中拍头眺望,两只寒雁翔翔水面。芦苇渔舟用细笔勾描,远树滩头随意点染,笔法灵活,水墨湿润,意境幽深"。

似，表达了文人隐士清高、避世、逍遥的人生态度和理想境界。唐宋时著名的美味珍馐松江鲈鱼在元代就受到威胁，明代由于吴淞江的水流转移到黄浦江，丰水环境和产卵环境的改变导致松江鲈鱼逐渐减少甚至消失。另外，随着松江一带的开发，这阶段的许多鸟类特别是华亭鹤基本消失；大水面荷花群落规模减小，吴江长桥区的淤浅和湖田化，水网越来越复杂，水面破碎化（图3-13）。到了明清时期，水环境干旱化，河道萎缩，水面破碎化严重，景观的整体生态平衡被破坏。

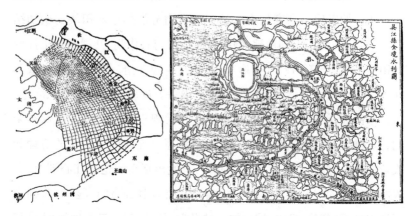

图3-12 五代吴越时期 塘浦圩田示意图（左）/图3-13 吴江全境水利图（右）①

从六朝到明清，江南的荷花环境由大水面过渡到庭院的小池塘和湖的边缘地带，环境的改变对人的审美观念也产生重要影响，社会群体空间出现分化，农作物风光影响了士人的审美情趣、诗画风格和文化风尚。江南水乡境内还有相当数量的山丘，适合种植茶、桑、竹和亚热带果木，桑蚕丝绸业、淡水养殖业、渔业发达，得天独厚的自然资源是江南乡村经济繁盛、富甲天下的重要原因②。高生产力的河网圩田遍布嘉

① 图片来源：图3-12、3-13均引自郑肇经主编.太湖水利技术史[M].北京：农业出版社.1987.85。
② 张新克.浙北水乡古镇居民建筑文化[M].北京：中国建筑工业出版社.2016.

湖,促进了该地区桑蚕业市镇的发展,"丝织业越来越成为国家赋税的来源"[1]。明清时期的江南,人口与城市增长,水面破碎化更为严重,大规模园林基本消失,小规模园林兴起,种菱成为杭州的农作制度,采莲区域略显优雅,采菱区域为辛苦之地。到了近代,工业化与城镇化对整个土地的影响加大,环太湖农作物景观随着水网的分割呈现碎片化趋势。苏州地区荷花水面越来越少,大部分的植荷仅存于私家园林中,有许多小水面都种了菱;嘉湖地区保留了大量的池塘,适合种植荷菱,种植面积自然增多。农业景观实际上是人在一种无意识的状态中综合了需求而投射出的"对象物"[2],这种无意识纯粹地将精神的感觉倾注到村镇聚落营建的形态之中。

传统江南村镇空间布局"因地制宜"的融合性地域建筑形态的选择与定型,往往是该地域自然地形地貌与生态环境综合塑造的结果。在山水地形比较复杂的江南,村镇的总体平面布局与水道的关系密切,村镇聚落与水网密布地形巧妙结合呈现出一面临水或背山面水型、两面临水型、三面临水型、居河流两岸型等几种类型,围绕水道的交叉点,沿主要道路、山岳地带、水路交通的干线或枢纽处也常常出现集市和村镇。江南村镇空间作为中华文化系统的一个活跃的有机体,以太湖流域古镇群落为核心区辐射周边,城镇间的相互联系、相互融合,促进了城镇聚落布局、形态和结构逐步呈现相似性,也就具有了"江南水乡古镇群"自身的类型特征,表现出江南地区传统村落景观面貌的差异性和独特性。

---

① 王思明、何红中主编.确定全球视野下东亚农业文明研究[M].北京:中国农业科学技术出版社.2016.78.

② 王昀.空间穿越[M].沈阳:辽宁科学技术出版社.2010.12—15.

二、活态：社会环境对江南传统
村镇景观形态的影响

社会环境因素对江南传统村镇景观形态的形成与发展有极大的影响。社会形态聚焦于一定时期内人们的生产、生活和组织方式，关注人与物在村镇空间中形成的活动秩序与组织形式，其中包括从社会经济到文化技术等各种关联结构，被称为"社会空间"。市镇的出现，正是江南地区社会经济发展到某种特定阶段的产物，也是江南村镇良性"活态"至今成长的证明与结果。关于江南市镇及其对空间形态影响内在规律的研究，无疑是解析和证明江南村镇"活态"的重要内容。

"市"是古代广大乡村自发形成的不定期地用来交换农产品的自给自足的集市；而"镇"①则是在集市的基础上发展起来的比集市更大更高级的商业中心。星罗棋布的市镇纵深渗透于江南乡村中，它们自下而上，从乡村发起到成集，村市、墟市、山市、野市、亥市、子市、早市等，都是我国不同时期、不同地区对集市的称谓。早期的集市都有不确定的活动周期，长则月余，短则几日。随着农村产业的进一步发展，商人的进一步介入，集市也逐渐从"市之所在，有人则满，无人则虚"②的不定期状态，慢慢发展成时间、地点确定，店铺、仓库固定的商业贸易中心。各大市镇都有一个支柱产业如织布纺织业、造船业、花木业、丝绸业等作为中流砥柱，各镇之间互相联系、互相依存，"市镇的专业化分布格局"彰显出强大的生命力，形成了独特的市镇网络体系。市镇既

---

① 樊树志.明代江南市镇研究 A 明史研究论丛（第二辑）[C].北京：中国社会科学院历史研究所明史研究室.1983.28.

② 陈元靓.书林广记[M].北京：中华书局.1999.35.

是江南地区社会经济发展到一种程度的产物，也是江南村镇人居生态系统良性循环至今的证明与结果。关于对江南市镇及其空间形态内在规律的研究，无疑是解析和证明江南村镇空间记忆的重要内容。

（一）早期工业化与江南市镇

原始工业化理论源于20世纪60年代的西方国家，因为主要研究现代工业产生之前分布在农村的"工业化之前的工业化""农村工业化"或"乡村工业化"。李伯重结合明清江南的有关史料，认为江南地区市场化形成"超轻结构"①的特点，实质上是一种"节能省材型"工业发展道路，家庭手工业生产在明清时期得到了极大发展。借鉴西方"早期工业化"概念，不是将英国的工业发展道路照搬到中国的江南，而是以一定的理论框架来观照江南工业化同为"自发性"的过程，以实证性、区域性的江南经验作为研究的基础，解释其内在的发展动力和与西欧工业化的异同，从而参与到国际主流史学共同的学术话语系统中。相较于英国"轻型结构"②，明清江南工业的"超轻结构"在缺乏煤铁、水力、金属矿藏等重工业资源的情况下，却彰显了江南农村大量手工小作坊独立经营发展"技艺型"技术提高生产效益，以及在节省能源与材料方面的优势。因此，当代江南的乡村振兴绝不能盲目地采取"拿来主义"，应该寻根溯源，需要进行历时性和共时性的比较研究。

---

① 李伯重.江南的早期工业化 1550—1850[M].北京:社会科学文献出版社.2000.455—490.李伯重在承认以英国经验为基础的近代工业化模式中的一些基本经济规律，认为"工业革命"是早期工业化向近代工业化成功转变的内因，明清江南轻工业与英国相比占绝对优势，以此作为参照系及论述问题的逻辑起点，融会贯通地提出了"分工和专业化""轻工业"和"重工业""人力资源""工业结构"等概念，论述了江南地区的基本增长动力有着自身的内在逻辑和最佳优势。

② 马敏.微言希声 马敏谈史论学集[M].武汉:华中师范大学出版社.2016.226—228.

1. 世界经济史大背景中的江南早期工业化

　　"加州学派"①经济学家麦迪森认为"在欧洲工业革命完成以前，中国和欧洲是世界上最大的两个经济体"②，中国在其中因出口的绝对优势起了一种磁石的作用，在 1400—1800 年期间，"整个世界经济秩序当时名副其实的是以中国为中心的"③，两千年来中国的"纳贡贸易网"一直是非洲—欧亚世界经济网的一个组成部分。明清的江南，通过"丝—银对流"④，巨额白银源源不断地流入，进一步刺激了江南市镇的早期工业化，也激活了江南集市。明清江南市镇专业化程度高，棉纺业、丝绸业极为兴旺，主要集中在松江府太仓州、苏州府常熟县、常州府无锡县和江阴县，每年输出的总量大约在 4000 万匹左右。

　　学者彭慕兰认为研究江南要把其放在世界经济史大背景中，以期寻找一个时间节点来探讨两个地区落后与先进"大分流"的分界点，江南与英格兰的比较是在 1750 年前后，江南与英格兰工人在膳食、人均生产的棉布（纺织业的劳动生产率）、劳动者收入花在粮食上的比重都存在惊人的相似，"当时的中国在许多方面完全可以与作为一个整体

　　① 彭慕兰.评李伯重著《江南的农业发展，1620—1850》与《江南的早期工业化 1550—1850》[J].学术界，2005(01)：285—289.

　　② 樊树志.明清江南市镇的"早期工业化"[J].复旦学报(社会科学版)，2005(04)：60—70.

　　③ 安德烈·贡德·弗兰克，刘北成译.白银资本 重视经济全球化中的东方[M].北京：中央编译出版社.2000.165—168.中国的瓷器生产无与伦比，输往日本的丝绸也是不计其数；另一个因素是中国成为世界白银的终极"秘窖"的地位。滨下武志认为"整个复杂的纳贡贸易结构的基础是由中国的价格结构决定的……纳贡贸易区组成了一个统一的'白银区'"，外国人每年倾其所有源源不断地支付给中国珍贵白银，为了换取中国认为便宜的出口货物，表现为商业上的"纳贡"，反映为一种以中国为中心的同心圆里的位置加以类分的整个多边贸易平衡体系。

　　④ 樊树志.江南市镇——传统的变革[M].上海：复旦大学出版社.2005.150.

的欧洲相抗衡"[1];只是在1750年以后的两个世纪中,世界贸易、资源和技术因素内在地相互关联与制约,阻碍了重工业和机器工业的发展,手工纺织业生产收益越来越低。二十年来,关于"大分流"理论的研究与争论一直进行着,彭慕兰坦承先前研究的局限性和《大分流之外》[2]的修正反思。

江南乡村经济的发展最早可追溯到东汉末年,主要因素有三:一是江南地区先天的自然和地理条件适合农业耕作;二是南北人口迁移和文化交流给江南地区带来了先进的人力和生产技术;三是江南地区安定的社会秩序也让江南农村经济有了长期稳定发展的环境,江南作为偏安之所战争破坏相对较小。而随着大运河邗沟、通济渠、江南河的开通,更是进一步稳固了江南作为未来经济发展核心的战略地位。南朝时期,江南逐渐成为全国的经济中心;唐朝江南地区的政治、经济地位不可动摇,因此才有"军国大计,仰于江淮"[3]的说法;五代十国的地理格局和纷乱,非但没有影响江南经济的发展,反而进一步刺激了长江三角洲、太湖流域等地区区域经济的提升;宋代,江南地区已成为"国家根本",而江南地区的市镇从宋代也开始初见端倪。宋代的江南地区农业、手工业和商品经济都有着极快速的发展。尤其在南宋偏安江左以后,江南地区水稻种植面积进一步扩大,种植与灌溉技术也有所提高,占城稻等优质水稻品种在保证每岁两熟的基础上,最高每亩产量可达五六石。苏、湖、常、秀四州每年可贡献秋税逾百万,出现了所谓"苏

① 彭慕兰、史建云.世界经济史中的近世江南:比较与综合观察——回应黄宗智先生[J].历史研究,2003(04):3—48+189.自1000—1500年间,中国作为一个超级大国,始终沿袭统一帝国的模式,重农、薄赋、不干预国内贸易,其政治和经济的影响力在亚洲甚至本地区都无与伦比,而欧洲存在众多相互竞争的国家,统一与分裂曾交替出现,持久的战争使欧洲陷于贫穷,直到1750年之后欧洲资本密集型的机器生产才显露出一些优势。

② 李伯重."大分流"之后:"加州学派"的二十年[J].读书,2019(01):93—97.

③ 樊树志.晚明史1573—1644 上[M].上海:复旦大学出版社.2015.72.

常熟,天下足"①的盛况。随着棉花种植的推广,传统的中国封建社会的典型生产方式"男耕女织"得到发展,体现出一定的合理性和专业性,正如学者樊树志认为的,江南市镇的早期工业化水平(尤其是在丝织业、棉织业)是"领先于工业革命前的欧洲的(包括英国)"②,江南原有的优势产业桑蚕业,推动了江南农村经济的巨大发展。

2. 活跃繁荣市镇网络下的江南村镇

江南的农作技术比较廉价,生产单位较小,劳动密集,倾向于"技艺型"技术体系,水田建造了必要的灌溉系统,经过数年的辛勤劳动,换回的是几十年甚至上百年稳定的收获,较少受规模经济的左右。江南市镇的发展也正伴随这一过程同步进行,这一过程也是农村步入城市化进程的开始,较大的村子往往就是较小的城镇。由于生产力的发展,农民需要定期将自己家中的农副产品和手工业产品,拿到特定场所交易,这就是早期集市的形成。我国不同时期、不同地区对集市的称谓不同,如村市、山市、墟市、亥市、野市、子市、早市等,早期的集市都有不确定的活动周期,长则月余,短则几日。随着农村产业的进一步发展,商人的进一步介入,市集也逐渐从"市之所在,有人则满,无人则虚"③的不定期状态,慢慢发展成时间、地点确定,店铺、仓库固定的商业贸易中心。能够成为最早出现市镇的地方,不仅因为江南地区水网密集,水陆交通便利,农产品和手工业产品的丰富,江南农村生产力的高度发展,尤其是江南农村原始工业化的出现,是其中非常重要的决定性因素。

---

① 《宋史》卷三三七《范祖禹传》。陆游:《渭南文集》卷二十《常州奔牛闸记》。
② 樊树志.明清江南市镇的"早期工业化"[J].复旦学报(社会科学版),2005(04):60—70.
③ 陈元靓.书林广记[M].北京:中华书局.1999.35.

江南农村经济的发展,进一步推动江南市镇的形成与成熟,市镇网络格局与发展态势是"杭嘉湖市镇北上东进,苏锡常市镇南下东进"①。陈敷的《农书》②和北宋朱长文曰"吴郡余杭,川泽沃衍,有海陆之饶,珍异所聚,商贾并凑"③,都可见当时商业市场的分工日趋细致。由于南宋以来这种产业与商业发展的不断积累,加上海外大市场的刺激,为明清时期江南农村原始工业化的出现,提供了可能,并奠定了坚实的基础。

首先,乡村工业化成为江南地区产生人员流动的重要动因。随着工业活动的不断开展,市镇对于劳动力和技术工人的大量需求,早期的工、商业中心和劳动力市场同时诞生。乾隆《吴江县志》中提到,明代成化、弘治以后,农民掌握的手工技术已经成熟,虽然收益更高,但是工业产品的生产与销售相较农产品变数更大,这就造成了江南市镇人口流动性大的特点。无论是丝织业还是棉纺业,都是在需要时雇佣大量工人,并"每逢节候,肴馔必更丰焉"地笼络工人,而当无需求时立即解雇,工人们只能通过流动再次就业,有的甚至"沿途求乞以为常"。

其次,乡村工业化决定了江南地区的人口体量、比例和结构。江南市镇人口结构中工商业人口占比增大。乾隆《盛湖志》和沈云《盛湖杂录》中,都有关于同一市镇一半居民都是雇佣工人的描述,而织工、曳工、染匠、砑匠等工种主要涉及丝绸与棉纺这两大行业。作为工商业的中心,江南市镇的人口结构与传统乡村已截然不同,成为以工商业为

---

① 王家范.明清江南史从稿[M].北京:生活・读书・新知三联书店.2018.197—204.

② 樊树志.晚明史 1573—1644[M].上海:复旦大学出版社.2015.72."唯借蚕办生事十口之家,养蚕十箔,每箔得茧一十二斤。每一斤取丝一两三分,每五两织绢小绢一匹,每一匹绢易米一石四斗,绢与米价相伴也。以此岁计衣食之给,极有准的也。以一月之劳,贤于终岁勤动,且无旱干水溢之苦,岂不优裕也哉!"按照陈敷的说法,十口之家养蚕十箔,可以获茧一百二十斤,收丝一百五十六两。

③ 朱长文撰.吴郡图经续记[M].南京:江苏古籍出版社.1999.20.

主,各行各业各色人员交汇的"工贾艺术杂处"①之地。市镇的人口除了士大夫、乡绅、文人,数以百计的商人群体,即所谓坐贾。牙行、作坊、店铺,客商、雇员、工匠、亦工亦农的农民、行脚夫、白赖(白拉)的市井流氓等等,构成了一个很有生气与活力的市镇社区。

再次,工业化促进了江南市镇规模与贸易网络的互通。清乾隆《湖州府志》曰"田野之聚落为村,津涂之凑集则为市为镇"②,市镇是由于工业发展带来的乡村城市化发展趋势,需要更清晰的介于县城与乡村之间的不同区域类型的划分。从宏观经济视角看,促进了"村—乡—县城—府城之间的互通"③,也加强了地区市场与跨地区市场之间的贸易往来,保持着市镇经济的持续繁荣。随着上海的快速发展与开埠,国外进口洋纱的数量大增,刺激了国内纺与织的分离,"吾村专以纺织为业,近闻已无纱可纺"④,导致江南的棉纺织业、家庭手工业与农业分离甚至破产,"衣被天下"的乡村景象因此受到很大冲击。

综上所述,明清江南集市不仅规模数量在增加,集市的内部结构也日趋完善。江南市镇空间中的人员构成因为产业、商业发展的需

①　樊树志.明清江南市镇的"早期工业化"[J].复旦学报(社会科学版),2005(04):60—70.

②　卜宪群.中国通史——明清[M].北京:华夏出版社.2016.150.

③　樊树志.晚明史 1573—1644[M].上海:复旦大学出版社.2015.72.一般而言,"市的居民大多在一百户至三百户之间,五百户至一千户的为数较少"。镇的居民人口数量多于市,一般在一千户以上,大的镇可达万户左右,例如"南浔镇与江省接壤,地处湖滨,烟火万家,商贾云集",万历时万户以下千户以上的中型市镇比比皆是。

④　王杏元主编.中国近现代史纲要 [M].北京:中共党史出版社.2014.15—19.传统江南家庭棉纺织业占中国手工业小农经济最主要的地位,"棉与纺"即植棉与纺纱相结合;纺纱与织布,即"纺与织"的结合;农耕与纺织,即"耕与织"的结合构成的,"吾村专以纺织为业,近闻已无纱可纺。松太布市,减削大半。去年(指1845年)棉花客大都折本,则木棉亦不可收"。进口洋纱数量的大增使得国内机器纺织业有了初步发展。这一方面把棉区棉花大批吸纳上市,有利于割断"棉与纺"的结合;另一方面,洋纱使土纱的生产迅速衰落。在这种情况下,原来从事棉纺手工业生产的就不得不改行,这就在很大程度上造成"纺与织"的分离。

求,形成了以工匠为代表的技术性劳动力群体,工匠技术不仅为早期工业生产提供了技术保障,更成为技术研发和创新的重要力量。工匠文化,以及后期江南工匠的入仕,更是让江南市镇的发展有了新的资源和方向。江南以江湖河网为基本交通航道,与运河驿站、码头、河埠、驳岸、石级踏步、桥等构成的古镇交通网络体系,和古镇发展关系密切。交通网络扩展到哪里,古镇活动区域就延展到哪里;交通网络越复杂,古镇空间也越复杂;交通网络的变化越剧烈,则古镇空间区域结构的变化也越剧烈。可以说,江南水乡古镇因地制宜建立了人工改造的水网格局人类聚居地和独特的湖泊湿地环境集约型土地利用模式,江南市镇具有充满活力的社会生态充分体现在产业发展与地方文化的有机融合之上。

(二) 传统工匠技术与江南老行当

从经济地理的角度看,江南市镇属于蚕桑区、棉作区、稻作区,江南的手工业很发达,尤其在纺织业方面,半坡氏族遗址中就有麻纺织业遗存,南宋时棉织业扩展到江南地区,元朝松江成为棉纺织中心,江南村镇也因棉纺织业而兴盛起来,产业特色鲜明,家庭手工业日趋专业化。传统工匠技术与江南老行当是江南市镇生活形态与生产形态结合的显性要素,二者不仅充分说明了江南地区产业发展的类型与水平,同样也反映了产业发展对于江南市镇居民生活日常的介入程度与特征。

1. 传统工匠:江南产业技术理论的学科化

关于工匠概念,《辞海》中分"工"与"匠"两种解释。"工"指"手艺工人"，而"匠"指"有专门技术的工人"。国内学者将工匠视作整体，意为"手工业劳动者"或"手工业品的制造者"①，比较符合今天人们对于工匠的认知共识。而实际上，直到今天这两个词还会与其他字构成其他既有关联又有所区别的词汇，比如"工人""匠人"。工匠概念的形成有其特殊的历史演变过程，比如某一时期内，"匠"主要指木匠，而历史上也曾把经过注册的技术工人称为"匠"，所谓"工在籍谓之匠"。② 但无论如何，传统工匠技术同时满足着江南市镇产业发展与居民日常生活需求。作为传统产业中的技术主体，工匠不仅是产业工人，更是技术研发、实践与传承者。工匠在发展产业技艺，实现商品生产的同时，更是日常生活不可或缺的重要劳动者群体。

传统工匠与现代意义上的工人从范围上来讲有所区别，传统意义上的"工人"是指"工巧之人"。江南市镇的传统工匠不仅涉及丝绸、棉纺产业，同时也包含园林建造、木匠、铁匠、铜匠、锡匠等日常生活用具以及工艺美术品的制作者群体。因此，关于江南工匠的界定，大致可以包含三个方面的要素。

其一，是专业的正规手工业行业分工归属。随着产业的发展与细分，对于工匠的管理也形成了一定的行业制度，"匠籍"就是"正规"属性的体现。所谓"工在籍谓之匠"，同时给了工匠专业技术人员的身份认可，也让工匠的社会共识和接受程度大大增加。此外，体现行业分工也是工匠身份确认的重要条件之一。《荀子·王霸》里记载的"百工分事而劝"，就是指工匠要努力做好自己的专业领域。《考工记》和《考工典》、唐代程晏的《工器解》都有对工匠专业精准细分的定义与描述，"兴事造业之谓工"。这种正规与分工，让工匠有了很强的传承意识和

---

① 曹焕旭.中国古代的工匠[M].北京:商务印书馆国际有限公司.1996.1.
② 何庆先.中国历代考工典 第4卷 考工总部[M].南京:江苏古籍出版社.2003.42.

使命。

其二,是对技术、技艺的明确要求。工匠不是普通的劳动力,而必须是拥有特定技术和技艺的工作者。《说文解字》和《广雅·释诂三》等典籍中,"巧"成为叙述工匠的关键词。"工,巧饰也"说明了对于工匠来说,拥有能够实现精巧设计与制作技能,是非常重要的认同和能力判定,说明对于技术和技巧的明确要求,是工匠得以生存的重要条件。"匠"在古代还有"教"的含义,师傅是"选忠信博闻之士"的象征,点出了工匠的技能技巧不仅仅体现在对物的制造和呈现上,技术让工匠拥有了更多的能力层次。

其三,是对工匠工艺的审美要求。古代文人常用"哲匠""大匠"和"巨匠"来赞誉工匠的技艺成就,如《文心雕龙·章句》就有"夫裁文匠笔,篇有小大"①等描述,传统工匠不但需要完成具体分工中的专门技术环节,具有与之相对应的技术技能,同时还往往在工艺品创作、研制上具有一定的审美判断和较深的造诣。江南地区大量的工匠聚集,不仅是工业生产中的重要主体,更肩负着产品研发、技艺传承的重任,也让江南市镇的人口结构和劳动力市场与人才流动的形成呈现特有的模式和规律。

随着产业的不断发展壮大,江南工匠也越来越受到社会的重视,地位也越来越高。明代中后期的江南工匠入仕的政治现象突出,进一步提高了工程技术人员的社会地位,也同样为江南市镇的发展带来了更多的资源与可能性,当然以家庭为生产单位的经营方式在明清时期还普遍存在,明清以来江南早期工业化过程中,纺织业生产经营有"代织"和"自织"两种经营形式。余同元认为明末清初"江南产业技术理

---

① 徐仲舒.汉语大词典:"工""匠"条[M].武汉、成都:湖北辞书出版社与四川辞书出版社联合出版.1992.

论学科化"①便已出现,到晚清是普遍现象,学科化的基本要素包括:专业知识和系统理论;特定研究对象、统一规范和相应技术方法;专门教材、专职队伍和相应的教学设备。余先生提出16世纪20年代到20世纪20年代,江南八府一州及周边地区各个传统工业行业的学科化具体体现在纺织业、食品工业、机械制造与冶铸业、水利工程业、建筑业、传统化学工业这几大门类。在《传统工匠现代转型研究》②中,余同元梳理的从1520年到1920年间江南及周边区域园林园艺业技术理论化的系列代表著作有:明代苏州人计成撰《园冶》三卷(造园思想和技术水准的最高规范)、晚明文震亨著《长物志》、清初黄周星撰《将就园记》一卷、吴江人沈自南撰《艺林汇考》二十四卷、钱塘人诸九鼎撰《石谱》一卷、仁和人沈心撰《怪石录》一卷、海宁人马汶撰《绉云石图记》一卷等。传统纺织业技术理论著作有:"明中后期钱塘人顾孟容著《冠谱》一卷;恽敬著《大云山房十二章图说》二卷(清代乾隆年间);乾隆时上海诸生褚华著《木棉谱》一卷;任大椿著《释缯》;清汪裕芳抄著《布经要览》二卷;清丁佩撰《丁氏绣谱》;清张淑英撰《刺绣图》一卷被收入《绿窗女史·闺阁部女工》;清代侨居江宁的余怀撰《妇人鞋袜考》一卷。民国初年,中国刺绣经典收入《喜咏轩丛书》甲编;沈寿述、张謇笔录《雪宦绣谱》一卷由翰墨林书局1919年出版。"③新发现的三部《布经》中包含较高水平的江南棉纺织技术理论总结。有必要指出的是,明清时期江

---

① 余同元.传统工匠现代转型研究 以江南早期工业化中工匠技术转型与角色转换为中心[M].天津:天津古籍出版社.2012.168.唐代张祐的"精华在笔端,咫尺匠心难";宋代李格非的"亭台花木,皆出其自营心匠"。

② 余同元.传统工匠现代转型研究 以江南早期工业化中工匠技术转型与角色转换为中心[M].天津:天津古籍出版社.2012.169—173.

③ 余同元.传统工匠现代转型研究 以江南早期工业化中工匠技术转型与角色转换为中心[M].天津:天津古籍出版社.2012.174—179.

南非常注重食品加工,如明代万历年间钱塘人高濂所撰《遵生八笺》[①]等关于食品类的专著涉及制酒业、养生药房、美食厨艺、古今茶事和茶经等门类,工匠著作数量在明末清初至清末民初的江南地区出现了空前增长趋势。

2. 百业寻踪:江南老行当里蕴含的记忆密码

劳动力的聚集与市镇的发展,催生了江南地区的许多老行当。这些行当一方面与工业生产相关,但更多的是融入日常生活、满足日常生活需求的服务性行业。从空间形态的角度来看,工业产业与日常生活共同形成了江南独特的区域社会单位,而且这个有机整体内部的产业与生活要素也在进行相互影响,并最终催生出地方文化。王向阳将江南老行当分为"匠作、加工、服务、文娱、其他"[②]等五大类,涉及日常生活的方方面面,生动鲜活,可以领略到江南地方民俗与风情,归纳起来有:绣娘、裁缝、镴匠、漆匠、篾匠、铁匠、白铁匠、弹匠、染匠、铜匠、银匠、泥水匠、木匠、石匠、箍桶匠、解匠、花匠、瓦匠、棕匠、钉秤匠、砌灶头、打笠帽、做豆腐、捞豆腐皮、打白糖、爆米花,还有服务于日常、充满人性温暖的杂活,如补缸、补碗、补锅、修伞、补鞋、杀猪、杀牛、腌咸菜、磨菜刀、

---

① 明高濂的《遵生八笺》十九卷及《甜食品》《脯鲊品》《粉面品》《粥糜品》《蔬制品》《法制品》《汤品》《酝造品》;明代吴县人周臣辑《厚生训纂》六卷;明清江南关于食品加工的理论著作还有明末江阴人夏树芳撰、华亭人陈继儒增《酒颠》二卷,陈继儒辑《酒颠补》三卷等专著;清代嘉兴人顾仲撰《养小录》三卷一册,宁海人杨中讷撰《药房心语》一卷,钱塘人袁枚撰《随园食单》一卷(见《随园三十种》和《随园三十八种》)等,以及胡山源的《古今茶事》(世界书局1941年版),万国鼎的《茶书总目提要》(南京农业遗产研究室1958年版),阮浩耕等点校注释的《中国古代茶叶全书》(浙江摄影出版社1999年版),收入唐代陆羽的《茶经》以下57种茶书及7种久佚茶书的辑本,为茶叶生产史研究提供了重要文献资料。

② 王向阳.雅活书系 手艺 渐行渐远的江南老行当[M].桂林:广西师范大学出版社.2017.30—60.

牙郎、剃头、接生、做媒、牙医、看相、算命、看风水、写对、刻印、錾字、画像、说大书、说小锣书、琴锣说、唱道琴、唱新闻、杂耍、鸡毛兑糖、卖小鸡、贩树、养蜂、撑排、挑脚等等，在进行生活服务的过程中，也逐渐形成品牌，这种文化在很长一段时间内都会成为江南文化的标识。延续到今天各村镇正在有意识地复兴老行当和老字号，作为非物质文化遗产的主要内容，国家、省市都出台了相关政策与制度对城乡的非遗进行活态保护与传承。联合国教科文组织颁布《保护非物质文化遗产公约》[①]目前通用的是"三分法"和"七分法"[②]，包括传统表演艺术、传统工艺技术、传统节日仪式等。

　　苏绣可谓最能体现"江南样"[③]的绝活了，据东汉刘向《说苑》记载，在战国时期，苏州一带就已有绣衣出现，三国时苏绣出类拔萃，唐代诗人胡令能的《咏绣幛》"日暮堂前花蕊娇，争拈小笔上床描。绣成安向春园里，引得黄莺下柳条"[④]赞美了当时苏州刺绣图案的精美与技艺的高超。宋代时苏绣已经从衣着发展到欣赏品；明代苏州丝绸和棉纺织行业日益繁荣，出口日本的丝绸不计其数，"丝—银对流"为中国赢得源源不断的珍贵白银，朝廷在苏州设管理和集中绣工专业生产基地

---

　　① 苑利、顾军.非物质文化遗产保护理论与方法丛书 非物质文化遗产保护前沿话题[M].北京：文化艺术出版社.2017.11.

　　② 苑利.民俗学与遗产学视域的乡土中国[M].北京：时代华文书局.2015.305—311."七分法"分为民间文学类、表演艺术类、传统工艺美术类、传统生产知识类、传统生活知识类、传统仪式类和传统节日类遗产，涵盖了非物质文化遗产的所有内容，确保同级分类中各类别间所具有的是平级、对等关系，通过寻找世界各国非物质文化遗产的最大公约数，解决世界各国非物质文化遗产分类体系互不兼容的问题，使世界各国非物质文化遗产的信息交流与全球共享成为可能，该分类体系解决了各类别间遗产数目相差悬殊的问题，从而确保了其学术规范性和可操作性。其问题主要表现在"传统节日"与"传统仪式""传统工艺美术"与"传统生活知识"在极个别的情况下难以界定；很多非遗看不见摸不着，活化保护有效传承难度较大。

　　③ 周永才等编著.江浙沪名土特产志[M].南京：南京大学出版社.1987.192—193.

　　④ 富寿荪选注，刘拜山、富寿荪评解.千首唐人绝句 上[M].上海：上海古籍出版社.2017.417.

"织染局"。吴门画派代表人物的画稿常常作为刺绣的粉本、绣制官服和绣制日用品,在艺术上有平、光、齐、匀、和、顺、细、密等特点,图案和色彩富有浓郁的水乡气息,地方特色鲜明,如《苏绣纨扇美人图》和江南园林系列(图3－14、图3－15),稍晚的有题作《花样》《瓶炉三事》《三多如意》《连钱》《福字》①等共百图。清代的苏绣业更加专业化,一部分是为宫廷的刺绣,由官府直接控制;另一部分是民间刺绣生产,一般采取民间绣庄收购家庭绣妇的产品,发展到后来采取统购统销方式,发放样稿和用料给家庭绣娘加工后统一销售。

图3－14　苏绣纨扇美人图　　**图3－15　苏绣 园林二景②**

传统江南养女儿的人家总是会提前请木匠上门制作木器家具、花匠雕刻上虫鱼花草等吉祥图案、漆匠最后彩绘三道工序,定制陪

---

①　张道一.桃坞绣稿 民间刺绣与版刻[M].济南:山东教育出版社.2013.168.
②　图片来源:图3－14和图3－15均引自张道一.桃坞绣稿 民间刺绣与版刻[M].济南:山东教育出版社.2013.169—172。

嫁。不同的工种工钱价位不同,"比泥水匠和木匠高三角,比裁缝、篾匠高七角"①。师傅领进门,修行在个人,也不是谁都能完成得惟妙惟肖;老花匠又称"老把式",没有经过专门的造型训练,却熟能生巧、身怀绝技,雕刻花草图案或者马、羊、牛、鹿等动物图案,不打底稿就能顺手拈来,有时也会应用《三国演义》《隋唐演义》中的人物和民间故事插图,因材施艺,一旦发现错误,就要随机应变,将错就错,化腐朽为神奇,每一道工序都要一丝不苟、尽善尽美。农家大多喜欢寓意吉祥喜庆的图案,以现实物象隐喻心中美好的愿望,如鹿—禄、羊—祥、蝙蝠—福、金玉如意—称心如意、鸡—吉、牡丹—富贵等图案寓意吉祥;以水仙、荷花、菊花、梅花的花瓶寓意"四季平安";以牛、羊、虎、狗组合表示"忠孝节义"等等,形成了一套严格的具有中华传统美德价值取向的符号图谱。

值得庆幸的是,传统手工艺比如刺绣、雕刻等老行当、老技艺,至今还被当作非物质文化遗产得以传承。老工匠们一丝不苟、精益求精的工匠精神值得一代代弘扬。具体有始创于清顺治六年(1649年)的方回春堂,始创于嘉庆五年(1800年)的百年汇昌,始创于明弘治七年(1479年)的乾盛康,创建于康熙五十六年(1717年)的眼镜店澄明斋,以及"蔡同德"中药店(1882年)、"沈大成"点心店(1897年)、"王星记"扇庄(1875年),开设的苏州"五芳斋"(1858年)、"老介福"绸缎(1862年)等江南老字号,都成为江南市镇繁荣发展的证据,这些传统老字号、老作坊与老行当也共同构成了江南市镇的空间形态,街巷错落有致,各式各样的百年老店招牌、清淡雅致且甜香入味的风味小吃、品类繁多的私房菜,文房四宝、木雕馆、蓝印花布坊、

---

① 王向阳.雅活书系 手艺 渐行渐远的江南老行当[M].桂林:广西师范大学出版社.2017.30—60.

石刻、竹编馆等众多与人的生活息息相关的文化遗产,伴随着此起彼伏的吆喝声、货郎的叫卖声、孩童的嬉笑声,让每个游子从骨子里涌动着一种对家乡的浓浓恋情。直到今天,由江南市镇发展起来的江南老字号,仍然是我们耳熟能详的知名品牌,为日常生活服务的同时,也成为非物质文化遗产的重要组成部分。

(三) 集社合一的水乡市镇

江南市镇的社会生态深受原始工业发展的影响,商业与文化共同构成江南市镇的社会空间生态。而与此同时,江南社会生态同样受到地域环境与自身成长轨迹的影响。一方面,江南作为水乡的地域环境形成的水文化与日常生活紧密相关;另一方面,江南市镇是由乡村发展而来,"市镇"[1]成为城与乡之间最好的结合部,趋于一致性的特点。乡村富饶的农产品和人力滋养着市镇和城市,城市风尚又通过市镇传递到广大乡村,在江南,许多城镇附近的农民长期从事手工艺副业,成为身怀一技之长的"城镇工匠",而在城里生活工作的官员、富裕商人退休之后往往回归乡下向往一种"归园田居"的理想之境,许多村民、城镇居民都是"亦农亦工"[2],作为基层社会组织的文化世家,构成了江南社会生态非常关键的文化基因,城、镇、村,城乡文化交往密切,相互交融、相互影响、相互支撑,从而上升到意识形态和精神层面。

---

[1]　陈国灿.浙江城镇发展史 绪论[M].杭州:杭州出版社.2008.34.
[2]　李伯重.江南农业的发展 1620—1850[M].上海:上海古籍出版社.2007.186—189. 除了从事纺织或其他手工业之外,也种桑养蚕,或者耕种小块菜园,生产自家食用的蔬菜。自明代后期以来,除了省城、府城和县城这些作为地方行政中心的城市之外,农村和城镇、农民和城镇工人之间,并没有明显的界线。

1. 宏观视野下城乡交融的江南社会

在探讨江南市镇社会文化的时候,不应忽略水乡的区位优势,从空间形态解析,不同时代的"社会表征"①映射到江南市镇具体的生活空间。江南乡村聚落往往因河而生、依河而兴,"空间范围多沿市河分布"②,这同样也是工商业发展对于运输需求而产生的空间形态特征。实际上,这种直观的区分方式是因为江南水乡地域优势的缘故,江南地区大大小小的市镇之间并非孤立,而是在物流与人流的中,形成了相对整体的江南市镇社会生态。从宏观视野关照,江南经济与江南文化是一个金币的两面,在江南社会的协调发展中是相辅相成、互惠互利的;在以太湖流域为中心的江南大地上,依托温润的自然环境、相对稳定的社会环境,涵化、积淀了江南地区绵延千年的人文沃土。自太伯奔吴兴修水利到南朝大批文士南迁,江南地区成为真正的鱼米之乡。宋室南渡,中国经济重心南移,江浙地区乡村聚落爆发性增长。

明清两代,江南区域经济空前繁荣。明初的"程朱理学"特别突出了善恶对立的"二元论"③特色,然而明代中晚期的江南商品经济突飞猛进,农业生产由自给自足转向市场贸易,由种植粮食作物转向种植经济作物,农产品生产区和成品加工区的分工日益增大,商品经济兴盛,市民阶层的涌现,奢侈消费风气风靡一时,形成错综复杂的人文景观和繁荣的物质文化。明代高濂的《遵生八笺》④十九卷等养生著作在当时

① 吴滔.清代江南市镇与农村关系的空间透视 以苏州地区为中心[M].上海:上海古籍出版社.2010.18.

② 中国地理学会历史地理专业委员会《历史地理》编辑委员会编. 历史地理 第28辑[M].上海:上海人民出版社.2013.12.

③ 朱光磊.回到黄宗羲 道体的整全开展[M].苏州:苏州大学出版社.2013.15—16.

④ 高濂、廖崇明、倪泰一、李怡、李建忠等译.遵生八笺 白话全译[M].重庆:重庆大学出版社.1994.178—249.

非常流行,里面涉及的物品种类繁多,在市场上的流通颇为活跃。晚明社会贯穿着"乐善好施""仗义轻(疏)财"①等价值理性的人文精神,在晚明戏曲小说中可以窥见一斑。文震亨的《长物志》②是研究晚明经济文化思想和士大夫生活的百科全书,此著作观点鲜明,饮茶、品香背后是文人雅士们"古、雅、韵"的物境格调与人格品行,寄托着一种淡泊、清雅、自适的隐士情怀。明清江南园林"大宅遂多"且建造"技术精致""雅秀""工整",③将古代民居建筑与自然山水有机融合,以期"在山水间寻求一种安逸静穆的心灵家园"④,明万历年间文坛领袖王世贞在太仓建的弇山园和当时大理寺少卿吴亮辞官回乡在武进城北青山门外郊区构筑的止园,就是其中的绝佳代表,通过"理水""叠山"将其才情修养和物境交融在一起,分别表达了当时文人雅士普遍存在的避居理想和审美追求。

经济发达是文化和人才成长的土壤,市镇规模的不断扩大却又始终彼此关联的特性,让江南市镇社会生态同时受到乡村文化和城市文化的双重影响。江南地区可谓千载读书地,宋代民办书院兴盛,江南成为文化家族最密集的区域,到了明清,民间的学馆、书院、藏书楼、私塾、义塾等遍布城乡。各乡各镇走出众多世家大族,"他们大体以耕读起家,因诗书传家,以书香门第为表现形式,薪火相传,累世不绝",形成了"引人注目的地标"。⑤虽然明清朝廷对于"房屋建筑的等级"⑥有明

---

①　张和平、刘泽亮主编.精神视域下的中国历史与文化[M].厦门:厦门大学出版社.2018.

②　文震亨编.长物志[M].北京:中华书局.1985.81—86.

③　陈从周.品园[M].南京:江苏凤凰文艺出版社.2015.51.

④　汪瑞霞.张宏《止园图》册中的文人心态与景观映射探析[J].南京艺术学院学报(美术与设计),2019(03):117—121.

⑤　沈潜、肖逸然.江苏历代名人传记丛书 曾朴[M].南京:江苏人民出版社.2016.5.

⑥　阮仪三.江南六镇[M].石家庄:河北教育出版社.2002.62."建筑材料不准用金、银等贵重装饰材料,油漆色彩也不准大红大绿,紫色蓝色",等等。

文规定和限制,但是江南古镇的大宅大多数是富豪殷实之户,因自有能工巧匠和无限智慧,也能显现其特殊的气质。

2. 微观视角下集社结合的江南茶馆

社区虽然是舶来的概念,但对于解释人在特定区域内的生产与生活状态,却是极为合适的,中国农村社会中小农的实际活动范围不是仅仅局限在小村庄,以小村庄或者一个乡村集市所覆盖的整个地区为界限,施坚雅由此提出了"社会体系"①的市场结构,这就是著名的"集市社区"②理论模型。黄宗智认为施坚雅的贡献是巨大的,从微观视角来看,江南市镇的茶馆文化最能够充分体现上述关于江南社会生态的宏观判断,许多问题在茶馆里得到明智或错误的解决。江南村镇作为认识中国基层社会文化的最佳观察点,其研究"并非局限于村内或家内生活"③,费孝通先生比较了旧式的城市如苏州和新兴的都会上海,分析了中国都市的两种不同的性质④,认为中国农村的建设必须引用新式生产方法,要具备一种"社会价值"⑤的鉴别力和宗教般的热忱,费老开阔的思维、睿智的视角和宏观而细微的田野考察研究方法给我们提供了最直接的范本。

由于原始工业的发达,以及水路交通的便利,江南市镇作为重要的

---

① 施坚雅,史建云、徐秀丽译.中国农村的市场和社会结构[M].北京:中国社会科学出版社.1998.40.施坚雅的"社会体系"以区别于作为"空间体系和经济体系"的市场结构,每一个高一级的经济中心地都是一些更大型和更复杂的经济系统的一个枢纽点。任何一级的系统都能通过一个复杂交错的网络与较高一级的系统联系起来。他认为交错复杂的经济系统所带来的层级结构形成一个宏区经济系统,宏区经济之间的差异其实可说是取决于个别宏区的子系统的特性。

② 施坚雅,史建云、徐秀丽译.中国农村的市场和社会结构[M].北京:中国社会科学出版社.1998.21—45.

③ 庄孔韶主编.汇聚学术情缘　林耀华先生纪念文集[M].北京:民族出版社.2005.373.

④ 费孝通著,刘豪兴编.中国城乡发展的道路[M].上海:上海人民出版社.2016.5.

⑤ 费孝通.乡土中国 修订版[M].上海:上海人民出版社.2013.20.

经济商业中心,远比传统意义上闭塞的乡村要富有活力。来自五湖四海的商人、工匠和普通劳动者,需要一个对话与交流的日常公共空间,而茶馆就是一个抒怀叙旧、同行切磋的适宜场所。江南市镇的茶馆不仅满足喝茶解渴的日常生活需要,而且还兼有商谈交流、休息娱乐、信息传递等多重功能,是整个市镇社会的集中缩影。江南市镇中的茶馆数量,足以证明其在江南社会生态中的重要性。仅太仓的磺泾镇,东西二里,南北一里,居民不过千户,自嘉庆以来酒肆有四五十家,但茶肆却是酒肆的一倍。而当时几乎所有的江南市镇都是如此,磺泾镇并非特例。茶馆是江南市镇的信息发布场所,航船的来往时间,蚕茧、蚕丝、棉花、稻米的上市价格等信息都是各处商人在茶馆传递和询问的重要内容。由于消息的传递,茶馆也进而成为商谈交易所在地。各种供需信息汇集于此,买卖双方通过信息和价格比较,可以直接促成交易。因为茶馆里经常出没各阶层人群,又提供可进行公共商讨和对话的空间,所以茶馆有时甚至成了偶尔进行民间仲裁活动的公共场所。

　　作为一种新的聚居地类型,市镇表现出与农业村落不同的人口职业构成,由此形成的社会生活特征也与村落存在明显的差异,这是由市镇作为商业中心的职能所决定的。在商品经济的发展过程中,茶馆有了等级类型之别,对于文人墨客、达官士绅,在陈设雅致、用具考究的茶馆可以品茗聚谈、相互交流;而对于往来客商、四方乡民以及本镇居民,街边茶馆实在是理想的交流交易场所。

　　光绪时期的《罗店镇志》就曾记载过所谓"吃讲茶"的概念,茶馆还是江南市镇居民重要的娱乐场所。市镇商贸业的顾客以农民为主,因而其生活节奏缓慢并有较多的闲暇时间,除了喝茶、社交、交易等基本功能外,传统的说书听戏等娱乐活动经常在茶馆内举行。江南地区特有的戏曲类型"滩黄"表演在茶馆里最为常见,此外江南戏曲表演还有如大书、道情、南词、花调、戏法、隔壁戏、花鼓调、木人戏、莲花乐声等常见类别，而赌博游戏则是茶馆娱乐的又一主要内容，花样也是层出不穷。总之，得天独厚的自然条件是江南地区商业发展的前提。明清时期，江南地区商品经济愈加发达，人的主体意识愈加增强，渐渐进入资本主义萌芽期。

其一，分工合理与功能互补的江南市镇，成为多层级的市场中心地。

江南市镇原始工业发达，传统工匠技术分工合理，江南产业技术理论学科化，呈现出高度的专业化，市镇产业特色鲜明，功能互补，发挥着农村地区与大中型城市之间的供输作用。多数古镇都因河而生，水网密集，江、湖、河、溪、渠五水共生，与大运河相连通，交通便利促进了集市贸易的互通，从传统村镇到村镇城市化过程中，专业化的江南市镇成为城市与乡村之间多层级市场中心地，为江南经济的持续发展做了丰厚的预先积累，成为江南经济起飞与繁荣的主要基础之一。

其二，商业与文化双向并进，促进了商人与士绅阶层之间的"转型"。

商人地位大大提高，他们有的兴资办学、有的爱好文艺、有的在官商之间交际来往，一种往来应酬性质的应用文体因社会需要而流行，酬世之文、古董、书画交易市场异常繁荣，商业文化也影响到江南文化的审美标准、创作风格和趣味，使得明清的一些文艺创作带有明显的商业性和功利性。

其三，"集社融合"，集市经济功能与社会功能统一的江南社会体系形成。

江南市镇的社会生态与工业生产、水乡地域特征以及乡村文化与城市文化交融有着紧密的关联，是一种多要素集合的文化有机体，而并非单一要素作用的结果。茶馆就像是这一有机整体的缩影,相会交流、水乡文化、产业要素以及乡村城市化进程中人的需求与层级结构,都能在这里找到一种逻辑和体现。在中国传统社会自给自足的自然经济背景中,村庄相互之间是畅通的,经济功能与社会功能得以双重实现,保障了传统江南社会生态的稳定发展。

三、 达意:文化观念对江南传统 村镇景观形态的影响

关于"意象"的概念演化可以溯源到《周易》和《庄子》,《周易》成为象征表意文化的经典,"子曰:圣人立象以尽意"①,在此"立象"指通过"设卦""系辞""变通"等象征手法创造无限广阔的想象空间,"俯察地"追求"象外之象""象外之境",来表达圣人"仰观天",探明天地万物的运行规律,"尽意"则是指对自然社会万象的阐释。西汉王充《论衡》载"礼贵意象,示义取名也"②,将含有寓意的图象称之为"意象","意"与"象"合而为一,"象"为示"意"而存在,而"意"通过"象"才能"示义"。南朝梁刘勰在《文心雕龙·神思》中提出"独照之匠,窥意象而运斤"③。此处"意象"指构思创作离不开巧妙的想象力,创作是随精神主体的主观想象与客观形象的自然之物相契合融入的,人的思想情

---

① 鲁洪生、赵敏俐总主编.细读周易[M].北京:研究出版社.2017.544.

② 蔡钟翔、邓光东主编,胡雪冈著.中国美学范畴丛书 意象范畴的流变[M].南昌:百花洲文艺出版社.2017.47.

③ 余源培等编著.哲学辞典[M].上海:上海辞书出版社.2009.267.

绪统领全局。历史上的"江南"作为一个地域概念是多变的,自古以来江南汉族地区曾有会稽郡、吴郡、江南道、两浙路等行政划分。空间范围里的"江南"是一个生态环境系统,这个系统的概念是相对的,狭义的"江南"常常以经济史学者李伯重提出的"八府一州"江南核心区为学理依据,突出自然地理与经济条件的相似性、以行政区划为依据确保地理上的完整性,并结合当前行政区域的划分情况来判断,将"江南"的地理区域中的核心区域限定在长江南岸环太湖水系流域的江浙沪地区。广义的江南可视为一个时空动态发展的人居环境系统,甚至成为一种文化"意象"的理想之境,构成了集体归属感和身份认同的根本。人文的江南"其辐射区并不仅仅限于太湖流域"[①],向西可达安徽省长江以南的皖南,向北包括江淮流域的扬州,这是广义的"江南文化区域"[②]。近百年来"江南文化"已经成为一个地域的空间意象、一个文化标识、一个精神象征,"江南文化"犹如一个融入了人物情感和故事的记忆场,沿着表层地理区域,从原始发生的角度和深层精神结构两个向度,为中国"江南文化"的溯源探明方向。

(一)江南文化源流的追溯与辨析

李学勤、徐吉军主编的《长江文化史》[③]从考古学视角证明了史前长江文化在中国文明史中的地位,总结了"'稻作中心'、'蚕丝起源地'、'苎麻织品的生产'、'干栏式建筑与有段石锛'的发明、'生漆的利

① 张兴龙.江南都市文化论[M].北京:光明日报出版社.2013.1—20.
② 厉震林.艺术的自在[M].上海:上海交通大学出版社.2013.134—141.
③ 李学勤、徐吉军主编.长江文化史[M].南昌:江西教育出版社.1995.

用'和'玉器'的制作"①。考古研究表明"长江下游长三角地区蕴藏着十分丰富的考古文化遗存,从河姆渡文化(距今7000年)—马家浜文化(距今5000年)—崧泽文化(距今约6000—5300年)—良渚文化(距今约5300—4300年),延续了江南地区这一完整的史前文化发展序列"②。学者牟永抗提出河姆渡文化与马家浜文化是两支不同的原始文化谱系,但是彼此间相互交流,也存在着不少的共性,"马家浜早期对河姆渡早期的影响比河姆渡早期对马家浜早期的影响更大些"③。新石器时代马家浜文化分布在中国长江下游太湖地区,南达浙江的钱塘江北岸,西北到江苏常州一带。考古证明,良渚文化的源头来自马家浜文化,马家浜文化被认定为"江南文化之源"④。良渚文化有发达的稻作农业,礼仪文化中的酒和器具品种丰富,"良渚黑陶"⑤极具特点,"以玉事神"的玉器反映了良诸时期高、精、尖的雕琢技术和社会地位、身份、权力的神秘崇敬观念,为一千年之后夏商青铜的文化繁荣夯实了基础,对东亚文明的进程具有巨大的推动作用。

狭义的江南地区本土文化分两支发展:一支是以太湖流域核心区向外辐射的勾吴文化;另一支是在浙北和宁绍地区以历史人物大禹建立的国家政治实体发展而来的越文化,早期的勾吴文化和越文化是江南地区史前文化向吴越文化转型的过渡期。吴越文化的内涵甚为丰富,可称之为混合文化,实际上就是江南文化。吴、越文化相伴而生,成

---

① 程薇编.接续绝学的历程:李学勤先生访谈录 下[M].南昌:江西教育出版社.2018.661.

② 马兆锋编著.女娲的指纹 中国史前秘档 [M].北京:北京工业大学出版社.2014.133—136.

③ 郑建明.环境、适应与社会复杂化:环太湖与宁绍地区史前文化演变[M].上海:上海世纪出版集团.2008.3—11.

④ 张兴龙.江南都市文化论[M].北京:光明日报出版社.2013.2—15.

⑤ 王明达.良渚文化在东亚文明进程中的贡献[J].浙江学刊,1996(05):26—28.

为江南文化的内核。在历史上，吴越两国早期是政治同盟关系，但由于地理环境的差异，却形成了不同的气质：吴地是典型的江南鱼米之乡开阔富裕，越地是狭隘和闭塞的临海滨江地区较贫穷。吴人精明却安于守成，越人朴素却敢于冒险。吴文化具有雅致、精巧、柔美气质，一直保留"至德和谐"的文化传统，内涵深厚；越文化显得通俗、朴野和阳刚，骨子里有着一种"崇尚自然、抒述性灵"的情趣和性灵。

　　江南是中华文明的避难所和大后方，历史上曾出现"永嘉之乱，衣冠南渡"—"安史之乱"—"靖康之耻"①三次南迁，三次移民大潮促进了中原文化与江南文化的融合，是对江南一次次交流、碰撞、开发、建设与提升的过程，随着大运河的开通和漕运的繁盛，南北文化交流更加频繁，兼容并蓄的江南文化在明清时期走向成熟与鼎盛。海派文化是江南文化的又一个分支，1840年上海开埠以来，国际和国内的移民纷至沓来，吴越地区成为中国大地文化转型的最先进地区，上海成为"名士才情"和"商业竞卖"相结合的沃土，"海派"②一词被延伸，泛指上海都市"海纳百川"的文化气质。"吴文化""越文化"（吴越文化）和"海派文化"是学界从文化小传统的角度对江南文化的划分，但是按照系统论原理，江南文化的研究作为一个有机的整体绝不仅仅限于对三者的单体或共性研究，江南文化不仅仅只是一种地方认同，更具有一种普遍的文化意义，正在以一种更开放的姿态迎接更大人类文化共同体的融合共生。

1. 江南文化"诗性"与"理性"的双重内核

　　江南文化的"诗性"原型源于新石器时代，江南民族的审美机能和

---

①　单之蔷.中国景色[M].北京：九州出版社.2008.358.
②　张皓.艺术地理 中国当代艺术现象研究[M].北京：中国美术学院出版社.2015.158.

艺术实践的启蒙从一开始就独立存在,"是一种与生俱来的天性"①,江南诗性文化从一开始就有自己的审美本体内涵,如包容、阴柔、温润、婉约、细腻、雅致等独特的气质,渗透到江南人的生活世界中,形成了江南特有的生活方式和至情至性的品格,这是其自身在自然与人文环境的长河中孕育滋养而生的结果,而不是从政治、伦理等实用精神中分离出来。

单从实用的物质财富与文人荟萃来看,江南可以与巴蜀或者齐鲁文化相提并论,但是江南文化的"审美—诗性"②从东晋开始就初现端倪,大量的文学家、艺术家或进入江南,或生于江南,江南意象"吴侬软语,细腻委婉;刺绣织锦,溢彩流光;亭台楼轩,典雅幽婉;小桥流水,如诗似画"③。江南文化特有的雅致、淡泊,能使人远离人世间的繁华嚣尘,找到一条诗意栖居的路,一条走向精神家园的路。魏晋南北朝时期是江南文化的轴心期,宗白华认为"汉末魏晋六朝是中国最富有艺术精神的一个时代"④,并将"魏晋风度"⑤概括为八个方面。

一是生活上、人格上的自然主义和个性主义。诞生了谢赫的《古画品录》、钟嵘的《诗品》、刘勰的《文心雕龙》、袁昂和庾肩吾的《画品》等名著。

二是艺术的心灵,生机活泼。宗炳的山水画"抚琴动操,欲令众山皆响!"虚灵的胸襟、玄学的意味,表里澄澈、一片空明,深具晶莹之美。

三是探求哲理,悲天悯人、深入肺腑、惊心动魄,更是"池塘生春草"般的情致和虚灵。

---

①　刘士林.吴山越水海风里[M].上海:上海音乐学院出版社.2013.42.

②　刘士林等.风泉清听 江南文化理论[M].上海:上海人民出版社.2010.7—8.

③　陈益.昆曲百问[M].上海:上海古籍出版社.2012.328.

④　宗白华.《世说新语》与晋人之美[N].中国纪检监察报,2017—09—11(008).

⑤　宗白华.美学的境界[M].北京:文化发展出版社.2018.65—78.

四是哲学的、自由的生命情调和宇宙意识的流露，是王羲之《兰亭》诗中的"仰视碧天际，俯瞰渌水滨"那纯净的胸襟和"静照在忘求"与"适我无非新"自由鲜活的心灵映衬下的哲学精神。

五是"竹林之游，兰亭禊集"的真挚情谊。

六是美在神韵，在于"目送归鸿，手挥五弦"的自由精神，也在于雄逸的气势、超然玄远的境界、豪迈雄强的个性。

七是"人物的品藻"，自然美和人格美的合一，以老庄哲学为基础，富于简淡、玄远的意味，玉洁冰清，倡导雅、绝俗的唯美生活。

八是礼法与道德观。孔子"依于仁""游于艺"的思想体现在晋人解放的、自由的人格洋溢着生命，神情超迈，举止历落，态度恢廓，胸襟潇洒，以不肯妥协的悲壮，体现出真性情、真血性、真意义、真道德。

论江南诗性文化的主体精神，冯友兰先生则拈出"风流"①二字，指出魏晋"名士风流"的美包含"有玄心、有洞见、有妙赏、有深情"四个方面，晋人"放达、文雅"的风度与汉人的"庄严、雄伟"的气质有着鲜明的差异。五代十国时的南唐李璟那种"细雨梦回鸡塞远，小楼吹彻玉笙寒"②可以视为江南审美的典型意境，虚实远近，相映成趣，情意虽极其悲苦，文字与形象却优美深沉；欧阳炯的《花间集·序》将江南的唯美主义达到极致："镂玉雕琼，拟化工而迥巧，裁花剪叶，夺春艳以争鲜。"③江南文化的诗性精神又以其内在的魅力感化了一代代后继者，郭景纯有诗句曰"林无静树，川无停流"，阮孚评之云："泓峥萧瑟，实不可言，每读此文，辄觉神超形越。"④这些超凡脱俗的哲学意味上升到一

---

①　冯友兰.南渡集[M].上海：东方出版中心.2017.87—97.

②　王昶.诗词曲名句赏析[M].北京：商务印书馆.2015.263.

③　肖占鹏主编.隋唐五代文艺理论汇编评注 下 修订版[M].天津：南开大学出版社.2015.1361.

④　夏德靠.《世说新语》生成研究[M].天津：天津古籍出版社.2018.40.

种妙不可言的审美境界。钱穆在《师友杂忆》①中深情地怀念了家乡的水,陈从周在《说绍兴》②中将水乡与酒乡联系起来。

　　刘士林归纳了江南文化对国学的意义,强调了江南学人的特质③:南北学术发展的物质条件不同,在江南社会"民既富,子弟多入学校"。刘师培说"魏晋以后,南方之地学术日昌",江南学人自然通达,博学清言,追求个性开放,其"审美—诗性"的深层生命结构体现出非功利的审美品格,展现出特有的细腻个性和优雅气质。江南士子往往将"政治"与"审美"融会贯通,"一种真正超功利或无现实利害的中国文化审美精神才真正被生产出来"④。六朝以来,从江南文化世家的传统到江南学派的诞生,一个"长江下游的学术群体"⑤非常清晰地反映了江南学术文化高度的精粹性和完整性,江南学术文化又是一个严谨的整体。从本质上说,江南文化具有"审美诗性"与"实用理性"⑥双重内核,在丰厚的物质基础之上更加注重超越精神的、非功利的审美追求。

2. 江南水文化的地域性与民族性

　　"一方水土养一方人",江南文化因水而生,有着非常丰富的文化内涵。江南的水既有"天门中断楚江开"的包容豪迈,又有"路上行人欲断魂"的忧郁清婉,江南的水看似温柔细腻却具有滴水穿石的坚韧,显示出江南文人精神心理的丰富性和生动性。水是江南的命脉,万物

---

①　钱穆.八十忆双亲 师友杂忆[M].北京:生活·读书·新知三联书店.2012.33.

②　陈从周.陈从周讲园林[M].长沙:湖南大学出版社.2009.322—325.

③　梁枢主编.国学精华编[M].北京:商务印书馆.2011.08.191—192.

④　刘士林.西洲在何处 江南文化的诗性叙事[M].北京:东方出版社.2005.61—70.

⑤　谢先俊,王勋敏译注.陶渊明诗文选译[M].南京:凤凰出版社.2017.23—24.

⑥　滕尼斯,林荣远译.共同体与社会:纯粹社会学的基本概念 I[M].北京:商务印书馆.1999.65.

之本源,江南的水文化具有地域性①,包含着中华民族精神最深层的观念,江南人既追随《老子》"上善若水"的最高品德,又具有《论语》"知者乐水"中蕴含着的灵动和智慧;既学习《管子》"治国必先治水",还具有大禹治水"八年于外,三过其门而不入"不畏艰难的精神,人与水、水与人之间的这种既寓情又达理的文化关系,寄托到文化现象上。

一是江南"水乡"②养育了江南人以柔克刚、君子之强的秉性,《中庸》中子曰:"南方之强与? 北方之强与? 抑而强与? 宽柔以教,不报无道,南方之强也,君子居之"③,但是江南人也有好武善战的一面。

二是大运河连通了江南与外面的世界,滋养了江南人的开放包容。正因为江南人的虚怀若谷,接纳了北方奔吴的太伯,并虚心学习北方的先进技术,促进了南北文化的交融。

三是江河湖海水的荡漾与流动,养成了江南人浪漫灵动的诗性情怀。江南崇尚"诗礼传家""耕读传家",尚德崇义、彬彬重文。永嘉南渡,东晋政权在建康建立,六朝"文学之士"及"纯文学"大量出现,动态性地显示了江南文化的"高峰"和"强点"。④ 谢灵运的诗句"池塘生春草"透出其细密敏锐的心灵感悟力,追求的是一种生存的趣味和人格的超脱。"自中朝贵玄,江左称盛,因谈余气,流成文体"⑤,江南文人文化有了一个基本的整合性价值系统,如《文心雕龙》的"道、圣、文"文学观,其中心点就是"文"。萧统所编的《文选》和徐陵编纂的《玉台新咏》对后代的文学具有十分重大的影响,成就了中国古

---

① 河海大学《水利大辞典》编辑修订委员会编.水利大辞典[M].上海:上海辞书出版社.2015.534—536.
② 金德政.苏州大讲坛 4[M].苏州:古吴轩出版社.2017.80—81.
③ 赵清文译注.大学 中庸[M].北京:北京:华夏出版社.2017.117.
④ 费振钟.江南士风与江苏文学[M].长沙:湖南教育出版社.1995.12—18.
⑤ 詹锳.文心雕龙义证(下)[M].上海:上海古籍出版社.1989.1710—1713.

代文学史上"兼具总结与创新双重贡献"①的南朝时代,即一方面通过文学批评和总集编纂对之前的文学进行了总结;另一方面出现讲求平仄、格律的"永明体"以及"宫体诗",两方面都对唐代诗歌的形式与风格产生了深远影响。

　　江南文化之源的追溯与辨析为江南文化深层结构研究提供了基础,江南原始女性集体无意识"万物之母"的地位显示出的温柔、包容以及温润雅致的玉石工艺特质,是把整个太湖流域发展为江南文化核心地带并进一步辐射出去的重要符号和文明元素,凝结为中国古代江南文化精神主体的"种族记忆",表现出江南文化精神中"儒雅唯美"的特征。如果说北方中原文化占统治地位的是"伦理—政治"的深层精神结构,那么江南文化本质上是一种以"审美—艺术"为精神实质,代表着生命最高理想且具有审美自由的诗性文化形态,两者形成明显差异,澄明了其基本存在语境。士大夫文人们自身带着儒家精神和济世情怀,同时又用佛教思想精神重新评价玄学的结果,使他们在关于"在世"问题的思想风格和心理状态上得到了救正和修补。由"玄"入"佛"、由"佛"见"玄",用佛理与老庄玄理互征互喻,江南文化是融儒、道、佛"浑然一体"的文化,其文化内涵和品格无法分开。儒家偏重于个人与社会的和谐,道家的"情"与儒家的"礼"由过去的尖锐对立逐渐走向调和与合流,以至于"南朝后期士风已从绚烂而复归于平淡"②,南朝后期士风强调和谐、包容、无私、善德等文化精神,如何做到"情礼兼到"是他们建立新的文化价值标准的基点和途径。

---

① 曹道衡.兰陵萧氏与南朝文学[M].北京:中华书局.2004.2—4.
② 余英时.士与中国文化[M].上海:上海人民出版社.2003.84—113.

（二）影响传统江南村镇环境生态观生成的多元要素

生态是客观存在，生态观是主体的观念形态，是人对自然环境的态度和行为，存在于集体无意识层次上。在处理人与天、地、外物之关系时，古人注重"遵天时""尽地利""善假于物也"①，他们发现"天道""天命"是不可抗拒的，为了适应"天"，人们力图寻找其中的规律，被称为"道"，有意识地按照这些规律行事，利用这些规律"制天命而用之"，为自身服务。《尚书·舜典》和《周礼》中，系统地规定了管理生态事务的一系列官员。从东周起一直到秦始皇时代，数国合为大一统的国家，家是国的单元或细胞，家和国空间模式上呈"内向性"②，限定着人的行为，也限定着人的观念和思维结构，中国传统村落形成"国、城、家"的层次结构和内向型环境模式，形成中国传统社会独特的运行系统，凝聚成中国人特有的思维方式和价值观念。

1. 多元互补思想观念下的江南村镇环境生态观

中国古代的环境生态观是非意识性的，源于环境、社会的客观存在，源于人类更深层的生态理想，有着自己独特的结构。一方面是社会形制解构与重组。传统中国社会延续下来的礼制秩序结构不变，以一种改朝换代的模式形成"自活"③的内在机制，对环境生态特征的形成起着深层的作用。从系统的能量守恒定律来看，中国自给自足的农耕经济支撑着物质与能量的平衡，同时在中国半封闭式的自然环境下，外来文化不断地被吸纳与融合，当中国古代社会结构的物质、能量、社会

---

① 赵杏根.中国古代生态思想史[M].南京：东南大学出版社.2014.07—14.

② 顾孟潮、张在元主编.中国建筑评析与展望[M].天津：天津科学技术出版社.1989. 236—241.

③ 沈福煦、刘杰.中国古代建筑环境生态观[M].武汉：湖北教育出版社.2002.8—18.

文化结构信息等内在动力达到某种无序量级时,就会在原有社会文化结构不变的基础上,动态地重新组合,这就是中国三千年文化模式超稳定性的根本原因。另一方面是社会形态和民族形态的选择。聚落形制的深层要素与生态环境有关,聚落的发展、衰落或迁徙很大程度上取决于对当时生态环境的适应性,随着生产力和生产关系的进步发展,社会不断繁衍而形成一个更为庞大的体系,先人选择了以姓氏为结构的宗族制度,使社会内部得到更好治理,形成较为合理的社会生活形态,也获得了生产上的便利和生态环境上的合理性。

风水亦称"堪舆",是旧时汉族相地、相墓的习俗或者一种术数和技巧。作为专有名词的"风水"二字始见于晋代郭璞(公元276—324年)所著的《葬书》①。梁实秋先生指出堪舆中无穷无尽的藏风聚气形成所谓的"吉穴之形"②……不谈风水中被渲染和迷信的因素,仅追溯人类最原始的天、地、人和谐相处和人居理想,有其存在的逻辑性一面。古代先民的理想家园的标准:(1)山明水秀的地理环境,特别是河流交汇处或者近水处,土地肥沃,适宜生活和居住;(2)风和日丽的朝阳方位,坐北朝南、负阴抱阳、背山面水的基本格局;(3)功能分区,史前龙

---

① 何晓昕编著.风水探源[M].南京:东南大学出版社.1990.31.是关于阴宅的葬法原理,其主要观点一是"气说":"葬者,乘生气也"提出了选择葬地的标准,何谓生气? 即"经着春风吹拂后的花木,自不期然而然的有欣欣向荣之概",故风水阳宅理论以"气"为主要的宗旨。二是"藏风得水说":"藏风聚气,得水为上……故谓之风水",这是"乘生气"的首要保证,藏风就是避风,即阳宅理论的"水龙"说法。三是"形势说":"千尺为势,百尺为形,势来行止,是为全气",这是阳宅形法理论中觅龙的主要方法,背山既可生气、纳气、藏气,使气"界水而止",又可接纳阳光,为聚落环境孕育勃勃生机,这已经成为对建筑远、近景观的尺度标准,其关于自然界的尺度与建筑景观的协调理论至今仍有积极作用。

② 梁实秋.人生忽如寄 跟梁实秋品味雅致人生[M].天津:天津市人民出版社.2016.169—192."吉穴之形"诸如"游龙戏水形""五星伴月形""双燕抱梁形""美女献花形""金凤朝阳形""乌鸦归巢形""猛虎擒羊形""骑马斩关形"等,梁实秋分析了历来学者有许多对于风水之说抱怀疑态度,如张子全认为"葬法有风水山冈之说,此全无义理";司马光的"葬论"提出"葬具不必厚,葬书不足信"的观点,更是一篇无神论杰作,并持"死生有命,非关风水""自求多福,如是而已"的否定态度。

山文化时期的古城遗址,内外城都呈方形,是我国古代城市和聚落规划的原型,可见先民文明生活习性和观念早就养成。风水的产生源于先民生活和农业生产需要,在观察自然和改造地理环境的实践过程中诞生。卜宅是古代风水活动最早的形式,风水还有另一称谓"青鸟术"①,初民的生存环境充满着幻想,神渝、术士、占卜、预言等都是自原始社会就兴起的浓重的迷信巫术和占卜活动,在时间上被纳入天体运行的秩序之中,这与我国农业社会的特征有关;在空间上也选定动土兴建的地点、范围和形制,《礼记·曲礼上》曰:"行,前朱雀而后玄武,左青龙而右白虎"②,青龙—朱雀—白虎—玄武又称"四灵",是中国古代先民想象出来并加以神化的四种神异动物形象。风水地的选择除了反映人们对大自然的崇尚心理,强化了对环境之物的崇拜。同时,古代先人研究的"土宜法""土圭法""土会法"③等一系列针对农牧业和生活实践,闪耀着先人适应自然而采取的通用方法,其中关于"择基与立向"的做法正是后代风水中"形法"与"理法"的萌芽。

中国古代风水理论中"阴阳、五行、八卦等象征着宇宙的总体构架"④。至汉代,经董仲舒等人之手,这三大思想紧密地结合起来对风水理论产生重要影响。何晓昕在《风水探源》中提出风水与天文学、地理学及哲学关系尤为密切,从汉代的五行学说到"五音相宅"的"图宅

---

① 何晓昕编著.风水探源[M].南京:东南大学出版社.1990.6—8.这与上古时代中国曾有过以太阳为主神的崇拜和敬奉有关,《山海经》里就常以青鸟作为黄帝与西王母的使臣。《左传》则进一步记载了"少昊之国"以"飞鸟名百官","青鸟氏"为一种计时的天文历法之官,可见初期风水与太阳崇拜有关,表明了风水的起源与两大特征:"仰观天文"与"俯察地理"。在中国,最古老的"仰观"是源于对太阳运行的实际观察,在此基础上很自然地形成了中国古人"喜东南庆西北"的自然观以及"尊左"的习尚。左边为东方,太阳升起的地方,江南的东部也称江左。

② 苗延荣.中国民族艺术设计概论[M].北京:人民美术出版社,2014.99.

③ 陈戍国点校.周礼·仪礼·礼记[M].长沙:岳麓书社.2006.76.

④ 何晓昕编著.风水探源[M].南京:东南大学出版社.1990.17—30.

术",与道家、宋明理学对应的阴阳、八卦、九星系统,"与时代合拍,出现了以《八宅周书》为代表的学说"①,并凭借其礼的秩序与中国宗法制度相呼应。风水观在江南的乡村和民间很通行,乌镇水网交织可谓人文昌盛的"上吉之地"②,乌镇整体形态呈"十字形"③,主要是由于南北向的市河和东西向的东、西市河呈十字交叉,古镇沿三条市河贴河发展,形成四条不同方向的大街,乌镇沿河建筑排列整齐、相互连接成线,延绵数里,蔚为壮观。

自古以来,风水渐渐上升到一门关于环境选择的学问,不仅仅是对人居物理环境的满足,更多的是从伦理秩序和美学秩序提高了人类的生存质量和精神追求,而且增加了对环境品质的涵养,提升了对居者生命品质的关怀和对民族可持续发展的维护,人们对传统环境的亲和性、舒适性、归属感和艺术感染力都是源自骨子里的记忆与青睐,风水艺术所追寻的人与自然、心灵与身体相适宜的审美意识,表现出的自然观和人文关怀正是人类追求理想家园的终极目标之一,古老的风水技艺在当代中国环境设计中还在发挥着积极的作用。

2. 传统哲学对江南环境生态观的影响

从儒释道的观念来说,儒学最能代表中国古代的观念形态,自春秋战国形成至两汉已日臻完备,成为封建统治的正统思想。孔子因袭和发展了周礼最本质的"贵贱不愆"和"尊尊"精神,并注入了"仁"的新内

---

①　何晓昕编著.风水探源[M].南京:东南大学出版社.1990.60—63.

②　段进、季松、王海宁.城镇空间解析——太湖流域古镇空间结构与形态[M].北京:中国建筑工业出版社.2002.211.

③　曾立.建筑典例解读[M].杭州:浙江大学出版社.2012.77.

容,"仁之美者在于天,天,仁也"①,孔子、孟子和荀子都有提倡"节用"的论述,反映出对"天下宽容、万物和谐"理想社会的追求。《论语·学而》云:"节用而爱人,使民以时。"②《孟子·梁惠王上》"狗彘食人食而不知检"③抨击了统治者的奢侈行为;《荀子·天论》主张"强本而节用"④;管子学派所提出的"德法兼治"等一系列主张、政策和措施,共同构成了其朴素的自然资源和生态环境保护学说。我国现存最早的先秦农业文献《吕氏春秋》的"三才论"曰"择天下之中而立国,择国之中而立宫"⑤,从秦汉到宋元时期,在强调尊重客观规律的同时,更强调"顺天时,量地利"⑥。儒家的传统思想构成了中国古代社会封建统治模式和封建文化的深层结构,也深深影响着江南的文人和民众,南方齐梁时期的君臣就高度重视中原的衣冠人物,"以华夏正统自居"⑦,"自宋迄今,故科第不绝,儒风不衰",尤其在明清两代"愈极繁华,甲第连云"⑧,江南地区成为中国文化最为发达的地区之一。

在江南,由于远离政治,学术思想活跃,老庄哲学与禅学发展和影响

---

① 冯友兰.大师读书与做人 冯友兰读书与做人[M].北京:国际文化出版公司.2017.97.
② 阮元.十三经注疏[M].北京:中华书局.1980.2457.
③ 阮元.十三经注疏[M].北京:中华书局.1980.2666.
④ 王先谦.荀子集解 卷十一 诸子集成本[M].上海:上海书店.1986.205.
⑤ 任正晓编著.生态循环经济论[M].北京:经济管理出版社.2009.61.《吕氏春秋·上农》《任地》《辩土》《审时》等先秦农业文献,把农业生态系统分为三个基本要素:稼——生物有机体、天地——生物有机体赖以生存的环境条件、人——人的劳动与社会文化,三者之间有机统一。先秦时期诸子百家都把天、地、人"三才"的和谐协调作为基本的理论出发点和价值取向,形成了"三才论"的传统农学思想。
⑥ 王芳.西部循环型农业发展的理论分析与实证研究[M].北京:中国农业出版社.2008.26.西汉《淮南子·主术训》中把"上因天时,下尽地财,中用人力",作为"群生遂长,五谷蕃殖"的重要条件;《齐民要术》曰"顺天时,量地利"。说明种庄稼要因时、因地、因物而行,再加人的努力可事半功倍;这个思想到明清时期有了新的发展,把天地人之外的农作物的本身特性纳入到系统内,提出了"三宜说",明代马一龙在《农说》中谈到"合天时、地脉、物性之宜,而无差失,则事半而功倍矣"。
⑦ 庄辉明.齐梁文化研究丛书 南朝齐梁史[M].上海:上海古籍出版社.2015.256.
⑧ 樊树志.明清江南市镇探微[M].上海:复旦大学出版社.1990.266.

较大,《庄子·齐物论》①的自然观和《庄子·秋水》中的万物平等的伦理观具有鲜明的本土特色。《淮南子·精神训》受先秦道家"齐物"论思想的深刻熏染,认为"天地运而相通,万物总而为一"②,正如《道德经》中所言"域中有四大,而人居其一焉"③,老子认为人与自然是平等的。江南文化崇尚自然,注重以深层的中华传统哲学思辨为基础。从整体而论,江南先人肯定了人与自然是一个相互依存的整体内向系统和共生关系,强调主体意识的觉醒,形成独有的自由意识,以"会通"④的方式获得心灵的体会与顿悟,将"无我之境"与禅境相通,展现出江南人的"诗性自由"⑤。千百年来,在周而复始、循环往复的良性循环过程中,"天人合一"的哲学理念对江南城乡空间格局生成与稳态发展都有着深远的影响,至今散发着智慧的光辉,也成为当代重塑江南村镇景观设计价值观的起点。

经济基础决定了与其相匹配的政治制度、社会形态和价值观念,地理环境生态系统是客观存在的,环境生态观则是人们意识形态层面的观念。基于传统中国自给自足的自然经济社会背景,多方面因素决定了中国古人顺应环境的态度,如利用地形、天然材料进行加工,利用人力加以建构,建成房屋因地制宜、取其自然。《易·系辞》曰"上栋下宇,以蔽风雨"⑥,在远古的尧时代,洪水泛滥,人们为了生存,适应自

①　庄子.庄子[M].南昌:二十一世纪出版社.2014.11、153.

②　高旭.道治天下 淮南子 思想史论 下[M].天津:天津人民出版社.2018.471.

③　姚电、康丽云、胡毓智主编.中华文化原典选读[M].北京:北京理工大学出版社.2009.179.

④　王俊义主编.炎黄文化研究 第9辑[M].郑州:大象出版社.2009.10.

⑤　陈鑫.江南传统建筑文化及其对当代建筑创作思维的启示[D].东南大学,2016.26.

⑥　杨名.说儒 先秦—魏晋南北朝[M].西安:西南交通大学出版社.2015.25.《孟子·滕文公下》记载:"当尧之时,水逆行,泛滥于中国,蛇龙居之,民无所定,下者为巢,上者为营窟。《书》曰:'洚水警余。'洚水者,洪水也。使禹治之。禹掘地而注之海,驱蛇龙而放之菹;水由地中行,江淮、河汉是也。险阻既远,鸟兽之害人者消,然后人得平土而居之。"

然,或者在树上搭巢而居或者挖洞穴而居。大禹治水后,平地的价值显现出来,才有了后来"一年成聚,二年成邑,三年成都"①的传统聚落与城市规划思想。

"宾于四门,四门穆穆"②舜初期都市已开始形成,史载"公既定宅"③;《周礼·考工记》中记载"匠人建国,水地以县"④(图 3-16)列举了各种圭的尺寸和用途,如定纬度,测定建筑、城垣、宫殿、房屋、陵墓等方向、位置,测定古代历法的回归年长度、时刻等。"匠人营国",此"匠人"就是城邑的规划设计和施工者,"国"乃"城","营国"就是建造一个以城邑为中心连同周围田地在内的城邦国家(图 3-17),建立国野之制,"国"(城)又置"乡""遂"。考察《匠人》中⑤王城规划的主体结构,和周人所崇奉的礼制、"尊尊"观、"择中论"和井田制的规划思想是分不开的。"周人明堂,度九尺之筵,东西九筵,南北七筵,堂崇一筵。五室,凡室二筵";"匠人为沟洫。耜广五寸,二耜为耦"⑥,三礼图、王城图(图 3-16—17)严格规定了不同的建制与尺度。春秋战国时代,政

---

① 《史记·五帝本纪》。
② 《史记·夏本纪》。
③ 梁思成.中国建筑史[M].北京:生活·读书·新知三联书店.2011.01.18.
④ 吴守贤、全和钧主编.科技史文库中国天文学史大系 中国古代天体测量学及天文仪器[M].北京:中国科学技术出版社.2013.365.
⑤ 贺业钜.考工记营国制度研究[M].北京:中国建筑工业出版社.1985.56.(1) 重视礼制秩序。礼本是殷人旧制,但周人把礼与仪区别开来,"礼者别贵贱尊卑也"是礼治秩序的实质。"礼"已被提到"上下之纪,天地之经纬"(《左传》昭二十五年《传》)的高度,作为"经国家,定社稷,序人民"(《左传》隐十一年《传》)的重要统治手段。(2) 把"亲亲"与"尊尊"结合起来,通过这种血缘的宗法关系,进一步巩固和加强了周天子在政治上对诸侯的君臣关系,宗法与政治的紧密结合,也就是"亲亲"与"尊尊"的结合。(3) 聚落的"邑"(里)是按井田概念来规划的。"以土地之图,经田野",周人规划田地,首先要做好土地丈量,然后按照测量的土地图,据田制进位,以为"沟封""封树"。井田以"夫"为单位按一定进位规划,以户为单位进行编户组织,不仅便于组织生产还有利于加强管理和征敛贡赋。这种方块形制规划思想也影响到王城之外廓的规模和布局,《孟子·公孙丑篇》有"三里之城,七里之廓"的论述。
⑥ 程国政编注.中国古代建筑文献集要 先秦—五代[M].上海:同济大学出版社.2016.26.

治思想极为活跃,环境设计体现出多样化,实现由崇尚占卜鬼神到遵循周礼哲学的转变,对中国乃至江南的城市规划与聚落营建都产生深远影响。

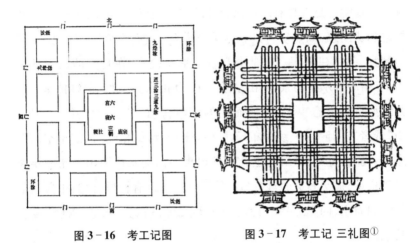

图 3-16　考工记图　　　　图 3-17　考工记 三礼图[①]

《越绝书》:"吴大城周四十七里二百一十步二尺……阖庐所造也。吴廓周六十八里六十步","吴小城周十二里"。[②]纵观上古至秦汉时期江南地区聚落形态的发展演化历程可见,该地区早期人类活动与自然环境相互作用,直到春秋中期以降江南地区的城邑才大量出现,诸如良渚寺墩、春秋淹城均修筑封闭的多重环绕水道。江南传统村落景观空间的格局与当时的社会政治、经济、文化和江南水乡先民们与水相依的生活方式密切相关,"密布的湖沼、水网、河沟、水道,在聚落生活中起到防卫、交通、排水、取水等多重功能,干栏式建筑、河埠头、小桥、护堤等建筑和设施"[③]应生产生活需要而生。

①　图片来源:贺业钜.考工记营国制度研究[M].北京:中国建筑工业出版社.1985.54。

②　贺业钜.考工记营国制度研究[M].北京:中国建筑工业出版社.1985.62.

③　黄爱梅、陈国灿.江南城镇通史 先秦秦汉卷[M].上海:上海人民出版社.2017.202.

千百年来，江南地区大部分采用木构架的建筑，内外没有根本性差别，上至宫殿下至民居住宅，同样都是由单体组合而成，其组合模式大致可以分为以下三类：一是围合空间平原水网村落形态模式，传统村落环境总是选择有一定闭合度的空间，有种心理上的安全感、庇护感和认同感，如焦溪村则就地取材营建"黄石半墙"①，体现出"因地制宜"的营建思想。二是中心空间形态模式，在自然的山水环境中，有山岛环水型的景观，山呈敞开形，环山水天一色、惊涛拍岸。三是线型空间形态模式，因河而生的江南村镇空间，常常按"一河两街"或者"一河一街"线型布局，"水陆平行、河街相临"的线型空间形态模式随处可见，在山区也会常常出现两山夹水或两山夹路的狭长线型景观，把空间美的营造与自然景观的选择有机融合，其中典型的村镇如周庄、同里、乌镇、南浔等街巷交融，拓宽了村巷空间的复合功能。

江南传统村镇聚落环境形态的模式，与其社会结构形态的内在模式是高度一致的，在传统中国乡村中的地方自治一般是通过地方乡绅和宗族共同完成的，统治体系在一些细节方面不时得到精炼和提高，传统乡村至今有些边远的农村的宗族还会潜在地影响着乡村社会的教育、公共卫生、公共水利、道路维护、日用照明等事项。传统乡绅阶层在乡村自治管理中起到了非常重要的作用，而普通村民在长期的专制统治下，养成了一种极端被动的心态与行为模式。

费孝通先生认为传统中国乡土社会里的亲属关系和地缘关系都是

---

① 周岚、朱光亚、张鑑编著.乡愁的记忆 江苏村落遗产特色和价值研究[M].南京：东南大学出版社.2017.14.

遵循一个以"差序格局"①为基础的认同单位,根据生育和婚姻事实所发生的社会关系是最重要的亲属关系。在这个传统网络结构中,每一家以自己的地位为中心,在生活活动范围和周围划出一个圈子,按照同心圆波纹原理,这个圈子就如同编织成的一个以自我为中心的社会人际关系网,具有强大的伸缩能力,构成抽象的社会关系网络体系格局。西洋社会讲究权力和职责,中国传统社会攀的是关系和交情。费先生解释的"伦"直观易懂,"不失其伦"在《礼记・祭统》里有所解释,十伦就是鬼神、君臣、父子、贵贱、亲疏、长幼、上下等都是分等级有序的,即"差序",就是"伦"。这里的己是相对的,克己就是修身。孔子的道德系统"君子求诸己,小人求诸人",不会离开"差序格局"这个能放能收、能伸能缩的社会范围的中心。因此,中国传统社会里的差序格局包含着鲜明的道德观念,维持该社会的生存和延续。

(三) 信仰习俗交融共生的江南村镇文化生态格局

民间信仰是一种复杂的社会现象,是人们灵魂深处的文化记忆,并非简单意义上的所谓"封建迷信"。江南市镇由于工商业高度发达,交通便利,人流量大,因此在早期市场经济的驱动下,形成了具有自身区

---

① 费孝通.乡土中国 生育制度 乡土重建[M].北京:商务印书馆.2017.27—33."我们社会中最重要的亲属关系就是这种丢石头形成同心圆波纹的性质。亲属关系是根据生育和婚姻事实所发生的社会关系。"在传统结构中,每一家以自己的地位作中心,周围划出一个圈子,这个圈子意味着在一个社会里的人可以用同一个体系来记认他们的亲属,体系是抽象的格局,或是范畴性的有关概念。当我们用这体系来认取具体的亲亲戚戚时,各人所认的就不同了。《礼记・大传》里说:"亲亲也、尊尊也、长长也、男女有别",意思是这个社会结构的构架是不能变的,变的只是利用这种架格所做的事。顺着这同心圆的伦常,就可向外推了,从己到家,由家到国,由国到天下,是一条通路。《中庸》里把五伦作为天下之达道,因为在这种社会结构里,从己到天下是一圈一圈推出去的,所以孟子说他"善推而已矣"。

域特色的民俗风尚。江南市镇生态具有鲜明的层叠性与融合性,滨岛敦俊从民间信仰习俗的角度来解读明清江南农村社会;而费孝通则用"乡脚"来说明市镇生态的有机性与关联性。民间信仰与民俗活动看似各不相同,但在实际的江南市镇生态中,江南民间信仰习俗互动制衡的内外力量两者相互交融,成为江南传统文化的重要组成部分。

民间信仰作为一种文化融入中国广大普通百姓日常生活中,表现了信仰者和参与者的宗教理想,强调人神相能的祈愿,反映了这一村镇经济社会的发展过程、民众诉求和观念映射。正如滨岛敦俊所言:"江南土神信仰是由他们这些巫师制造出来的"①(如江南金总管信仰),确认了以市镇为中核的共同祭祀和信仰领域的形成。江南市镇包含佛教、道教等以及各种民间信仰,内容有关灾害、水域、生老病死、功名利禄、饮食起居等各个方面,信仰仪式则包括拜祭、前兆、占卜等等。比如,"数罗汉"、盂兰盆会、"燃观音灯"都属于佛教信仰类活动。文昌帝君又称梓潼帝君,是被道教奉为掌管功名利禄之神;天齐圣帝是掌管万物出生的东岳之神;阴王是阎罗王;火德星君就是火之神;昭灵广佑王暨夫人就是城隍夫妇;而关圣帝君既是道教中的大帝,又是佛教中的护法伽蓝神;灶神又称灶君司命,与民间饮食起居关系紧密。因为临水而居,与其他渔业相关地区崇拜天后一样,江南市镇同样有祭拜天后的信仰习俗。清代《墨馀录》载天后诞辰日(农历三月二十三)"先期县官出示,沿街鸣锣,令居民悬灯结彩以祝"②。而儒学先贤、祖先、英雄、猛将等也都成为民间信仰的组成部分。解放前夕"苏州善人桥穹窿老会"③的典型例案,给当代带来很多启示,乡村庙会是老百姓约定俗成深入民

① 郑振满、陈春声主编.民间信仰与社会空间[M].福州:福建人民出版社.2004.2.
② 王水.江南民间信仰调查[M].上海:上海文艺出版社.2006.1.
③ 徐采石主编.吴文化论坛(2000年卷)[M].北京:作家出版社.2000.318—329.

心的集体民间信仰活动,如果采取极端手段打压或取缔,反而容易引起意外激变。

江南村镇泛神崇拜特色却因为贯穿一年四季的民俗活动,变得整体自然而生活化,具有高度凝合的文化自觉与共识。比如每年正月初五是民间流行的财神节,被称为"接五路""接路头"①,常常是家宅与寺庙相互融合,盛况空前;每年正月十五,有庆祝文昌帝君圣诞的"文昌会",上元佳节,有翊灵神灯会、"元宵鼓"、"猜灯谜"、天齐圣帝诞辰、关圣大帝诞辰、火德星君诞辰、金元总管诞辰、土地堂笙歌灯彩及其华盛等等,贯穿整个年份的信仰活动,不仅把习俗与信仰融于一体,也让各种信仰类型和谐共存,构成统一的文化生态格局。滨岛敦俊曾经指出"如果说村落共同体是与农民的生存密切相关的社会组织的话,那么它就与生存相关的自然、生态环境及社会环境的变化及其状态密切相关"②。江南地区的信仰和习俗不仅尊重了当地民众对不同祭祀、信仰的精神需求,而且更促进了市镇的人口流动、村镇贸易和发展格局,让江南市镇社会生态具有一种稳定的居民共同性,见证了一个充满生机的"共同体"理论框架。

《三国志》注引鱼豢《魏略》③是中原汉人接受佛教的最早记录,佛教兴盛"实在晋、南北朝之时"④,其勃兴是与执政者的信奉和提倡密不可分的。东晋帝、后信佛者多,南朝宋明帝以故宅建湘宫寺,见《齐书·兖传》。《齐书·五行志》中载齐武帝立禅灵寺,文惠太子、竟陵王子良信佛,竟陵尤笃。《梁书·本纪》记录了梁武帝经常组织译经、讲

---

① 樊树志.明清江南市镇探微[M].上海:复旦大学出版社.1990.272.
② 滨岛敦俊,朱海滨译.明清江南农村社会与民间信仰[M].厦门:厦门大学出版社.2008.1—2.
③ 《三国志》卷三十和《魏书·东夷传》注引鳘《魏略》.
④ 吕思勉、马东峰主编.两晋南北朝史 下[M].北京:北京理工大学出版社.2016.1471—1485.

经、辩经、大兴寺庙、铸造佛像,命高僧制定戒律、宗庙用蔬果。后依刘勰议,"二郊亦不用牲,会同用菜蔬"。武帝甚至屡幸同泰寺舍身,南北朝士大夫、教士、平民百姓笃信佛教,佛塔寺庙建筑发展迅猛,也导致这一时期国力亏空难以维持。佛教空前繁荣,却加强了国际间和国内南北地区的文化交流,梁武帝颇重佛义,博通文史,同时他也是著名的佛教践行者,著有《涅槃》等数百卷佛学作品,强调儒释道融合,加快了佛教中国化的进程。历次北人南迁,流布到南方,南朝大兴佛寺之风,促进了南北朝时期建筑技术和风格的创新,这些建筑技术通过百济传入日本,史称这一时期为飞鸟时代(公元 592 年),也是当今我国考察南朝时期建筑风貌最好的参照样本。

习俗与信仰维系着和谐统一的村落共同体,江南乡村是传统礼俗"最忠实的信仰者与实践者"[①],江南村镇社会所关心和延续的生活必然是在自身社会心理与社会道德情感共同趣味引导下,以自我的物质基础及其生产方式为基础的。由于乡镇社会与城市社会基础存在根本区别,其社会精神生活所关心的主旨也必然存在巨大差异,只有对历代王朝的典章制度和社会语境作出全面系统的深度分析和理解,才有可能真正透过记忆的表层深入其中,真正理解江南村镇民间发生的信仰习俗、历史事件与社会现象。

综上所述传统江南村镇文化景观形态的生成与发展过程,实质上是先民不断通过文化、技术与环境之间保持着水岸共生平衡关系的过程,环境因素是人类赖以生存的物质基础,制约着人类文化的形成与发展;经济因素是推动自然环境演变的外在驱动力,包括生产力、经济基

---

① 刘士林等.风泉清听 江南文化理论[M].上海:上海人民出版社.2010.165.

础、政策制度等;文化与社会观念包括人的心态、价值观和意识形态等,是平衡人居生态关系的内在动因。以"天人合一"自然生态观为基础的审美法则,规定江南传统村镇空间文化的整体视阔,也是维护江南传统村镇几千年来持续稳定与和谐的基本原理,在儒释道圆融思想和老庄哲学、禅学强调主体意识觉醒的多元思想影响下,江南文化注重自我体验,做到自由超越的"审美诗性"与圆融通达的"实用理性"融合共生,造就了传统江南村镇文化景观"情礼兼到"的特有文化气质。

本章小结

从时空维度来理解文化记忆,包括文化记忆在时间上的跨度与指向两个方面,本章从自然环境、经济社会、文化观念三个方面分析影响江南传统村镇景观形态的多元要素,首先地形地貌是成就江南村镇水乡格局的核心要素;其次从经济社会视角分析江南传统村镇景观形神合一的特点,以宏观视野观察世界经济史大背景中的江南早期工业化,如江南市镇、江南老行当等;再次从微观视角,透过茶馆听书、货郎担等市井生活折射出江南水乡的社会生态;最后阐释了文化观念对江南传统村镇景观形态的影响,从江南文化的起源与历史演进分析江南文化的内核。多元思想影响了江南传统生态空间观念,也形成了江南传统村镇特定的信仰习俗和交融共生的江南文化生态格局。

江南文化注重自我体验,强调人的主体意识觉醒,这种形神兼备是记忆主体的无意识过程,从而凝结成最为强固的精神状态。对江南文化的研究,沿着表层地理区域从原始发生的角度和深层精神结构两个向度展开,通过现场调研和文献研究探究过去,获得有关江南文脉定义的各种因素,把个体乡愁凝聚成整体的记忆,为未来的期望和行动目标找到支撑点,这样的研究,将时间和空间极其紧密地联系起来,记忆场所、历史文化内化为现实需要,将维系传统江南村镇文化几千年持续稳定发展的内在规律用于当下。

第四章
媒介维度：江南村镇文化记忆与
景观语言符号的设计转换

阿莱达·阿斯曼的文化记忆理论在哈布瓦赫"回忆图像"的基础上，提出了"记忆形象"概念，具有"时空关系、群体关联和重构性"[①]特点，任何一个社会的过去都是社会在不同变化关联中的一种重新建构，"记忆形象"被调动的过程就是记忆本身开始的过程。文化记忆的空间形态和结构内涵主要是"受它们记忆媒介的材料决定的"[②]，包括物质遗迹、仪式经文和一切物质的、社会的与精神的传统，这些文化现象不仅是一个民族记忆的对象，更是能在集体层面产生身份认同的文化记忆，犹如一个"空间载体与海量容器"[③]。大量的文化信息中包含着群体共同的价值体系和行为准则，遗产与记忆之间形成一种非常物质化的联系，回忆、认同共同形成文化的延续性和凝聚性结构。文化记忆理论为当代江南村镇文化景观语言符号系统的构成扩大了类型选择的范围，提升了景观设计作为记忆建构媒介的价值意义，当代江南村镇文化景观语言符号系统的梳理和建构，是在新时代社会核心价值观的总

① 冯亚琳.德国文化记忆场[M].北京：中国言实出版社.2016.3—5.
② 阿莱达·阿斯曼，潘璐译.回忆空间文化记忆的形式和变迁[M].北京：北京大学出版社.2016.200—272.
③ 邵鹏.媒介作为人类记忆的研究[D].浙江大学，2014.26.

体框架下对庞杂记忆符号做出的理性分析与过滤。

一、 当代江南村镇文化景观语言
符号的选择与转换

    景观语言是由音、形和义相结合的复杂信息交流工具与载体,是人类思维和表达思想的手段,包括"语言符号、语法规则、句法规则"[1]三大构成要素。伴随着人们文化观念和表达技术的改变,很多不同的景观语言传递出具有时代特征的文化与语义信息,景观语言的研究在更大的程度上凸显了交叉综合的学科优势,建立一种使文化得以建立和延续的内在关系。索绪尔视语言为符号与实物诸要素的二元关系体系;皮尔斯指出符号、对象、解释者之间的三元关系,将符号分成图象符号、指示符号、象征符号三种类型。"类型"的观念作为形成"一类事物的普遍形式"的法则被重视,基于类型学的形态设计方法辩证地认识了功能、形式与意义的关系,"原型"[2]通过所谓集体无意识而存在于人们的记忆中,"元"[3]即类型,作为设计的工具而具有永恒性的内在秩序与原则,只有人们内心深处的记忆形象被触发,"对象设计"的层次才进入真正的设计阶段。通过对"记忆形象"的分析、梳理和"类型选择",再通过基本代码的收集、涵义的抽象加工,空间模式与尺度等进行一系列的形态建构,实现"类型转换",这些理论对当代江南村镇文

---

① 陈圣浩.景观意义的建构与传达[M].北京:中国林业出版社.2017.49.
② 汪丽君.广义建筑类型学研究[D].天津大学,2003.15—22.
③ 汪丽君.广义建筑类型学研究[D].天津大学,2003.104—140.

化景观语言符号系统的分析与建构,具有重要的指导意义。

(一) 当代江南村镇文化景观语言符号的类型选择

　　诺拉提出的"记忆之场"①概念,具有三种意义,即实在的、功能性的和象征性的,包括所有记忆残留物存在的场域,如纪念碑、仪式、节日、风俗、博物馆、档案馆、墓地和收藏品、契约、会议记录、古迹、庙宇等,凝聚着一个国家乃至一个群体的集体记忆,汇聚了对于群体身份构建具有关键意义的事件,它可以是某个场地、某个人物、某个事件,甚至某个图像、某本书籍等等,这些促使记忆发生的"记忆形象"②由装饰图案、神话、歌曲、舞蹈、经文等扩展到气味、五感以及身体姿势等,使得当代江南村镇文化景观语言符号系统变得极为广阔丰富而具有凝聚性。"类型的选择"是当代江南村镇文化景观语言符号形成的设计基础工作之一,景观语言符号是指构成景观的一切元素与媒介,包括形式风格、工艺材料与思想观念或者意义,是在特定的语法句法规则之下构成的具有完整意义的景观语言体系。江南村镇景观包括自然景观和文化景观,本文的景观设计研究特指文化景观,文化记忆导向下的当代村镇景观的情境重构不仅仅是形态元素的解构与拼贴,尤其要尊重人的情感,维系好与人的生命息息相关的环境、经济、社会三大要素之间的平衡关系,思考如何把普遍意义上的乡愁文化情感转化为文化认同的凝聚性力量,为当代村镇发展赋能提出具体的设计方法。

---

① 皮埃尔·诺拉主编,黄艳红等译.记忆之场[M].南京:南京大学出版社.2015.10.
② 冯亚琳.德国文化记忆场[M].北京:中国言实出版社.2016.5.

1. 文化景观语言符号的选择原则

借鉴语构理论,最小的语言单位语素根据语法结构原理和规则组成句子,再依据句法的逻辑关系形成篇章,表达完整的中心思想、文本的观点和意义。景观语言的构成与上述原理相通,但是也具有自身的特点,景观是人在特定时间或者空间里,与景观情境的深度体验和交融的空间综合体。景观语言符号系统的生成,从景观语素—景观场景—空间单元—村镇景观,这是一个整体的建构过程,人、场景、行为构成了景观的架构。与传统景观的语素侧重材料和实体相比,当代景观的"景"的范畴又有了一定的扩展,如沉浸式虚拟景观场景,是利用真实感图形生成与虚实融合技术,表现出人与环境仿真的互动关系。历史上很多景观语言已经约定俗成,如江南园林景观就已经成为表达当代江南村镇景观文化气质的特定语汇。

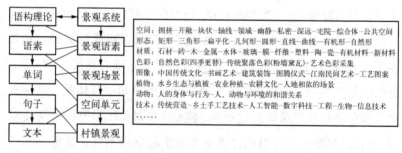

图 4-1 当代江南村镇文化景观语言符号系统构成示意图

当代江南村镇文化景观类型可概括为生态型景观、生产型景观和生活型景观,是对应维系村镇可持续发展的自然、经济和社会三大子系统的空间载体。在文化记忆取向下,要加强当代景观文化内涵,为江南乡村的可持续发展创造出具有当代文化记忆的景观体系,其间建构目标与语素选择的匹配度至关重要。当代江南村镇文化景观语言符号的类型选择遵循以下原则,即文化的延续性与时代性相结合、文化记忆的唯一性与整体性相结合、文化景观的可持续性保护与创造性转化相结合的原则。因此,当代江南村镇文化景观的设计从空间形式语言的研究扩展为景观规划设计系统研究,从单一的居住、观赏功能向复合多元的功能转型。景观语素从传统石、砖、木、水等材料拓展为空间、形态、材质、色彩、图像、动植物、技术等多元要素的集合,具有动态、开放、多义的特点。为适应当代社会新的变化要求,文化景观基于人与环境的关系,其自身被赋予"生产力""可再生性""物种和生态多样性"[①]等新功能,江南村镇的保护规划和管理极具学术性和跨界性。

2. 文化景观语言符号的基本特征

当代江南村镇文化景观语言符号系统的构成,以人对景观环境的感知与体验为本,从形式构成与实体建构两方面展开,景观语言分为表层信息和深层场所精神两个层次,即"外在的实体显现与内在的意义表达"[②],表层信息对应于景观的形式,如空间、形态、色彩、光感、材质、肌理、形式风格等等;而深层结构对应场所的意义与精神、组织秩序以及人、文化、社会与环境的密切联系。景观各要素之间的组合方式形成特定的逻辑秩序是"有意味的形式",是美学研究中一门深奥的学问,秩序感、形式美源于生活又高于生活,形与色、五感体验等都是形式美的构成要素,但是感知领域的审美还未经过情感和观念的转换进入景观语言的深层结构,江南村镇空间场所与景观媒介本身并不能承载任何意义,必须在人的情感意象与想象的心理作用过程中,才能体悟到其背后的价值取向、审美理想以及社会观念,才能完成景观语言的深层

---

① 蔡晴.基于地域的文化景观保护研究[M].南京:东南大学出版社.2016.87.
② 陈圣浩.景观意义的建构与传达[M].北京:中国林业出版社.2017.82—85.

表达。

正如挪威建筑理论家诺伯格·舒尔兹所言,"场所是人的行为和事件发生的地点"[①],场所是存在的"环境",场所感形成不可简约的环境整体氛围,可分为"有意识与无意识""内在性和外在性""积极性和消极性"场所。舒尔兹在讨论了日常生活中的"具体现象"和"无形现象"基础上,认为"场所"具有"环境的特性",场所结构包括了"空间"和"特性"两个基本要素。文化记忆取向下的江南村镇文化景观语言符号系统,具有传达地方道器文脉的使命与特性,构成了千变万化的景观形式,体现出以下特征。

一是抽象性与概括性。

当代村镇景观语言符号不是客观事物本身的重现,自带着千百年来约定俗成的符号属性,景观要在有限的空间内体现最丰富的内容,需要高度浓缩,集中地反映社会生活。同时,景观是一门艺术,作品中具有代表性的形态、材质、情绪和空间的情节都是对当前社会生活和自然现象进行长期观察和体验后经过抽象提炼、解构重组而成的,是对江南村镇生活状态和人们价值态度的展现,具有深刻的审美价值,是思想的结晶和升华,因此具有较强的抽象与概括性。

二是稳定性与继承性。

江南村镇文化记忆是经过几千年文化变迁与迭代更新,延续至今并被社会普遍认同的思想、观念、心态、行为、习惯、生产生活方式与伦理道德规范,中国传统哲学中一些经典思想支配和影响着社会的进步,蕴含着巨大的凝聚力和向心性。记忆又是当下的,一个民族和文化传统的生命力就在于其能够顺应时代发展要求,适时反思、传承和转化。

---

① 王永志.基于场所精神理论的城市文化景观遗产保护研究[M].成都:四川大学出版社.2015.111.

因此,当代江南村镇文化景观作为文化记忆赖以栖身的场所与媒介,代表了与国家、民族和地区发展方向一致的价值取向,具有较为稳定的继承性,为江南村镇文化环境的生存和延续传递着独特的精神气质。

三是宜居性与多元性。

一方面,当代景观功能层面的宜居性取决于场所的生态性、有机性、功能性以及给人的整体感受,建成环境的实体属性包括自然生态、形态两大类指标,在乡村土地、水质格局安全的基础上,聚落形式、布局、设施、建筑、生产、生活方式等都是宜居性的重要方面,满足人们生活质量的宜居性不仅仅是表面的形式设计,更需要适应时代综合功能的需要,释放江南村镇空间的活力。另一方面,当代景观从文化层面来看又是多元的。当代江南村镇景观作为通向未来文化记忆的媒介和参照物,映射着江南村镇特有的"场所感"①和千百年来约定俗成的文化认同,文化记忆具有一定的可识别性,景观中蕴含的理想、价值观、规范、准则、期望值、意义、环境生态观等对人的心理产生重要的影响,景观空间结构感的形成具有重要的江南文化表征和传承作用,当代江南村镇文化景观是哲学、文化、技术等多元要素在空间环境中融合共生,是天人合一、心物合一的产物。

(二) 当代江南村镇文化景观语言符号的转换设计

景观语言符号是凝聚了人类最基本的生活方式和长期的心理体验而抽象出来的符号系统,景观情境的设计关键点就是找到能触发人们情绪、情感和心灵共鸣的记忆源点。传统江南文化记忆中很多符号元

---

① Paul L.Knox.小城镇的可持续性 经济、社会和环境创新[M].北京:中国建筑工业出版社.2018.65.

素涵义深厚质朴生动,如何融入现代思维,融入符合现代人的审美需求的村镇发展空间,值得研究。王澍经常使用传统的建造技术和方法来营造当代的建筑空间,例如古埃及王国时期的循环建造,新粗野主义的材料与建构的大胆暴露,工艺美术运动延续至今的手工艺制作等等无不带给他创新的灵感。王澍凭借其博学的知识体系,贯通中西的驾驭能力,形成了自己的价值观和建构理念,从而博采众长,以不同寻常的强度将各种要素联系在一起,其作品厚质感强调建构的厚度,成为一种特别呈现的语言符号。当代江南村镇文化景观语言符号的转换方法是多元的,没有固定的模式,但是设计思维的原理与过程是相通的。尊重传统、尊重自然、回归乡土、创新转化是对当代村镇景观设计提出的整体要求。

图 4-2 江南村镇文化记忆与景观语言符号设计转换的思维过程

1. 当代江南村镇文化景观语言符号转换设计的思维过程

(1)树立观念,分类研究

对传统文化记忆的研究是对景观设计基础性研究的加强,避免只注重形式而导致文化内涵的缺失。对有关江南村镇进行实地考察、调研与分析,是一个艰巨而庞大的探究过程,要注重树立一种珍爱传统、敬畏土地的哲学观念,深入体会江南村镇的内涵,以一种设计本体的研究视角在海量的历史档案中,找到能代表本地区村镇的文化特色,又能成为景观语言符号要素载体的基因。

在"宁波博物馆"等作品中,王澍主张将形态材质各异的废旧材料融合使用,将传统建筑技艺"瓦爿"与现代混凝土结合创造出高达 24 米的"瓦

图4-3 宁波博物馆 王澍设计

爿"墙,超越常规。最质朴的焊接、粗犷坚硬的视觉印象从历史技艺延伸
到当下现实,建筑如生命一样随着时间的流逝而自然生长。因此,劳动
的厚度所承载的正是人们用"道德"的方式对待自然的程度,这种对待厚
度的谦卑,实际上是对海德格尔"大地"哲学的认同,厚度不是一种消极
态度而是一种积极态度,在喧嚣的背景中重新树立对"大地"的敬畏,让
大地与世界重新融为一体,这才是王澍建筑中"厚度的真正意义"①。

（2）整体构架,解构重组

整体构架是景观设计的灵魂,江南村镇文化景观语言符号系统建
构是一个与时俱进的创造性思维过程。首先,要解构主题,明确江南村
镇文化记忆中的从属关系;其次,要解构内容,通过对文化记忆符号元
素的分解,提炼出能彰显江南村镇的核心竞争力的经典元素;最后重新
组合形成一种新的秩序。何陋轩就是一件几乎做到了融通的作品,借
用刘禹锡的《陋室铭》中的"何陋"二字命名,提出将"旷"与"奥"两个
对立的概念作为景观的内在结构,"对仗关系的娴熟运用",从无形之
中寻找到了有形之法。"旷"为清旷,天朗气清,尺度深广;"奥"为幽
僻,小而深邃,但都很有人味。其精确性除了设计意图执行的达成度之
外,更在于设计修辞手法方面。在语言上,何陋轩的另一重大突破是细

① 青锋.批评与被批评[M].北京:中国建筑工业出版社.2016.34—57.

柱"线"的运用，墙体、竹椅坐凳、屋脊、毛竹梁架、茅草屋、大屋顶，都被抽象为线，有机连接了大的体块与建造细节，打通了历史与现在，小小何陋轩与方塔园周边古河道、竹景自然大环境互相交融，王澍评价"何陋轩绝对是一个起点性的原型"①。

（3）媒介拓展，文创衍生

图像与记忆的关联性早在古希腊和古罗马时代就被重视，记忆术是由图像组成的记忆文字视觉系统，具有"能动意象"②的有效的图像能超越现实，加强了符号的印记力。当代社会是一个地球村的时代，新载体拓展了江南村镇的景观语言的表现方式，结合与当代大众息息相关的生产、生活、生态景观空间和多元功能需要，以延续城乡文脉的聚落建筑和自然生态环境为基础，关注在地传统村落文化与新产业居民因共同兴趣或职业形成多元交融的当代新城镇文化，通过文化创意，科技与艺术的融合，重组形态，创新媒介，创新"文化+科技"传播方式，增加作品的情境感、温度感和参与感，使特色小镇成为从文化认同走向文化自信的一个全新精神家园。

在电子时代，文字与图像呈现出非物质性、流动性转向，文化记忆理论从媒介维度强调了文字作为永生媒介和记忆的支撑，在这样的框架下，文字常常用一种反向的方法被图像化。由于技术的飞速更新，一切事物都有可能是在暂时的、即刻消失的、偶然的、修辞学的记忆术重新被重视，记忆与图像的互动、力与术的关系更加密切，依赖政策推动和媒介，让鲜活的个人记忆转化成后世的一种由媒体支撑的文化记忆。

---

①　史建编.新观察 建筑评论文集[M].上海:同济大学出版社.2015.302—306.

②　阿莱达·阿斯曼,潘璐译.回忆空间文化记忆的形式和变迁[M].北京:北京大学出版社.2016.250—252.

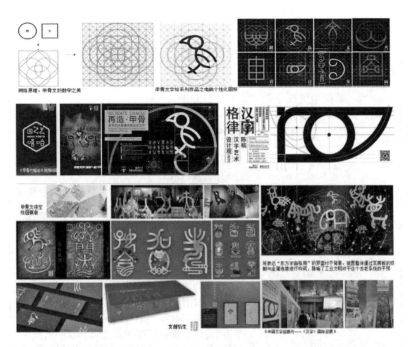

图4-4　陈楠专题研究作品及系列活动(图片来源:陈楠工作室)

在陈楠的《甲骨文研究与创作》手稿中可见其推行研究型设计的
思维过程(表4-1),提倡回归传统文化和日常生活,突出对文献的深
度研究,在详细梳理归纳的基础上,从哲学高度解析中国传统文化内在
的系统思维及"格律"和智慧,提炼出中国汉字设计史方法论的三个层
级,建构了一个立体的中国汉字设计研究系统构架,从共时性视角解析
了与字有关的"字源、字脉、字法、字圣、字器、字阵、字绘"七大模块和
四条平行的历史性演变脉络,应用网格原理找到甲骨文的结构密码,以
通用的数字化语言对甲骨文进行分解与重构,发布了"甲骨文设计字
库",并比较研究甲骨文、金文、东巴文等汉字中隐含的设计思维与方
法,从"道与器的哲学思考—系统分类—整体构架—设计创新—媒介
拓展—文创衍生"等的整体研究,形成一套独特的"格律设计"方法论

(表4-1),完成了从文化记忆到文化作品的设计转化。

表4-1 陈楠"格律设计"方法论思维过程(根据陈楠工作室资料汇编)

研究方向	研究主题	研究内容
哲学思考	阶段中国汉字设计史方法论研究的三个层级	"格律设计理论"; "格"—"致"智慧的研究方法; "格物致知知行合一"。
系统分类	立体的汉字设计史研究系统建构:分为字源、字脉、字法、字圣、字器、字阵、字绘七个模块	1. 字源,是指汉字的起源,从彩陶刻符开始探索汉字雏形的设计规律; 2. 字脉,以多条线索梳理汉字发展进化的脉络关系,包括汉字作为书写载体的文字符号与艺术风格表现,以及汉字与少数民族文字、东亚汉字圈在字形、书写工具等方面的传承脉络关系; 3. 字圣,指从古至今汉字科学与艺术各个领域的代表人物,以及他们的代表思想或作品; 4. 字法,梳理汉字在其发展的历程中不断总结提取的众多实用法与创作心法; 5. 字器,主要研究汉字书写的材料与工具; 6. 字阵,是汉字编排组版与创意组合汉字的统称; 7. 字绘,是对装饰文字绘画、字体图形创意设计、汉字艺术化表现的通称。
整体架构	"正、草、音、饰"汉字四条并行的历史脉络	汉字标准体的规范设计历程; 汉字快速书写的设计历程; 汉字注音的设计历程以及汉字艺术化; 装饰化的设计之路。
设计创新	发布汉仪陈体甲骨文字库	用字符的形式进行基础组合、设色、故事化添加等,为各类甲骨文衍生品的设计创作提供了可能。包括甲骨文百家姓、甲骨文表情包、甲骨文名绘、甲骨文吉祥文字等,形成了系统文化视觉体系。
媒介拓展	当今社交语境下甲骨文的传播方法	目标受众是将设计对象锁定在当下和未来年轻一代,旨在发现汉字文字学以外的秘密,将中国传统美学融入当下的时尚生活,与新科技、新体相结合,使得甲骨文这一文化基因,在网络时代焕发出新的生机与活力。

续表

研究方向	研究主题	研究内容
文创衍生	甲骨文表情包	

2. 当代江南村镇文化景观语言符号的系统分类

分类本身实际上是一个记忆储存模式选择和重构的过程,语言符号"是源自交际双方基于物理语境、语言语境及社会文化语境之上的积极协商"①。依据文化记忆理论"物质的、社会的与精神的"分类方法,江南村镇空间的文化记忆分为物质与非物质两大类型的媒介符号,共同构成了"文本系统、意象系统、仪式系统"三大类记忆符号储存库。物质文化记忆主要由外在的实体显现物质载体组成,如自然景观、聚落建筑、民居、书院、牌坊、石刻碑文、匾额、博物馆等遗存,在空间形态、色彩质感、材质肌理、形式风格等等方面,都是经过了当事者反复筛选、演化与组合最终生成的。非物质文化记忆重在内在的意义表达,主要由各种类型的文本、仪式、制度和意象性的非物质符号组成,村志、地方志、史料档案、纪念日、节日庆典、口述传说甚至虚拟的记忆空间又可能会被媒介选择进入新的媒介视野而被再关注、再讨论并再建构成新的

---

① 罗纳德·W.兰艾克.认知语法导论 上[M].北京:商务印书馆.2016.49.

集体记忆,其建构逻辑离不开对符号、编码、语法与语义等概念的理解,包括符号学研究所涉及的"所有的意义表达与理解的方式,并讨论其共同规律"①和深层结构对应场所的意义与精神。结合江南村镇文化景观的实际,构成了当代江南村镇文化景观语言符号系统(图4-5),分为从物质的和非物质的(社会的与精神的)两大类型的景观语言符号子系统。

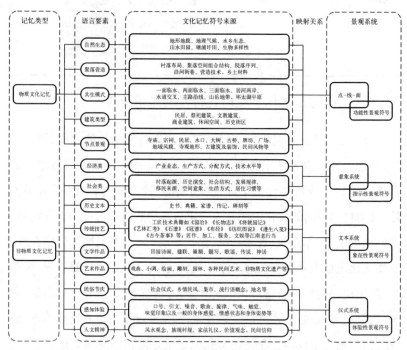

图4-5 江南村镇文化记忆与景观语言符号系统分类一览

其一是物质的、实在的、功能性的表层景观语言符号要素子系统。 以村镇聚落整体格局为核心,包括点空间、线空间、面空间,涉及

① 唐小林、祝东编.符号学诸领域[M].成都:四川大学出版社.2012.3.

自然生态(地形地貌、地理气候、水乡生态、山水田园、塘浦圩田、生物多样性);聚落营造(村落布局、聚落空间组合结构、院落序列、沿河街巷、营造技术、乡土材料);共生模式(一面临水、两面临水、三面临水、居河两岸、水道交叉、主路沿线、山岳地带、环太湖平原);建筑类型(民居、祭祀建筑、文教建筑、商业建筑、休闲空间、历史街区);节点景观(寺庙、宗祠、民居、水口、大树、古桥、牌坊、广场、地域风貌、寺观地形、古建筑及装饰、民间风物等)。

其二是非物质的、社会的与精神的深层景观语言符号要素子系统。 分为三小类:一为意象系统——指示性景观符号:经济类意象系统(产业业态、生产方式、分配方式、技术水平等),社会类意象系统(村落起源、历史演变、社会结构、空间意象、生活方式、移民来源、居住习惯等);二为文本系统——象征性景观符号:历史文本(史书、家谱、传记),传统技艺(传统工匠技术典籍以及匠作、加工、服务、文娱等江南老行当),文学艺术作品等;三为仪式系统——体验性景观符号:民俗节庆、感知体验、人文精神等,文化记忆与村镇景观语言两个类型的符号无法截然分开,从而形成一个空间语言集合体,由于某些景观语言的核心语素会随着时代精神与风格的更迭而改变,因而具有动态开放的特征。

二、 江南村镇文化景观语言物质符号系统

江南村镇空间的水乡古镇群景观形态是在历史的长河中不断积累形成的,形成丰富多彩的乡村图景和地方标志性符号特征,作为记忆术的媒介和记忆象征的村镇空间,能全面地反映江南城乡的空间意象和

人们的生活格局,其中存在大量具有一定历史意义和保留价值的旧建筑、构筑物、有传统风貌的市镇街巷和公共设施,成为储存记忆的媒介载体。因此,对江南村镇空间的研究不是技术层面的操作,而是出于一种认识和思考的视角,运用类型学的方法,将江南村镇景观分类归纳出其基本形态构成规律,既考虑建筑的内部空间结构,也顾及街巷聚落的序列风貌及内在的逻辑关系。按照古镇空间景观要素之间构成各种比较性的逻辑次序关系,可分为宅院空间、街巷水网空间、聚落整体空间和江南地区水乡古镇群四个层次上的"序列","点""线""面"三类空间形态自由组合,构成了千变万化的村镇空间情境。点空间形成节点景观系统和交通枢纽,在空间上形成群结构;线空间以序列系统,在空间上形成序结构;面空间从平面、立面到区域网络,形成宏观层面的区域结构。

(一)点空间:江南村镇文化景观的基本单位

小至一个村口石碑、一口井或者一棵树,大到村镇主体建筑,整个村镇聚落可以被看作一个"点空间"。如果从全球或者整个国家的视域来看环境,整个城市本身也是一个点。江南传统村落节点景观与自然环境的形、势相融合,有的连接点可能是村镇的标志性建筑、居民生活的中心位置,也可能是交通线的停留处,或是交通枢纽的衔接点。"在街道轴线端点设置视觉焦点、节点,可使线性空间获得收束和呼应"①,在江南村镇空间中,点的概念是相对的,其布局极具灵活性。人、建筑与自然三位一体、相互协调,传统江南村镇空间的标志性节点

---

① 刘森林.中华聚落:村落市镇景观艺术[M].上海:同济大学出版社.2011.109.

景观有建筑(宗祠、寺庙、民居)、交通枢纽景观(码头、河埠、古桥、广场)以及公共区域景观(水口、水井、大树、牌坊等),在村落物态环境中有统领空间、点睛醒目的标识性作用,具有单一性、凸显性和唯一性等特征。

1. 传统江南村镇建筑形制及语言溯源

江南水乡雨水丰沛、江河湖海四通八达,"冬则居营穴,夏则居楷巢"①,新石器河姆渡文化时期,江南人民就已经创造了干栏式建筑。"干栏"②最早的文献记载含义就是四川地区獠人的住宅;《说文解字》中称"人所为绝高丘也"③,本指高大的山丘,也指方形大谷仓;元代《农书》中配有一种称为"京"的谷仓图就是干栏式建筑。与北方同时期的"半地穴式房屋"④不同,江南地区的干栏式建筑"是一种适应江南水乡、多雨潮湿的防潮设施"⑤,有着明显的传承关系,经历了崧泽文化、良渚文化的演变,南北文化交流频繁。汉代画像砖石中有许多二层或多层建筑图案带有明显的干栏式建筑特征(图4-6)。干栏式建筑具有很强的环境适应性,在《广州府舆图》和《武昌汉口鸟瞰图》等一些地图中也会出现干栏式建筑的形象(图4-7),干栏式建筑技术日趋成熟。与此同时,北方文化传入、夯土技术的发展、定居生活对坚固建筑的需求等各种因素,地面台墩式建筑兴起,呈现出水乡地区原始先民居

---

① 周学鹰、马晓.中国江南水乡建筑文化[M].武汉:湖北教育出版社.2006.118.

② 王巍.中国考古学大辞典[M].上海:上海辞书出版社.2014.14. 中国南方潮湿多雨、木材资源丰富,天暖不需用厚土墙防寒,故自汉以来即流行全木构框架房屋。《辞海》中"干栏"的定义为:"我国古代流行于长江流域及其以南地区的一种原始形式的住宅,即用竖立的木桩构成底架,建成高出地面的一种房屋。"其功用在于不使房住面直接接触地表,以便房屋下面通风防潮,避免虫、蛇及其他野兽的侵扰。

③ 石拓.中国南方干栏及其变迁[M].广州:华南理工大学出版社.2016.89.

④ 任中原编著.中国通史[M].北京:北京联合出版公司.2015.11.

⑤ 张之恒.中国新石器时代文化[M].南京:南京大学出版社.1988.214.

住形式和建筑类型的多样性。干栏式建筑虽然在长江三角洲地区逐渐衰落,但其建筑形式、文化和技术仍继续延续并向外传播。

图4-6　汉代画像砖石中干栏式构架　　图4-7　广州南方建筑干栏式构架

　　伴随着漕运的通畅,相互之间文化的影响也渗透在日常生活中的方方面面,南北两地的建筑形式也会相互借鉴,《营造法式》与江南建筑之间的关联性是必然的。早在隋炀帝时代造洛阳宫殿时就盛仿江南样式;北宋苏轼在宋神宗元丰二年(1079年)任湖州知州,赴任途中即兴写下《灵璧张氏园亭记》①赞誉了"华堂厦屋,有吴蜀之巧"。《营造法式》在诸多方面与江南建筑作法有着较密切的关系,潘谷西提出"五代至北宋间江南一带的建筑和《法式》的做法很接近"②,他分析了浙江宁波保国寺北宋前期大殿木架建筑的"最早拼合柱"③。《营造法式》中"仿上昂之风"、彩画作中的"八白刷饰做法"、"七朱八白图案"等实例,在杭州"灵峰探梅"出土五代石塔(图4-8)、江苏宝应出土南唐木屋(图4-9)和浙江甘露寺铁塔(图4-10)几乎都可和《法式》相印证。

<hr>

　　①　程国政编注,路秉杰主审.中国古代建筑文献集要 宋辽金元 上[M].上海:同济大学出版社.2013.167.

　　②　潘谷西、何建中.《营造法式》解读 第2版[M].南京:东南大学出版社.2017.005.

　　③　潘谷西.《营造法式》初探(一)[J].南京工学院学报,1980(S1):35—51.《营造法式》也载有拼柱法,书中提到如"心柱编竹造""隔截编道"等一些在江南很流行而在北方则很少见到的竹材做法。

傅熹年认为南方建筑的"三次北传"①影响到北方官式建筑风格的形成。

左图4-8 杭州"灵峰探梅"出土五代石塔第二层　　中图4-9 江苏宝应出土南唐木屋立面图　　右图4-10 浙江甘露寺铁塔第一层②

江南地区经济文化发展较繁荣,建筑技术水平也比较高。北宋初年,在江南当过都料匠(掌管设计、施工的木工)的喻皓入京主持重大工程,《梦溪笔谈》③技艺卷中详细介绍喻皓的专著《木经》,记录了其营舍之法和建筑成就,欧阳修称赞喻皓"国朝以来木工,一人而已"④,其为后世建筑技术的发展奠定了基础。京杭大运河的通畅促进了南方建筑技术北传中原,与汴梁地区北方传统融合,形成北宋官式,作为北方官式建筑营缮法规制度的《营造法式》在南宋后期被广泛使用,对江南建筑产生相应影响。《法式》中还找到一些在江南很流行的材料和做法:(1)竹材和竹作制度;(2)"串"这一构件的作用(图4-11);(3)柱式;(4)斗拱;(5)《法式》。这些都应源于江南,由于宋金隔绝,南北建筑发展并不同步。

① 傅熹年.试论唐至明代官式建筑发展的脉络及其与地方传统的关系[J].文物,1999(10):81—93.
② 潘谷西、何建中.《营造法式》解读 第2版[M].南京:东南大学出版社.2017.006.
③ 沈括,王洛印注.梦溪笔谈注译[M].北京:中国画报出版社.2016.196.
④ 沈括.梦溪笔谈[M].北京:光明日报出版社.2014.116—117.

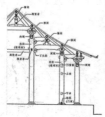

图 4 - 11　江南常见的"穿斗式"(左)/木架中的"串枋"(中)/江南木架中的"连珠斗"(右)①

点空间具有多方面的意义与作用,常常在街道轴线端点的视觉焦点上,或者在街道转弯处、连接点或者中断点上设置一些节点,可以使整体街巷链珠成线,保持街道空间的连续性,具有舒缓交通、引导人流的功效,当你进入其中,它又是一个由各种复杂要素构成的实体。

2. 江南水乡古镇公共区域主要节点景观

江南水乡空间的交通枢纽景观包括桥头、广场、水埠、街巷等重要节点。传统村落的实体形态往往通过桥梁与外部自然相连,按五行八卦术数和民间习俗传统,造桥修路为藏风聚气、积德修行的善行仁举,江南古桥上竖长廊,供行人休憩。"摇啊摇,摇到外婆桥",江南古镇的"桥"是江南游子内心的情感寄托,余秋雨散文《江南小镇》中提到"交错的双桥坚致而又苍老"②,桥被作为最能概括江南小镇的图像。在水乡城镇里,"粉墙风动竹,水巷小桥通"③,桥的第一功能是交通,是街巷跨越河道上空一个交通枢纽意义的节点;是商业集聚交点,来往物资交易集散地,一般都是在热闹市口,商铺云集;是游览村镇观景的绝佳视

① 潘谷西、何建中.《营造法式》解读 第 2 版[M].南京:东南大学出版社.2017.6.
② 江苏水乡周庄旅游股份有限公司.逸飞周庄[M].苏州:古吴轩出版社.2006.100.
③ 阮仪三.周庄[M].杭州:浙江摄影出版社.2004.78.

角,在桥上停顿观景,方便来往行人小憩、聚会、聊天等。周庄世德桥和永安桥两座石桥为双桥(图4-12),俗称"钥匙桥"①(图4-13),两座桥共性特点都是位于两条水道的交汇点,视野开敞,店铺和展示密集,成为村镇商业活动活力集聚区。无河不荡舟,无埠不为家,码头水埠是江南水乡人、水、物之间作业的中介体。水埠依堤铺设,一级一级向下延伸,在水波中颠簸。

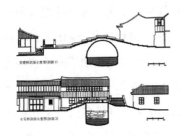

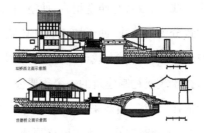

图4-12　世德桥、永安桥剖面示意图

图4-13　双桥西立面示意图、世德桥立面示意图②

点景观在村落中的意义和作用具有非常重要的地位,一幢建筑内部是一个复杂的多元空间,但在大的空间范围里可以看作是一个点,建筑外部环境聚集了大大小小的点,并与村镇的外部自然环境呈"天人合一"的特征,形成整体的村镇集合空间。江南村镇的沿河景观街巷道路属于流动的空间,其中的节点景观是街巷中发生交汇、过渡、转折和集聚的场所,可以是点状、面状的停留空间,也可以是道路旁的平台、隙地等,在村落物态环境中具有统领空间、点睛醒目的标识性作用。江南乡村公共区域主要节点景观有村头大树、牌坊、古戏台等。

①　国家文物局.中国名胜词典(精编本)[M].上海:上海辞书出版社.2001.386—387.

②　图片来源:图4-12、图4-13均来自段进等.城镇空间解析[M].北京:中国建筑工业出版社.2002.111。

（1）村头大树。在江南村落的标志性景观,常常会有一棵大古树,这不仅是心理寄托的神物,也是亲朋好友集聚的首选之地。在江南的唐模古村东口处,就有一株三十米高的古槐巍然挺立,穿过古槐,便意味着进入了唐模村,其象征性功能和意蕴在于人、村、树相依同在。（2）牌坊。牌坊是仿古建筑的一种,在立柱上加匾额等构件,文庙、书院祠堂、林前均设有牌坊,其位置设在主建筑入口的左右,或者是建筑中轴线上,或者与照壁组合,使空间富有节奏和变化。牌坊的组合形式大致分为门楼式、冲天柱式和立体式三大类,肃穆庄严,强化了村落的空间序列。（3）古戏台。古戏台在中国传统乡村是长期依附于祠庙等宗教建筑或礼制建筑的一个重要公共文化空间。六朝至隋唐时期的佛寺依托"戏场"演戏来吸引民众;宋代神庙内戏台演戏多以祭祀功能为目的;宋金时期戏台建筑风格形成。元明清时期的江南,传统戏曲、庙会庆典、佳节喜庆等演艺活动异常活跃,江南戏台成为添兴助力的主要场所,每至农历小满节,盛行酬神演戏观曲,有"万人空巷斗新妆"[1]的盛况。元代戏台有"舞亭、舞庭、乐楼"[2]等多种称呼;明代戏台突破了"舞亭"的单一风格;清代戏台建筑装饰华丽繁复,一改宋代简朴之风,形成多层或多重檐的戏楼,戏场分私家戏场和公共戏场,观演区的多样性与当地的地理环境、风水习俗有关。

（二）线空间:江南村镇文化景观的构成秩序

江南村镇因河而生,由屯兵扎寨慢慢成为筑城造邑之所,村镇聚落

---

① 阮仪三主编,金宝源、尔冬强摄影.江南古镇[M].上海:上海画报出版社.1998.67.
② 罗德胤、秦佑国.中国古戏台的特征、形成及启示[J].建筑史,2003(03):81—92+285—286.

空间是乡村历史发展的产物，是乡村地域自然地理因素与人文地理因素相互作用、相互影响的综合体现。江南古镇在城镇布局、空间形态、空间尺度、建筑风格及细部装饰上都有很大的相似性，这种结构上的共同点，常常被称为"同构性"。从区域全貌、城镇聚落、整体街区再到院落组群、巷弄街坊等，空间规划要素之间按照规定的秩序呈纵横交错的"线"性排列，形成逐级空间构成关系。

1. 村镇结构演化规律

如果说江南传统聚落是当地居民空间概念物象化的产物，那么传统村镇聚落的建造过程可以说就是聚落中各个住居物的建造过程，而这个过程实际上又是由人的意志决定其行为的心理过程，这个空间意志所做的决定与判断，源于居住者所拥有的空间概念。居住者以空间概念为依据，其"聚落物象化"①的过程分为两个阶段：第一阶段，是对聚落地形环境的选择过程，使空间概念物象化，自然环境与空间意象之间的关系是相互影响相互作用的。第二阶段，是对居住建筑的营造进行空间概念的物象化，被客体化的空间概念就成为再构筑起来的客体对象物。生活于空间中的居民，又会创造出更多新的聚落空间，形成许多固定的空间场所组织方式，这样形成一个持续循环更新的延续过程。

古镇的特色产业虽具有一定的差异，但人们的生活方式和需要的相似使得古镇的基本功能是相似的，导致古镇中存在着大量相似的空间形态，以及结构上的相似性，最高型制为宗教建筑，向下依次为大宅、店铺到一般民宅等，具有一定等级层次的规律性。因水岸环境条件、社会制度和在地居民人口素养的差异，江南古镇整体空间有着一些共性

---

① 王昀.传统聚落结构中的空间概念[M].北京：中国建筑工业出版社,2016.35.

的同时也存在很多不同之处。如以周庄镇和同里镇为代表的团形镇,河道成网络状,平面形态呈团状,村镇房屋比较集中,普遍体现了水网对网络的影响;以芦墟、黎里两镇为代表的带形镇;以乌镇、角直等镇为代表的星形镇。江南古镇整体空间的演化过程(见表4-2),按照从"点—线—面"的生长关系,由中心向周边演化与扩散的,这一过程是与江南水乡交通空间、物流集聚的态势分不开的。

表4-2 周庄古镇空间结构历时性演化规律比较①

空间结构演化	周庄	乌镇
原生长主轴	由点到线的生长主要方向,生长主轴沿南北市河由南向北发展	整体上呈"十"字形,从西头的严济桥为生长点沿西市河由西向东延伸,直至南北向的市河;同时另一条主轴,沿市河西岸向北发展,市河以东(乌镇)以交叉河口为起点,沿河及东市河南北向和东向发展,生长轴呈"丁"字形
生长次轴	依托主轴由点(生长链接点)到线的生长,与主轴一起构成古镇的生长骨架;大湖大河(南湖、白蚬湖)是古镇发展的限制边界	依托南北向的市河沿白娘子桥港、吴家桥港、浮澜桥港等几条次河道南北向的发展,但发展缓慢,次轴不明显
现生长主轴	生长轴的分叉处,一轴到多轴发展的关节,如今新镇发展突破限制边界,已跨过古镇北侧白蚬湖继续向北生长	在市河西侧,新建东西向的隆源路,新镇区以此路为轴呈东向的缓慢扩充;市河东侧从乌镇大桥起沿桐乌公路向东南沿展

① 表4-2周庄古镇空间结构历时性演化规律比较,参见段进等.城镇空间解析[M].北京:中国建筑工业出版社.2002.根据专著资料归纳整理。

续表

空间结构演化	周庄	乌镇
古镇区域划分示意图		
空间分区——中心区	周庄三条河道(后港、南北市河、中市河)及两侧沿河街市区域为古镇中心区,密集繁忙;后港与北市河交界的双桥、富安桥为古镇的主核心;青龙桥、蚬园桥、普庆桥及隆兴桥为次核心	中心区以市河东西岸卖鱼桥至乌镇大桥的一段以及东西大街的一部分,主核心区为东大街新华桥附近的区域,次核心为乌镇大桥、卖鱼桥等空间
空间分区——填充区	位于古镇中心区和边缘区之间,占地面积最大,主要以生活性街坊为主	以沿河的住宅区为主,包括西大街、南大街、北大街三条主要的街道,呈现相当的稳定性,距离中心区较远的区域
空间分区——边缘区	向外生长扩张的区域以河、桥、栅口、牌坊、照壁为空间意向的边界,内外自然渗透,界限模糊;空间肌理形式多样化,新旧建筑夹杂	古镇肌理新旧交杂,其各个方向上的受力较平均;在东向上,空间肌理变化较剧烈

2. 河街线性空间组合秩序

在古代,儒家思想和礼制标准,使得村镇也延续都城的秩序格局,大运河沿线经济发达、商贸繁盛的江南地区又是工商税收的重点监控区段,基于众多供职人数和运河商贸的重要性,象征国家最高权力的集政治模式、社会模式和景观模式为一体的各级衙署公廨和钞关建筑威严宏伟，鼓楼在传统村民的观念中是村里权力的象征，经济、水利、修路筑桥等各种重大事务决策中心，所以村民对之既畏惧又依赖。段进等在《城镇空间解析》中对环太湖地区的江南古镇空间结构原型做了整体的研究值得我们借鉴，他认为民居建筑、宅院、街坊等就是一个体现自身组合关系的"群空间"①。江南村镇空间的逐级群化构成关系十分明显，一般都由单间组成或组合成较大组群，占地面积向平面方向延展，也构成了"多级空间序列"②，其构成关系即可分为：等级式空间、并置式空间、链接式空间和复合式空间四种秩序类型，营造出水岸共生和谐融洽的人居环境。

（1）等级式构成。江南民居在不断适应与发展中，以基本的等级式构成方式为原型，段进等对环太湖古镇地区不同类型的住宅做了分析，他以民居为例，认为"间—合院—院落组—地块—街坊"③是江南古镇空间结构的基础，这样由简到繁、由小到大形成"逐级向上"④的构成关系。"间"是江南传统村镇民居空间形态的基本元语言，一般都是基数开间。合院空间由间、厢、院（或天井）组成，是生态观念多元因素影响下的基本住宅空间单元综合体。院落组是宅院空间按轴线纵向套接的排列方式，有的院落按照平行横向发展成二三落。地块体现的是江南村镇空间的邻里关系，由几个院落组平移布局，构成地块，左右排列为巷空间，前后排列为街空间。街坊是由无数个地块组合而成，街道成为道路交通系统，也是街区划分的界线，地块与街巷弄堂构成街区的基本单位，无数的街区组合构成了古镇区的空间格局。江南村镇民居空

①　段进等.城镇空间解析[M].北京:中国建筑工业出版社.2002.18.
②　阮仪三主编,金宝源、尔冬强摄影.江南古镇[M].上海:上海画报出版社.1998.67.
③　段进等.城镇空间解析[M].北京:中国建筑工业出版社.2002.14.
④　史建编.新观察 建筑评论文集[M].上海:同济大学出版社.2015.311.

间是分等级的。普通民宅,一层相对开放,二层封闭。以同里上元街179号(图4-14)为例,该宅设天井和小院来采光通风,住宅的门屋对街道开敞,内设桌椅,既是居民用餐的地方,又是一个公共门厅与客厅,具有复合性与多义性。江南古镇大宅院常常组成院落组(图4-15),占地面积大,可分3—9进序列明晰,等级分明,流线复杂而便利。但在实际环境中,各镇结合自身地理条件特色,建筑的具体表现方式中又不尽相同,虽然都是以逐级构成为基础,但有的是单向的等级排列,有的是双向等级延伸,有的缺少地块这一层级,空间处理非常灵活多变,实现单向等级向双向等级的转换。

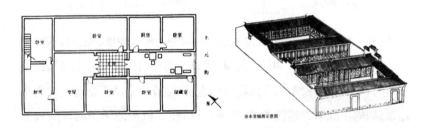

图4-14　同里镇上元街179号平面示意图①

图4-15　同里镇崇本堂轴测示意图②

(2) 并置式构成。江南村镇依河而生、因河而兴,由河、街、屋三种空间要素所构成的"并置式"③结构原型,以河道为轴,沿河地带空间,如街道、宅院等平行于河道两侧,形成"河—街—房""河—店—街—店"或者"街—店—河—店—街"(图4-16)等排列组合关系。在古镇中,商业沿河集中造成线性的街市顺河伸展,有的繁华区域形成与两条商业街沿河并置式构成的格局,满足生活、交通、运输和商业、旅游等复

---

①　图片来源:段进等.城镇空间解析[M].北京:中国建筑工业出版社.2002.14。

②　图片来源:段进等.城镇空间解析[M].北京:中国建筑工业出版社.2002.138。

③　段进等.城镇空间解析[M].北京:中国建筑工业出版社.2002.25.

合功能。由于每个村镇河道与街区的地形与商业业态不同,其结构方式多样,可归纳为上宅下店、上下皆店、前店后宅或者前店后坊等模式。在一边靠河的"河—后宅—店—街—店"结构模式中,后宅靠河空间范围宽阔,方便大的物资运输与集散,也方便居家生活和休闲,前街后场,形成主次分明、动静结合的流线与布局。

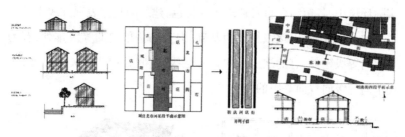

图 4 - 16 "并置式"结构组合(周庄典型并接子群空间/同里镇明清并列子群①)

(3)链接式构成。街巷、河流、建筑三类空间构成了江南村镇街市空间的物质实体,密布的水网将它们连接,形成一个动态空间立交网络体系,如周庄陈家弄链接子群(图 4 - 17)使一段段的子空间联结成整体。在江南河街空间的组合秩序中,普通民宅与大宅的差异很大,从江南河街空间组合秩序可见宅院平面的功能分布,而综合观察空间序列、分区和流线可以体验宅院主人的日常生活习俗与文化。当然实际生活中,各种景观结点空间通过交汇、搭接、转折、延展、发散、分离、聚集等空间构成方式,使得静态的街巷线性空间变得灵动而富有变化,形成链接子群空间结构的构成模式(图 4 - 18),江南古镇的沿河街巷空间往往是几种模式交替组合使用,形成混合式古镇沿河地带空间,并置平行排列常见的有前店后宅(坊)、上宅下店等格局。

---

① 图片来源:段进等.城镇空间解析[M].北京:中国建筑工业出版社.2002.26。

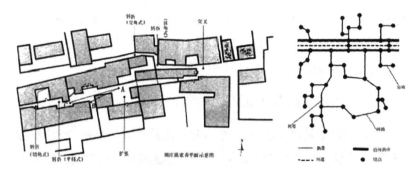

图4-17 周庄镇陈家弄链接子群空间分析①　　图4-18 链接子群空间的结构模式图示②

街市作为江南水乡聚落最繁华的区域,也就是聚落的行政中心,所在地多为干流河港交汇处,如周庄、同里、南浔、乌青、甪直、西塘等古镇,都是以丁字港、十字港、川字港等为中心而延伸的。江南水乡村镇聚落基本沿河道伸展,河流是水乡村镇内部最主要的交通运输通道,通过河道相联,其道路也是分等级的,类似于现代城市规划"人车分流"的方式,科学而方便。

(三) 面空间:传统江南村镇文化景观的平面组织

江南村镇现存的传统村落、民居建筑等遗产形式丰富,建筑与周边自然环境高度和谐。中国传统城乡规划追求方形平面格局,强调先秦儒家之伦理观念,追求"天圆地方"的"棋盘式"理想模式。江南传统村镇聚落空间的平面和剖面是"对建筑物各个部分与整体之间三维关系的二维表现"③,

① 图片来源:段进等.城镇空间解析[M].北京:中国建筑工业出版社.2002.33。
② 图片来源:段进等.城镇空间解析[M].北京:中国建筑工业出版社.2002.36。
③ 玛丽·古佐夫斯基,汪芳、李天骄译.可持续建筑的自然光运用[M].北京:中国建筑工业出版社.2004.191.

代表着居住功能、序列关系以及室内外空间之间的相互关系,形成了江南传统民居组群式平面布局,可以确定每个居室的形式和尺寸,甚至还可以研究室内设施所形成的氛围和性质。

1. 传统江南民居院落平面组合类型

江南村镇宅院建筑是"依靠单座建筑的数量"①增加的,"间"也称"开间",是整个古镇空间的基本构成单位,建筑群与点缀其中的露天地块、自然景物有机结合,从而集合成具有丰富节奏感聚落的空间景象,传达出地域精神和环境意义。长期以来中国各种建筑平面布局形成统一的布局习惯,"即中间置最主要之大屋,其前为庭,庭之两旁取左右均齐之状,配置房屋,而以廊联结之"②。傅熹年认为以"大小适当的方格网为布置基准的方法"③有了一个可以共同参照的尺度标准。江南民居院落虽然是虚空间,但它具有极为重要的意义,不仅对每一进建筑(正屋、厢房)具有组织作用,同时也是院落组的基本单位,是人在住宅中与自然界交流的媒介,同时也是居民之间交往的公共场所。

传统江南民宅院落组是典型的前店后宅构成模式,由入口到店铺,经过第一进内院到正厅,进第二进内院到堂屋,虽然民居朴素却尺度适宜、组织有序。江南传统建筑按平面构成有"长方形、正方形、正多边形、

---

① 李允鉌.华夏意匠 中国古典建筑设计原理分析[M].天津:天津大学出版社.2014.129—133.整座建筑横向各间面阔的总和称为"通面阔",各步总和或纵向各柱进深的总和称为"通进深"。通面阔正中的一间称为"明间",依两侧排列顺序为"次间""梢间""尽间",山墙外有廊而无围护结构的称为"廊间"。

② 伊东忠太.中国建筑史[M].长沙:湖南大学出版社.2014.30—31.

③ 傅熹年.中国古代院落布置手法初探[J].文物,1999(03):82.大小不同的方格网相当于不同的比例尺,使院落中的建筑物组合、庭院空间各部分有了一个可以共同参照的尺度标准。对不同规模和重要性的建筑群组所参照的单位尺度不同,在体量空间上拉开档次,表现出明显的差别。在一组院落群中,主体建筑一般居中轴线上突显出来,有利于处理院落群的主从关系。院落内的比例关系,院落内空间感觉是开阔还是紧凑是由院落之宽与主体建筑(主殿、主厅)宽之比决定的,深度与总宽之比决定着视角、大小。

圆形、扇形、组合型"①(十字形、T字形、L形、卍形、工字形)等不同形制,江南传统民居建筑,更是人们心目中理想的生活方式和天人合一世界观的映射,按其建筑平面布局组合方式来看,属于"天井+院落"类型,外围筑围墙形成前院,满足了通风、采光等功能上的需要,从市井民居到大户宅院都是按照这个组成最基本构成单元。江南院落单栋建筑"间"的范围和体量相差不大,住宅的大小规模是由院落进深的数量决定的。江南大学过伟敏教授团队曾经对扬州老城区民居建筑组合类型做过分析,放大到江南整个区域,江南民居基本保持"天井+院落"的基本构成单元,但是各村镇民居因自然条件不同,民居院落的组合方式变化多样(图4-19),大致可归纳为"一明两暗型""对合二进型""三间两厢型""明三暗

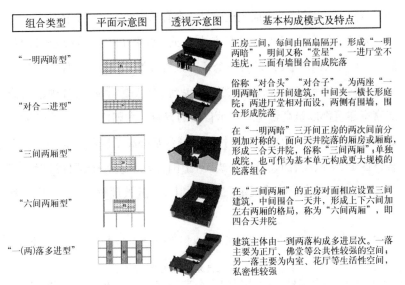

组合类型	平面示意图	透视示意图	基本构成模式及特点
"一明两暗型"			正房三间,每间由隔扇隔开,形成"一明两暗",明间又称"堂屋"。一进厅堂不连庑,三面有墙围合而成院落
"对合二进型"			俗称"对合头""对合子"。为两座"一明两暗"三开间建筑,中间夹一横长形庭院;两进厅堂相对而设,两侧有围墙,围合形成院落
"三间两厢型"			在"一明两暗"三开间正房的两次间前分别加对称的、面向天井院落的厢房或梢廊,形成三合天井院,俗称"三间两厢";单独成院,也可作为基本单元构成更大规模的院落组合
"六间两厢型"			在"三间两厢"的正房对面相应设置三间建筑,中间围合一天井,形成上下六间加左右两厢的格局,称为"六间两厢",即四合天井院
"一(两)落多进型"			建筑主体由一到两落构成多进层次。一落主要为正厅、佛堂等公共性较强的空间;另一落主要为内室、花厅等生活性空间,私密性较强

图4-19　传统江南宅院平面组合类型及特点

①　李浈.中国传统建筑形制与工艺[M].上海:同济大学出版社.2015.44.

四(五)型""六间两厢型""一(两)落多进型"①等组合模式。

2. 传统江南村镇建筑立面结构要素

　　建筑物的立面即剖面,呈现出一定的图案和形状,体现出一定的艺术效果和审美观念。建筑学家梁思成曾经总结"中国建筑由立面布局的屋顶、屋身和台基"②上中下三个部分组成,也可以是独立自成一体的。在平面上重复多元组合的同时,在立面上同样也确立了一种重复组合的观念,灵活变化,一座台基可以同时设置多座建筑物,台基相连而建筑物不相连是十分惯用的组织构图手法。在这种情况下,我们既可将这一组建筑物看成一个整体,同时又可视作一个群体,"分""合"之道是颇为微妙的,每一个"两维"的立面表达的是一个有深度的"三维"立体效果。

　　刘敦桢认为传统江南建筑室内立面"凝聚了中国传统建筑的精髓"③,据文献记载,夏代最后一个帝王桀筑"琼宫瑶台",商代的最后一个帝王纣筑鹿台高千尺,西周文王筑灵台,春秋战国时期,各国诸侯修建宫室建筑都以筑高台基来显示自己的权威。六朝之后,须弥座盛行,建筑物台基形式开始转变。唐代的阙楼台基都高于房屋,到了宋代,由官方钦定、李诫编著的《营造法式》对中国传统建筑各个部件尺度进行了一次总结,并作了明确规定。在结构上,台基被理解为一个"块状基

---

　　① 王筱倩.江苏城市传统建筑研究系列丛书 扬州老城区民居建筑[M].南京:东南大学出版社.2015.55—56.

　　② 《木经》原书已佚,仅存片断,见宋代沈括《梦溪笔谈》卷十八。

　　③ 刘敦桢主编.中国古代建筑史[M].北京:中国建筑工业出版社.1980.320.厅堂内部用罩、槅扇、屏门等自由分隔,顶部天花形制秀美多变,梁架与装修仅加少数精致的雕刻,涂果、褐、灰等色,不施彩绘。屋外墙壁因材致用,有砖、石、夯土、木板、竹笆等,房屋外墙用白色,木构部分用褐、黑、墨绿等色,与白墙、灰瓦相组合,色调雅素明净。"台"和"台基"作为"防洪""防涝"的一种安全措施在远古先民就用来防止居住房屋的水浸和潮湿,采用了填土分层夯实筑台的办法。在奴隶社会时期,统治者为了宣扬王权天授和显示其权力的至高无上,将他们居住的殿堂土台基筑得很高。

础"和一个固定的建筑形制，其他结构方式也会对之作一定的模仿。台基的造型主要分两种①：一种为平台基；另一种为须弥座台基，外观上下突出、中部凹进，由上枋、皮条线、上枭、皮条线、束腰、皮条线、下枭、皮条线、下枋等部件组成。无论平台基或须弥座台基通高尺寸较大或较小，台基上都要安装栏杆。栏杆由望柱、栏板、地袱、抱鼓等部件组成。若在台阶上增设栏杆，栏杆的地袱就安放在垂带上，这种栏杆被称为垂带栏杆。在垂带栏杆的下端雕凿成鼓形的称为抱鼓。由台基下通往台基上的通道称为台阶，台阶是由一级一级的踏跺阶石组成，台基加上了台阶和栏杆，在外形上便顿感丰富，有的在石面还雕镌花纹图案。

传统古典建筑的屋身立面是彼此伸延的，屋身的立面作为院子的"四壁"或者说背景来考虑，江南村镇的建筑屋身立面是极富装饰趣味性的，雀替、额枋、斗拱、椽条以及精雕细刻的门窗隔扇图案，都是必要的构件，并不是装饰。屋身的立面包括对柱子和柱础的安置，柱础亦称"柱顶石"，多为石质。"石质柱础一般为覆盆式、鼓式、复合式等，主要作用为承接木柱重量和防潮。最早的柱础发现于新石器时代仰韶文化……秦汉以降，大型建筑柱础基本升至地面以上。"②宋代《营造法式》所载的民居柱础（图 4-20）"有筒形、瓶形、斗形、抹角形、八角"③等，创造了丰富多变的构图，"苏州玄妙观三清殿殿基南面与月台周围有石雕栏杆，属单勾栏……绍兴舜王庙大殿，四根石柱（中间两根为云龙柱，两侧两根为舞凤柱）"④，有些石质柱子雕饰极为精美。

---

①　鲁杰、鲁辉、鲁宁.中国传统建筑艺术大观 台基卷[M].成都：四川人民出版社.2000.10.

②　王巍.中国考古学大辞典[M].上海：上海辞书出版社.2014.14.

③　中国建筑技术发展中心历史研究所.浙江民居[M].北京：中国建筑工业出版社.1984.212.

④　周学鹰、马晓.中国江南水乡建筑文化[M].武汉：湖北教育出版社.2006.343—344.

图4-20 宋代莲花柱础/清代(宋代)莲花柱础/鼓墩柱础/苏州(宋)鼓墩柱础/《法式》柱础雕饰图样①

　　江南民居建筑装饰实用与审美有机统一,意味深长。丁俊清在《江南民居》②中作了全面解析(表4-3),江南雨水多人字坡的屋顶是顺应自然、抗风减压、排水顺畅的适应技术。屋脊兼有装饰、防水、表礼、祈福言志和哲学思维等多样功能;百褶裙似的屋檐,枝叶扶苏,生意盎然,屋与屋相连造成连绵之状。丰富的山墙、生动的屋角、斜撑支承披檐。位于城镇或乡村小街两旁街屋的木头墙除门窗特别精致外,重点是牛腿和斗栱,轻盈纤丽。马头墙是一种"叠落式山墙或正墙面",有三叠式的,有五叠式的。观音兜的分类有单弧型、三弧型、多边型、平头型、多角型、尖角型、混合型等,瑰丽多姿,给人飘逸、柔和的美感,充分反映我国南方建筑喜欢用曲线的特点。

　　江南民居大门风格特点是朴素、端重、轻盈,非常简洁,具有浓厚的书卷气;门联、春节对联、门额题词等展现中国民居"门"的深厚丰富的文化空间。江南民居的门坊、门巷、门厅和旁边的溪、路、亭等自然关系犹如一体。古民居大门有如下功能和特色:防卫作用,是家内家外的疆

① 白丽娟、王景福.古建清代木构造 [M].北京:中国建材工业出版社.2014.58.
② 丁俊清编著.江南民居[M].上海:上海交通大学出版社.2008.1—48.

界;等级观念,是制度约束;表彰功能;公示屋主身份;提升主人精神生活等作用;表礼作用。门,也叫"门头""门脸",提示着房子的规格、风格和主人的文化品位;是一门艺术创作,展示自己工艺、技艺的天地;作为一种传播文化的载体,门墙上的雕刻都是一折折戏,历史人物、历史故事等具有教育功能,具有约束和导向作用。屋面是建筑体木构架的保护层①,起遮风避雨的作用,形态十分丰富。

江南传统村镇的民居院落作为一个基本单元,其正房所对的方向即为正,院落单元的正、后、侧立面以此而各自定位;而院落组成群组合的建筑群布局,随着院落单元数量的增加,建筑组群的立面水平长度、立面的形式随之发生变化。正如学者刘沛林所言"传统建筑景观中隐含的文化基因要素有助于人们有效地开展景观识别"②,是当代村镇景观语言符号的灵感来源和重要组成部分。

表4-3 江南民居建筑装饰构件符号语素

屋脊	屋顶	屋檐山墙	瓦当	明堂	墙	门	庭院	天井
防水、表礼、祈福言志、装饰审美	抗风减压、排水;"宇宙"精神	屋檐、腰檐、重檐、山廊、廊坡、雨檐、门檐、檐箱、山墙;披屋	纹饰驱邪祈祥卷云、树、木、鸟、兽、四灵等图案	最早、等级最高的房屋;是"居寝、培训、施政、祭祀"四位一体	外墙、院墙和墙;马头墙、观音兜	衡门、柴门、篱门、蓬门、门坊、门巷、门厅、门联	天式居、庭院院式、宅园式屋	井民式庭院大屋 天、人契合水光风 地、三者排采通

① 李浈编.中国传统建筑形制与工艺[M].上海:同济大学出版社.2015.36.
② 刘沛林.家园的景观与基因 传统聚落景观基因图谱的深层解读[M].北京:商务印书馆.2014.111.

3. 传统江南村镇区域网络系统

江南水乡城镇圈可以被简化为由江河水网交通网络与空间要素所组成的网络地图。研究聚落体系理论基础的克里斯诺勒提出的"中心地理论"认为区域发展中心,作为区域"中心地"其排列、大小有一定规律,存在等级分异,高级中心只有一个,低级中心数目渐多,不同等级中心的服务功能有别。江南地区各地的集市具有类似特征,既有同一性又有多样性,发达的交流交通网络对江南的生活生产和社会经济发展产生巨大影响,同样称为集市,却有不同类型,有集、市、店、场、街、墟、步、埠、集场、场市、街子等叫法,充分显示了地区发展的不平衡性。空间网络系统特别强调事物之间的联系,提供认识事物本质规律的一种方法,及物态与非物态要素之间的相互联系与相互配合运行系统。先民们"聚族而居"在塑造村落空间的同时,环境又塑造了人。

江南形成的"城市—市镇—农村"三者形成彼此促进、互相影响的经济网络,大部分古镇位于大运河主线或支线沿岸,如乌镇、惠山、震泽、南浔、新市,其他古镇均通过区域重要水系与运河相连通。从传统村镇到城市化的过程中,江南凭借自身完善的手工业、农村副业给农村增添了活力,复杂的组织和制度、便利的交通运输和海外市场的拓展等条件为其近代经济成长作了最为充分的准备,"即使经历了战乱的洗礼,其坚实的传统也没有被摧垮"①,成为1992年以来经济起飞的主要基础之一,江南经济史研究成为中国经济史中许多有影响的理论模式形成的典型依据。

综上所述,江南以江湖河网为基本交通航道,运河驿站、码头、河

---

① 李伯重."江南经济奇迹"的历史基础——新视野中的近代早期江南经济[J].清华大学学报(哲学社会科学版),2011(02):68—80+159.

埠、驳岸、石级踏步、桥等构成的古镇交通网络体系,成为古镇的基本结构骨架,在古镇空间的构成关系及次序关系中都起着极其重要的作用,将城镇平面划分成若干区域,使城镇呈现明显的肌理特征,交通网络越复杂,古镇空间也越复杂。江南水乡古镇建立了人工改造的水网格局和职能分工明确的人类聚居场所,创造并因地制宜地应用着全世界范围内湖泊湿地环境中独特的集约型土地利用模式。随着海陆空交通网络的发展与联动,交通网络扩展到哪里,古镇活动区域就延展到哪里,正在散发出新的活力,一个重要的文化整合维度在其未来区域经济社会建设中发挥着潜在的多元价值,江南村镇空间文化记忆为长三角城市群的发展提供源源不断的内生动力。

三、 江南村镇文化景观语言非物质符号系统

　　人类生活在与自然、社会或者情境等互动关系的表征世界里,表征外部世界人、事、物在人脑中的再现、认知或者意象。与个体特异性的表征不同,社会表征具有共识性,"形形色色的社会现象则是表征外部投射和表征互动的结果"①,社会表征"实质上反映出社会文化复杂的层次问题"②,包含着一个时代整合的文化价值评判标准。江南村镇空间承载的是丰富多彩的生活图景,文化记忆将日常行事、习惯风俗的摹仿性记忆、各种记忆场所、人与人的交往记忆,都无缝对接在村镇"空间"之中。影响江南环境特质的非物质变量要素,它们是动态多元的,

---

① 赵蜜.社会表征论:发展脉络及其启示[J].社会学研究,2017(04):218—241+246.
② 邵志芳、高旭辰.社会认知[M].上海:上海人民出版社.2009.7—11.

包括世界观、价值观、意象、规范等和与衣食住行有关的技术、行为方式、生活方式、行事方式和活动系统等等,如何让这些非物态的文化记忆符号成为景观语言要素是做好设计的基础。结合文化记忆理论对媒介的理解,文字作为永生的媒介和记忆支撑,必不可少。记忆空间的情境源自人的身体体验,来自身体的记忆比来自大脑的记忆更牢靠,五感体验形成的记忆被关注,环境的营造意象具有可读性。因此,我们在了解地方文化记忆的意义时,更需要在地方认同以及特定的地方社会文化情境中去明晰地方认知形成的规律与法则,承认地方的差异性和文化多样性,才能把物质环境关系上升为当代江南特有的经验体验、文化记忆与文化精神。下面从文化记忆理论扩展的"意象系统、文本系统、仪式系统"三大类别来具体分析江南村镇文化记忆与景观语言非物态符号的转化方式。

(一)意象系统与指示性景观语言符号

人们在空间中感受到不同场景及其秩序的变化,体验到不同的艺术感受,"犹如在欣赏音乐或者戏剧一样"①。生活情节构成了一个个鲜活的景观集合体,述说生活冷暖,给人以无限的空间思考,每一个景观空间都包涵了许许多多发生在其中的事件与故事,承载的是人类日常生活中建立的"场所感"②。皮亚杰认为图式的形成和变化的过程实质上促进了"人类认知的发展"③,趋动式意向图式可以帮助进入陌生

---

① 陆邵明.建筑体验 空间中的情节 第2版[M].北京:中国建筑工业出版社.2018.32—61.

② 陆邵明、王伯伟.情节:空间记忆的一种表达方式[J].建筑学报,2005(11):72—75.

③ 杨金华主编.外国人汉语语法习得难点研究[M].上海:上海大学出版社.2012.88—89.

村镇空间的游客或者行人。凯文·林奇提出的"认知地图"又称"心智地图"①，即有关城镇空间结构的草图，具有相当的"原始性"和"直观性"。根据记忆和意象感受而绘制的认知地图，能唤起居住者或者体验者潜隐在心中的空间结构和环境特色，可以作为村镇空间记忆的起点。

1. 从心理认知地图到江南村镇文化景观导览地图

认知地图对传达村镇整体空间意象具有加强导视和记忆的功能，这个概念是由新行为主义者托尔曼提出来的，类似于古罗马时代的古典空间记忆术。心理学实验表明意象不仅可以在心理上进行旋转等操作，还与实际图片一样，保持着物体的空间特性，这种在人脑中关于环境空间布局的内部表征，就叫认知地图②，是意象的一种特殊形式。在古地图上的江南聚落空间，文字和建筑图形的朝向不一，是根据观者的直接感觉表达的，从人的思维特征来看，注重区块概念和视角的多样性，古地图基本采用白描手绘稿，但视角不统一，三视图、正立面图、鸟瞰图并存于同一地图或者街巷区域内，分散各地的土地形状大小不一，强调的是一些街区地块和地块之间的拼合关系，然后用大路和小道把它们连接起来。形象的空间思维、多元的视角反映出江南运河沿岸聚落人们叙事般的形象思维空间逻辑与意象性的审美观念，拓展了地图表达的时空深度，包含着中华民族长期形成的哲学观念和意象思维，而"不同于西方城市源于公认的线性空间形态观念"③。

从江南水乡人聚生活方式来看，河道就是街道，成为贯通街巷间的主要通道，空白地块，用汉字标出地名，链接空白地的河道上设环状线，

① 凯文·林奇,方益萍、何晓军译.城市意象 第 2 版[M].北京：华夏出版社.2017.
② 彭聃龄、张必隐.认知心理学[M].杭州：浙江教育出版社.2004.251.
③ Barrie Shelton.向日本城市学习 城市设计向东看[M].北京：电子工业出版社.2016. 42—49.

是链接两个区域的桥。人们进入一个陌生的村镇后,是按照停留时间和对当地的熟悉程度来建立自己的认知地图线路的。具体方式流程如下:

第一步,定向系统的建立。这是完全依据观察者和受众的视角和喜好,选择自己偏爱的文化符号,这种偏爱有时也受到群体意象的影响,选择也导致人们在村镇范围内的全面流动,认知地图中的要素之间是分离的。以乌镇为例,围绕一个主题活动,可以引导和聚焦村镇的某类定向系统,例如"乌托邦·异托邦"《时间开始了》①是乌镇 2019 年推出的当代艺术展,可谓"一座江南古城与中外当代艺术超链接的时代范本",为首届乌镇艺术展创立了品牌效应。与活动配套的导览图简洁时尚,(图 4-21)一张交通简图从京杭大运河的区域视野,交代了乌镇四通八达的交通网络系统,中英文标注,简化很多常规性信息,聚焦了邀请展的引爆点。

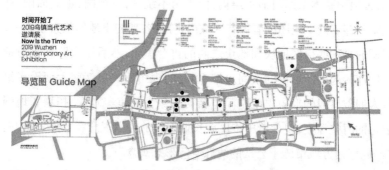

图 4-21 《时间开始了》导览图②

第二步,以环境中熟悉的固定场所为中心定向认知地图系统,以

① 乌镇"时间开始了"一座江南古城与中外当代艺术超链接的时代范本. http://www.wuzhen.com.cn/web/cultrue;http://www.sohu.com/a/305012844_256863。

② 图片来源:雅昌专稿 https://amma.artron.net/observation_shownews.php? newid=1048916。

客运站或者旅游集散服务中心为定位点(如西栅3号停车场),由东向西,随后沿着水路扩展到周边主要路径和重要文化景观,如西栅游船路线,沿步行栈道线路从服务中心向北直奔具有现代品牌效应的剧院和木心美术馆,是代表当代乌镇的标志性景观,将其作为首要目的地。完后南下穿越西栅大街,欣赏西市河两岸美景,"河—廊街—店宅""河—房—街—房"结构是乌镇作为传统江南水乡最典型的空间形态特色。通过心智地图反映出人们最关心的有关村镇界标、程序和测量三大类型的知识信息:(1)界标知识指村镇空间中突出的具有特殊意义的标志物,特别是能统领地区和方位的标志物;(2)程序知识指到达自己的目的地的基本路径,融合组织各种要素为统一的环境整体;(3)测量知识,通过深度体验或者反复探究环境而获得事物的各种位置关系。

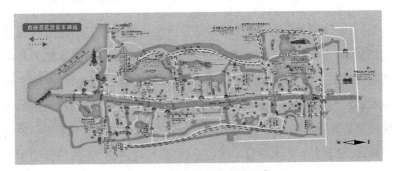

图4-22 乌镇旅游导览图①

乌镇西栅风景区给游客准备的一个认知导览地图(图4-22),省略了繁杂的水系和实景,凭借印象描绘出基本空间关系,突出表达几个标志物。游者会寻根求源,去进一步探究乌镇的历史与文化变迁,引申出对乌镇整体保护与传承利用具体做法的深度思考。感知

---

① 图片来源:乌镇官网 http://www.wuzhen.com.cn/web/traver/traf。

环境的过程其实是一个过滤的判断思维过程,各种文化群体不同的涵化与濡化过程带来了各种各样的结果。认知地图的形成受到年龄、性别、国籍、临近性、媒体、地区形状、文化习俗、地理教育水平、绘图技巧等因素的影响,人们对村镇空间的意象认知容易出现距离失真、角度失真、信息失真等问题,在实际体验过程中,常常采用校直策略和旋转策略,在标定方向时,先选择东、南、西、北中的一个标准点,然后在心理水平上向前或向后旋转,直到确定所要求的方向,并总结出村镇周围环境结构、路标的特点。人的情绪和偏爱既是认知变量,也是个体特征,不仅个体差异、家庭环境和人生经历的不同都会影响到感知环境的属性,而且文化引发了记忆主体的系统性选择,文化记忆才得以生成与延续。

2. 文化记忆导向下当代乌镇景观语言符号系统的建构

当代江南村镇文化景观语言符号系统的建构是一个创造性的过程,乌镇再生模式作为客观存在的现象,是我国在历史村落保护和再利用方面的一个实验,乌镇以不同主题为核心独创了一个"整体产权开发,复合多元运营"[①]的景观场景序列模式。从策略来看,乌镇的风貌保护是以景观场所为中心的,原有空间特定的文化氛围形成一种消费模式,加上大型艺术项目不断拓展和延续,促进其"经济结构发生转变"[②],乌镇实现了在当代的涅槃与再生,让传统文化记忆活起来的景观设计实践经验具有一定的推广价值,概括起来形成以下五种景观场景序列。

---

① 阮仪三、袁菲.迈向新江南水乡时代——江南水乡古镇的保护与合理发展[J].城市规划学刊,2010(3):35—40.

② 陈文丽、洪宽善."空间的生产"理论为基础的古镇都市再生模式构建的研究——以乌镇为例[J].设计,2017(04):96—99.

（1）沿河景观场景序列

以"邻近或整体风貌为基础"的沿河景观场景序列(图4-23),悠悠大运河让这个江南小镇与北方中原连接,留下了"丝绸之府"的传统品牌和古韵悠长的千年街巷,保护古镇"烟雨画巷"的传统风貌是首要责任。1999年以来,乌镇对沿河民居街巷景观风貌做出有机修复,平面上放弃传统的"一堂二室"格局,主要是"I"字型,这也符合沿河地带土地成本高,能最大限度满足生活要求的功能需求,乌镇普通民居、公共场所、交通与周围环境同为一体;同时采用加减法,对本村镇有集体记忆价值的文化信息进行梳理与凝练,对现有空间中变异的、不协调的建筑减负移除。

（2）历史遗迹景观场景序列

以"文化历史记忆场所为基础"的历史遗迹景观场景序列,针对南朝昭明太子读书处牌坊,没有打造仿古或者复古街,而是在它的后面加建一处图书馆,强化与昭明太子相关的文化记忆板块的同时,增强现代图书馆的服务功能;常年创设的江南百床博物馆、江南民俗博物馆、宏源泰染坊等连珠成线,几乎构成一部从古代到近现代的江南民俗文化和民间工艺的发展史。

图4-23　乌镇水岸街景　　图4-24　乌镇木心美术馆　　图4-25　乌镇大剧院

（3）地方名人景观场景序列

以"当地名人（如著名画家、作家、诗人木心的作品）及其朋友圈为基础"的地方名人景观场景序列。木心美术馆（图4-24）的选址、馆藏和业主都精心挑选，可感的作品、"木心"两字的集体记忆与价值，还有陈丹青、刘丹等熟人"赞助"①与介入，为美术馆的未来增添了信心。美术馆藏品、功能定位和建筑的关系密切、美术馆物质层面的观感尤为重要，经过了慎重的研究的建筑细部在公共空间的"小""大"尺度之间取得了另一种平衡，艺术的内涵与品质得以彰显。

（4）文化事件景观场景序列

以乌镇国际戏剧节引爆"当代文化事件"形成"以戏剧主题仪式活动关系为基础"的乌镇大剧院（图4-25）景观场景序列。乌镇是茅盾的故乡，"茅盾故居建筑临街而建，二层砖木结构的清代民居，面宽四见，前后两进"②，院中茅盾亲手种下的天竹，东西"一字型"书斋供平日居住、写作、会客之用，陈云同志亲笔题写了"茅盾故居"③的匾额。2013年，以此文化语境，首届戏剧节以"映"为主题，以特殊的仪式活动关系为情感纽带，连接和积聚了世界范围内最强劲的专业团队，成为戏剧学科研究前沿、戏剧品类和戏剧演绎剧场最为集中的展示平台，吸引着戏剧的研究者和广大的爱好者，让每一位体验者觉得找到了灵魂的安居之所（图4-26），激活了相关主题的文化产业与传统产业的链接，乌镇国际戏剧节的成功也让世人深切感受到中国民间力量的强大，国际、当代、文艺似乎成了当代乌镇的标签，实现了从度假古镇到文化古镇的提升。

①　唐克扬.木心美术馆评述[J].建筑学报,2016(12):44—45.
②　李岫.茅盾研究[M].北京:文化艺术出版社.2005.331.
③　章晓艳.乌镇胜迹[M].杭州:浙江人民出版社.2014.2—9.

图 4-26　乌镇国际戏剧节①

（5）国际会展景观场景序列

以乌镇互联网大会作为展示国家形象的峰会媒介,推出"携手构建网络空间命运共同体"的国际合作平台,积聚了世界的目光,每年千万人赴约的经济大会不仅让古镇找到一条从传统向现当代延续的通道,也开辟了一条让古镇本土文化与数字经济向全球传播与拓展的新征程,众创空间、互联网+、智能制造、AI 人工智能技术、5G 基站应用全覆盖(包括5G 微公交、智慧农场、云享运营平台等),一系列措施和多年的积累促进了乌镇由诗人笔下的"水墨乌镇"向科技引领的"云上乌镇"的蜕变,探索了一种未来经济模式与生活方式、社会治理有机融合的共生路径。

乌镇模式在地方记忆场所功能和意义不改变的前提下,遵循着文化的延续性与时代性、文化记忆的唯一性与整体性、文化景观的可持续性保护与创造性转化相结合的原则,既有效保护了古镇的整体格局,又能包容新形象的生成,集聚外援力量积极参与和共建共享古镇可持续发展的未来的同时,反过来又激发了本地居民的信心和内生活力,是一种可行的当代村镇发展实践模式。但是乌镇以商业目的而实施的改建、复建和新建项目也引起部分受众的批评,老建筑内部设施的提升导致很多民

---

①　图片来源:文化乌镇股份有限公司 http://www.wuzhenfestival.com。

宅成为一个披着江南传统民居的空壳,而非真保护;同时把原居民整体迁出,纯粹的商业业态破坏了古镇千百年来在传统意义上日常生活的原生环境。这些批评意见说明,"文化核心议题"始终是文旅开发在公共视野中的核心关涉。"杂乱的老镇并非游客所期待,他们的目标是建设一个想象中百年前的水乡老镇,这种构想与世界文化遗产保护的社会理念存在一定偏离。乌镇模式自身也将发生调整改变。"①乡镇空间建设景观内容的地域感知性,尤其是唯一性与差异化如何彰显?加上建设规模的控制、服务业类型的多元、受众欣赏水平的提高、历史保护手段的多元化、夹杂在真遗产中的新建旧式建筑造成的不协调与不匹配、文化记忆的展示内容与活化手段单一等潜在的一系列问题,将始终是江南村镇传统文化保护、传承与利用过程中值得深究的关注点。

(二) 文本系统与象征性景观语言符号

文字作为记忆内容的隐喻具有"永久可读性和可支配性"②的优点,但是文字严格地将感官的多样性单一化到视觉上,有一定的局限性。文本具有建构的意义和完整系统的含义,通过鲜活的媒介载体和多元的展现方法,让抽象的文字和符号被翻译、被改写、被批判和重新阐释、被传播,文化记忆以文本的形式在新的交流情境中得以交流。在当代,文本可以作为再次召回的记忆储备,同一个文本的概念可以在不同的范围、不同景观媒介中被阐释与展示。作为记忆的媒介,景观设计作为"记忆术"就是一种内在的书写,其构建性和能动作用是文字媒介

① 刘刚、王兰.文化旅游开发中的历史保护与再利用[J].时代建筑,2014(3):30.

② 阿莱达·阿斯曼,潘璐译.回忆空间:文化记忆的形式和变迁[M].北京:北京大学出版社.2016.154.

无法完成和替代的。以地点和视觉意象之间映射为原则的古典记忆法的"位置记忆理论"就是一种可以借鉴的"艺造记忆"，亚里士多德强调的"联想原则"和"顺序原则"肯定了联想和心智图像对记忆术的重要作用，记忆和回忆有异，回忆是有意识地努力在记忆中寻找和恢复以前有过的知识或感受。那些关于村志历史记忆的文本、图像、照片、民谣、建筑、地点和场所，甚至人的身心创伤都可以转化为景观语言符号，江南作为一种区域文化，有着天然的地理原因和文化诱因，往往能深刻地影响着一个地方景观整体的审美倾向和艺术风格。

1. 钟情江南耕读文化的园林造景

在江南，"耕以致富，读可荣身"[1]的观念深刻于每一个家族的祖训里。"耕"文化体现在诸如农具、村落布局、建筑型制、生产方式、义塾、书院、文昌阁、进士牌等物质文化上，更体现在江南乡村纯朴的民风里。如浙江楠溪江流域永嘉一带的许多古村落呈现的好学成风、"永嘉尚礼文重丧制"[2]等耕读文化的持续延绵，就是当地广大民众处世取向的真实体现，"尤以宗族办义学为盛"[3]，现存村落的宗族谱规《金氏宗谱·家规》中还可见其祖训。《鹤阳谢氏宗谱·族规》[4]的劝学词句可见耕读思想已深入到每一户人家。

南北朝时，一批文人雅士寄情于山水，谢灵运开创以山水自然之美作赋这一文学体裁，成为山水诗的鼻祖，其《山居赋》近四千言的篇幅，

① 宣明东主编.天真之水画楠溪[M].北京：中国发展出版社.2012.106.
② 《瓯海轶闻》卷一《永嘉学术》。
③ 陈丽霞.历史视野下的温州人地关系研究[M].杭州：浙江大学出版社.2011.123.
④ 参见《鹤阳谢氏宗谱·族规》如苍坡村布局体现"文房四宝"意象，芙蓉村的"七星八斗"喻义此地为福地，上纳天上的文曲星，意为人才辈出如同灿烂星斗；前有谢灵运、陶弘景等六朝高士，后有南宋著名理学大师朱熹，楠溪江一带迁入的宗族多是文化根基较深厚的名门望族，许多学者直接受学于朱子门下。

就像一幅全景画一样展开，"其宅左侧枕着湖，右侧靠着江，去时有水渚，来时有水汀"①。详尽记载了当地的山川形胜、田园农事、飞禽走兽、草木花果等景象。在表现方法上，"意实言表，而书不尽。遗迹索意，托之有赏"②。这种美学追求与南北朝之后江南文化交融的地域景致和当时盛行的老庄之风是密不可分的，六朝宗炳在《画山水序》中也提倡以"澄怀味像""畅神理气"③为宗旨领悟山水的趣灵和情感，这些典籍为提升江南村镇文化景观的诗情画意提供了最佳范本。

将山水与玄学结合的最好方式就是造园，文人山水画的创作成果被造园者潜心学习和吸纳，园林造景与中国传统山水画的审美理想是相同的，而表现手段和材料迥然不同。中国山水画对园林营造审美和技巧方面的影响巨大，造园大师和园林画家们也总是在博大精深的中国传统山水画中汲取营养，江南园林极品明代弇山园就是叠山巨头张南阳的杰作，他崇尚自然，以绘画为生，追求"墙外奇峰，断谷数石"之境。同时江南园林也离不开来自文人士大夫对诗意生活林泉之思的影响，主要体现在对于寄情山水的向往上，园林背后有大量与之有关的文学经典，弇园的主人王世贞乃是明代文学家、史学家，其《山园记》描述了造园的思想"极尽园亭林木之盛"。中国人心里的山水是一种带有类宗教色彩的理想状态，一个精神力量的象征；明代计成在《园冶》中的"景""韵""情""趣"等字眼在传统村落里处处可见。

---

① 上田信.朱海滨译.森林和绿色的中国史[M].济南:山东画报出版社.2013.156."面山背阜，东边陡峭，西边倾斜。"从别墅眺望远方之景，诗人的眼神逐渐移向了细节。"近东有上田、下湖，有西溪、南谷。溪谷里有石獭、石涝，门冽、黄竹。飞泉(水沫)从千仞高的地方跳下，高薄(竹薮)达千麓。"庄园内部，广布着水田和植物。在讲到"其木则有松、柏、檀、栎、桐、榆……"之后谈道:"植物已得到记载，还有动物繁衍"，举出了鱼类、鸟类，"山上则有猨、狞、狸、獦，豻、狡、貎、猛，山下则有熊、豺、虎、猭、鹿、唐、麏。把树枝往深谷扔，空绝于深硎。蹲在谷底长啸，攀上树梢而哀鸣。"

② 穆克宏主编.魏晋南北朝文论全编[M].上海:上海远东出版社.2012.127.

③ 任道斌.人文艺术丛书 中国绘画简史[M].上海:东方出版中心.2018.29.

传统园林语法为当代景观展示了具有诗意灵性的江南造园智慧和回归日常生活的情趣，人的身体是可移动的媒介，而地点和场所为逝去的回忆提供了一个固定的、具体可感的场域。在当代，很多传统园林的表现手法应用于不同的建筑场合，有的放置玲珑透漏的太湖石以供玩赏，有的叠石造山、引水开池，当代江南村镇高度重视仍将传统园景与传统园林保持着相似相通之处。

如西塘古镇民俗文化馆（图4-27）的设计将街巷、院落、桥梁、民居等元素被"分解转化"，"四水归堂"式的天井借势利导，因水而园，先抑后扬，四季皆景，反映了中国江南园林景观营造的意境追求。江南天井式民居典型平面布局多为一进二层，江南宅园式、庭院式大屋，也采用天井，比徽州民居的比较天井要大一些，但是建筑色彩以素雅洁净为主，屋外的砖木结构部分，多施褐、黑或墨绿色，与白墙、灰瓦相映，营造

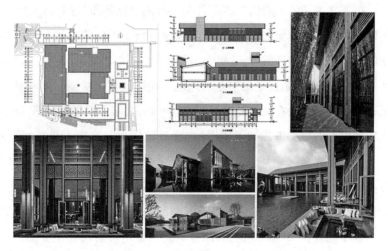

图4-27　西塘古镇民俗文化馆①（上海日清建筑设计有限公司）

---

① 图片来源：日清设计西塘古镇民俗文化馆 http://www.lacime—sh.com。

出沉稳而恬静的氛围,充满文气。"五岳朝天,四水归堂"①江南民居的天井除了排水、采光、通风之用,更在于聚财、养气。从民居的内部构成看,天井是联结各部分建筑的有机生长点,导向各空间的枢纽空间。江南民居的三条轴线:空间之轴布置供礼仪的、共享的公共空间和长空间,起着对家庭的组织和整合作用;时间之轴为家族父子相传之轴,观念之轴在于古人建立的"天人合一"的人学结构,"天井、院落"的围合感体现一个"藏"字,是中华文化的一大特色,国家藏富于民,士人藏身,道人藏迹,书法藏锋。当代江南村镇景观设计中既要有大传统的宏观研究,又要有对江南水乡地区性人居环境小传统精髓的中观与微观的深入体验。

2. 文字、图像中隐含的景观语言符号

被人文主义者推崇的"文字"作为一种能量储备和"透明的媒介"②可以跨越空间和时间去保存历史,阿斯曼分析了不同的时代对文字与图像关系的不同的理解:与亚里士多德不同,柏拉图第一个对文字表示怀疑,文字可能会超过记忆但是永远也不能取代回忆功能。这种对记忆和回忆的二分法在文艺复兴时期遭到不解,文字中闪耀着真理,在莎士比亚的十四行诗里提到了实用的"字母记忆力",文字不是"一种技术上的书写媒介",而是一种"自我交际"和"对话关系"的媒介,文字的互动性能刺激记忆。哲学家伽达默尔认为文字作为与"纯净的思想"相提并论的媒介,与图像、雕塑和建筑物的易被侵蚀性和因时间而被破坏完全不同。在 19 至 20 世纪,图像具有神秘不可解性和不受感情控

---

① 丁俊清编著.江南民居[M].上海:上海交通大学出版社.2008.1—48.

② 阿莱达·阿斯曼,潘璐译.回忆空间:文化记忆的形式和变迁[M].北京:北京大学出版社.2016.179—271.

制的偶发性、直接性而备受关注,文字却遭到冷落,不过无论科技怎样发达,文字作为交流和储存历史记忆的媒介价值从未停止过。

文学中的江南给当代江南村镇文化景观投上了特别浓重的审美色彩。江南乡村人居文化以地方作为一个生命活体,是江南山川、自然地理、社会语境、民风民俗与人文心理相适应的文化积淀而成的,既具有汉族文化的深层特征,又是地方文脉的集中体现,是江南地方特有的山水灵气和人文内涵综合产生的言语表征系统,是天、地、人三者的融合与结晶。江南富饶的土地和青山绿水,孕育了才子们的灵感与才情,留下了一大批以江南为题材的诗词作品。唐代韦庄的《菩萨蛮》曾言"人人尽说江南好,游人只合江南老。春水碧于天,画船听雨眠"①。白居易的《忆江南》《杭州春望》《西湖晚归回望孤山寺赠诸客》。南宋杨万里的《晓出净慈寺送林子方》。宋代苏轼的《行香子·过七里濑》②等这些诗与词以不同的风格基调赞扬了江南文化的优雅风景与繁荣生活,是属于文人的,强化了江南在人们心中的意象。江南乡村美妙的山水图景常常隐含在在文人墨客的作品中。古代山水画风格的形成可以追溯到盛唐时的王维,突出了诗书画印与自然山水的有机融合,被后世尊称为南宗文人山水之祖,"辋川别业"也成为后世文人效仿的典范,"诗中有画"③的命题,最早是苏东坡在评论王维的诗画艺术时提出来的。较为成功的村居诗意画有《唐诗画谱》中的村居图、农耕图,项斯的《江村夜归》,于鹄的《江南意》等,画境深得诗意之精微处。

江南山水画的传承关系非常清晰,北宋范宽以李成为师,在南

---

① 方笑一主编.中华经典诗词2000首 第5卷[M].上海:上海教育出版社.2018.145.
② 陈望衡.美在境界[M].武汉:武汉大学出版社.2014.546.宋代苏轼《行香子·过七里濑》:"一叶舟轻,双桨鸿惊。水天清、影湛波平。鱼翻藻鉴,鹭点烟汀。过沙溪急,霜溪冷,月溪明。"
③ 吴企明.蓟溪诗学丛稿续编[M].苏州:苏州大学出版社.2012.279.

宋，移居杭州的李唐保持着范宽的传统，北方大幅山水的雄浑不太适合南方，他的小幅挂轴和册页表现出一种与山水亲近而恬淡的绘画精神，形成南宋院画山水的基础；马夏派山水（一种安全感、享受自然的诗意，如夏珪的《溪山清远》）、米氏山水，苏东坡等展现出写意之妙。在元代，一种由隐士组成的士大夫群体成形，集中在杭州和长江下游地区，赵孟頫的《鹊华秋色图》综合了唐宋的古意和董源的技法，以冷静的古典主义气质，表现出平淡天真的图景。元末的江南，吴镇的《渔父图》温和欢趣、闲逸舒适，出现了两位山水画大家，一位是黄公望的《富春山居图》，"平淡有致"体现出超群的文人品质和"正确"而一致的秩序感；另一位是倪瓒，其《江岸望山图》《春雨新篁图》《秋林山色图》《渔庄秋霁图》等作品都呈现出超逸脱俗、萧疏空寂的隐逸特质。诗、书、画融通拥有"南田三绝"之名的清代画家恽寿平充分表现出诗与画的融通境界，如在其《湖山风物图》《拟曹云西风篁翠竹》等题画绝句意趣盎然，不同风格作品与意蕴汇聚成当代江南文化景观多姿多彩的记忆符号，能开导人的胸怀，唤醒人的心灵记忆，感召人的精神。《千里江山图》山水长卷中能领略我国 12 世纪初江南乡村建筑的样式，傅熹年分析认为"从画中表现了大片竹林和平野之景来看，所反映的是江南景色"①，体现了江南一带住宅庭院兼顾居住实用和园林风趣的特点。

---

① 傅熹年、王希孟《千里江山图》中的北宋建筑[J].故宫博物院院刊，1979(02)：50—61+3.当时江南一带有利用优美的自然环境建造住宅的，这种住宅的布局，有些采用规整对称的庭院，有些则房屋参错配列，或临水筑台，或水中建亭，或依山构廊，既是住宅，又具有园林风趣，是它的主要特点。每组都将主峰和诸多辅峰组合起来，如同一座座山岛矗立在江边湖畔，形成互有联系的"岛链"。这种观察、组合群山的方式与山下观山有所不同，是来自湖区或海边的画家贴着水面观山看岛的习性，暴露出画家在水边生活的经历。如北宋燕文贵笔下的江山、元代黄公望的富春山和倪云林笔下的湖山等是如此，这三个人都是生长在江南水网地区的。

中国古代绘画不仅营造出如此美妙的审美空间，还满足了欣赏者和居住者的审美心理，如宋代山水画论专家郭熙的《林泉高致》倡导"林泉之心"①"画凡至此，皆入妙品"②的精神修养；清代戏曲理论家李渔在《闲情偶寄》阐明了建筑予人而言的重要意义。应用传统文化中丰富的艺术元素，融合当地的神话传说与典故，能为当代村镇的文化景观注入内在的灵魂，艺术审美品质得到升华。北宋王诜的《渔村小雪图》、赵令穰的《江村秋晓图》都绘制了入秋时节江边渔村捕鱼的场景，在《渔村小雪图》中，通过全景式的构图构筑了一个博大深远、自然愉悦的空间，真实而艺术地反映了江南水乡的渔村一角。山水可以说是文人治国治民的政治理想，营造出的是"无我之境"，提升了画面的意境。人们在对江南山水的描述中总是情不自禁地夹杂一些对过去江南文化的回忆叙述和怀旧情绪，图片与语言表征相结合更有利于人们的认知与记忆，中国古代山水画就是最好的景观语言符号灵感来源，其特殊性就在于"有了很难被摧毁的生命力"，近山、次山、远山成为建筑之间的组合关系，山水画中的朴素、淡泊、平静和雅致成为江南独特的景观语言。

3. 非物质文化遗产符号在景观中的应用

江南文化遗产符号系统资源丰富、类型多样、异彩纷呈，表现出了

---

① 冯晓林.历代书画关系论导读[M].北京:中国商业出版社.2016.305.在《山水训》中提到君子之所以爱夫山水的六大理由："丘园养素，所常处也;泉石啸傲，所常乐也;渔樵隐逸，所常适也;猿鹤飞鸣，所常观也。尘嚣疆锁，此人情所常厌也;烟霞仙圣，此人情所常愿而不得见也。"在《画意》中，以"静居燕坐窗净几，一炷炉香，万虑消沉"培养幽静美趣，以诗之清篇秀句触发画之佳思者，近于庄子的虚静说，说明精神陶冶的重要，说明文学修养对绘画的作用。

② 陈丹.从《画语录》管窥中国古代绘画中的空间思想[M].成都:四川大学出版社.2015.118.

强大生命力。"所谓十里不同风,百里不同俗",村镇文化散落在广阔的民间天地,可谓深邃莫测、变幻无穷,包括民俗、民间文学、民间艺术等,他们是历史积淀下来的、真实的、活态的。显型的物质文化遗产是看得见的、物质的、有形的、静态的、实体的;而隐型的非物质文化遗产是精神的(表4-4),包括诗词文学、民俗文化、乡土技艺、江南园林、戏曲、民间艺术、传统医药文化等如浩瀚的星辰洒落于江南民间乡土,意味着一个完整的"现代文明观"①形成。

我国现当代学者们依据不同视角对广义的民间艺术或民间美术作出了不同的"分类和总结"②,著名民俗学家钟敬文先生认为民间艺术包含民间美术、民间文学、音乐、神话等门类,荆有麟、郑重、岑家梧、王朝闻、张道一、王树村、邓福星等先生从不同的视角将民间美术归结为不同门类。以上这些研究不仅具有科学的合理性,也为我们分析江南村镇多元的对象语言品类提供了重要参照和借鉴。江南村镇的象征性景观语言符号从显性到隐性,但从艺术的价值来看可谓丰富而深邃,对这些文本、图像、书画、乡土文化、民间技艺等文化资源的深度研究、确认和选择,是当代景观创新设计灵感的重要来源。

---

①　冯骥才.非物质文化遗产保护理论与方法丛书 为文化保护立言[M].北京:文化艺术出版社.2017.25—26.

②　唐家路、潘鲁生.中国民间美术学导论[M].哈尔滨:黑龙江美术出版社.2000.23—28.对民间艺术或民间美术持不同分类视角的,有荆有麟先生,他做了大的分类:声音的表现,物品的表现,行为的表现,声音而兼动作的表现等,如物品就有壁画、谷雨贴、门神画、春宫画、衣帽鞋袜的绣花、木器的制造、竹器的制造、陶器的制造、房屋的建筑、木石金属的雕刻、布匹纸张的剪裁等;郑重先生的民间画图、民间雕刻、民间诗歌、民间故事、民间戏剧、民间音乐等;已故民族学家岑家梧先生在20世纪40年代中期论述中国民俗艺术时将民间艺术粗分为工艺、绘画、建筑、雕塑、舞乐、歌谣六大类别;王朝闻先生探讨了民间美术直接与间接审美的普遍性与特殊性的联系和差异;张道一、王树村、邓福星先生从不同的视角将民间美术归结为不同门类。

表4-4　非物质文化遗产表

分类	上海	苏州	无锡	常州	镇江	南京
传统民俗	庙会（上海龙华庙会）；豫园灯会；端午节（罗店划龙船习俗）	轧神仙庙会	艺兰；三馅团子；掉采茶	柚山放灯节	上茅山回九里文化活动；金山寺水陆法会	雨花石；南京吆喝；南京妈祖文化庙会；南京老地名；秦淮灯会
民间文学	吴歌；谚语		红豆传说；徐霞客故事	董永传说；白太官传说	《华山畿》和华山畿的传说	
传统音乐	江南丝竹；上海港码头号子；琵琶艺术（瀛洲古调派、浦东派）；泗泾十锦细锣鼓；上海道教音乐	玄妙观道教音乐；江南丝竹	唐调；二胡艺术；车水号子·易木排	常州吟诵；太平军锣鼓；乾元观道教音乐；泓口丝弦	丹徒南乡田歌丹徒区文化馆；中国古琴梅庵琴派镇江梦溪琴社	留左大鼓；鲜花调（茉莉花）；古琴（金陵乐派）；高淳民歌
传统舞蹈	龙舞；马桥手狮舞；奉贤滚灯		凤舞；玉兰花鼓；蚌舞；猴棍	跳幡神；谈庄秧歌灯	马灯阵舞丹阳市文化馆；	方山大鼓；栖霞龙舞；江溥手狮
戏曲	京剧；越剧；沪剧；海派木偶戏；淮剧；滑稽戏；昆曲	吴歌；苏剧		锡剧	扬剧（金派艺术）镇江市艺术剧院；京口区镇江康盛剧社	洪山戏；南京白局；高淳阳腔目连戏

续表

分类	上海	苏州	无锡	常州	镇江	南京
曲艺	锣鼓书;独角戏	苏州评弹(苏州评话、苏州弹词)	唱春;无锡评曲;三跳道情	小热昏;常州宣卷		
传统美术	上海剪纸;顾绣;黄杨木雕;嘉定竹刻;上海灯彩;上海面人赵;徐行草编;海派玉雕;紫檀雕刻	桃花坞年画	无锡精微绣;留青竹刻;宜兴手工刻;惠山泥人;无锡纸马;桃木雕刻;建筑回塑;面塑	金坛刻纸;常州乱针绣;常州留青竹刻;常州微雕;常州梳篦;掐丝珐琅画	玻璃雕绘画费维本大师工作室;铜版彩画;扎染画缋;玻璃雕绘画;句容·秦淮花灯;扬中竹编	
传统技艺	曹素功墨绽制作技艺;乌泥泾手工棉纺织技艺;木版水印技艺;上海鲁庵印泥	宋锦织造技艺;苏州缂丝织造技艺;苏州御窑金砖制作技艺;制扇技艺;明式家具制作技艺	宜兴紫砂壶制作工艺;宜兴青瓷制作技艺;惠山油酥制作技艺	金坛封缸酒酿制技艺;芝麻糖制作技艺;豆炙饼制作技艺	丹阳黄酒酿造技艺;丹阳漳绒织造技艺;扬中箫笛制作技艺	南京鸭制作传统工艺;秦淮小吃;宝庆金银饰品工艺;传统金线制作工艺;金陵折扇;南京绒花;南京剪纸
传统医药	朱氏推拿疗法;顾氏外科疗法;陆氏针灸疗法;上海石氏伤科疗法;古本易筋经十二势导引法		黄氏喉糖;理事薄贴;泰和堂"十全大补膏"制作方法;肝胆疾病中医外治法		唐老一正斋膏药文化	

　　江南村镇文化记忆与景观语言符号之间设计转换的常用方法有：

　　（1）形态类推法

　　寻找旧形式或者旧类型的关联性转化，以类似的、衍生出的新意象或"对象"图形取代原型。罗西的类推设计法赋予传统固定的形式或原型物体以新的意义，形式与意义之间相辅相成，生成一种"共同的现实"①，总结了一套运用旧类型创造新类型的转化设计方法。原型是代表村镇文化记忆的最基本的符号单位，是识别村镇景观的标志性文化记忆因子。类型与原型维持着一种类似的关系，以一种广泛的联想、相似和类比语境及限制看待历史遗迹，针对江南村镇空间原型的认知和提取具有相似的设计原理。

　　（2）色彩采集法

　　江南村镇民居"粉墙黛瓦"整体基调在大自然青山绿水的映衬下显得格外端庄，建筑构建上的彩绘，或者大红的灯笼、对联和丰富多彩的门神画让江南聚落顿时活跃起来，"万绿丛中一点红"，其自然绝妙的配色原理在古代先民的生活实践中运用自如，从日常生活知觉经验上升到集体的色彩审美共识，以建筑为本体的色彩采集，揭示出隐藏在场所环境中的意义和集体记忆的色彩观念，具有东方诗意的无限想象。对色彩的采集归纳是重构的前提，色彩采集的源头来自与江南村镇居民衣食住行有关的物象，如（图4-28）图中结合惠山古镇的建筑和泥人的色彩，自然环境春夏秋冬的色彩变化、建筑本体、乡土材料、建筑彩绘、民间艺术、传统艺术、服饰、宗教、仪式活动道具等，显示出经历了历史变迁积淀下来的色彩。

---

① 汪丽君.广义建筑类型学研究[D].天津大学,2003.108.

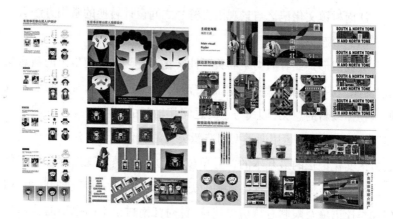

图 4‑28　《南腔北调惠山泥人 IP 设计及形象推广》①（课题组：尤晶晶设计）

（3）文本转化法

江南村镇丰富多彩的艺术种类是经历了长期的综合探索创作提炼生成的"文本"，各自具有鲜明的语言特色和较高的艺术内涵。对其艺术信息符号的转化与再诠释首先要理解原作，不只局限于艺术语言外在的句法和语汇，深读、辨析其内在的修辞方法、形式语言的组合规律，从多个视角对读本进行摘录和感悟，然后才能从读本的表面结构、表达形式的理解进入深层结构的把控，从而超越原型的约束，完成从物境—情境—意境的转换与提升。有的通过符号之间的替代和增补发挥不同艺术门类之间相辅相成的作用；有的以旧文本既有的艺术成就为基础重新书写，以新的设计形式和技术突破并颠覆过去，"读本"转化其实是在艺术通感的基础上对传统艺术或者民间艺术等形式语言的再创造。

（4）材质与技艺传承法

乡土材料与当地的自然环境密切相关，江南水乡的水就是景观的

---

①　图片来源：国家社会科学基金艺术学项目（17BH173）"'特色小镇'建设与传统村落文化传承发展研究"课题组。

天然细胞和最重要的景观语言符号,影响着大地的肌理、聚落的边界、场所空间的形态和生物分布的多样性。正是在与自然长期适应的过程中人们积累了一系列与生产生活息息相关的制作工艺与技术。这些乡土的材料与技术都是独特的景观语言,在当代村镇景观设计中巧妙融入地方特色材料与工艺,有利于增强景观的唯一性和吸引力,也提高了乡民的自信心和认同感,更能有机地保护环境和有效地传承本土文化。

(5) 综合研究法

传统江南村镇的文化记忆符号如浩瀚的宝库,需要深度综合研究,整体分析、归纳梳理其规律,探索符号的内在本质,才能提取适合当下审美的记忆元素和形式。以清华美院《中国传统文化中的动物形象研究》①课题为例(图4-29),可见一个完整的从传统文化记忆符号转化为现代视觉艺术符号的设计思维过程。

其一,分类采集:首先作者对中国传统文化涉及的动物图案做了一个分类梳理,形成一个"动物形象墙"的整体印象;其次从明清官服中

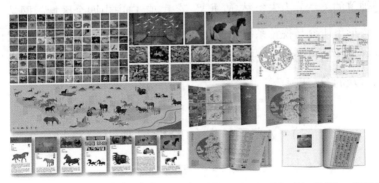

图4-29 王一帆 清华美院 《中国传统文化中的动物形象研究》 指导教师:陈楠

---

① 王一帆.基于中国传统文化中动物形象研究的虚拟动物园设计.指导教师:陈楠教授.

分析动物图案形象与官阶相对应的关系,传统名画中的动物图案研究系列采集了宋徽宗的瑞鹤图、明宣宗的麝香猫图和清乾隆的十骏图。

其二,深度研究:在传统工艺美术、传统雕塑作品中挖掘出不同的动物形象,在一千多幅动物主题的图片资料及相关文字的研究中,寻根溯源。中国传统社会不同时代对动物的观念不同,也造就了不同的艺术形式,最后作者挑选了其中三百余件形象作为创意来源和样本。

其三,设计转换:提取相应的符号与色彩基调,设计了一座适合当代人审美情趣与沟通方式的虚拟动物园"盛禽苑"系列视觉设计作品。如文字书写系统中的动物形象搜集了不同书法字体"马"字从甲骨文至现代简体之间的演变过程,用 h5 交互动态效果展示《马观》场景;书籍设计部分主要由动物研究手册和动物图鉴两部分组成。研究手册是一本记录了上述所有研究内容的手册,内容包括研究成果以及支撑文献、图片资料;动物图鉴则是以动物学分类方式为目录的动物形象合集及其作品背后的知识体系。动物园导览认知地图设计将场馆根据方位与神兽的关系分为朱雀林、青龙岛、玄武滩、白虎山四个区域。网站设计将形象研究与视觉系统相融合,增加体验式游览效果,手机端交互设计利用了 HTML5 技术,模拟真实游览环境,以滑动、拉近、推远动作提高观众的参与度。

(三)仪式系统与体验性景观语言符号

民间的信仰和仪式深刻地反映了乡村社会的文化记忆和内在秩序。从这个角度看,江南市镇的信仰与民俗活动的地域特色也就更加清晰。首先,以与衣食住行相关的商品经济发展为支撑基础,贯穿整个年份。江南有着繁复的民俗活动,商品经济高度发达带来了江南市镇雄厚的经济基础,这充分说明了江南市镇的这种习俗活动密度之高、类型之丰富,离不开商品经济的支撑。其次,江南市镇的信仰习俗活动有鲜明的功利色彩。一方面江南市镇信仰习俗的功利性既有普通意义上趋利避害的共性,同时也有与产业发展相关的特性。祭祀祖先的各种活动则既有怀念祖先之意,期望生活美好的愿望存在。另一方面,江南市镇的有些习俗的功利之处则与生产紧密相关。比如,小满时的"动三车",意味着桑蚕养殖的开始,这天家家闭户"关蚕门",直到采蚕茧时才"蚕开门"。最后,江南市镇信仰习俗活动还具有娱乐性。江南市镇中的信仰习俗活动,大到香会、龙舟会、灯会,小到挑青、猜灯谜、戴荠花,都是江南人民把信仰习俗与娱乐活动地结合。这种娱乐性大大增加了公众参与和投入的热情,也让这些习俗活动有了可持续发展的动力,形成江南村镇空间的地区性差异与"人们思维的复杂性"[1],使江南小镇成为一个个各具地域感知和精神场所,通过视、听、嗅、味、触五感体验自觉地将这些场所信息提取并转译为一种文化记忆符号,构成江南村镇文化景观的体验性景观语言符号系统。

1. 诗意雅致的视觉体验

当受众进入一个大的村镇系统中,在初级阶段,人的视觉接触到丰富多元的视觉要素,许多活动同时进行,这是一个平行的视、知觉加工过程。在同一个景观空间和时间内,经过对每一维度特征的提取,共同组合成一个景观空间视觉图。景观空间视觉吸引力具有主动选择性、凝视性、反复性等特征。当人们进入一个江南村镇,最先迎面的是村口小河、大树,或者某个建筑的一个面,并非意象中的整体空间,任何感觉

---

① 刘涛、周唯.人体工程学[M].北京:中国轻工业出版社.2017.106.

都只是部分地映现了对象,因此感觉是一个在时间中不断被完善的过程,感觉中充满了对进一步完善的知觉整体的期待,这种期待常常以想象的方式弥补着感觉的不完善性,是由一系列知觉的、想象的和其他要素所建构的①。任何一个知觉对象都不是纯粹的感觉对象,而是包含了意指、共现期待、想象等复杂的意向行为。因此,单纯的视、知觉永远是不全面的。江南的诗意是温润、雅致、舒缓的,是"共同当下的"②,不仅寄托在皇甫松《梦江南》中的芭蕉、梅子、小雨里;出现在温庭筠《菩萨蛮》中的吴山、杨柳、春雨、芳草、花枝等景物中;还出现在陈丹青的油画《周庄双桥》中。《早春二月》中陶岚手中的油纸伞;《林家铺子》中林老板头上的毡帽和乌篷船等等,渗透到江南的空间意象中,它们共同凝聚成集体认同的"江南古镇视觉符号"③和乡愁记忆。

诗意的江南视觉体验是一个历时性的序列过程(图4-30),水岸相生的聚落和水域作为村镇千百年来情境演绎更迭的调度场所,是江南记忆特有的秩序场。其布局、形制、颜色、动静等在人的记忆里留下的综合感觉,被称为视觉、知觉。视与被视、透视、光影效果、色彩表现、建筑意义等是设计学理论长期讨论的问题,现代心理学的发展为视觉研究提供了不同的视角。视觉经验的张力即"心理力"④,从时间上说,每一个体验者都有一条记录自身情感历程的心理动线;从空间上说,每一个感知体验都具有内外视域之分。

江南水网密集、可亲可近,水是江南最具特色的视觉环境和灵魂。曲曲折折、细细长长的河流,看不见源头和尽头,湖泊、河流、小溪、沼泽等各种"水"元素体现了江南特有的地域感知,水域构成了江南村镇最

① 高秉江.现象学视域下的视觉中心主义[M].武汉:华中师范大学出版社.2013.209.
② 倪梁康.现象学及其效应 胡塞尔与当代德国哲学[M].北京:商务印书馆.2014.250.
③ 宋奕.江南影像空间的意象与意境[J].艺术百家,2012(03):193—196.
④ 鲁道夫·阿恩海姆.艺术与视知觉:新编[M].长沙:湖南美术出版社.2008.3—9.

图4－30　江南古镇特有的视觉要素：水弄堂/茶馆/小巷/
篱笆墙/油纸伞/邮局/客栈/船

为显著的视觉符号和重要情节展开的空间；水波荡漾、溪水潺潺、碧水见底，细密涟漪下游动着成群灵动的鱼儿，当你想伸手去撩它时，它们却像精灵一般瞬间散开。"船"是江南故事发生发展的视觉导视。船行水上构成了江南村镇空间视觉平移镜头的流畅性与连续性，以及空间运动的纵深性；船的本体"空间"①给予人们更丰富和更开放的想象和审美期待。"桥"是江南独特的生产方式和生活文化，石桥、木桥，古朴而富有形式美，成为许多异乡客人所迷恋的视觉主题，已经深深地根植在江南村镇的文化记忆中。小巷、水巷、街巷和弄堂是贯通江南村镇空间的生命经络。江南水网密集、商业发达，因为土地的珍贵、街巷密集，繁华之余更让人倍加珍惜江南小镇比邻而居的亲近感。江南园林是浓缩的人文山水精华。园林意境是时间延续与空间拓展的统一、自然再现与意境深化的统一、园居功能与思想情趣的统一、诗文与景象的统一。作为观念形态的江南文化总是受制于并依附于一定的物质条

---

① 赵建飞.重返江南 中国电影中的江南影像[M].北京：中国广播电视出版社.2014.
191—193.

件。小桥、流水、人家,粉墙黛瓦的江南表象引发人们对江南空间无尽的视觉体验,是物理、生理、心理多元要素交融通感的结果。

2. 悠扬婉转的听觉体验

聆听音乐的过程是一个复杂的网络,"该网络是由两种关系构成的:一种是滞留关系;一种是预期关系,这两种关系把经验的瞬间联合起来,使之融为一体"①。胡塞尔用"预期"一词来表达这种"期待性",他认为人们的经验不仅有"滞留"之维,也有"预期"之维。经验成了有关音乐的经验,就是凭借着"滞留—预期—视域—综合"这些结构性因素的存在完成的;经验要想成为有关音乐的经验,必须至少具备两种结构:(1)"滞留—预期的结构";(2)"视域—综合的结构"。听觉体验还有一个至关重要的结构性特色就是时间,它奠定了有关音乐经验结构性因素和结构性关系的基础。人们对音乐的经验,以及这种经验涉及的结构因素和结构关系时,谈到了时间的"连续",对每个音符的经验都是对前面音符的经验地延续,因此,时间是意识经验最基本的结构,经验瞬间是最基本的暂时瞬间。

聆听江南的悠扬婉转的声音,如梦似幻,隽刻在清泉碧溪的流淌、清晨树林的鸟鸣、小曲传唱、江南民歌,文人墨客的吟诵诗会、荷塘采莲女的隔水笑语、市镇街巷的吆喝声……循着声音寻寻觅觅,将人们带入了江南幽静的小巷,小桥流水、溪水潺潺、绿草如茵、鸟立枝头、美景佳人,好一幅江南乡村景图。春秋战国时代吴、越民歌连连,秦设立专门音乐机构"乐府";汉代百戏流行,之后形成江南音乐史上的三次高峰:②第一次高峰是南北朝时期中原文化的大量南迁形成历史上江南

---

①　季广茂.现代欧陆哲学散论[M].北京:金城出版社.2016.115—116.

②　杨和平.江南音乐史[M].上海:上海古籍出版社.2016.205.

音乐艺术的第一个高峰。隋唐京杭大运河的贯通,南北社会经济文化频繁交融,宫廷燕乐繁盛,民间音乐得到发展,曲子词、民间说唱文学以及民间歌舞等盛行。第二次高峰是南宋建都临安,江南歌舞、说唱、戏剧、杂技、武术等民间艺术形式多元,江南著名词人、文人参与音乐创作,出现一批大家,成为这一时期江南音乐文化中的一道靓丽风景。第三次高峰是在明清时期,明清江南戏曲有越剧、黄梅戏、淮剧等。另外,苏州弹词等说唱艺术流行。新中国成立以来,江南音乐文化发展迅速,随着西乐东渐,江南近代学校音乐教育、专业音乐创作以及音乐家群体猛增,民间戏曲、曲艺、民歌、器乐、民间歌舞都有了较大发展。

至今,江南音乐资源丰富多彩,成为江南村镇文化记忆重要的组成部分,上海市朱家角古镇的"水乐堂"[1]就是一个当代与传统有机结合的具有先锋性的当代音乐艺术潮流(图4-31)。在传统的空间里,充满诗情画意的《水乐堂——天顶上的一滴水》给人无限遐想,以弦乐四重奏、女声、琵琶、打击水乐完美组合成一个传统与现代交响的音乐盛典。在内容改造方面,音乐和建筑之间的界限被模糊了,导入建筑与音乐融合的概念,古镇建筑成为一个音乐容器,室内的柱子、楼梯、地面、水面、穹顶等都被设计成乐器的一个组成部分,凝固的音乐、流动的建筑,河水与禅寺在意境上遥相呼应。临河一侧的建筑抬高与临街前贯通,形成一体的连续空间,室内空间原木本色为主,临河立面落地玻璃门实现了室内外空间在视线和声音上的交流与链接,满足了不同的视线需求及灯光要求。

图4-31　水·音乐·建筑——朱家角谭盾水乐堂演出现场①

在谭盾看来,水是有通灵性的存在,水是连接禅声音和观众心灵的丝带,当时演出共分"禅声与巴赫""水摇滚""弦乐四重奏与琵琶"以及"四季禅歌"四场,"天顶上的一滴水"从穹顶一泻而下,玄妙的回音引出禅声与巴赫的对话。朱家角水乐堂将建筑与音乐融合创新,进行了一次跨学科的实践探索,具有重要的社会意义与多元价值。改造后的音乐演艺厅虽然带有江南传统民居建筑符号,但主要受西方建筑理念影响,而且价格偏高,只能作为"精英"观众享受的高档娱乐消费品,公共空间的公共性与参与度还不够,还有待完善。

3. 水晶晶的触觉与生活体验

触觉体验与肌理、质感、心理尺度密切相关,触觉合并了压力感、热感、冷感、痛感、肌肉运动感等众多知觉,将各种独立的感觉结合统一了起来。将情景、事件、空间与身体的运动和接触联系起来的现象学概念对在建筑领域探索空间合成、空间序列和秩序的发展和组织方面,具有启发性的意义。触觉唤醒了一种安宁和平静的体验和感受,传达了大地包含的那种具有生命力和亲和力的温情,开启了对未来无限向往的希望空间。视觉并不是单独工作的,它总是与其他感

① 胡倩、高桥邦明、戴洁娴、小林怜二.水·音乐·建筑——朱家角谭盾水乐堂[J].中国建筑装饰装修,2013(08):44—47.

觉相互合作①。帕拉斯玛认为眼睛自身也在接触和抚摸对象;黑格尔认为唯一能够赋予空间深度的感觉是触觉。江南村镇现存文化遗产的可视性形象或者符号,如尺度、肌理、材质和色彩等等,通过视、触、听等身体其他感觉相互合作而获得的综合感觉,能够将人们心灵深处最基本和最原始的记忆原点和本能引发出来,能形成江南小镇的整体知觉和空间体验。

"介入"理论是萨特提出来的有关文学的基本观点之一,文学作品创作其实就是一种行动,知识分子介入社会生活要完成真正意义上的对话,"并不是要先登到高高的山峰或者讲坛之上,然后居高临下地向人们慷慨陈词,显然知识分子不仅应当在人们最需要听到自己声音的地方去发表自己的意见,而且应当能够对实际进行的某些过程产生一定程度的影响"②。自古江南多才俊,江南的水赋予了江南作家自由而不羁的个性特质,鲁迅幼年在乡下对农村生活充分接触,了解到农民勤劳善良的品质和下层生活的疾苦,"红活圆实的手又粗又笨而且开裂,像是松树皮了"③。这些精微的细节描写映射了当时乡村社会发展状态和农民的身体特征,真实的童年生命体验在鲁迅的文学思想领域留下了深刻的记忆。作为中国现代白话小说的代表人物,鲁迅在传统文化与西方现代思想的融合方面做到了极致,在他的小说中,既可以读到鲁迅文学艺术表现的先锋和"现代",也能感受到无处不在的江南文化的影响和情感流露。

徐迟的《江南小镇》是用诗意的语言和情调写成的,"溪上玉楼楼

---

① 沈克宁.建筑现象学 第2版[M].北京:中国建筑工业出版社.2016.86—87.
② 陈艳.文化视角的中国现当代文学研究[M].北京:北京理工大学出版社.2017.132—138.
③ 鲁迅.故乡.鲁迅全集 第一卷[M].北京:人民文学出版社.1981.481—482.

上月,清光合作水晶宫"①,他用 66 个"水晶晶"的触觉质感,揭示出家乡南浔最真挚的言语符号,映射出作者对这个江南小镇"水晶晶"的记忆,这是作者对家乡发自灵魂深处的呼唤。山清水秀、人杰地灵的江南水乡,王羲之、王献之、颜真卿、苏东坡等文坛风流人物,都在这苕溪山水的倒影之中,指向那种无法客观表达的心灵印记,诗情似火,读者也随之将自己溶化在江南"水晶晶"的景色里了(图 4-32)。

图 4-32 湖州南浔意象

江南文化也促成了江南当代乡村文学叙事的复调与多元,出现了一批以汪曾祺、陆文夫、格非、叶兆言、余华、苏童、毕飞宇为代表的地理

---

① 徐迟.江南小镇[M].北京:作家出版社.1993.4.作者在回忆家乡时有这样的描述:"山因水而明亮,水出林而纯洁。山林平原都披着一身波光,好像月夜披着一身月色。那是氤氲迷漫的水气。不仅夜间的溪水星月、水中人家,无不闪光透亮,而且白昼更加富丽。阳光逐波而生辉,照彻一切,而生七色,好似从三棱镜中,折射出虹彩来的。"他从水晶晶的水、太空、日月、星辰、朝云、暮雨、田野、寺院、宝塔、天主堂、耶稣堂、水风车、水车、池塘、水网、荇藻、春草、垂柳、荷叶珠子、竹径、桑树园、蚕虫、油菜花、稻田、紫云英、稻香村、积谷仓、小岛、琼楼、玉宇、山庄、藤萝架、九曲桥、太湖石、雨巷、长街、绸缎店、歌榭、酒肆、野荸荠、水晶糕、桔红糕、灯火、炊烟、纺车、织梭、脚丫船、渔舟、烟波、野鸭、白鹭鸶、少女、老者、婴儿、心、梦、爱、铁环、陀螺、童年、灵魂、生命、小镇、倒影、世界、家乡,用了 66 个"水晶晶"来形容他的家乡湖州南浔的意象。

辨识度极高的江南作家①。20世纪80年代开始，社会转型导致乡土社会的变迁，极大地颠覆了作家的创作想象和价值规约。著名作家贾平凹、阎连科等人的乡村文学作品的"积极介入"，呈现出一定程度的"当代性"。在他们所创作出的乡村文学作品中，他们站在文化知识分子的视角，对乡村世界所具有的封闭性、保守性以及落后性进行了较为激烈的批判，但批判中夹杂着一定程度的同情。例如，陈应松将自己融入民间，从乡村日常生活体验过程中对乡村世界形成的有效认知出发，以社会底层为创作材料，描述的乡村世界是一个"失语的村庄"，展现了"现代性"对乡村的冲击与影响，进一步对"当代性"具有的复杂性进行了论证。

随着城市化速度的日趋加快，对于以乡土经验为创作源头的文学创作来说，"精英意识"的丧失，使得中国的思想文化面临着前所未有的冲击和考验。城市同质化、乡村空心化、环境污染等问题突出；科技的发展、新媒介的涌现、娱乐消费文化的猖狂蔓延，试图在营造一个全民狂欢的景观社会②，诗意江南在当代人日常生活的图景里变成了"失意的江南"③，这一变化深刻地改变着作家的生活体验和思想空间。苏童的小说创作深受江南叙事传统浸染，其长篇小说《蛇为什么会飞》，已经表现出了这种对现实问题的焦虑和精神困境。江南的地理环境和文化传统、根深蒂固的江南水土风物造就了毕飞宇与生俱来的诗人气质④。其小说以意向的经营、形象的塑造（如《怀念妹妹小青》里的小

---

① 韩松刚.文化影响与文学创作——以当代江南作家群为例的考察[J].百家评论，2019(01):4—9.

② 韩松刚.当代江南小说论[D].南京大学，2017.135—171.

③ 韩松刚.江南的诗意与失意的江南——新世纪江苏小说创作概论[J].当代作家评论，2015(05):154—161.

④ 韩松刚.毕飞宇小说的诗意[J].扬子江评论，2015(05):80—86.

青,《青衣》中的筱燕秋,《玉米》的玉米、玉秀、玉秧等生动的形象)、诗化的语言表达极富想象力和敏锐性的哲学感悟,其小说《推拿》针对日常人伦的基本状态,显示出一种积极的时代意义。

当代江南个性与共性并存。苏州的"小桥、流水、人家"这些令人怀念的、带着些许惆怅的经验和回忆与作者内心的美学诉求达成了一种完美的契合。余华的《兄弟》穿越于浙江小镇的别样世界,耳濡目染着那里的乡土乡音乡情,用去诗化的语言来寻求人类社会一种具有普遍意义的思想价值。而当代江南小说中表现出一种在同质化时代书写的个人体验和"南方精神"①,如苏童笔下的南方更多地表现出一种腐烂意味和传奇色彩;艾伟的《南方》呈现了一个更加动荡、堕落和刚烈的南方世界;诗人海子深情的呼吁"到南方去"与贾平凹《废都》中的"去南方"都是对于现代性的共同诉求;余华呼吁回到"南方的传统"②,包含着与道家无为思想、叛逆精神、崇尚自然等传统精神的联系。江南文化积淀的厚重根基提升了当代江南小说甚至是江南小镇的精神气质和美学品格,这种提升是多方面的。

4. 江南美食的嗅觉与味觉体验

江南小吃在游子的印象中是最不可磨灭的,多样性的江南文化色彩增添了小吃的风物与风味,江南不但处处风景如画,而且当地小吃也常常藏身其中。中央电视台推出的《舌尖上的中国》舍弃了大都市的喧嚣和餐饮的高档奢华,"以美食作为记录中国人民日常生活的窗口"③,与特定的民间习俗,春节、端午节、中秋节、重阳节等传统节日饮

---

① 韩松刚.中国当代小说中的"南方精神"[J].南方文坛,2019(04):80—85.
② 韩松刚.回到南方——余华小说论[J].当代作家评论,2019(03):132—138.
③ 王泽君.中外影视作品及其文学原著研究[M].成都:四川大学出版社.2018.223.

食相结合,可谓"惺惺相惜",在这里,自然风光、传统手工艺都成为不可或缺的"食材",老味道成为酿制"乡愁"老酒的发酵源;从时间来说,童年的欢快、青壮年的背井离乡到中老年的落叶归根,人的一生无不表现出对过去家乡及食物的怀旧与留恋,故乡那一抹浓浓的乡愁、一种特殊的乡恋情结,转换成让人魂牵梦系、无法忘怀的"外婆菜"或家乡的味道。

舌尖上的味道化为永恒的记忆,食物与人物之间有着无限的关联,记忆空间和场所也随之发生转换。联想到一部记载着从新中国成立之前到改革开放之初 30 年文化记忆"密码"的重要文本《美食家》①,是作家陆文夫的经典小说,与生计息息相关的民间小吃背后折射出不同时代的生活万象。文中详细描写了一个卖馄饨的小商贩,精致小巧,有碗橱、有水缸、有柴房等兼具多功能的微型活动厨房的馄饨担子背后的时代伤痛与记忆。正是因为幸福来之不易,人们倍加珍惜舌尖上无法抹去的乡愁密码,包含着个体、家庭与整个村镇的集体记忆,也拉近了人与人之间的距离和温情。

美食也是当代江南村镇空间中必不可少的一道美丽风景,苏锡常一代的小吃就享有盛誉。清晨摇着船桨穿过拱桥、沿街店铺飘出阵阵诱人的香味,苏州有名的糕团,无锡最著名的传统特色小吃如梅花糕,用灼热铁板盖上烤熟即成,呈金黄色,松软可口,相传乾隆皇帝品尝后称快而赐名。惠山古镇、南下塘、五里新村、海岸城是无锡四大美食地,太湖三白、拌馄饨、三凤桥酱排骨、惠山油酥等美食无不让人流连忘返。在常州,仙鹤酱油、义隆素菜、金坛封缸酒、马复兴、银丝面馆、迎桂馒头等浓情的老字号,还有那狮子头、蟹黄汤包、蟹壳黄小麻糕、豆腐汤、豆

---

①　陆文夫.美食家[M].南京:江苏凤凰文艺出版社.2018.166.

渣饼等风味小吃令人回味无穷。这些经典的江南风味如何传递？"互联网+"时代催生了网红餐饮产业，其特有的营销和经营方式吸引着消费者的眼球，面对大量青年一族（外卖消费者），美团网、微信公众号、bilibili美食栏目、今日头条、大众点评、抖音、快手、淘宝、微博美食博主、地区论坛等纷纷推出各自的杀手锏，吸引着不同的受众消费群体，为地方特色小吃提供了更为广阔而便利的展销空间。

2019年经过改造升级的沪宁高速的阳澄湖服务区让来往的客人在旅途的过程中享受了一次不寻常的江南水乡体验之旅（图4-33）。服务区地处上海（东距上海市区60公里）与苏州（西距苏州12公里）之间，是从东向西进入江苏界的第一个沪宁高速休息站，一下车人们就被吴冠中国画中江南民居的经典符号粉墙黛瓦的建筑外立面所吸引，进入服务大厅，模拟的江南市镇场景与情境，打破了原来服务区快餐、加油等单一的服务模式，3.6万平方米的建筑面积综合了餐厅、商场、休息厅、客房、加油站、江南园林、会议室和水产市场等多种功能，老字号、国际大牌在这个空间里有机整合，犹如一曲中西合璧的交响乐，为枯燥困乏的行者带来诗性汇通的江南活力。

图4-33　沪宁高速阳澄湖服务区休息大厅

5. 综合的感知与整体的体验

"一切体验都是被意识的"，"有待知觉"即"物是可以有待于被知觉的"①，哲学家、文艺理论家巴什拉从科学发展演变的文化特性的角度，找到了一个坚实的、可资信赖的"智力文化的情感特征"因素，指向了人类精神的创造根源"必须从净化智力和情感入手"②。景观情境更贴近感性经验，发挥着中介的地位与作用，能够结合历史情境对科学思想进行"启发"和"形塑"，记忆越是牢固，就越久远和深厚。江南村镇空间的文化记忆是个体感性知觉、意象思维、集体化感知和理性认知的综合产物，知觉的形成依赖于人的记忆组织作用，当视觉、听觉、触觉、嗅觉和味觉等映像被整合在一起，就形成了丰富的知觉经验，是内外在世界的交集和共鸣，只有摆脱物态形制的束缚，驶向穿越时空的心灵、才能进入到一个超越有形表征的精神世界。当代江南村镇的空间营造也是一个知觉系统化的过程，局部与局部、局部和整体的组织逻辑的建立，既要赋予传统以新的生命，使之复活，又要结合现代技术手段进行改进，为时代所用。

20世纪以来电影、无线广播、电视、电脑的普及改变了千年来的媒介形式，对社会记忆的储存与传播产生巨大影响。媒介发展从书籍文化到电子时代，完成了从刻板印刷到电子存储技术的过渡。"媒介由此有了新的暂时性和流动性"③，非物质化书写是一种依赖数字的超人类记忆，电脑可谓人脑的延伸，视听媒介的普遍存在将按文字密码排列的文化优势完全打垮。随着人工智能技术的普及，一个全新的能指系

---

① 胡塞尔.纯粹现象学通论 纯粹现象学和现象学哲学的观念[M].北京:商务印书馆.1992.143—145.

② 沈克宁.建筑现象学 第2版[M].北京:中国建筑工业出版社.2016.131.

③ 罗洁璐.栖息在文化与旅游之间——《印象·丽江》(雪山篇)纪实访谈与思考[J].民族艺术研究,2012(02):105—109+150.

统已经出现,被学者们称为"传媒社会""景观社会""消费社会""后工业社会"等等,几乎所有的媒介符号都可以用来叙述,图像本身不是叙述,被解释或者阐释后有了意义的图像才是叙述。在经济、文化、媒介大融合的今天,江南地区村镇空间与建筑形式是混杂的,其地区性本色有时也会被遮蔽,期待江南村镇空间的记忆构建对传统传承延续,这需要每一位国人满怀更强烈的民族责任感去呵护和完善我们赖以生存的乡村空间知觉系统。

本章小结

江南村镇由若干个水系、乡村和集镇共同组成的,是承载着中华民族几千年传统历史和农耕文明的文化记忆系统,它犹如一个动态变化、更替生长的有机体,存储了内容丰富且形式多样的语言信息,体现在江南的自然生态、聚落形态、生产业态、社会心态、人文精神等诸要素及其整体关系的生态运行过程中。江南村镇景观空间是事物之间发生关系的中介体或工具,是传递信息的人、物或事件,是一个开放的文化记忆媒介。本章深度研究了江南村镇空间文化记忆的物质文化记忆和非物质文化记忆两大符号系统,从记忆主体的整体感知体验出发,物质文化记忆符号系统包括:点景观是江南村镇空间的构成原型;线景观作为传统江南村镇空间的构成秩序;传统江南村镇民居空间的平面组织具有内在的组合逻辑,以及"村落—市镇—城市—江南"构成江南村镇空间区域结构关系。非物质文化记忆符号系统包括:意象系统与指示性景观语言符号;文本系统与象征性景观语言符号和仪式系统与体验性景观语言符号。全球化、数字化将文档、图像、视频、用户行为等多种数据有效链接,也拉近了江南村镇与世界的距离,无论媒介如何发展,无论在东方还是在西方,文化记忆都呈现出多元开放的动态特征。

第五章
功能维度：当代江南村镇文化景观"融合共生"系统的情境重构

  "身份认同"是当代江南村镇文化景观记忆建构的根本目标,情境重构是应对当代江南村镇文化景观"身份认同"等价值重塑提出的智慧策略。"情"是江南文化独特的诗性审美意象与通达的情怀,"境"超越了现实图景表象,表达出江南多样的文化内涵、伦理价值观等,以达到自然与自我的境界统一。形态、逻辑与情感是景观设计的基本要素。"境界"①是诗词中被艺术地呈示出来的价值情怀或生命感悟,除了"真景物""真感情",还有真切传神的描绘与传达的"真功夫"。"真"与"实"也是江南文化品格基质的写照,这里的"情"源于当代民众对过去江南的无限眷恋,也包含着乡愁记忆主体对传统江南"水岸共生的区域环境""集社合一的社会经济""诗性圆融的江南文化"这一和谐共生模式的认同。"重构"情境并非复制和回到过去,而是在江南文化宏观语境下,深刻理解、阐释和传播江南社会群体凝聚形成的文化精神,要将浓浓乡愁转化为有利于当代村镇发展的社会性意识行为。因此,江南村镇文化景观的情境重构也就具有了特殊的"语境"作用,规范着语言解释的合理阈限,成为江南村镇空间记忆可被解读和可持续的内在

---

① 冯友兰.大师读书与做人 冯友兰读书与做人[M].北京:国际文化出版公司.2017.97.

准则和理由。江南村镇空间文化记忆的建构通过景观设计,固化主体身份,不仅能延续文脉,还能上升到理性的文化认同层面,形成社会凝聚力和主体的行动力,促进村镇的可持续发展。

一、 当代江南村镇文化景观
"融合共生"的设计策略

"融合共生"景观设计理念是对中国古代哲学价值观"天人合一"理论整体和谐"核心"①精髓的有效传承,中华民族长期体验的生存秩序与道德价值本体之间彼此互融、互摄,道与德相守,道与器、体与用合一,保持着一种发展的内在张力,是一种"有弹性的、动态统一"的方法论。传统村落文化的保护与发展作为设计学研究领域的一大内容,当前的村镇在城市化强势推进的过程中,传统与现代、全球性与地域性、经济利益与伦理道德等矛盾十分突出,亟待通过一种合理的方式来协调与平衡。一个村落空间的形式能唤起记忆或随着时间的流逝、老化和消逝,其精神和意义却经久不衰②,具有永恒的价值。文化记忆理论的引入,更多关注的是符号的意义与功能,身份认同是文化记忆最重要的社会功能,使个体的生命片断得以串联,让村镇发展成为一个贯穿始末的历史过程,催生个体对集体的归属和社会的认同,代表着国家、民族或者一个组织建立的共识。景观设计是一个创造性的思维过程,树

---

① 　郭齐勇.中国文化精神的特质[M].北京:生活·读书·新知三联书店.2018.80—81.
② 　刘永德.建筑空间的形态·结构·涵义·组合[M].天津:天津科学技术出版社.1998.117.

立"融合共生"的景观设计理念,建立一个情理互通的机制是对当代江南村镇文化景观设计内在逻辑的思考。

(一)当代江南村镇文化景观"融合共生" 系统的关联因素

江南村镇文化景观属于文化范畴,村镇空间范围内的每一个场所,每一座建筑都有其背后的故事,构成村镇空间文化记忆的整体社会框架,时间、空间、言语使长期以来的经验认识跨越个体的限制,成为客观的文化符号①。江南主体的诗性审美,有着对美的敏感,代表着生命最高审美理想的自由旷达,怀着对江南的热爱、怜惜与呵护,至性至情,涵养了一代又一代江南学子,江南文脉绵延至今生机勃勃,不少江南学者都很有个性,表现出江南人特有的优雅气质和自由开放的包容态度。江南更是陶渊明"时复墟曲中,披草共来往"②的诗性智慧,在普通的劳作中体验劳动的快乐和精神交流的愉悦,江南地区文化群体自由旷达的价值选择,连接远古并指引未来。村镇景观不仅仅是对空间的美化和多样化呈现,其同样具有"凝固的历史"的社会价值。

文化记忆的建构肩负着道德或伦理的责任,其外延与内涵都在转变,离不开多元主体的担当精神与社会责任感,"为人类可持续发展设计,为社会变得更美好而设计的社会责任"③成为当代共识。随着农业文明向工业文明的推进,人类对景观的改造能力和程度日益明显。从宏观层面看,景观的情境与时代精神不可分割;从微观层面看,景观通

---

① 何萍.人类认识结构与文化[M].武汉:武汉出版社.1991.312.
② 谢先俊、王勋敏译注.陶渊明诗文选译[M].南京:凤凰出版社.2017.23—24.
③ 卢梦得、张凌浩.设计思维,为改变社会而设计[J].国际城市规划,2016(5):116.

过具体场所与当事人产生关联,按照德波的说法"每个细节几乎都可以被异化为景观的形式"①。景观是各构成元素之间的协调统一,水、植物、构筑物、小品等元素通过规划和设计专业人员的创作,使得景观成为具有"记载性"②的符号,通过图案、文字、形状、结构、材料、形态和功能等,传播它所存载的记忆。

1. 记忆客体:"融合共生"的江南村镇景观空间

在城镇化、现代化的进程中,社会开放多元,空间变得更复杂,人的活动在自然的基础之上创造了赖以生存的人文景观,如村镇空间中的学校、商场、茶馆、文化中心、戏台、体育馆、咖啡厅、民居、田野等不同景观中的情境因人的需求而设;而民居室内空间包括门廊、客厅、餐厅、走廊、卧室、书房、厨房、浴室、卫生间、阁楼、衣帽间以及地下储藏室等等,构成了一个个适合日常生活的小系统,均可被称为文化景观。各个场所因人的需求而生,文化认同的情感特性让不同的时空范围产生关联性,景观的"文化"因素影响力越大,场所的吸引力和凝聚力也就随之越强,为当代景观设计提供了无限的可能性。江南村镇景观空间"融合共生"的特征主要体现在以下几个方面。

(1)空间整合,生活与生产空间镇产合一

水路交通的便利促进了江南地区市镇手工业的发展,粮食业、棉布业、竹木器业、水产业为基本行业,并成为四乡物资和商品集散中心。江南村镇空间是一个城乡互动、相互关联的景观系统,运用系统思维,对其进行分解,一个大的景观系统由无数个具有地方本质的场所构成,

---

① 居伊·德波,王昭凤译.景观社会[M].南京:南京大学出版社.2006.9.
② 赵丹琳、闫晓从、张芳.河北城市文化与住宅景观风格研究[M].北京:冶金工业出版社.2016.14.

大到城市、小到衣食住行个体层面,实体与实体之间、实体与虚体之间,不同的景观系统通过内在的关系连接起来,依存于景观实体之间的形式关系而完成各自的角色与任务,功能是交互的。生活与生产空间密不可分,比如大到一条历史文化街区,分解成不同的商铺和住宅,形成各具形式特色的风格与功能,每个室内空间与整体街区系统之间的关联性无法分割。无论是江南传统工匠技术还是老行当,都不是单纯的行业属性,在江南市镇这一有机空间里,传统工匠技术和老字号不仅支撑了原始乡村产业的发展,加速了江南地区的城市化进程,同时让江南市镇充分展示了江南特有的民俗风情和温度,增加了江南市镇的空间活力和表征。直到今天,由江南市镇发展起来的江南老字号,仍然是我们耳熟能详的知名品牌,为日常生活服务的同时,更促进了当地经济的繁荣。

（2）功能复合,审美与实用融会贯通

江南村镇临水成街构成江南水乡独特的景观系统,分散的节点空间通过河流或者道路连接起来,不同场景空间的功能互补、情境互通,按照自古形成的骨架和形制自成体系。如位于太湖地区的中心地带的周庄（图5-1）,自古以来就是来往船只避风和补充给养的理想港湾,成为南宋以来的水乡都会,镇外湖荡环列,镇内河港交叉,构成东西南北互通往来的"井"字形骨架。江南村镇将"水"视为与"土"同样的经济生产资源,兴修运河水利,泽慧天下;江南人又以《逍遥游》《秋水》中广阔而自由的精神天地自勉,以"宁静致远"作为人身自由之境的追求,"秀美明丽的山川自然景观,儒雅读书的深远传统,发达繁荣的经济生产,安逸享乐的生活方式,张扬个性的政治生活空间"[1],整个江南

---

① 张兴龙.江南都市文化论[M].北京:光明日报出版社.2013.43.

展现出海纳百川的气概，浸染着豁达畅游的审美气质。

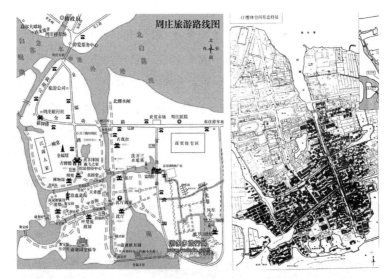

图5-1　周庄古镇空间结构与形态①

（3）媒介融合、实体场所与虚拟空间连接

现代化造成了乡村社会的"去村落化"，近几十年来，中国互联网和物流的高速发展让农村与世界连接，乡村加入了城市发展的"高速公路"。"紧密的城乡互动、增长的城乡混合型产业以及多元的商业发展形态，构成了中国乡村发展的新图景。糅合了电商、物流、互联网金融、社区服务等各种新兴产业链以及先进的科学技术"②的新乡村正在蓬勃发展，"淘宝村"正是这一城乡变化的典型体现。具有开放性平台特征的"淘宝村"通常依托阿里巴巴、天猫、京东等大型联网门户网站

---

① 图片来源：段进等.城镇空间解析 太湖流域古镇空间结构与形态[M].北京：中国建筑工业出版社.2002.97.

② 楚琦.威尼斯建筑双年展. 我们的乡村 2018 威尼斯建筑双年展中国馆[J].艺术与设计,2018(09):112—117.

专设乡村特色产品销售网站,不同平台各自专攻生产和销售某一类产品,比如服装、零食、工艺品、玩具、汽车用品等。

以淘宝村为代表的农村电子商务正在深刻改变中国农村的面貌,中国"淘宝村"走过了一条非同寻常的跨越式农村经济发展新模式,它在一定程度上让大量背井离乡的农民工返乡创业,成为新型农民。《淘宝村 半亩城/绘造社》(图5-2)是绘造社特别创作的大型全景图,运用象征与隐喻中介,构想了一种极端的城市(乡村)形态,将乡村的现实场景"淘宝村"与美国建筑先锋顶层精英设计《广亩城》相结合,"作为自下而上自发形成的典型模式,'淘宝村'不依赖于实体场所开展的虚拟空间创新,却比建筑师构想的乌托邦更具有活力、创造性和可持续性"①。

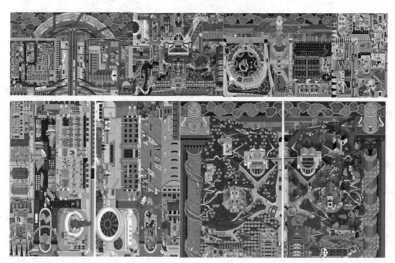

图5-2 乡村现实场景"淘宝村"与美国建筑先锋设计《广亩城》相结合②

① 李涵等.淘宝村·半亩城[J].城市环境设计,2020(02):208—211.
② 图片来源:《淘宝村 半亩城/绘造社》https://www.archdaily.cn。

文化记忆视域下的江南村镇空间,超越了个人短期记忆和人与人交往记忆中的缺陷,作为一个边界模糊的中立容器,包含着各种承载村镇的历史和文化记忆的景观与场所。设计是作为一个关乎未来预期的战略而存在的,覆盖全流程和全利益相关者,总是采取一种折中的方法,综合考虑场地的物理使用功能和形态的情境表现意义,让每个场地潜藏着的各种鲜活生活状态,依靠最细微的设计介入,实现人地之间的良性互动。

2. 记忆主体:"融合共生"的乡建文化共同体

互联网和自媒体的传播,使乡建披上了一层文艺情怀的浪漫色彩,体现了从观念上对中国传统的回望与致敬。对于设计师而言,乡村是一个保留更多弹性空间的创作目的地,自主性创作思维能有机会得以舒展和补偿,乡村为艺术家和设计师提供了能相对自由发挥的创作空间。从20世纪90年代末开始,一批"实验""先锋"建筑师如张雷、王澍等人通过对"建构"的反复思考,尝试了"纯粹、象征、技术、地域、表象、异质、表现、功能、理性、折中"等不同风格的实验,一系列研究成果也向乡村辐射和引领。设计作为乡村文化生态修复的工具,其价值目标的身份逐渐取得认可,从建设主体来看,随着逆城市化的热潮,城市市民涌向乡村寻找失去的乡愁,城市精英下乡援建的成效日益彰显,激发了社会各界回归乡土的情怀。如何建立一种完善的制度和机制来引导多元资本运作资本进入乡村复兴工程,如何营造更好的乡村产业与生态环境,让返乡回流的人们保持持续的乡建热情是应对空心化的有效策略。

多方社会力量共同组成的生命主体参与其中,整个村镇空间就构成了一个有机统一、融合共生的关系体系即"乡建文化共同体"(图5-

3）。人们对于场所的认识是因人而异的,对于村镇景观社会价值的认知不仅来自设计者,同样来自政府与公众的参与创造,体现出其社会的公共性,在培育记忆主体对传统优秀文化的记忆意识与能力方面至关重要,包括政府官员、学者、艺术家、诗人、教师、企业家、乡村精英、村民等掌握知识的人们,构成"政—企—学—社"（政府、企业、学界、社会）创新主体。主体参与乡建的情绪是空间与地方的感情生发的主要内因,在记忆认知过程中起着引导的作用,能激发主体存储回忆信息,让潜在的心灵记忆被重新唤起,进入建构过程,并指导体验过程本身,该方法强调了回忆推理的子过程,环境的空间情境直接而强烈地影响人体的行为方式、活动能力和记忆效率[①],对于"个人—环境—行为"[②]的互动关系及其意义的凝聚,具有重要作用。将人作为空间研究的主体,关注人与生活环境之间的依存关系,解析记忆主体对江南村镇记忆空间的感知与认同,是获得集体记忆的有效途径之一,为江南文化记忆的情境重构提供依据。

在江南村镇的社会公共空间里,文化共同体之间的沟通与融合是一个大于经济指标的社会效应,以期在新的基点上重新达成共识。如何让社会公众参与到科学研发和创新过程中值得研究,具体路径可以根据乡村建设的需要,针对不同的服务领域,从物质、精神和社会维度,将不同学科的专家、学者、设计师、管理者、乡贤进行分类编组,构建一个江南村镇建设文化共同体协同机制（图 5-3）,一个"政—产—学—社"联动、多学科人才互通、多利益相关的协同创新平台。"政":政府部门协同;"产":乡村产业链相关的企业和服务机构;"学":参与乡建

---

① 鲁道夫·阿恩海姆,郭小平、崔灿等译.美术教育译丛　对美术教学的意见[M].长沙:湖南美术出版社,1993.17.

② 雷金纳德·戈列奇、罗伯特·斯延森,柴彦威、曹小曙、龙韬等译.空间行为的地理学[M].北京:商务印书馆.2013.191.

不同学科的专业团队；"社"即社会力量，乡村内部主体和外部社会力量援建者、NGO社会组织，以及消费者大众共同参与。

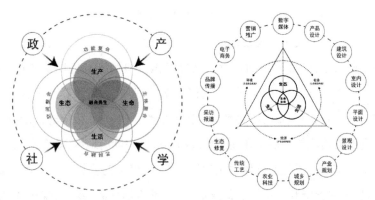

图5-3　江南村镇建设文化共同体协同机制　　图5-4　江南乡建智库平台

乡村景观设计是一门比较复杂的跨文化实践，作为"开放众创中心"的大学和作为"未来生活实验室"[①]的社区碰撞、交融与协同共创，为社区和城乡更新带来新的动能。就创造与审美而言，"设计"是点燃创造力和审美力的"心灵"之光的导火索。宋建明提出从六个维度建立一个彼此关联、互为补充、协同发力的有机系统，设计学研究超越了传统的专业限定，涉及前期的策划、规划和后期的营造、管理与教化，形成"人、事、物、场、境"[②]的方法论支撑体系，既关联当地的政府、专家，又关照从业者和居民。从研究与实验工作的次序来说，"策划"为先，确立村镇可持续发展的目标，盘活乡土资源做整体规划，包括产业发展和土地保护与利用，以科学与人文、审美相结合的规划来引导各项设

① 娄永琪.NICE 2035：一个设计驱动的社区支持型社会创新实验[J].装饰，2018(05)：34—39.

② 宋建明.设计作为一种生产力，可精准扶贫[J].装饰，2018(04)：23—27.

计,才能展开各种落地的乡村营造与后续管理。尊重当地百姓生活习俗,构建一个人力资源虚拟智库(图 5-4),能为乡村科技与文化的普及开展专项教育培训,解决乡建人才缺乏的瓶颈。

江南村镇文化景观设计依托项目,集聚与村镇建设相关的其他学科专业人才,项目组 A 的负责人又可以作为项目组 B 的团队成员,这样可以做到有机互通、学科互补、相互支撑,形成一个针对古村镇的保护、传承与利用开发的孵化平台。在当今的乡村领域,传统的自治习俗和高度自治化的基层正在逐渐养成和形成。在苏南地区,政府介入、集体所有制的公司化运营体系正逐渐完善,已经成为乡村公共环境设施建设、项目投资和经济发展的核心力量,地方居住者、乡贤、就业者、投资参与者、游客、NGO 专业化的非营利组织等形成介入乡村建设的多元主体。在当前江南村镇人居环境多层次的空间范畴中,依托景观载体构成特定的、固有的"空间关系",依据人的普遍性情感系统和江南村镇独特的文化系统构建一个可持续发展的地方创生模式与运行系统,意味着物化的空间与人的行为模式的有机统一,村镇空间的场所精神在各种力的相互作用中体现出来,如人的行为作用力、自然环境作用力、文化传播力、技术作用力、宗教崇拜等特殊文化因子作用力,景观设计过程需要动态处理好村镇人居环境系统整体生态平衡关系。

传统艺术地域文化的继承与转化是良好的呈现方式之一,中国传统园林艺术和建筑的各种装饰细节,让人赞叹,可以增强对传统文化的认识,让人们重拾"民族信心"。20 世纪 80 年代,美国大都会博物馆"明轩"①在美国好评如潮,其自然山水园之风格受到建筑界的广泛关注,具有文化和政治的双重意义。苏州博物馆、苏州火车站等公共建筑也有意识地将传统与现代元素有机融入,达到了体现地域文化的作用。在当代,媒介融合背景下的景观生产方式通过影像的大众传播构成了独特的表象世界,VR技术、人工智能等高科技让原真性景观虚拟化的趋势正在上演。数字技术具有强大的交互功能和属性,数字虚拟不仅仅只是视觉内容上的模拟、还原与再造,同时也实现了以集沉浸式造境手段体验传统文化的全新可能性,满足了受众的交互需求。一切商品的生产和流通都离不开景观的展示和推广,在景观生产正在取代商品生产而成为社会关系新纽带的"景观社会"①里,景观以新闻、宣传、广告、娱乐表演等特有形式主导着当代社会的生活方式,左右着人们的记忆与伦理道德价值观,甚至引向未来。任何事物的发生都具有两面性,高科技的发展也由此带来一定的负面影响,智能化影像凭借其传播技术也制造了视觉欺骗,以电视、电影和出版业等媒介为主的景观产业兴起,随着景观经济活动的堆聚和升温,制造出大量劣质低俗的娱乐产品,景观成为"假面舞会"的狂欢,如何发挥对数字技术优势的主动选择,为传统文化景观的保护、研究和开发提供更好的媒介值得深入研究。

(二)当代江南村镇文化景观系统的情境重构策略

当代江南村镇文化景观"融合共生"系统作为文化记忆的媒介,传递着人与人之间的情感与温度,表达了江南村镇内在的地域性、文化性、历史性、关联性以及特定的时代信息与社会意义,兼具自然生态、经济增效与社会和谐的多重功能。这些目标和要求给当代的景观设计提

---

① 张劲松.重释与批判 鲍德里亚的后现代理论研究[M].上海:上海人民出版社.2013.126—131.

出了更高的要求,如何解决传统技艺的消失与高科技的冲击、新修景观与日常生活的脱节、历史街区与现代镇区的整体协调等现实问题,值得深入研究。当代江南村镇文化景观"融合共生"系统不是各类要素的简单叠加或机械组合,而是坚持整体、系统的原则,从村镇可持续发展的角度,全面协调人地关系与现实矛盾。这在很大程度上依赖于该村镇文化记忆的延续性,在当前江南村镇多层次的空间范畴中,景观的文化定位与社会规则相匹配,个体的情感和江南村镇整体的文化系统相一致,物化的空间与人的行为模式有机统一,构建了一个可持续发展的地方创生模式,意味着建立了一个"自然—社会—经济"相契合的、动态发展的、融合共生的平衡关系。"融合共生"景观系统的情境重构就是通过景观设计在具有规律的、结构化的江南村镇空间中找准放入记忆媒介符号的恰当位置和空间构成的方式。

　　一般意义上的文化景观情境建构有一套基本的设计和营造过程,印象记忆是依靠人的身体行动本身所产生的温湿度、色彩、光感等感知记忆,一旦触及便迸发出来。而语言记忆是在语言符号和概念的基础上通过演绎、归纳和假说设定等逻辑思维而形成的,演绎是根据逻辑的法则而提出的思考程序,如黄金分割定律就是美学意义上的"约定事项",在景观设计过程中,有设计形式美法则的"约定"和江南文化的"规约"是重构演绎的重要依据。归纳从具体可感的设计实践到一般性普遍命题和方法的推导是一个"新的约定事项"诞生的创造过程。同时,还需要设计者的整合与"立假说"的前瞻性思维,提出灵感和设计概念,把想要表达的规律提出来,并在实践中验证。因此,"融合共生"当代江南村镇景观系统设计是一个系统思维过程即在前期调研、深度研究、战略定位、文化记忆符号选择与提取、概念生成、系统构架的基础上,设定场景的基调,确定文体样式和景观句法的规则,进行功能分区,选择针对性强的合适的景观语素,再将文化记忆符号转换成景观语素,遵循体式和句法营造一个个景观空间单元,最终构建一个整体景观情境系统。

句法学是专门从事句子结构研究的专业学术语学科,在景观概念的框架下,景观语汇必须遵循景观句法学的基本法则,才能组合成一个有机整体,实现文化景观从物理场所到场所精神的升华。与现代语言学不同,因为受到景观语素、表达空间、媒介的限制,景观语言的句法规则不是简单的研究范畴转换,其关注的重点是找到基本语汇单元组合成为景观空间的构成骨架,以及若干句式的排列规律,形成具有一定体式规则和秩序感的空间。当代景观句法研究内容不仅是景观形式的逻辑构架,更关注人与景观之间的关系,反应深层的审美心理与思维模式,呈现出跨界复合、动态互动等特征;更注重情感的意向性,通过行为者与对象之间的某种联系,使"行为者能够借助情感机制而对理性及其认知过程给予补充"①。依据句法学的结构、功能、认知的三个思路,对景观语素进行设计转换与空间构成,材料媒介的肌理、颜色、光泽、气味等审美体验所提供的视觉、触觉、听觉等综合信息与结构的可行性是实现乡村景观空间融合共生的关键,当代景观材料的应用已经发生了从"结构理性到知觉体认"②的观念性转变,具体表现为由静态向动静结合、由平面图像到立体构成、由单一功能到业态复合、由实景向虚境、由视觉向整体体验的转变,给当代的景观表达拓展了无限的空间。

当代江南村镇文化景观"融合共生"系统设计的逻辑构架过程聚焦于社会维度—时空维度—媒介维度—功能维度这四个维度框架之间相互渗透、融合共生,以及三大景观类型空间的情境重构策略。结合影

---

① 李义天.美德、心灵与行动[M].北京:中央编译出版社.2016.17—20.
② 万丰登.基于共生理念的城市历史建筑再生研究[D].华南理工大学,2017.236.

响空间可持续发展的"生态、生产、生活"三大景观类型(图5-5),以期建立一种不同类型景观之间的相似性的情境关系:一是情理互通的关联类比式,针对生态型景观,加强景观与环境因素的融合共生,以及乡

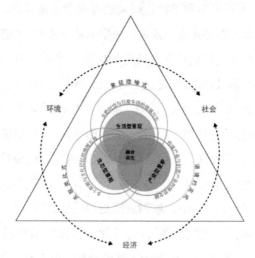

图5-5 当代江南村镇文化景观"融合共生"系统设计

土景观与文化记忆的情理互通;二是情景交融的语境约定式,针对产业型景观,加强景观与经济因素的融合共生,以及传统产业之间的跨界融合;三是情境互生的象征隐喻式,针对生活型景观,加强景观与社会因素的融合共生,让传统文化回归大众的日常生活,恢复空间活力,加强了居民的归属感和自豪感,增强了社会凝聚力。通过关联类比、语境约定和象征隐喻等方法,让景观形象与记忆符号之间形成一种良好的互通方式,符号内涵才能够与景观形象相关联。

1. 关联类比式:生态型景观的情理互通

针对生态型景观,加强景观与环境因素的融合共生,提出乡土景观与文化记忆情理互通的关联类比式策略。

　　江南村镇生态型景观包括人们赖以生存的自然环境和在这片土地上创建出来的建筑物、街道和广场、公园等人们活动和休息的场所,以及河渠、池塘、果园、农田、林地等。当代江南村镇聚落体系的生态与形态发生了根本性改变,原来"散居型""集聚型"①村落受到地貌地形、河流湖泊等自然条件的制约,传统线轴型村镇发展成现代化的小城镇,基础设施建设与整体空间风貌形态呈现景观化状态,村镇向外部的蔓延、扩张与兼并,占用了大量耕用土地,村庄内部建筑采用了新型材料,形态同质化明显,传统民居风貌消失,有的传统村落建筑衰败、整体空置的情况较多,生态宜居成为城乡居民的普遍向往。

　　当代江南村镇文化景观与自然因素的融合共生关系体现在生态适应性和文化适应性。生态适应性主要在于维系生态平衡,尽量降低对自然环境的影响,人与自然的和谐关系,这一方面会涉及相关自然学科之间的协同创新。文化适应性是指首先要深度研究人对自然的适应与改造形成的文化记忆,厘清文化中恒量与变量元素所蕴含的信息,把握江南先民世代传承的聚落建筑、物态器具、指示性符号图式的内涵特质。文化记忆融入景观,不仅赋予景观具有地域感知的表征与场所意义,更有利于按照当代社会的核心价值观引导人的行为。

　　类比转换模式通过类比方法,使景观形象与记忆符号建立联系。当然作品与读者之间产生共鸣,还需要引导、体验等手法提前营造文化氛围与期待,珍爱、保护和宣传江南村镇的自然禀赋是村镇发展的基石,自然生态要素包括地形地貌、地理气候、水乡生态、山水田园、塘浦圩田、生物多样性。江南村镇聚落至今还保留各自的共生模式,如一面临水、两面临水、三面临水、居河两岸、水道交叉、主路沿线、山岳地带、

①　周心琴.城市化进程中乡村景观变迁研究[D].南京师范大学,2006.44.

环太湖平原等;在聚落营造方面,村落空间布局、聚落组合结构、院落序列、沿河街巷、营造技术、乡土材料等都体现出独特的江南风貌。新技术、新结构、新材料的更新为村镇景观的材料选择提供了丰富的资源,合理保留不同历史时期独特的时代印记,遵循微循环、小干预的原则,对村镇作适度有机更新是当前景观设计的首要选择。

2. 语境约定式:产业型景观的情景互融

针对产业型景观,加强景观与经济因素的融合共生,提出传统产业与文化创意情景交融的语境约定式策略。

从经济活动性质来看,传统的渔业景观、农业景观在当代演变为工业景观、旅游景观、生态空间、文化体验等多层面的开发等,统称为村镇生产型景观,一批富裕起来的农村作为整个地区生产的综合体,硬件大大提高,呈现出一二三产业空间的融合,景观结构和类型多样化的趋势。但是城市化倾向明显,经济快速发展的同时破坏了很多村镇的生态性和独特性。江南的村镇空间具有一种天然的包容能力。从传统聚落发展到今天的江南村镇,记录着村镇在每个历史发展阶段的"社会文化整合水平",反映一个民族的整体文化,文化记忆作为凝聚性内核,具有特定的生成语境,形成约定俗成的规则,任何设计的介入都离不开对景观所在空间的实地考察和跨越时空的文脉探究。扎实的研究是获得约定事项的基础,然后以设计审美法则和江南既定的文化规约为依据,构思适合当代江南生产生活需要的设计应用法则,创新发展的空间情境。

当代江南村镇文化景观与经济因素的融合共生关系在于当代江南村镇文化景观功能从单一的观赏趋向多元化,要用整体思维来看江南的村镇景观。对于农业景观,要加大对传统农业生态、人文、科技的赋能策略,提高现代农业的多元价值,彰显乡土资源禀赋的作用,在加强生态、历史遗存保护的同时,需要更多的村史馆、博物馆、图书馆、档案馆、纪念仪式等其他增进记忆的机构和活动,来深度解释和及时提醒,强调记忆主客体,自然、社会和文化之间的互动关系,包括古代理论的实践与体验观察,历史经典的展演,身体行为方式的演绎,等等。

语境约定式的景观设计,离不开对文体规格和模式的选择,常用的景观文体样式有叙事式、议论式、说明式、抒情式等,不同的文体形式制约着景观的情感基调和风格形式,在融合共生的理念下,当代江南村镇文化景观因空间不同,文体样式更加灵活多样,如体验式、纪念式、博物馆式、综合式等,包括深层的社会因素:根据村镇文化记忆的优势资源和禀赋首先确定本村镇的传统文化特质与时代精神、文化变迁过程中最突出的印记、主题思想、场域意境、受众的审美经验与期待等;表层的文本因素包括景观语素的设计转换(从文化记忆文本—景观语言符号—景观文本)、题材性质与素材取舍、结构类型与语言体式、语素材质和媒介选择、表达形式与建造技术,由里及表,关涉景观从思维到呈现的方方面面。

对于历史文化名镇名村产业景观的语境约定式设计,首先要严格遵守国家政策和保护条例,对历史环境要素(老街空间尺度、历史风貌和环境氛围)、文化遗产保护,各类建筑的保护与控制分类提出要求。其次,要进行完整性修复,剔除文保单位和乡土建筑上意义不大的增补和附加物,立面修复、清洗、屋面原材料翻修等日常性、季节性养护和维护;对其中已被改变历史原貌的建筑、构筑物进行拆除重建、整饬等,进行历史原貌的恢复或进行建筑局部修复和改善,保持建筑物的完好性;对保护范围内的建筑坚持重点保护、普遍改善、合理保留、局部整饬、减少更新的方针,做分类整治改造。最后,增加建筑的使用效率,在对历史建筑原真性保护修缮的同时,结合建筑本身的历史资源和建筑主人背后故事,通过创意展示与主题活动的设计,提高其使用价值。对一些普通建筑,比如一些废弃的厂房,可以通过风貌整治和适度改造,结合当地的传统农业和工业遗存,对地方产业结构做整体调整转型;通过一定的文化创意促进产业融合,实现土地增值,并保留江南村镇的历史建筑、稀缺资源和原住民等;通过科学的产业布局与空间规划,整体提升其文化与生态价值,实现社会效益与经济效益双丰收。

3. 象征隐喻式:生活型景观的情境互生

针对生活型景观,加强景观与社会因素的融合共生,提出乡愁时空与日常生活情境互生的象征隐喻式策略。

人们在参与衣食住行、人群交往、家庭生活、宗教节庆、仪式活动等日常生活实践的过程中构成了特色鲜明的江南村镇生活型景观,有形的、无形的都包容其中。近年来江南乡村的农民生活模式发生了巨大改变,思想观念由封闭被动、等级依赖向开放主动、独立平等方面转变,物质的快速发展与日益增长的对精神文化的需求出现了不平衡的现象,引发了一系列社会矛盾。

当代江南村镇文化景观与社会因素的融合共生关系在于景观与参与主体的密切关系所带来的社会价值,表现为社会凝聚力的增强和空间活力的恢复,邻里中心、社区管理、社会组织、公共文化、民俗节庆、民间信仰、观念习俗等社会关系的良性发展。具有江南区域化特征的生产生活方式的改善,加强了居民的归属感和自豪感,有利于社会政策、规范制度等的贯彻与实施。同时,关注本土文化与外来文化的融合,全球化时代,城乡交流密切,因为新型产业集聚入迁的新村民对文化的诉求,相同的职业和兴趣是新的文化共同体紧密联系的纽带,这些都给本土文化的创新带来新鲜的血液和活力。最后则是通过政府、社会组织等核心群体对当地文化的权威性解读和传播,提升本地文化的品牌认知度。

"记住乡愁"作为记忆的隐喻在理论和经验方面都极具启发价值。一方面,作为探索工具,引导人们进一步思考如何保护、传承和利用传统文化的精神和文化要素,如何建构通向未来的城乡记忆,将会带来新的理论概念、路径以及完善假设过程;另一方面,"记住乡愁"成为一种文化象征的引导,通过民宿体验、地方印象展演、民间的吟诵、戏曲、各种集市节庆仪式等方式回归大众的日常生活,记忆的情感性、鲜活性和主动性彰显出来,文化乡愁从启蒙到构建,从最初的对本地区内部地域文化的审视,到外部文化之间的交流,以及发展脉络的阐释,逐步发展成将自然条件、社会结构、价值观念和村镇空间文化阐释融为一体的关照。从江南乡村传统文化约定事项出发是江南村镇景观个性气质产生的基础,这些鲜活的记忆经过大脑中的过滤与提取,会超越现实的约定事项从而建立新的假说,从江南村镇人们记忆中最熟悉的物体和场所出发,借助物质可感的形态,并将之比喻成乡愁记忆中的象征物,再从语言上解构重组创造出具有新的生命力的表现形态,如天然乡土材料、地形地貌等构思出前所未有的新设计。

综上所述,江南村镇空间作为一个可持续发展系统,与之对应的生态型景观(环境)、生产型景观(经济)、生活型景观(社会)三大类型村镇空间,形成相互交融不可分离的耦合关系,是一个设计理论与实践相结合的研究过程,承载着江南村镇空间文化记忆建构的持续与协调功能。个体与其社会情境互动形成了特定的情绪,从而使人们能更好地彼此理解、顺畅沟通并融入整个社会,之后才能从传统江南水乡古镇的基本功能发展为集旅游、节庆、展览、办公、运输、日常生活等多元价值和复合功能于一体的现代型村镇,有限的空间被激活,诠释的是一个系统设计的运行模式,一个个场所形式本身又是记忆的媒介载体,这种集聚效应使得空间系统具有强大的张力,其功能要大于所有各个场景的功能之和。因此关联类比、语境约定和象征隐喻这些路径与方法可以独立使用,也可以根据实际灵活选择应用,下文将从江南村镇的生态型景观、生产型景观、生活型景观三大空间类型来分析具体的不同类型景观情景重构策略与路径。

二、 关联类比式:生态型景观的情理互通

江南乡村拥有得天独厚的地理条件,孕育了地域广袤的自然风光底色、水网纵横的江河湖溪、温暖宜人的家园景观,生态景观包括自然景观、文化景观,在格局、功能和生长发展过程中形成多维耦合关系。本书的"生态型景观"是指广大乡村自然物理空间、土地上的生命以及人的活动所构成的整体和谐的地域综合体,是适应于当地自然和乡村土地的、当地人的、为了生存和生活的综合体,体现出自然和文化生态多样性、安全性、融洽性和可持续性的特点,是人、自然与文化的有机融合。斯图尔德提出"文化生态学"[①],研究不同地区独特的文化特征和文化范式得以产生的根源,而不是普遍原理,认为文化变迁就是文化适应,首先关注的就是那些与特定环境、技术构成和生产设计最密切的文化核心,从"物质文化—相关行为模式—文化各个方面(社会制度)的影响",这是一个重要的创造过程。该类景观主要是针对乡村人居环境整治、有机体、土地的维育、文化遗产的保护与利用等生态机能做整

---

① 朱利安·斯图尔德.文化变迁论[M].贵阳:贵州人民出版社.2013.20—32.

体的修复,回归乡村的本质与特质,尤其对传统历史文化遗存加强保护,通过适当的设计对记忆之场进行有机更新。

（一）乡土景观与乡村基质的关联策略

乡村是国家生态的基质和经济社会稳定发展的助推器。生物学上"基质"是除分析物以外的一切组成,本文的原生基质,特指江南村镇景观之外的乡村自然环境生态和原生基质系统。江南村镇的形成与江、河、湖、海、溪水环境以及人地互生的观念密切相关,乡村基质是维系城乡融合发展的根本。雅致、秀丽的江南山水和自然性为江南村镇赋予了不一般的"乡土"①气质,构成一种特定大小与形态类型的水乡社会。"乡"是一个内含着地理、物质、社会、历史、地域文化等方面意义的名词。"土"是社会和文化共生的基本条件,"乡"如果离开了"土",就变成幻象,"土"若没有了"乡",则成为枯竭荒芜之地,因此"乡土"是动态的社会图景。学者俞孔坚对"乡""土"作过深入比较提出三层含义:"当代乡土"和"新乡土"概念;"地方的、传统的、排斥新技术的"乡土技术;相对于"高雅景观"的"寻常景观"。从主体来说,乡土景观是具有内生性、自发性、公用性的文化行为;从客体来说,乡土景观具有实用性、文化的多样性、多层次等特质。

1. 乡土景观的生长

"乡土性"②建筑遗产是依托村镇具体可感的"建筑物"（单体建筑

---

① 吴志尧.小学乡土教学[M].上海:商务印书馆.1948.2—3.
② 《关于乡土建筑遗产的宪章》国际古迹遗址理事会第十二届全体大会于 1999 年 10 月 17 日—24 日在墨西哥通过。

和建筑群及村落)、建造技术与方法,以及内涵的"传统和无形的联想",凝聚着地方的技术行为、生活方式及集体风俗的感知存在,包含着传统中国人与自然和谐共存千年不衰的智慧,为设计具有地域感知的当代村镇空间景观提供了无尽的灵感源泉,成为当代村镇空间设计重要的参考系。江南山水相映、水岸相依,活生生的现实中以河湖密布为主要特征的江南水乡的传统村落具有脆弱性、敏感性和多样性的生态特性,近年来随着江南水乡联合申遗工作的顺利开展,沿线各城镇高度重视区域生态安全格局的构建,各种乡村空间重组的优化模式和生态支持系统的优化措施得以提出,但是重规划轻落实的情况较多。

　　普利兹克建筑奖获奖者、中国美术学院王澍教授就主张用一种原生态自然生长的方式,经过内心智性和诗意的转化,将理想之"意"与自然之"境"有机结合,重建一种"当代中国本土建筑学"①。自古以来江南村镇的传统营造方法特色鲜明,生生不息,它不是道德的象征,也不是世外桃源,而是当下生活现实的需要。王澍在 2012 至 2016 年期间花了 3 年时间,给富阳文村改造了 14 幢 24 户民居(图 5-6),如何通

图 5-6　富阳文村改造现场　王澍作品

　　①　王澍.我们需要一种重新进入自然的哲学[J].世界建筑,2012(05):20—21.

过地域感知的设计创意,激活本地物态资源,加强对村镇文化记忆的深度挖掘,讲好江南故事,给当代的乡村规划设计带来了新的启发和思考。王澍着重从景观的生态性修复入手,恢复文村古民居的水利枢纽,让太平塘与村内四通八达的石渠相连,将一幢幢老房子"严丝合缝地契合在一起"[1],这些对已有文脉传承的新创造不仅从专业上做了前瞻性的引领,更重要的是影响了人们的居住观念。

情感记忆是可物化的意识型记忆,其记忆强度将影响人的意识与行为,"情感记忆"[2]不等于"情感经历",其被回忆时的清晰程度,取决于相对应被编码记忆情感符号感知强度的高与低,情感记忆的获得与亲身体验密切相关,体验对于空间的记忆构建意义尤为重要,从江南村镇空间情境发生的具体场所出发是直接审美体验的开始。在古代著名水陆交通要塞的富阳区场口镇东梓关村,在当地政府的精心组织下,重新对现有资源进行了梳理,前瞻性地完成了村域总体发展定位和规划,"激活村落历史建筑,让百姓进行回迁"[3]成为村镇发展的切入口,既要还原乡村的原真性又要满足当代百姓节约、舒适生活诉求的整合设计是最大的难点与困境。王澍专业团队的示范性实践研究增强了浙江其他村镇的改革信心,让人们重新体会到传统村落和旧的现存物的价值,回归到人居环境营造基本的设计理念和工作方式中,渐渐带动整个乡村风貌的改变,村民的主观能动性在空间环境改善中发挥了积极的作用(图5-7)。

乡土景观生态基质维育"自然生长"策略的具体做法可以归纳为可操作性的关键点:(1)重塑传统村镇特色基质。以水为脉,保护溪、

---

① 王澍.秋落.那山 那水 那村 浙江富阳文村改造[J].室内设计与装修,2016(11):86—91.

② 段力军.梦境原理 大统一梦成因理论与思辨[M].北京:中国言实出版社.2014.84.

③ 李雪凤.还原乡村原真,书写活力江南——杭州富阳东梓关回迁安置农居[J].广西城镇建设,2017(08):68—73.

渠、河、江、湖五水共生水网格局,延续村落生态景观空间意象,最大化利用土地,营造乡村生态景观廊道,编织绿色网络。(2)强化江南民居建筑风貌。提取、解析当地文化记忆中的闪光点,形成特色鲜明的地域文化符号,并加以抽象形成当代江南民居要素,统一中有变化,和而不同,在虚实之间完成传统建筑界面特质的现代转换。(3)乡土技术和乡土材料的创新性应用。充分利用当地乡土材料,研发技术与现代工业化材料相结合,强调群体组合。仿真材料与制作手法虽然可以严格控制建设成本、重建乡村多元业态,最大化实现新旧建筑风貌的统一性,但同时也容易降低原有乡土材料原生的品质与弱化历史信息。因此,在村镇新老建筑肌体之间必须保持各自的独立性,以巧妙的材质铺砌衔接和拼贴,从而弱化两者的对比度,避免仿古造假或者粗暴移植现象的发生。(4)村镇整治与文化景观提升相结合。收集当地文化记忆碎片,将历史信息通过公共艺术品、街道家具、文字、活动等各种方式传递出来,注入对当地百姓的人文关怀,提升公共服务设施和文化内容,升华文化环境,通过举办乡村节庆和艺术介入,让空心化的小村落恢复生机,完成现代功能与人文精神的双重演绎。

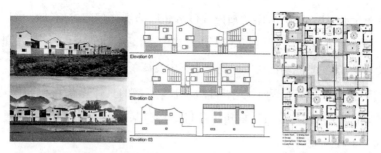

图5-7 杭州富阳东梓关回迁农居(左)/东梓关回迁农居单元(中和右)

2. 乡土建筑的跨时空链接

乡土建筑需要现代化,现代建筑需要具备地域属性。张雷与他的团队给自己的工作定位就是通过有限和局部的建筑实践,找寻莪山[①]的"固有文化"[②],即当代乡土,"乡土"为目的,"当代"是手段。人们对于乡土的感知可从地域材料、传统技艺、符号图式等获得对过去的记忆,而"当代"似乎带有西方哲学思潮混乱危机之后的一种对乡土舒适性和品质感的期待,此时当代是对乡土累积厚度的延续,诠释的是具有地域感知的乡土美学,是一个跨时空的链接。莪山畲族乡是中国传统乡村的典型代表,乡土聚落以"没有建筑师的建筑"[③]组成,"时间"积淀为其物质环境载体,增加了由内向外散发出的气质与力量。驻地设计师唯一的选择就是反设计,放弃自己主观的空间设计,走进村民的文化记忆,理解和延续他们的生产生活方式。独特的莪山乡戴家"畲族"山村和少数民族地区的地域文化成为投资者投资先锋书店最看重的气质特点,其设计定位就是为当地村民和外来读者塑造一个公共生活的纽带,一个受众"喜爱"的场所(图5-8),即远离尘世的"文化先锋"[④]。

① 莪山畲族乡位于浙江桐庐县,被称为"中国畲族第一乡",是杭州市唯一的少数民族乡。畲族人民自称"山哈",意思就是大山的子民。从2013年开始,建筑师张雷与南京大学建筑与城市规划学院可持续乡土建筑研究中心在桐庐县莪山畲族乡、深澳古村等地开展名为"莪山实践"的一系列乡土建造和经营实践。除了已经落成的云夕深澳里书局、先锋云夕图书馆和云夕戴家山乡土艺术酒店外,莪山实践还包括莪山畲族乡山哈博物馆、雷氏小住宅等项目。

② 王铠、张雷.时间性 桐庐莪山畲族乡先锋云夕图书馆的实践思考[J].时代建筑,2016(01):64—73.

③ 帕拉斯玛,美霞,乔丹(Jordan M)译,方海主编.碰撞与冲突 帕拉斯玛建筑随笔录[M].南京:东南大学出版社.2014.008—009.

④ 王铠、张雷.时间性 桐庐莪山畲族乡先锋云夕图书馆的实践思考[J].时代建筑,2016(01):64—73.

图 5-8　桐庐莪山畲族乡先锋云夕图书馆①

具体做法：（1）新与旧文脉的延续，强化"时间性"。（2）公共性功能的再生，充分吸取地方工匠娴熟的传统技艺，保留院落篱笆、土坯墙、木屋架、瓦屋顶这些长期以来浸染着无限乡情的记忆载体；以屋顶抬升策略和设计操作注入图书馆新的功能，抬升屋顶构造等"老屋改造技术"②，强化了结构，利用榫卯技术加长局部的柱子，竹林景观、光、气流等自然要素巧妙地被引入室内阅读空间，"新"功能与"旧"建筑融合，让土坯房的乡土空间具有了延续时间记忆的功能，共同构造了具有体验价值的乡村现代图书馆公共生活场景。

张雷的设计初衷是让乡土建筑与原住村民生活相互关联。云夕戴家山乡土艺术酒店（图 5-9）是一栋以普通闲置农舍畲族土屋改造为具有现代化酒店设施和服务功能的"民宿"，体现了改造任务的复杂性、传统文化延续与发展的矛盾性，原生乡土保持、新旧构造连接、物质循环系统，形成独特的构成方式。针对外墙、门窗和屋顶，采用"保温

---

① 图片来源：张雷联合建筑事务所.http://www.azlarchitects.com/。
② 王铠、赵茜、张雷.原生秩序——乡土聚落渐进复兴中的莪山实践[J].建筑师，2016（05）：47—56.

图 5-9　云夕戴家山乡土艺术酒店张雷设计①

隔热材料和切实可行的构造技术"②,以提高围护结构的节能构造,在室内,应用地坪隔绝潮气技术,大大提升了人居环境的舒适度。在莪山畲族乡山阴坞村的雷宅改造项目中,针对屋主住房之外多出的房间兼作民宿的需求,张雷明确提出了自己的设计思维路径:一是"向乡土学习"③,回归工匠建筑学的传统,回归乡土生活,遵循和延续乡土聚落的原生秩序。地块的排列以及建筑高度、建筑在地块中的位置这些建筑布局模式,更大程度上决定着聚落的整体风貌和村落的整体归属感,公共空间的整体形态和建筑肌理是宗族邻里约定俗成的。二是在当代语

①　图片来源:张雷联合建筑事务所.http://www.azlarchitects.com/main/.

②　陈岚、鲍英华、罗奇、刘博.房屋建筑学 第 2 版[M].北京:北京交通大学出版社.2017.179—182.

③　王铠、张雷.莪山实践之雷宅设计解读[J].中国艺术,2018(10):60—67.

境下,积极思考前沿技术"数字乡村"在中国当下乡村复兴中的应用,其茶亭的方单元皆由 3D 打印技术出产,连续变化的 PLA 材料三维打印单元取代了传统的砌块,在半透明空间中,人与内外的光影皆成了风景。三是房屋内外空间的高效利用,三层的阳台可欣赏南部的田园山光水景,将室外光线引入,合理高效地完成了室内外空间的整合,房子内部楼梯间不断变化走向和位置,现代简约的室内设计将各个楼层的功能空间流畅地串联了起来,营造出温馨的居住格调。砖混结构对于外墙洞口尺度的限制,强化了建筑的城堡特征,"骑楼"的形式让廊下空间可以避免风雨侵袭或炎阳照射,利用空心砖天然孔洞的墙面种植形成生动的空间界面,这种形式逻辑一直延续到庭院内部的矮墙,进而影响场所的整体氛围。

莪山实践是社会各界共同参与的乡建工程,立足"乡土",小范围、可操作、微更新的实践模式明确了政府工作的要求,也为业态的导入提供了可持续发展的资金保障,村民满怀对未来生活的憧憬尝试着新的不出家门的商业模式。在乡建的意义层面,雷宅整体设计的基本格局和材料施工的便利性,直接来自当地既有普通民宅的建造经验,用反设计的精神去自然展现地域的风格,对原住村民的尊重,回归乡土并不意味着始终做一名怀旧的传统主义或者保守主义者,建筑和艺术作品源于对原住村民的尊重与记忆的激活,延续乡土生活新的文脉。

(二)文化景观与文脉原型的类比策略

地域环境包括物理场所和人文环境,人的价值观与情感活化了物理意义上的环境生态,地域景观又加深了人的情感体验。"以人的身体为原点,通过运动和移动形成有目的的以自我为中心的空间坐标系,人类通过运动与特定的空间发生经验性关系后生成地方。"①设计就是人类主动介入改变世界的行为。对江南村镇的保护与利用不能急于求成,正如唐克扬所言"设计师的意匠,在潜滋暗长中满盈于空间自身的气息里"②,需要工程师和设计师的通力协作,将历史性的地方感知融于区域发展的未来,以呵护之心对既有的记忆碎片空间和受损的生态环境进行修复和涵养,并将传统引向创造,由被动的继承转向主动创新。

1. 文化原型保护

良渚文化有致力于神的大型祭坛作为"祀"的最典型的象征,良渚玉琮符码内涵着严格的组织秩序,文化"原型"成为孕育地方文脉凝聚力的核心基因。车广锦推论"赵陵山、寺墩是良渚文化古城③,"国之大事,在祀与戎",有深阔的城河,作为"戎"的最突出的标志,说明良渚文化古国早已诞生。江南良渚文化中的玉琮、玉璧、玉钺等为当时最高级别的礼器④,是在良渚时期先民心理经验中反复出现的"原始意象"⑤,并以纹饰图式(图5-10)的方式广泛传达交流信息。"祭祀用玉"⑥,玉璧是一种财富和权力的象征物,表示其权力是上承天意,良渚

---

　①　段义孚,王志标译.空间与地方 经验的视角[M].北京:中国人民大学出版社.2017.27.

　②　唐克扬.王向荣的新西湖[J].城市环境设计,2019(01):26—29.

　③　车广锦.良渚文化古城古国研究[J].东南文化,1994(05):50—57.

　④　《周礼·春官·大宗伯》曰:"以玉作六器,以礼天地四方。以苍璧礼天,以黄琮礼地,以青圭礼东方,以赤璋礼南方,以白琥礼西方,以玄璜礼北方。"郑玄注:"礼神必象其类:璧圜象天;琮八方象地;圭锐象春物初生;半圭曰璋,象夏物半死;琥猛,象秋严;半璧曰璜,象冬闭藏,地上无物,唯天半见。"

　⑤　汪丽君.广义建筑类型学研究[D].天津大学,2003.105.

　⑥　吴十洲.两周礼器制度研究[M].北京:商务印书馆.2016.197—198.

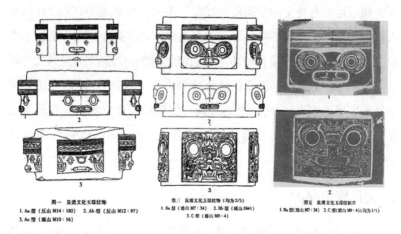

图5-10　良渚文化玉琮纹饰①

玉琮"神人"和"鹰人合体"与"虎食人卣"②所表现的母题是中国早期神像的一种模式和共同的文化结构,是"汲取了原始符号在无意识领域集聚的巨大心理能量"③,以不可抗拒的情感威慑力记录了良渚时代的文化记忆。

　　杭州"良渚文化村"④是一个为了保护传承利用文化遗产而建成的当代新型村落,该村位于杭州市西北18公里、距离良渚遗址保护区2公里处,这里临山近水,自然环境得天独厚。良渚文化"原型"遗址的保护是一个代表国家形象的考古工程,从1936—2018年这八十多年的田野考古,经历了三个认识阶段,最基础的工作是对自然环境生态的修复,包括良渚古城外围水利系统的蓄水面积13平方公里、库容量4600万立方米,具有防洪、调水、运输、灌溉等多种功能。水系治理、道路交

　　①　图片来源:郑彤.良渚文化玉琮纹饰新探[J].考古与文物,2006(04):93—99.

　　②　潘守永、雷虹霁."鹰攫人首"玉佩与中国早期神像模式问题[J].民族艺术,2001(01):126—142.

　　③　汪瑞霞.良渚玉琮设计文化符码探寻[J].美术大观,2012(10):132—133.

　　④　冯婷.社区与社团 国家市场与个人之间[M].杭州:浙江大学出版社.2014.118—121.

通调整、农业工业结构调整、居民文化遗产教育、村镇改造搬迁、遗址遗产监测管理等等,良渚文化遗产的保护工作困难重重,也是一场政府、公众、职能部门、考古工作者和规划建筑师之间的博弈。多年来,已经建成了一支学科齐全国际国内专业机构联合工作的团队,获得大量系统数据和基础研究成果。在良渚文化申遗集体凝聚力的强烈感召之下,当地建设者以开放的态度,吸纳众多学科团队介入,围绕"资源与环境""水利与工程""技术与信仰"等专题开展了精细的合作研究与开发,2002年出台了《良渚遗址保护管理条例》,形成了相对健全的规划管理和法律保护工作机制,"良渚古城遗址"为我国2019年唯一的世界文化遗产申报项目。

2. 地域原型抽象

对"良渚文化村"的景观设计而言,生态保护是项目的根本和基点,包括遗址所在地的自然环境与原真性人文遗迹的保护,需要构建一个新时代乡村建设文化共同体,来加强协商机制与公众参与的力度。共同体成员包括四大类型:政府、开发企业、在地居民、协同设计专家团队。在江南的农村,即使是在相对发达、经济市场化程度较高、外来和流动人口较多的地方,传统农村中那种守望相助的邻里关系也并未完全消失,这特别体现在面临所谓"红白喜事"的场合中,还有着较多的"共同体",在地居民是享用"良渚文化村"的主体。余杭(区)人民政府在公共职能基础上代表了社会利益或者公共利益;开发企业为南都房产集团,协同包括加拿大思维塔、英国DCA建筑师事务所、美国捷得、万科等二十余家中外著名设计专家团队。自2000年8月起,在共同协商努力下,完成了良渚文化村的规划与设计,堪称当代乡村建设地域性景观保护与利用项目的经典。协同专家设计团队对当地人居类型的考据和记忆符号的梳理,按照历时性积淀下来的良渚文化人居语言的"原型"①特征来分类,为时间空间化提供了可操作的设计技术逻辑,这是一个基于感知符号而建构心理模型的抽象过程。

3. 文脉类型转换

对良渚文化原型母题的设计转换是多元要素的统一,不同的景观情境会引发人们不同的行为,甚至决定行为发生的态势,反过来人的行为也会影响空间情境。设计语言符号转换是基于人们对于空间语言系统的理解,根据村镇空间文化记忆的主题,分设一个个主题性场景,可以将每一个场景设想为各种社会角色的舞台,构建一个个与之匹配的主题性景观符号系统。良渚文化村就是一个有机生长的和谐社区景观系统,学校、医院、餐饮、街区、博物院等各种生活配套服务设施景观化,其中典型的设计项目有:(1)被称为"收藏珍宝的盒子"②的良渚文化博物馆(图5-11),由英国著名建筑设计师戴卫·奇普菲尔德设计。作为收藏良渚文化考古物品的容器,长条形建筑镶嵌于溪流引导、柔和覆土园林景观衬托的人造地形里,类似考古遗址的地形,自然却具有相当理性的尺度,体量的宽度都是十八米,高度不同;作为自然采光和休闲空间的庭院,被置入每个体块,起到连接作用,为相对独立的博物馆游览路线提供了有趣的复杂性。(2)杭州良渚文化村艺术中心(图5-12)可谓自然与生活的容器③,由安藤忠雄设计。用有限的、显露自身真实质感的材料,找寻传统韵味,创造出融入村民生活功能的多义表

---

① 邓庆坦、邓庆尧.当代建筑思潮与流派[M].武汉:华中科技大学出版社.2010.81.
② 王小玲.良渚文化博物馆,良渚文化村,浙江,中国[J].世界建筑,2007(05):78—83.
③ 金方、刘飞.自然与生活的容器——解析杭州良渚文化村艺术中心[J].建筑与文化,2016(07):148—150.

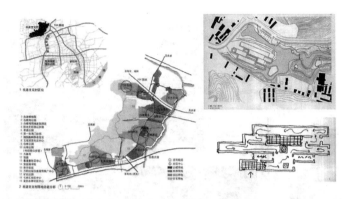

图 5 - 11　良渚文化博物馆①

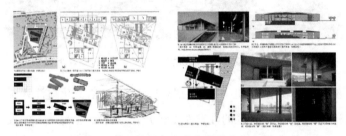

图 5 - 12　杭州良渚文化村艺术中心②

达。(3)杭州良渚文化村"玉鸟流苏"③A、F 地块(图 5 - 13)由张雷设计,在功能上是属于小尺度的商业空间。这个设计案例从分类—确定类型和原型—相似性结构模式的聚合,按照"类似性城市"思想重新组合,类型的"原型"提炼出相同的结构模式,同构而不同样,可识别性极强,为当代村镇空间保留了地域要素之间的连贯性和持续性,正是阿尔多·罗西建筑类型学理论的实际应用与创新。

---

① 图片来源:王小玲.良渚文化博物馆,良渚文化村,浙江,中国[J].世界建筑,2007(05):78—83。

② 图片来源:金方、刘飞.自然与生活的容器,杭州良渚文化村艺术中心[J].建筑与文化,2016(07):148—150。

③ 张雷、戚威.来自村落的印象 杭州良渚文化村"玉鸟流苏"A、F 地块[J].室内设计与装修,2009(07):34—39.

图 5－13　张雷、戚威. 杭州良渚文化村"玉鸟流苏"A、F 地块[①]

在"系统、和谐、有机生长"的规划原则下,良渚文化村注入了新的思想和价值观,住宅社区的开发者万科介入,集合了世界优秀的设计师和社会资源,多方智慧营造出村民所追求的和谐社区。经过近十年的开发建设和发展,万科良渚文化村如今已基本被打造成为拥有别墅及类别墅、主流家庭公寓、酒店式公寓、老年公寓等全面覆盖主流客户的各类住宅产品,拥有幼儿园、学校、医院、餐饮休闲、商业街区、小镇循环巴士和小镇公共自行车、博物院乃至教堂、寺院等各种生活配套服务设施,集居住生活、工作创业、休闲旅游等多重功能于一体的崭新小镇,目前已有 4000 多户居民入住。但是,正如前面指出的那样,一个真正的、有生机的社区,其本质和灵魂在于它是一个"共同体",在于其和谐亲切的成员关系及有活力的社区精神和文化,在于社区成员的社区归属

---

① 图片来源:张雷、戚威.来自村落的印象 杭州良渚文化村"玉鸟流苏"A、F 地块[J].室内设计与装修,2009(07):34—39。

感、认同感。在当代的乡建过程中，一般情况下，政客决策、公众参与，政客决策是自上而下的，公众参与是自下而上的，意味着城乡规划决策和实施过程中社会参与两种决策制定结构的平衡关系。

三、 语境约定式：产业型景观的情景互融

纵观历史，不同国家、不同地区、不同时代的生活理念形成不同的人居文化。传统的乡村功能是指以农业为核心而展开的，从乡村空间结构来看，江南传统村镇大多呈现出"网格式空间布局"[①]，"生产"处于中国传统乡村功能的核心地位，点状分散、线状延伸、面状聚集，"生产性景观是一种有生命、有文化能长期继承而且有明显物质产出的景观"[②]。经历了社会转型和新型城镇化的江南乡村，传统村落经济上自给自足，政治上自我治理，社会交往上相互信任，被内化为行为准则和自觉遵守的"社会规范体系"[③]被干扰，以商品生产的扩张为前提，诸如工业、资本、生产、商品、闲暇、拜物、刺激、梦想、物欲等不同的生活方式充斥着当代城乡的日常生活，城市与乡村、传统与现代之间的矛盾与冲突日益显现。

---

① 刘祖云、刘传俊.后生产主义乡村：乡村振兴的一个理论视角[J].中国农村观察，2018(05)：2—13.

② 赵继龙、孔亚暐主编.2014年泰山学术论坛 绿色建筑设计与理论专题论文集[M].沈阳：辽宁科学技术出版社.2015.301—305.

③ 李庆真.社会变迁中的乡村精英与乡村社会[M].杭州：浙江大学出版社.2016.

（一）当代江南村镇产业景观的结构转型与拓展

伴随着上海开埠、近代工业的兴起、新的交通体系的建立,上海等沿线城市成为工业发展最早的城市,并迅速发展壮大,建立在乡村市镇经济基础之上以商贸往来物资集散功能为主的传统城市开始转化为近代工商业城市,沿铁路和运河方向成为新兴工业城市用地发展轴[①]。农村社会血缘与地缘共同体构成了乡村工业的基本组织环境。20世纪初,资本主义入侵和近代民族工业的发展,呈现出由城市扩散到乡镇、由国内市场转向国际市场的趋势,对农村传统经济的冲击和渗透日益强烈。20世纪30年代,民国时期镇江醋远近闻名,镇江街道的电线杆和南京新街口的汽车等街景都显示当时城市文明的进步。赖扬恩提出"出于农民自身实际需要……(乡村工业)与农业互为依托、互相促进、相辅相成、平等发展"[②];费孝通称之为"草根工业"[③],自发生长于农村社会内部的乡村工业,彰显出冲破资本主义枷锁的内驱力量。同时,一批知名民族工业家诞生,实业基地兴起,为后来"苏南模式"的破土而出奠定了基础。

改革开放以来中国乡村结构发生了质的变化,具体表现在:"一是中国乡村空间结构的变化;二是中国乡村人口的变化;三是中国乡村产业结构的变化;四是基础设施的变化。"[④]这几大变化是与中国城乡空间结构变化同步的。苏南最早的乡镇企业如无锡春雷造船厂、江苏太

---

① 浙江图书馆浙江省人民政府研究室.关注长三角长江三角洲研究资料汇编[M].杭州:浙江图书馆.2003.399—400.
② 赖扬恩.中国农村社会的结构与原动力研究[M].武汉:华中科技大学出版社.2014.55—58.
③ 费孝通.九访江村(1985年)费孝通选集[M].天津:天津人民出版社.1998.234.
④ 中共中央党史研究室编著.中国共产党历史[M].北京:中共党史出版社.2019.1062.

湖锅炉集团、江苏鸿联集团、江苏梦兰集团、波司登股份有限公司、红豆集团等一批企业已经成长为现代化大型企业，在全国范围内有一定的影响力。从乡村空间结构来看，苏南乡镇企业的发展，促进了苏南乡村的工业化，部分乡村已成为城市化的地界。随着家庭联产承包责任制的推行，农业生产力提高，"促进了江苏农副产品流通体制的改革"①。苏南地区大力推广先进适用的科学技术，一些科研成果的应用与推广，对农业、牧业、渔业等生产起了重要的支撑作用。江南乡村工业产业结构方面出现的多元结构并行发展的态势，形成了机械、建材、化工、纺织、食品五大支柱行业。

同时，20 世纪 80 年代起，生产力和生产关系的双重解放，激发了农民的劳动自主性，在苏锡常地区乡镇企业迅速崛起，费孝通教授提出了著名的"苏南模式"②这一概念。社队办企业做到人员、任务、资产、利润、消耗这"五定"③，千方百计整顿和办好现有社队企业，调动了企业的积极性。理论界将"苏南模式"概括为"三为主，一共同"，即"农业的产业结构以工业为主，工业的所有制结构以集体经济为主，经济运行的机制以市场为主导调节位置，走共同富裕的道路"④。"苏南模式"商农并重，集体经济在 20 世纪 80 年代至 90 年代中期得到了空前发展。

20 世纪末在"以工建农"政策导向下，我国工业化快速发展，剩余劳动力涌入城市和发达地区乡镇，农民转型虽然增加了农村家庭的收入，但是也带来了城中村、空心村、留守儿童等一系列的社会问题，这一切并非乡村工业对农业生产带来的损害，而是要思考如何进一步改革

① 王永顺、姚应才主编，江苏科学技术志编纂委员会编.江苏科学技术志[M].北京:科学技术文献出版社.1997.156—161.
② 费孝通.费孝通文集 第 12 卷 1990—1993 [M].北京:群言出版社.1999.116.
③ 宋林飞.江苏社科名家文库 宋林飞卷[M].南京:江苏人民出版社.2015.115—116.
④ 庄若江.工商脉动与城市文化 以无锡为例[M].北京:光明日报出版社.2016.133.

农业生产体制,培训新型农民的技术能力,创造乡村工业、现代农业、服务业三产融合的就业机会,逐步提高农业劳动力生产价值,使空心村人口回流,这一切关系到农业现代化的发展和农村工业化与城镇化的步伐节奏。

20世纪90年代也是江苏乡镇企业快速发展的时段,位于长江三角洲中腹的江阴市华士镇华西村(1961年建村)由一个名不见经传、一穷二白的小村落率先在全国领先集聚钢铁、纺织、旅游三大产业,成为我国农村发展的典型乡镇,是一个伴随着新中国成立社会转型过程中发展出来的、独具中国特色的社会主义新农村。提起华西村,人们就要想到艰苦创业、异军突起的传奇老书记吴仁宝,他用自己的行动对年轻人产生了一定的教育作用。吴仁宝的名言是三句话"第一句,种好粮食饱肚子;第二句,办好乡镇企业鼓袋子;第三句,永远跟党中央,学好中央的精神,使自己头脑丰富,精神觉悟富脑子"①。华西村成为乡镇企业的发源地,吴仁宝成为乡镇企业的鼻祖。翻开华西村的建村档案,华西村人经历了从"造田""造厂"到"造城"的三次飞跃,实现了农村城镇化,让每个家庭的致富梦想成为现实。华西村人在改造能排、能灌、能机械化操作的高产稳产农田生产问题后,开始进行工业尝试,创造了乡镇企业异军突起的奇迹。

改革开放以来,华西村的发展顺应了中国改革大潮,加快了新村建设步伐,20世纪90年代开始组建江苏华西集团有限公司,新时代的华西产业正在转型,发展再展蓝图,为民族和国家作出了巨大贡献。华西村的榜样力量吸引着全世界人的目光,华西村早年就制定了"三化三

---

① 高德正.吴仁宝老书记是乡镇企业的鼻祖.http://www.chinahuaxicun.com/content/2019—04/01/content_415276.ht。

园"①的标准,为打造"中国江南农村旅游中心",拼贴复制了包括长城、天安门、凯旋门、自由女神像、白宫、悉尼歌剧院等国内外著名的建筑,开发了一系列的特色景点,如世界公园和空中华西村等工程(图 5 - 14)。穿过一排排崭新的整齐划一的别墅群,中心广场矗立着 7 级 17 层高 98 米的华西金塔与高 328 米的国际大酒店两座巨型建筑,形成巨大反差。华西塔楼是按照中国古建型制,室内却发展为集餐饮、宾馆、商场、会客、观光于一身的现代化服务功能;周边的街道商店都是照搬的欧式建筑样式,与农民公园内"鹊桥相会""三顾茅庐""刘备点将"等民间景观形成强烈对比,在空旷的市民广场"龙凤园",左右两边各立一个巨大的"龙""凤"造型的现代雕塑(图 5 - 15),这些异化的景观也成为华西村快速发展过程的印记。

华西村是当代中国改革开放以后农村城镇化格局中无数新生村庄中的一个典型②,就空间形态而言,城镇化新建村镇与传统乡村空间格

图 5 - 14　中西双塔和别墅群

① 艳华、永亮.人民的好公仆 优秀干部卷[M].北京:团结出版社.2013.86—87.
② 杨良敏、马玉荣、蒋志颖.华西村:"天下第一村"的共富实践[J].中国发展观察,2019(15):17—24.

图 5 - 15　江阴华西村市民广场"龙凤园"

局大相径庭,城与乡的界限和文化差异似乎很模糊。如何保护和发扬乡村小传统所提供的多样性和"地域文化基因"是摆在当代人面前的一道难题。在多元文化交融的当下,乡村文化发展模式由单一走向综合,乡村空间正在由碎片化走向整合利用,乡村农业基础设施呈现出生态化、体系化、多元化和景观化的趋势,在城市化的过程中,富裕后的江南乡村如何平衡好空间利用和新旧文化衔接之间的矛盾与冲突值得深度思考。

(二) 现代农业景观文科融合的赋能策略

随着城镇化水平的提高,在学术界"乡村复兴"[1]的概念再次被聚焦,对环境的生态保护与低冲击成为集体共识的基本价值取向。农业景观蕴藏着无限的诗意与灵性,俞孔坚就是一位当代生态景观设计的倡导者,社会主义的农民公社的生活经历让他学会了如何处

---

① 黄俊杰编.中国农村复兴联合委员会史料汇编[M].台北:三民书局股份有限公司.1991."乡村复兴"并不是一个完全的新概念。早在抗日战争胜利后的国民政府时期,面对连年战争导致的农村凋敝和农民贫苦的现状,当局在南京成立了"中国农村复兴联合委员会"。后来在台湾,该组织在初期直接协助了当地政府推动台湾农村的土地改革。作为一项自上而下的资助项目,其目标多元,与台湾当地农会一道,从植物生产、农业经济、乡村卫生、农民组织等综合性的角度,在台湾农村的复兴中发挥了重要的作用。

理有限的水资源、如何耕作与呵护土地。设计学的专业学习激发了他对设计结合自然、景观设计思维模式、地域性景观、生态设计和景观形式极简化方式的综合追求。他的很多观点都值得后人学习,如"反规划"理论、"海绵城市"理论等。他认为"草根自治社会与可持续丰产景观共同塑造了'桃花源'这一虚构的理想世界"①,古徽州地区就是以家规、族规、民间信仰和伦理为主,皇权为辅的社会治理模式长期维护着富有韧性的可持续生态景观(图5-16)。在这里有家的味道,下河捉鱼、小溪耙虾、采茶、挖笋,来一碗红曲酒,吃一顿杀猪饭,游客不再是过客,会深度融入脚下的这片土地,抚慰着思乡带来的忧伤与惆怅。在俞孔坚看来,诗情画意是中国传统乡村的真实写照。

当代农业景观设计离不开系统思维,安全、丰产、美丽是对我国当代乡村景观设计提出的基本要求,设计师要像农夫一样对生存有强烈的需求和渴望才能创造出具有天然丽质的"美丽乡村",这里的"美丽"不是图案式肤浅的形式,而是植根于生产性景观的深邃美学和人类几千年来与自然环境相辅相成延续至今的生存智慧(图5-17),如由土人设计的宿迁三台山展现出富有中国乡村特色的自然颜色。定位当代景观设计学,是一门"生存的艺术"②,设计学正朝着人文化、生态化、可持续的方向发展,当前江南现代农业景观设计"文科融合"赋能策略和实施路径主要体现在农业景观人文化、农业生态智能化、关联机制系统化、产业空间融合化等方面。

---

① 俞孔坚.从"桃花源"看社会形态与景观韧性[J].景观设计学,2019(03):6—7.
② 俞孔坚.回到土地 二版[M].北京:生活·读书·新知三联书店.2014.24.

图 5 – 16 三月婺源 世外桃源 土人设计①

图 5 – 17 宿迁三台山的中国颜色 土人设计②

1. 农业景观人文化

农业景观具有生物多样性的生态效应,蚯蚓、昆虫、麻雀、蝴蝶等多种生物伴随着不同植物不同的生长周期,发挥着各自的作用。"乡村性"成为向城市输出的无形价值,生产性景观成为城乡社区观赏性景观的一部分。乡村环境具有比城市中更为松散的建成区域和更为优越的自然基底,以生态保育过程代替主观形态设计,将生态分析转化为一种情景重构的设计策略和操作方法,通过以当地地貌地形作为控制空间流动的内在装置系统,利用道路、堤坝、带状绿地、交通、坡度、水流、环线系统等因子引导成为人类的活动动线,并以场景的连接来强化视觉塑造和景观情境。农作物具备了较为稳定的文化意义,自古以来人们描写和歌咏农作物的文章诗篇十分可观,如咏菠菜的诗句"我食菜千箩,唯君可入歌";歌咏西红柿"星萼含丹玉,仙姿披素绫。糖冰浇冷

① 图片来源:三月婺源 https://www.turenscape.com。
② 图片来源:宿迁三台山衲田花海 https://www.turenscape.com/project/detail/4642.html。

透,色味醉云僧"等。当代农业景观元素的概念和范畴已经颠覆了人们对传统农业的认知,更注重艺术与农业、人与动植物之间的互动,农田耕作与社区园艺等之间的联系,在苏南村镇田园综合体内,农业景观的多元价值得到彰显,人的行为成为乡村景观中一个不可或缺的要素,让景观的社会、经济效能进一步彰显。

　　江南水乡在山水田园的大环境框架内,历代文人雅士为古镇留下了脍炙人口的篇章,为后人展开了一幅幅长江南岸江南水乡的历史长卷。江南乡村文旅以生态为底、文化为魂,结合村庄的人文、自然景观、生态、环境资源及生产活动等,精心策划线路,突出了大农业的旅游体验,突出因"文"而异、因"材"施艺、因"地"制宜的设计原则。苏南宜兴市丁蜀镇塍里村南山东麓有南缸窑遗址,建于南宋、延烧至清代,为当代村镇的自然环境注入了地域感知与人文力量。在塍里村景观结构与社区共建项目规划中(图5-18)就在保留当地传统建筑结构和装饰的基础上,采用传统工艺技术,收集砖瓦、夯土和木竹草等乡土材料,对村镇建筑院落外立面和围墙进行整治,鼓励村民拆除围墙、打开院落迎接多方游客,重点策划一些项目(图5-19),如彰显村落风貌的陶艺工坊,闲置民居改造活用为民宿,增加农业产业项目如农产品特展、传统食品加工、乡土工艺加工等多功能市集,聚集人气,形成多样化、差异化地缘特色,让本地居民和外来游客都能找到曾经丢失的乡愁,让生态农

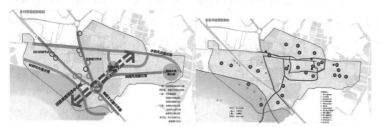

图5-18　宜兴市丁蜀镇塍里村景观结构与社区共建项目规划

图5-19　宜兴市丁蜀镇塍里村总体设计（南京仁美景观规划设计有限公司）

业产业和文化旅游休闲项目有机结合，展现新时代乡村文化创意产业的活力。

2. 农业生态智能化

环境保护和发展的生态平衡问题已成为当前全球最紧迫的一个问题，现代农业生态科学技术是相对原有的技术而言的，"特指应用于现代农业领域可被转化的农业高新技术"①，从产业角度看涉及与乡村资源关系密切的水产养殖业，花木瓜果种植业，林业，水稻、大豆、油菜等种植与农产品加工业等；从应用领域看包括产前、产中、产后等，有助于环境生态平衡问题的解决，以高度的创新性、综合性、渗透性推动高效农业发展。位于北京市房山区的中国首个世界级都市农场"中粮智慧农场"（图5-20）利用中粮集团品牌优势与中国农业科学院携手，践行"总部经济"的发展理念，以"一站式生态链条"实现从田间到餐桌"全

① 曹林奎主编.都市农业导论[M].上海：上海科学技术出版社.1999.100—101.

产业链""全服务链"①的覆盖,引导生态绿色概念,创新无土栽培、多层叶菜工厂、食用菌工厂、节水农业、循环农业等技术,以及物联网与农业相结合的运作模型,打造生态谷科技园。随着高技术重大装备设施和高端智能农机装备的引入,大数据、人工智能、互联网与物联网等高精尖技术革新,发展出可供选择的科技支撑体系,提升了农业生产和产业链系统的精细化管理,对农作物的生长习性、施肥选择、灌溉方式、管理模式、运转制度、后续维护等方面做更多的研究和探索,才能保证具体设计方案中预想目标的实现,真正优化和改善城乡人居环境品质,为农业景观的生态修复、维育和发展提供了精细化、精准化的管理规范和过程监控,也为当代农业景观系统设计拓宽了思路。

图 5-20　中粮智慧农场 乡野记忆里的孩子乐园②

3. 关联机制系统化

与传统农业单一、短链不同,现代农业体系是由相互关联的主体通过必要的"利益链接机制所形成的有机整体"③。在横向业态上,由传统的种植业、养殖业、农产品加工业向农业特产品牌塑造、网络销售、食品、餐饮等业态链接起来组成一个庞大的产业体系;在纵向生产环节

①　李想.依托中粮智慧农场规划打造生态总部基地的思考——以打造中粮生态谷科技园为例子[J].江西建材,2016(19):22+27.

②　[一写就"惠"]中粮智慧农场,乡野记忆里的孩子乐园.https://www.sohu.com/。

③　魏礼群主编.中国改革与发展热点问题研究 2016[M].北京:商务印书馆.2015.239—245.

上,促进农村一二三产业之间的融合,产前、产中、产后等多个环节拓展,构建成相互链接相互支撑的完整产业链系统。以大数据、云计算和人工智能等信息技术为核心的智慧农资管理平台实现了技术与资源的集成应用,庞大的管理和交易数据支持了对养殖户和经销商资金和信用的全方位了解,形成了一个体系内自循环的金融生态圈。数字技术为农业特产品牌关联机制提供更为深度的学习与开发,创建了很多与农业景观相互关联的社区,一般分为三种类型:(1)特色农业休闲社区;(2)旅游农业生态社区;(3)现代农业体验社区。

　　电子商务模式进驻农村流通领域,创新打通了不同地区农产品的供需链,使传统封闭的乡村集市实现了线下与线上互动,有效促进了农特产品的销售与品牌价值的提升,拓展了未来农业的发展空间,焕发出新的生机。一个行政村,当其活跃网店数量"达到100个",或者"达到当地家庭户数的10%",或者"在阿里电商平台年销售额达到1000万元人民币"就升级为"淘宝村"。据阿里巴巴"淘宝村"数据统计,总体上"农村电子商务发展显著促进了农民增收,且该效应在中西部大于东部地区"[①];中国"淘宝村"从2009年的3个到2020年6月发展为5425个,覆盖到28个省份的517个县[②]。数字经济时代,电子商务为社会、区域和乡村发展带来的变革不仅仅局限于商业,地球村的零距离沟通优势也给城乡融合发展创造了全方位平等交流的机会。

4. 产业空间整合化

　　全球经济一体化模糊了产业与城镇的边界,江南村镇空间的演变

---

　　① 李宏兵、王奕、赵春明. 农村电子商务发展的收入分配效应研究——来自"淘宝村"的经验证据[J]. 经济经纬,2021(01):37—47.

　　② 阿里研究院.淘宝村——中国智慧,全球普惠|淘宝村峰会,https://www.163.com/。

与产业价值链的演化是密切相关的。以既存的自然禀赋及乡村资源为基础,建立产业评价体系,对本村镇的农业用地、农业种植与乡村工业发展定位,促进乡村特色产业空间的优化和整合发展。以设计学科为中坚进行统筹与协调,采取设计+科技、设计+文化、设计+教育、设计+品牌等方式,实现一二三产业之间的产业结构转型,促进村镇产业空间与生活、生态空间的有机整合,创新乡村业态优势互补、功能复合、产品多元的文旅融合发展之路,形成集聚效应,以核心空间的辐射力带动周边地区的可持续发展。

"江苏一号农场——常州市金坛区薛埠镇仙姑村"整体更新设计项目就是当代江南村镇景观空间整合发展的一个典型案例,其创新点在于构建了一个为乡村赋能的价值链系统。一号农场与距离15分钟车程的"道教圣地"金坛茅山(5A级旅游风景名胜区)(图5-21)、山脚下的仙姑村、周边的特色小镇"东方盐湖城"(图5-22)这四个散落在乡村明珠一起构成"点—线—面—区域"的四位一体乡村景观系统格局。江苏一号农场和仙姑村的景观设计没有各自为政,而是依托金坛茅山、东方盐湖城旅游目的地优势,针对既有消费目标人群的特色定位,分别突出农场与村落的自然基质,开发不同的产品和项目。江苏一号农场的设计定位(图5-23)是一个打造集有机农业生产、创意休闲

图 5-21　"道教圣地"金坛茅山外景(左、中)　图 5-22　东方盐湖城外景(右)①

---

①　图片来源:图5-21和图5-22均来自金坛茅山旅游资讯网 http://www.chinamaoshan.cn/。

图 5-23　江苏一号农场内部景观设计与活动策划设计①

农业、电子商务对外技术转移等于一身的智慧型现代农业综合体。这里风景如画,水域面积超过 200 亩,森林覆盖面积高达 92% 以上,生态环境良好,物种多样,是小白鹭和灰鹤的重要栖息地。生态景观与有机农业种植是本农场的核心竞争力,同时拓展了商务会议、农耕体验、乡村休闲等项目,尤其在亲子教育方面加大投入,创设生态农业科普馆,打造好奇乐园、小农人种植、采摘农场、国学礼仪等特色活动,开设石磨豆浆、植物拓印、古法造纸等农趣艺术课堂,有效开辟了现代农业的新天地。

对仙姑村的设计(图 5-24)没有按照统一的村镇规划,而是在对村民充分尊重和调研的基础上搜集具有村落记忆的物件和砖、石、竹、木、棉、麻等乡土材料,重点营造了"乡村客厅",包括村史馆、当地农产品销售区和道路、导视系统等基础设施,从"山水—村史—传说—乡贤"几个方面概括了仙姑村的记忆,挖掘本地传说,创新乡村品牌,并利用互联网线上各大网络平台进行链接。同一地区四个不同类型的乡村景观相辅相成,共同撑起了一个为乡村赋能的地方创新平台,满足了当地百姓和各地游客们从物质文化到美好生活的多元需求,也调动了

---

①　图片来源:江苏一号农场科技股份有限公司提供。

乡村主体创新的积极性,有利于新技术、新知识和新商业模式的应用创新与推广,促进了乡村振兴战略的有效实施。

图5-24　仙姑村"乡村客厅"设计效果图①

　　农业景观具有可观赏性、可体验性,乡村独特"地域景观"的消费性,符号化后的乡村景观在游客脑海中形成一个全面固定的、表征完整的心理图像。农业景观的引入不仅可以增加植物本身的产量,还可以利用生长周期开展农耕主题活动,增加公众的监督与劳动参与性。对于城市市民、学生尤其是儿童来说,将农作物作为景观要素引入,增加了大众对农作物的科学认识和价值认同。因此,现代农业景观体系是一个承载着复合型功能的可持续发展系统。

(三) 工业遗存景观穿越时空的语境策略

　　2005年以来,我国"中央一号"文件从政策层面把农业、农村的"多功能性"置于更加重要的位置,城乡融合形成了"三农"的多元价值,农业不仅仅是传统的种植业,与第二产业和第三产业融合产生了新的业态。苏南地区作为"苏南模式"的发源地,留下了属于本民族弥足珍贵

---

　　①　图片来源:千品千城特色小镇研究院提供。

的工业文化遗产和精神财富,在现存总量、企业类型、管理体制、经营模式、企业文化等层面具有重要价值和代表性,"地域性"的乡村工业遗产以自身特殊的文化禀赋,成为养育和繁荣城乡一体化的宝贵财富。从原始的陶器开始,满足生活功用的工业产品走向了有精美纹样的工业文化,设计在其中发挥了巨大的作用。当代散落在广大城乡的工业遗存,对于保持文化乡土性、多样性,重建江南社会的"地方感",尤其对于乡村生活以及乡村秩序的自我调节,具有多元价值。乡村工业遗存特色鲜明,一般规模不大,多数散落在村镇的河道或者交通要道周边,需要站在村镇整体空间视域下进行系统布局,连珠成线,要放眼江南地区语境下,与周边村镇联动,形成江南乡村工业遗产网络群体系。因此,城乡工业遗存的再利用不是单一的视觉设计问题,而是要在基于工业遗产闲置空间的现状与价值评估的基础上,多方面要素综合平衡,才能做出合理的业态定位、运营模式等系统规划设计,然后才能开展具体空间单元的景观设计,以多元复合的功能引入当前百姓的生产生活体系,以保持场所可持续发展的内生动力。结合当前国内外工业遗产成果保护利用经验,突出工业文化体验和创意特色,本文提出江南村镇工业遗存景观"穿越时空"的语境策略。

1. 传统工坊交互式语境

世界经济史大语境中的江南市镇绝不是普通意义上的集市,乡村工业化对江南村镇空间形态的演变与发展意义深远。工商业发达、农业高度集约化的江南,曾经繁荣一时的乡镇企业和街市,留下了其他区域同级城镇所无法相比的村镇空间记忆,它可以是自然的也可以是人造物,期待这些无形的或者有形的建筑、物品、辉煌的历史等集体记忆被可读化。当代乡村还有无数散落民间的乡土工艺与绝活,乡村"传统工坊"专门为活态传承当地乡土技术和非物质遗产而设,通过老手艺人的现场展示、参与式工坊培训、新旧技艺流变历程专题研究等形式,鼓励当地居民和游客参与到历史场景中去体验技艺,同时也强化了对技术性的学习,让传统技艺融入当下生活,并与其背后的文脉链接,建立起一种无法割舍的恋地情结。

早在 2017 年,建筑师袁烽团队在另一件作品《竹里》项目(图 5-25)中就对这些要素开始了探索,独特的设计思维具体表现在:其一,整体构思源自对竹里的地域感知。生态幽静且生机盎然的环境,道明了其亘古不变的地域特征,也定位了这个记忆场所空间设计的基调与意境。设计方法融入原境,合理场地以及当地的自然生态资源,农家菜地、参天树木、无垠的油菜花田,这里的一草一木似乎都充满着灵性。其二,引入当代通用建造的乡建实验。沿着蜿蜒的田间小径进入建筑内部,现场安装工作与异地木结构工厂化预制共同进行,挑战了建筑常规,南京大学鲁安东教授评价其更加接近柯布西耶、布维、富勒·伊姆斯夫妇以来对于"通用建造"[1]的理想,即将建筑物的生产完全程序化及规范化,以 52 天的极短施工周期实现了传统营造技艺与预制工业化等不同层面的融合和多种工程系统的协同。其三,以"时间思维"[2]方式来关注空间(图 5-26),场地、结构、表皮、服务、空间布置和器物六个不同时间尺度的建筑系统,营造出具有地域感知的整体空间氛围,被有序地分解为可以立刻拼装的标准化子结构或者子集,有很强的在地感。

对于乡土景观而言,不同的环境和空间能够产生不同的感知维度,人们在体验过程中,由感觉上升到情感,触发诸如联想、思考、抽象、概括等心理活动。通用建造在消除了建造的人力工作的同时也消除了人

---

[1]　鲁安东.竹里 一种激进[J].时代建筑,2018(01):103—109+102.

[2]　袁烽、韩力、孔祥平、张雯.竹里,崇州,中国[J].世界建筑,2019(01):58—61.

图5-25 竹里现场效果图[①]

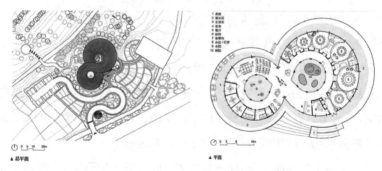

图5-26 竹里平面图[②]

① 图片来源:袁烽、韩力、孔祥平、张雯.竹里,崇州,中国[J].世界建筑,2019(01):58—61。
② 图片来源:袁烽、韩力、孔祥平、张雯.竹里,崇州,中国[J].世界建筑,2019(01):58—61。

的参与，未来设计在数字化精准预制的同时，更为未来乡建设计指明了方向。在第 22 届意大利当代建筑国际三年展上，中国馆主题为未来乡村"设计中的环境意识"备受关注，是我国设计师们积极围绕如何应对人类与生存环境的关系等重大问题做出的回应。据中国国家馆总策展人、清华美院苏丹教授①介绍，工艺传统是环境的非物质文化遗产之一，"是永不停息的对地域文化的咏叹"②，也是体现一个地区是否具有创造品质的能力的重要因素。中国馆未来乡村主题设计，从方案到成品之间，是现代与传统、材料与工艺的反复磨合和无数次调试过程中的精益求精。《云市》（图 5 - 27）作为其中一件重量级的作品参展。同济大学、上海数字建造工程技术中心主创建筑师袁烽与结构工程师谢亿民率领团队设计的作品《云市》就是传统与现代模式相结合的典范，"云市"在建造方面将遗失在民间的技艺通过参数化的技术高度集成，

图 5 - 27　《塑料打印装置"云市"》2018 威尼斯建筑双年展中国馆③

---

①　苏丹."破碎的自然"之三解——第 22 届米兰国际三年展掠影.四面空间艺术中心.

②　清华大学美术学院网站.【学者之声】清华大学美术学院环境艺术设计系教授苏丹：当代设计与环境意识. http://www. ad. tsinghua. edu. cn/publish/ad/2837/2019/ 20190409140217024809384/20190409140217024809384_.html。

③　图片来源：2018 威尼斯建筑双年展中国馆.http://www. landscape. cn/design/9374. html。

提出了一种基于新型材料的智能化预制生产模式,为人的五感体验创设出不同的情境。

2. 工业文化创意式语境

村镇空间中的记忆储存离不开历史与文化遗产,如果将江南村镇空间中的文化遗产看作一个三维空间集合体的话,"物、场、事"三个方面的记忆具有高度的渗透性。完整意义上物质的、非物质的文化遗产"物、场、事"[①]都可分为三部分:遗存的物像、村镇聚落中现存的场所及关联的社会事件,"物、场、事"三者相互依存、相辅相成。江南村镇的工业遗存是时代的印记,包括代表一定时代的生产方式、适应性技术、人的生活与消费习惯,也记录着企业兴衰的创业历程和历史故事,选择具有代表性的工业遗存现场,以叙事式语境为设计策略,巧妙策划、嵌入、叠加一些相关联的事件和故事,能将具有历史感的地方工业文明和文化精神在当代空间行为上有效延续与传承。

如今,国家层面已经认定国家级工业遗产总计53家,江苏常州"运河五号"作为其中一员,以叙事式语境创设了运河城市常州工业发展的故事情境和工业文化记忆馆,打造成了一个创意、创新、创业发展平台。目前"运河五号创意街区"成为"江苏省台湾青年就业创业基地"、国家级工业遗产基地。

(1)遗产保护与工业档案馆创建合二为一,讲述常州的百年工商故事。常州的"运河五号"创意园(图5-28)是由三和布厂发展而来。创建于1932年的三和布厂选址在三堡街中段,北临古运河,水陆交通比较方便。1936年恒源畅染织股份有限公司成立,1955年恒源畅走向

---

① 陆邵明."物—场—事":城市更新中码头遗产的保护再生框架研究[J].规划师,2010(09):109—114.

了公私合营，产供销纳入国家计划，管理体制臻于完善。20世纪80年代中后期，"童鹰"毛毯成为当时市场上炙手可热的品牌，产品远销东南亚、中东、苏联、古巴以及中国香港等17个国家和地区。90年代末因产业结构调整，一批曾经辉煌的国企陷入困境，于2007年完全停产。经过多次协商，常州市档案局、市国资委、产业投资集团（原工贸国资公司）决定创新理念、整合资源，2009年联手开展工业遗存和工业档案抢救、保护和开发，建设"常州百年工商档案展示馆"，将定型设备、印染生产线中辅助设施石槽、雷明顿英文打字机、双鸽牌中文打字机等这些工业时代的"标志"，原汁原味地保留下来，成为古运河上一道独特的风景，形成企业档案集中保管、统一开发利用的新格局。

图 5 - 28　常州"运河五号"创意街区工业厂房旧址①

（2）传承利用与文化创意创业发展并驾齐驱，叙述工业文明运河记忆。"运河五号"（图 5 - 29）为寻找城市记忆、追溯历史文化、热爱创意生活的人们提供了百年工商文化旅游、悠悠运河水上游、创意休闲时尚游等丰富多元的旅游体验和服务。该厂区改造的具体做法如下。

---

① 图片来源：运河五号创意街区提供.http://www.yunhe5.cn/web/websingle.aspx?nid=5。

图 5－29　常州"运河五号"创意街区标志性景观及街区掠影①

老建筑细节的叙事化。通过加固保留老建筑细部"残迹"作为遗迹景观,叙述着厂区的百年沧桑和与之有关的人的故事,强化了其背后的文化记忆和故事,将历史场景还原到现实空间中,使空间效应由单一走向整体。

老机器景观小品的戏剧化。抢救性地收集了一批代表20世纪二三十年代纺织工业特征的机器设备,散放在厂区空间中,戏剧化的点缀,将机械设备和设施构件作为景观小品,增强了工厂建筑与地方历史文脉之间的关联度。

象征物景观的标志化。纺织工业建筑中的特殊形制、烟囱因其独特的形态和尺度而成了"运河五号"历史环境中的标志物,是地方工业文脉物质化的媒介,也是唤起大众对大运河文化记忆的象征物。

厂区功能的多元化。"文创+生活"引导下的"运河五号",文化产业主导、居住功能叠加、配套空间完善,目前集聚创意型企业近百家,突出音乐剧场、美术馆等个性化公共文化空间体验项目。

其实在长三角周边村镇与"运河五号"相似的工业遗存很多,如常州戚机厂民国建筑群,以纺织染业为主的大成二厂、三厂民国建筑群;

---

① 图片来源:运河五号创意街区提供.http://www.yunhe5.cn/web/。

常州大明厂现存民国建筑群建筑面积达 5800 余平方米,青砖构筑、中西合璧特色、民国时期火炬形砖砌水塔。这些遗存只是江南众多工业遗存的一个缩影,原有的工业遗存以不同的活态形式传承下来,有的作为影视基地(图 5-30)联动形成具有典型意义的"苏南工业遗产群",以期实现与大运河国家文化公园的有效链接。

图 5-30 原武进嘉泽轴承厂 现作为影视基地

3. 乡土技艺博物馆探究式语境

村镇空间与记忆之间的关联是一种非常物质化的关联。"记忆是一种共享的记忆,或者说是一种共享的集体资本"①,我们获知它的方式就是借助各种客观的物件,而不是在意识层面。大量的工业遗存成为"中国农村工业遗产保护与旅游利用的重要资源"②。行业发展博物馆式语境,可以放大工业遗存记忆形象的文化价值,设定探究式语境,

① 迈克尔·罗兰,汤芸、张原编译.历史、物质性与遗产十四个人类学讲座[M].北京:北京联合出版公司.2016.172.
② 王慧.中国农村工业遗产保护与旅游利用研究[M].沈阳:辽宁大学出版社.2014.52.

强化空间类型和内在逻辑,集聚行业特色,具有引领性作用。在众多的乡建设计案例中,一些村镇记忆空间的书写不但留下了一个时代群体生活的纪录,更包含了设计者与多元建设之间的真性情与生活真趣。

当代著名建筑师张雷设计的江西景德镇"丙丁柴窑艺术馆"(图5-31)建筑面积为1800平方米,改变了传统柴窑到处是一些残渣或者烧黑的墙壁,而是采用了非常规的清水混凝土结构,也比较耐脏,并且利用拱营造了窑和外部空间的关系。丙丁柴窑位于浮梁县前程村,距景德镇市区不到一小时车程,基地四面环山、竹林环绕,有溪水从基地中间流过,环境清幽,浮梁曾经是景德镇管辖地,被称作瓷都之源。江南村镇空间记忆的建构是基于文化意义上的景观设计,是跨时空的集体认同,这在很大程度上取决于各记忆语素在新的媒介环境下相互依存的关系。

图5-31　景德镇"丙丁柴窑艺术馆"①

江南村镇工业遗存空间作为一个整体,各乡村遗存犹如生产链上

①　图片来源:张雷联合建筑事务所.https://www.gooood.cn。

的多种元素,江南乡村工业历史悠久,织布、丝绸、造船、铁艺、木艺、竹艺、石匠、花匠等多种传统产业,形成了区域型工业遗产群,通过丰富的文化活动将人们的记忆唤醒和拾回,以文化创意产业的发展来激活已经倒闭衰落的传统产业成为大势所趋。德国鲁尔区利用废弃工业园区、废弃工厂建筑,与电影业、音乐会、灯光表演、乘坐蒸汽火车、煤矿探险等项目联姻,推动了区域复兴。英格兰北部的哈利法克斯纺织厂以历史文化区"文化超市"的新模式,推动了文化机构和设施入驻。深厚的江南工业文化随着工业景观、标志物、博物馆等改造方式得以延续。策划乡村工业文化节庆活动能激发地区居民的自豪感和自信心,有助于消除城镇化、工业化空间转型中社会分化的问题,促进社会融合发展。江南工业文化景观的吸引力来自多种要素的集合,要以开放包容、融合共生的观念,在原真保护的基础上,适度开发、有效利用、创新延展,将传统引向当代与未来。

四、 象征隐喻式：生活型景观的情境互生

现代社会空间正被资本无情地压缩与侵蚀,各种视觉奇特、表皮精致的地标建筑充斥着人们的眼球,导致了全球性的普遍焦虑,在这样的语境下,被"宏大叙事"所忽视甚至不屑于日常生活空间的景观越来越受到人们的怀念。回归真实的"日常生活世界"①是同科学世界相对而言的,即哈贝马斯所言的真实的"生活世界";列斐伏尔强调技术理性

---

① 张郓娴.观城论市 城市化背景下场所认同的危机与重建策略研究[M].北京:北京理工大学出版社.2016.86.

的发展引发的异化已经侵入普遍的日常生活领域,日常生活具有真实性、自由、愉悦和多样性。先哲们从不同的角度剖析的"日常生活"虽然存在微妙的差别,但都有一个共同点就是回归日常,思考如何通过诗意的形式与节奏使紧张焦虑的本体从外在的事物束缚中走出来,在息息相关的生活世界中走向人性的复归。

(一)乡愁时空:江南村镇空间记忆的唤醒策略

江南人的生活方式与理想是一种贴近大地又渴望飞翔的诗意生活。江南村镇空间的文化记忆承载着浓浓的乡愁情感,是属于社会范畴的集体记忆,具有社会选择性、动态重构性和媒介依赖性[①]三大特征。人们对村镇空间知觉的整体性,在于意识中形成对当前村镇发展过程中一切客观事物的整体形象,只要空间关系结构基本不变,知觉就保持相对稳定。借鉴文化遗产保护、城市规划、设计学、建筑类型学、传播学等不同学科的研究方法,对江南村镇乡愁记忆的现状做深度调研,探究村镇空间中那些值得记忆的文脉要素。可以通过数字化保护与传播媒介形式、方式来唤醒和传达人们的"乡愁"记忆。

乡愁文化记忆的综合感知与唤醒机制从乡愁时空的物质性、情感性、历时性和共时性四个方面展开(图 5-32)。比较分析我国两部优秀纪录片,即在 CCTV 播出的《记住乡愁》和浙江卫视播出的《中国村落》,能让观者随着运动的镜头领略中国村镇情景交融的整体面貌。

---

① 汪芳、孙瑞敏.传统村落的集体记忆研究——对纪录片《记住乡愁》进行内容分析为例[J].地理研究,2015(12):68—71.

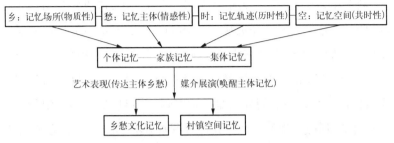

图 5-32　乡愁文化记忆的综合感知与唤醒机制

在两个纪录片中的中国村镇的范围内,选择其中的 42 个江南村镇作为研究案例,本文选取江南水乡联合申遗的 20 个古镇(周庄、同里、角直、黎里、锦溪、沙溪、震泽、千灯、凤凰、乌镇、西塘、新市、孟河、焦溪、惠山、新场、朱家角、金泽、练塘、枫泾)作为调查对象。这些村镇在地域空间相对集中、地处长江以南的中下游平原,依大运河而生,环太湖周边,西至宁镇山脉,东至大海,具有相近或相似的区域地理及人文环境、相似的水乡资源与发展机遇,不论是街巷建筑还是水系生态和传统村落风貌,其类型都具有江南地区的代表性和典型性。

1. 乡:乡愁文化记忆的物质性

　　人类对时空的知觉是在日常生活起居体验的演化过程中积淀而成的认知与记忆,随着昼夜更替,四季变化,人们对乡愁空间记忆的信息提取关键在于对故乡、家乡或者乡村整体信息的熟悉程度和对于现存空间中物态环境的可识别性,乡愁记忆离不开诺拉提到的"记忆场"[①],"知觉的整体性依赖于记忆主体对信息的主动选择"[②],包括方位知觉、深度知觉(距离知觉和立体知觉)、形状知觉(视觉和触摸)、大小知觉(视

---

① 皮埃尔·诺拉主编,黄艳红等译.记忆之场[M].南京:南京大学出版社.2015.10.
② 刘能强编著.设计心理学基础[M].北京:人民美术出版社.2014.17.

觉、触觉和动觉协同)以及听觉、味觉、嗅觉等等,造成知觉组织规律的原因:一是先天的神经机制在一定程度上决定知觉的方式;二是长期生活经验积累形成的某些知觉习惯、关注的意象与视角。

"纪录片"①的创制过程是一项具有"科学性"且"可信度高的"工作,具有一种"记录的精神",是一种"理性"的到场,代表了纪录片人所具有的责任感,他们往往依托田野调查方法,进行"人物访谈、史料收集、纪实拍摄"和"深度阐释"②等,对分析传统村镇集体记忆的现状和趋势具有重要的参考价值。纪录片《记住乡愁》和《中国村落》通过诗、家训、美食等载体,建构了中国传统村镇的整体感知,以此来唤醒中国人普遍存在的思乡情绪,从而使乡愁超越了文化的外在形式而成为浸入人们灵魂的记忆。通过对两个纪录片图像内容的分析,并结合相关文献资料,将纪录片中出现的物态形式归纳为四大类:(1)村志史料与村落基本信息,涵盖关于村镇的地名来历、历史沿革、地理资源等;(2)村落空间格局、乡土建筑等,包括选址、风貌、轴线、街巷格局、室内空间、文化内涵等;(3)公共空间与景观、生产生活场景、交往场所,如工坊、田野山林、街巷、业态等;(4)地方民俗与节庆文化活动,如祭祀、节庆、风俗文化等,包括地方习俗和各种非物质文化的类型,如传统艺术、技艺、传说、民谣、谚语、非遗传承人与活化传承现状等。

通过调研与评估,目前我国广大乡村的乡土建筑作为地区长期发展形成的建筑类型,能够非常好的适应地区的自然条件、生产生活方式,如若较好地解决乡土建筑一些不适应现代生活方式的性能、功能问

①　杰弗里·诺维尔-史密斯主编.世界电影史 第 1 卷[M].上海:复旦大学出版社.2015.173—174.
②　汪芳、孙瑞敏.传统村落的集体记忆研究——对纪录片《记住乡愁》进行内容分析为例[J].地理研究,2014(1):2371.

题,其延续利用有着非常广阔的前景。目前现实中乡土建筑中的主要利用形式有居住民宅、民宿、村史馆、专题展馆、公共文化服务、民间信仰、商业服务、非遗展示传习、私人博物馆、艺术家驻地工作室等。当前传统村镇的建筑所有权、经营权、管理权、收益权分为三种方式:一是私人产权文物建筑。私人产权的文物建筑是村落的重要景点,此类建筑面临"责权利"边界问题,如果整个传统村落都由某企业经营,会影响日常生活秩序,如果不考虑户主的收益会降低户主保护文物的积极性。二是集体产权文物建筑。采用此类建筑便于沟通,管理成本也相对可控,但是存在有些房屋闲置的情况。有的村镇是将文物建筑的所有权和使用权分离,产权归集体共有,使用权归个人所有,由村集体统筹村落发展利用,村民还可以继续使用自己的房屋。乌镇计划发展旅游,村民持有建筑产权,经营权、管理权由村集体统一运营,村民享受分红。三是将文物建筑产权收归国有。目前有的省份采用此种操作方式,但这种方式对传统村落并不是最佳方式。由于乡土建筑是以群体价值取胜的传统村落,需要回购的建筑数量比较多,政府资金压力比较大,随之带来的管理压力巨大,缺少专业人员在村落现场实施日常管理,长期闲置反而造成文物建筑损毁加速,同时这些文物建筑用于经营后,收入分配合法性问题难以平衡。

2. 愁:乡愁文化记忆的情感性

乡村是中华民族的集体乡愁,主体情感维系的源生之所,根据统计与分析,该片的 123 名受访者的平均年龄为 68 岁,其中 80 岁以上的老年人有 46 名,占 37.4%。从选出的 12 首谱曲的优秀歌词作品高频词可以直接看出记忆主体的诉求,主要突出对"孝文化"(45 次)、"家族荣耀"(42 次)、"追根溯源"(38 次)、"传承"(37 次)、"读书与教育"

(33 次)、"感恩"(17 次)等几个方面的关注(见表 5-1),体现出集体记忆对当今社会的选择性①,研究者通过解读纪录片解说词归纳出受访者的情感特征,其中正面情感占主导因素的有 98.38%,也是支撑传统村落千百年来延续至今的内在凝聚动力。

表 5-1　《记住乡愁》与《中国村落》记忆主体乡愁情感特征

主体因素	年龄特征分布			主体记忆诉求	乡愁情感特征
CCTV《记住乡愁》	60 岁以下	60—79 岁	80 岁以上	每集一个主题:讲述故事,传达民风	正面情感(荣耀、自豪、愉快、信任、感激)占 98.38%
	35 人 28.5%	42 人 34.1%	46 人 37.4%	忠、孝、勤、俭、廉、仁、义、礼、智、信等中华美德核心价值观	负面情感(痛苦、后悔、仇恨等)占 1.62%
浙江卫视/中国美术学院《中国村落》	60 岁以下	60—79 岁	80 岁以上	共七集:《如画》《建构》《家传》《望乡》《忙闲》《田园》和《再造》	正面情感(团结、信仰、亲情、和睦、坚定、幸福、享受、勤劳)占 99%
	65 人 54.7%	48 人 40.3%	6 人 5%	人与自然和谐共生	负面情感(离家、牵挂、乡愁)占 1%

　　认知线索的地形地貌、建筑形制、景观形态、装饰物的形状、色彩、建

---

　　① 汪芳、孙瑞敏.传统村落的集体记忆研究——对纪录片《记住乡愁》进行内容分析为例[J].地理研究,2014(1):2371—2732.

筑朝向排列、突显度、形象与背景的关系,还有村镇在地居住者的精神面貌、生产方式、生活状态都会影响人们对信息的知觉体验。乡愁记忆是主客体在时空中的交互作用的动态过程,它依托于体现在人们日常生产生活、民风民俗活动、村镇大事件等方面内容,能有效唤醒人们内心深处最温暖的情感共鸣。当前我国城乡大地上普遍意义上的"乡愁"从精英转向大众,由个人的思乡情绪扩大为一种集体无意识的共同怀旧,这种全民乡愁持续地生成的相恋之情,与社会记忆等概念有重叠又有不同的地方,"社会记忆既包括对于具有正面意义的社会生活和社会经验的记忆,也包括对于负面的社会生活和社会经验的记忆"①,因其所指对象和情境的不同,社会记忆既可能是肯定的、褒义的,也可能是否定的、贬义的。乡愁记忆是指人们返回家园的渴望,一种爱痛之间、喜忧交织的追忆,包含着对故乡、民族和祖国深深切切的特殊情感。在江南,乡愁的发生是基于"家"与"国"情怀②相互渗透的具有江南地方特色的空间记忆,形成了从家—村镇社区—自然环境—国家的四个层次,家族的传承、村落的归属、区域地方的情感以及民族与国家的认同统一构成了集体无意识的记忆。乡愁文化往往因人的成长和人际的传承形成清晰的历时性脉络,记录着村镇社会群体的生生不息沿革发展的历史烙印,是整个社会文明图景标识性的记忆。

我国当代文化学者冯骥才已过古稀之年,却不遗余力地在中国那些濒临消失的古村落间奔走,他认为"抢救古村落就是和时间赛跑"。20世纪80年代以来,同济大学阮仪三课题组倡导的《周庄总体及保护规划》③

① 万俊人主编.清华哲学年鉴(2003)[M].保定:河北大学出版社.2004.433.

② 陆邵明.乡愁的时空意象及其对城镇人文复兴的启示[J].现代城市研究,2016(08):2—10.

③ 卞显红编著.江南忆 最忆古镇游 江南水乡古镇保护与旅游开发[M].北京:中国物资出版社.2011.224—225.

向社会提出了整体保护古村镇的意义与要求,课题组一边启动遗产保护工作营,鼓励城乡的年轻人加入志愿者行列;一边与当地的工匠一起直接参与古建筑修复,要把中华优秀的文化传承下去。地方百姓的保护意识与素质也增强了,为修一个村上的祠堂,分散在世界各地的宗族乡亲们出资出力,激活了宗族与家族的集体记忆,也增强了整个古村镇的凝聚力。阮仪三认为当前江南水乡村镇的保护和利用的路径很多,至于哪种方式"最好"或者"正确"并不具有确定性和普适性。

3. 时:乡愁文化记忆的历时性

乡愁记忆可以通过引导、唤醒和建构,将不同时代的个体所经历的或者所从事的社会实践以社会意识特有的形式保留、再现、传承、延续,甚至可以重复性地引入当下,通过人对乡愁文化的唤醒、破译、积淀、激活、复活等双向活动,成为具有积极层面的社会凝聚力,乡愁记忆就转化为引导村镇未来可持续发展的强大的社会记忆。无论人在何时何地,过去经历的生活和以往的意识都是一种感知与经验,一旦遇到现实情境的契机,印在脑海深处的记忆总是会被唤醒,记忆不但成为能被直观感知的生命底色,而且成为呈现人类心灵观念史历时性发展的一种"景观"表征,记住乡愁其实是一个主观能动的记忆建构过程。

在当前社会凝聚性结构的作用之下,乡愁记忆指向文脉认同的时间轴线,《记住乡愁》第一季就是以"乡愁"这条主线,将距今已有千余年历史的中国传统村镇发展轨迹和中华传统美德价值观具体化。以第四十八集《荻港村——齐心向善》为例,《湖州府志》记载了先人们在南宋时期南迁隐居开始荻港村兴建到嘉靖年间走向繁盛的历程,纪录片围绕"齐心向善之风"的凝聚内核,选取了八个记忆的点(图5-33),串珠呈线,又以多元要素将荻港村的时空演变凝聚在当下立体的村落空间中。第一个镜头以荻港村的盛大庙会开场,引出南宋时期三位押粮官为民抵御旱灾的传说,从口传到实物:百姓出资修缮"总管堂",对联"善为至宝,心作良田"表达了对子孙后代的期望,先人们立下规矩,纪念三位总管。每年正月初四这一天举办盛大庙会,巡游队伍抬着三位总管的塑像游历于村镇的每一条街巷,到访每一户人家,以此来告诫荻港的每一位子孙:不忘善恩,齐心向善。

　纪录片第二个镜头从特写推远,放眼荻港村的全貌,四面环水、河巷纵横,荻港村地处浙江省湖州市南浔区往南约三十公里,因河港两岸芦苇丛生而得名。第三个镜头聚焦到聚华园茶馆(图5-35),每天四点多茶客们就来占座,最大的是一位97岁的老人,走过了半个多世纪,

图5-33　湖州荻港村演教寺

图5-34　礼耕堂

图5-35　聚华园茶馆店招

图5-36　一元茶馆内景①

① 图片来源:百年老茶馆.https://www.sohu.com。

在茶馆里花五角钱待一天,茶馆成为他们喝茶、聊天和传播新闻信息交流的公共空间,长凳和木桌泛着因时光浸润而留下的特有老木头光泽,这家百年老店,传承了四代人,为老人们提供了一个休闲的地方、一个传递浓浓善意的家园。善良的品性体现在对子孙的教育上,第四个镜头聚焦到荻港村的族谱《章氏族谱》,《族谱》载章氏祖先明朝末年迁入,当年章芩辞官回乡任首任教席,古代很多村夫野老都是大智慧之人,他们立品敦行,不入仕途,代代相传,成为村落文脉的基因,做人做好事的风气绵延至今。

如今孩子们能现场感受诗书传家的耕读文化,族谱中除了有家训十条,还将好人好事记载其中,告诫后人如何成为一名德行高尚的人。村里的石板路横竖不一的印记记录了章家、吴家还有其他姓氏人家齐心协力造桥修路的善举,以及见贤思贤、竞相为善的村风。第五个镜头转向"礼耕堂"(图5-34),提醒吴氏子孙积善长春、乐善好施。第六个镜头从室内转到室外,小桥流水人家,极具特色的是沿河的长廊和23座古桥,竖着河桥阅读古人的力量。第七个镜头是崇文园又称农民公园,2004年由村民自筹资金建设,最为感人的是当时资金短缺,78位老人拿着红布包着的养老金主动捐款,一份沉甸甸的名单,78个家庭以善行为子女们树立了榜样,淌入了每一位村民的心田。第八个镜头拉回到当下,荻港村的新式学堂,这是一派新景象,信念的聚集与合力正是当代荻港村民对"齐心向善"祖训的践行。

人的实践活动不是脱离由人组成的社会群体而孤立存在的,个人记忆与社会记忆在社会实践的基础上、在意识的范围里,不断地统一、重组和整合,进而还由此表现出个人记忆的共时性与社会记忆的历时性的差异和转化。乡愁记忆所突出的记忆的社会性同样是由人的集体和社会生活所决定的。"记住乡愁"是人对现有状态的一种"审视",也是人超越现状的一种"前瞻"，更是人历史地反思人的已有状态的一种"后观"，以此来确证文脉的连续性。

4. 空：乡愁文化记忆的共时性

中国村落就地取材，与周边环境相映成趣，是由内向外散发出自然的美，中国村落"是一个集体怀旧"①，是中华文明 5000 年绵延至今夯实无比的基石，承载着中国人最核心的价值观。纪录片背后蕴含着这个时代的召唤和指向，让"记住乡愁"成为文脉延续与文化传承的引擎，成为全社会的自觉行为。在传播学领域，媒介记忆是一种"介质记忆"②、过程记忆（复杂的心理过程和信息处理过程）、聚合记忆，具有权威性。纪录片《记住乡愁》和《中国村落》讲述的都是中国乡土故事，作为一种媒介唤醒了人们对中国村落的记忆，每一集的主题蕴涵着优秀传统文化和时代价值，如第三季第一集主题《乌镇——枕水人家 立志进取》、第三集主题《千灯镇——天下兴亡 匹夫有责》、第五集主题《南浔镇——丝韵古镇 以义为利》、第七集主题《同里镇——明取舍 知进退》等等，无不体现出一个村镇共同的精神诉求与高度的文化认同感。

2019 年播出的《记住乡愁》第五季第五十四集《松阳南直街——耕读传家 勤为本》是从当代人的幸福节庆入手，1800 年的历史和文化背景的老街有一百多座明清建筑，上宅下店，繁华依旧，聚焦到勤劳的手艺人。回忆古时涝灾，由于水患与生计的关系，村民设计水利工程，开垦出数千亩良田，有了土地生产得到极大发展，从一贫如洗到富甲一方，老街人养成勤劳上进的精神气质并将其带向四方，滋养了一方文

---

① 夏燕平.《中国村落》总导演手记：村落，中国文化的地下层[N].光明网，2019—04—21.

② 邵鹏.媒介记忆理论 人类一切记忆研究的核心与纽带[M].杭州：浙江大学出版社.2016.004.

脉。《王村王氏宗谱》记载王家祖辈在元代就是著名的文人,勤奋读书成家风,明代先人王景参与编撰了我国最大的一部史书《永乐大典》。但是纪录片的记忆是"碎片化的",其传播的是一个"选择性"[①]记忆传承过程。在《中国村落》纪录片中,六个主题涉及近百个小村落,形成一个有机的整体系统,每个村庄都是其中鲜活的一分子,既要彰显中国传统村落一年四季的美丽与感动,又触及人类学、社会学等不少学科中的历史渊源和人们心灵深处的深层记忆,传统厚重、博大精深。如第一节的《如画》以蒙太奇的手法,将中国东西南北不同风貌的村落中最能触发人们记忆的景观、一年四季的色彩、乡土材料和技艺展示出来,同时以乡亲讲述村落里的故事的方式,走进村落,传递着浓浓乡情。这一集遴选了以下不同类型的村庄和被采访的人物:新疆布尔津县的牧民(65岁)场景:蒙古风俗;篁岭村的汪志远(62岁)场景:晾晒;宏村的退休教师胡时滨(65岁);贵州雷山西江的潘定发(68岁);良溪村的张国雄教授(64岁)场景:大槐树;山西洪洞的村民(72岁);安顺市文联姚晓英(65岁);屯堡古村姚晓英(65岁),口述明朝朱元璋与石头房子的故事;海南白查村,场景:船形屋,此为黎族历史文化的见证和缩影。河南甘泉村的邱如营(64岁),小洛阳陶瓷市场;山西青木川,边贸重镇;山西临县碛口,李世喜(72岁)经商,立体村落;嘉绒藏族毛桂枝(60岁);山西灵石王家大院;浙江兰溪诸葛村,诸葛坤亨(65岁);河南陕州,场景:地坑院、陶穴;王硇村的王现增(64岁),南北建筑结合;浙江温岭石塘镇,渔村;福建龙海的埭美古村,红瓦红砖,海上丝绸之路;埭美村文保会会长陈训生(72岁);湖南江永的勾蓝瑶寨红砖。

这两部纪录片作为一种意识形态的重量级艺术作品,不是新闻,也

---

① 邵鹏.媒介记忆理论 人类一切记忆研究的核心与纽带[M].杭州:浙江大学出版社.2016.218—222.

不是商业性的广告，纪录片《记住乡愁》和《中国村落》是事实与艺术交织而成的：一方面具有档案的客观性、准确性等历史记忆特征，但又不是仅仅停留在纪录片的媒介空间里，而是将媒介记忆"更延伸到个体记忆、群体记忆和社会记忆的时空之中"；另一方面具有影视语言的沟通性和感染力等艺术特征，针对真实性的素材，通过艺术性，在与"想象受众"和"现实受众"进行沟通与对话的过程中，唤醒、感染和影响观众记忆历史，激活集体记忆，建构社会共识。面对"空心化"凋落落后并令人揪心的古村镇，呼吁更多年轻人重返故乡、更多社会人士一起来投身乡建。

　　两部优秀纪录片在 CCTV 播出的《记住乡愁》和浙江卫视播出的《中国村落》，各自从不同的视角阐释了中国传统村镇的风土人情和中国人独特的"文化记忆"，呈现了当代中国人对乡土文化的历史记忆与现实渴望。纪录片通过央视和浙视媒介的循环播放，形成"一个不停述说的体系"①，促进了乡愁文化记忆的延伸，意义深远。在媒介融合的背景下，中国村落的记忆让历史重现，引人注目，电视和网络的重复播放让中国村落记忆被全世界津津乐道。

（二）回归日常：当代江南村镇生活型
景观情境的互生策略

　　在新的城乡关系下，重新审视乡村内部的文化魅力至关重要，超越简单的表面整治和美化，重新定位和拓展乡村景观要素的范畴，重组乡村空间结构，才能朝着国家实施乡村振兴的总目标，重塑乡村的多元价

---

　　①　邵鹏.媒介记忆理论 人类一切记忆研究的核心与纽带[M].杭州:浙江大学出版社.2016.188—196.

值。城乡关系影响村镇空间的发展,从外部视角看城乡关系,乡村分为原生形态和次生形态,"乡村禀赋的兑现,取决于由城乡之间的空间距离所决定的市场结构"①;从内在要素看城乡流通,中国乡村社会自发形成自给自足、质朴分散的社会自组织,表现出超强的内生力量,实现多向度的乡村经济和社会自组织,是一个系统性的概念,人的情感、观念与行为是协调村镇空间系统和谐发展的重要纽带。

1. 从物境到心境:典型江南村镇的"慢生活"模式

在江南传统文化中,诗意栖居的自然就是丘园,"进则可以出仕荣身,怀抱天下;退则居家耕读,尚有独善自身的地步"②。全球化、地球村,似乎拉近了地理空间的距离,但是人类始终处在一种流动的甚至漂浮或者悬浮状态。在现代工业社会拥挤、冷漠、较强压力下,人们普遍对城市生活呈现一种逆反态度,乡愁是一种对故土日常生活强烈的回归情愫。近年来,中国第一个国际"慢城"的江南水乡高淳老街吸引着四面八方赶来的体验者。"慢生活"犹如现代人逃离城里钢筋水泥生活的一场"运动",更是其对现代生活方式反思后的行动,上升为一种生活哲学、一种平衡生活矛盾和缓解心理压力的方式,从生理原理讲"慢生活"也是生命和健康的源泉,在平心静气的心境中去体味和思考人生,就会获得一种舒展与从容、潇洒与自然的生命体验。

(1)静心回味江南古镇心与物双境映射的"关联性"

江南乡村的日常生活空间与宇宙是同构的,村镇传统建筑从结构到装饰都自带文化符号与密码。江南古镇传统建筑由于较少受到北方

① 张兆曙.城乡关系与行政选配:乡村振兴战略中村庄发展的双重逻辑[J].武汉大学学报(哲学社会科学版),2019(05):176—179.

② 唐力行主编.江南社会历史评论 第5期[M].北京:商务印书馆.2013.116.

社会的礼制或者神圣思想的约束，体现出一种超越主体意识的自由思想，悠闲、纯粹、随性、灵动、随机、自然而亲切，更注重"自然性"[1]，传达出江南人一种回归自然、安静和谐的心境追求。贯通文化记忆与物理空间的关联性，既能够保留记忆被唤醒所特有的吸引力，又能够符合物理空间对行为的可承载性，这种双向的映射机制是触动和改变日常惯习、建立新行为模式的关键。

高淳老街属于典型的江南水乡古镇（图 5－37），位于高淳县城淳

图 5－37　江南水乡高淳古镇"慢生活"景观印象[2]

溪镇西南，地处官溪河与固城湖的交汇处，因为其上连中江、水阳江，下通太湖流域的特殊交通枢纽位置，在古代成为徽商等商客的往来集聚地。古镇老街主要街道建筑格局沿官溪河平行发展，呈"一"字形，又称"一字街"，陈家巷都与官溪河呈现较为均匀的垂直结构。高淳老街保留着前店后宅和生活街巷的格局，建筑风格兼具徽派特色和香山帮的过渡类型，将徽派硬山顶、马头墙和灰砖清水墙和苏南香山帮的通透轻盈有机融合。自宋代建镇以来，水运昌盛，金陵古街各家店面都极讲

① 陈鑫.江南传统建筑文化及其对当代建筑创作思维的启示[D].东南大学,2016.25.
② 图片来源:中国高淳国际慢城官网.http://www.chinacittaslow.com/。

究,布置与细节令人回味。阮仪三提出的"保存、保护、暂留、整饰、更新"①五级分级保护与更新模式独树一帜,现如今,传统文化、工艺、餐饮小吃组成高淳极具江南特色的滨河街市景象。

（2）综合体验江南美丽乡村回归自然的"慢生活"

作为世界慢城联盟在中国设立的第一座"慢城",高淳摆脱了传统物质空间的局限,更强调对生活方式的体验与关注,从五感构思出发,把看到的、听到的、触摸到的印象记忆转化为语言记忆,探索一种集"慢食、慢居、慢行、慢品、慢购、慢享"②于一体的综合体验乡村"慢生活"发展模式。传统生活方式与现代技术表达有机结合,形成以生态保育为基础,以有机农业与休闲旅游构成的"1+3"产业为主导,以"国际慢城,美丽乡村"品牌为高淳的卖点,带动了经济、文化与社会效益的整体复兴,在多元价值的发展过程中完成了"乡村性"与"国际化"的链接。

在"慢生活"理念的倡导下,江南的美丽乡村建设成为工作常态,也辐射到江南周边地区,如江苏溧阳的一号（彩虹）公路将全域98个行政村、312个自然村以美丽乡村的方式联动起来（图5-38）,犹如项链上的璀璨明珠,由内向外散发出典型江南村镇内秀灵动的自然气质。

图5-38　江苏溧阳一号公路沿线美丽乡村"慢生活"图景掠影

---

① 阮仪三、范利.南京高淳淳溪镇老街历史街区的保护规划[J].现代城市研究,2002(03):10—17.

② 中国高淳国际慢城官网.http://www.chinacittaslow.com/。

江南乡村的生态资源、衣食住行、民风习俗、思维观念、民间艺术等有形的资源和无形精神要素，赋予村镇日常生活世界以不同的形态和意义。江南水网纵横、湖荡棋布，气候温和湿润，物产极为丰富，景色迷人，无论在春夏秋冬哪一个季节，自然景色都能让每一个慢行于此的游人静下来，收藏时光、重拾本真、回到原点，享受大自然的馈赠与博大，"慢"真正成为江南乡村的品质和哲学文化。

慢城茶馆、老街店铺、艺苑书院、风物展示、主题性景观小品等特色空间，与慢城马拉松比赛、万人瑜伽节等国际赛事，以及本区域文化节一起，构成了一个产品多元、功能复合的立体景观空间，设计学科在这里打通了各个专业方向，生活用具、衣食住行、点心小食、文创用品等基于当地特色的设计呈现出多元化的趋势，江南传统村落的营建体现出乡村空间的自由行与自在性等特点。写实"造境"与理想的"写境"合而为一，参与者对"慢生活"的文化认同体现了江南乡村特有的场所精神、诗意情感和哲学态度。在江南，因地理条件相似虽然具有很多共同的文化特征，但是各村镇因环境气候条件和人文活动的影响而形态各异，不能将江南水乡的每个村镇都设定为统一的建设模式，村镇日常生活空间的体验是一个感性的个性化心理活动过程，体验主体与客体、定向的时空维度等要素之间相互作用、相互影响，决定了乡村未来的发展方向。

2. 从乡情到乡恋：回归日常生活的"乡村民宿+"模式

用系统论的观点，江南村镇空间是依托景观本体形式而呈现的，可以从文本系统、符号系统、形象系统、行为系统四个层次或角度来审视，四个层次或角度一并构成了一个当代人的空间认知系统。段义孚在《恋地情结》中提出"感知是接触外部世界的一种行动"①，当你通过感

①　段义孚.恋地情结[M].北京：商务印书馆.2018.15.

知与体验对一个环境熟悉后,空间就转化成地方,其实他是从审美经验的视角看空间的。当下,由民宅、农庄、农舍、牧场甚至集装箱等临时搭建的休闲之所改建成的民宿成为一种非常流行的旅居形式,与传统酒店、旅店不同,民宿不仅提供居住,更要通过情境创设彰显"主人家的人文关怀"①,给予住宿者以宾至如归的感觉,并使住宿者体验到当地的田园风光、乡土味道、民俗风情,更加关注居住体验过程中舒适的心理感受和精神需求。

图 5 - 39　莫干山民宿外景

江南村镇的特色民宿作为记忆的媒介,近年来莫干山民宿(5 - 39)做得有声有色,不仅被看作物质的旅行居住酒店,而且被当作可解读的"文本",包含乡土、乡情、乡音、乡恋、乡愁的人、物、事、情、境动态交融的记忆容器,是对当地自然生态禀赋与人文特征的一个综合表达。在这些场景中生活的人和发生的事正是民宿的核心竞争力,"经营者

---

① 蒋佳倩、李艳.国内外旅游"民宿"研究综述[J].旅游研究,2014(04):16—22.

和乡村风情是民宿主要的竞争优势来源"①,会引导受众消费习惯,成为具有家园情怀日常生活的一部分,让游走于其中的旅客获得"和而不同的空间体验"②,从而推动乡村旅游业的发展。

土坯房黄泥、溪石、老木头、废旧瓦片等是极富农村特色的建筑材料,讲述着梦境中古老家园的故事。在江南,无论是山村还是水乡、城镇、县城都有很浓的令人陶醉的乡土韵味,如孩童跳橡皮筋的童谣、独轮车转动时的嗌呀声、街巷里"磨剪子刀戗菜刀"的吆喝声等都有明显的乡土特色,给当地增添不少情趣和活力。自然环境、风俗民情、本地独有的文化遗产资源都体现了江南民宿所特有的乡土特色。比如农村夯土小屋、农家田园乐趣、具有"现代乡土的人文情怀"③,这些灵感主要源于传统乡土方言,是其当代呈现。综观宋人在题山水画、诗中所表达的情致内涵,以林泉之思最为突出,表现为情感过程中"遥羡—惧隔—望引"④三个环节。专著《园冶》中的《相地》篇讨论了江南古典园林分为山林地、江湖地、市井地等是如何因地制宜的。尊重当地乡民和乡风是民宿设计的起点,乡民祖祖辈辈生活其中,当地的地形地貌风土人情都融化在他们的骨子里。犹如处在云雾仙境中的松阳县过云山居有着世外桃源般朴素入心的环境和"禅意"生活格调,儒释道思想促使江南学士们不断自我反省,追求的一种"情""趣""景""韵"等诗意境界在这里有了一个真真切切的生活体验。

从文化记忆的角度理解,民宿所依赖的建筑形态、器物对其主题风格影响最大。在客房、廊道、公共空间以精巧的工具作为室内装饰,方

---

① 胡敏.乡村民宿经营管理核心资源分析[J].旅游学刊,2007(09):64—69.
② 方晓风.美丽乡村与乡建伦理 贵州贵安车田村文化中心评论[J].时代建筑,2017(01):94—101.
③ 单军.批判的地区主义批判及其他[J].建筑学报,2000.(11):22—25.
④ 钟巧灵.论宋代题山水画诗中所蕴含的林泉之思[J].求索,2007(12):183—185.

便追求文人雅趣的游客开展吟诗、象棋、古琴、绘画和题写等活动,去领悟文化游戏中蕴含着的恬淡而超然的哲学智慧。乡村民宿的设计不仅仅是一个建筑空间的装饰问题,更是一个满足多功能的为乡村赋能的系统设计,面对乡村大量闲置的房屋,一切的设计都是源于对当地的理解和因地制宜的感知,艺术家的眼光、产业规划师的高管谋略和寻求差异性的变通思维是设计的重中之重,人、场景、活动、故事是构成民宿可居可游可感记忆场所的基本元素。情境重构在于讲故事,一个完整的故事结构由三部分组成①:首先,通过对乡村民宿主及其家族人物的年龄、职业、爱好、环境、文化习俗等特点的刻画与描述,塑造出触发乡村民宿居住体验的核心点②,也就是组成了这个民宿的记忆点;其次,是场景风格定格,设计的关键就是营造独特的意境,使外来的居住者在这里能享受到不同于其他地区的风貌基调与文化氛围;最后,就是空间叙事,这样从告知、分享到融合,民宿体验经历了一个从感知、接受到认同的完整过程,通过口口相传和网络传播,最终达到民宿主人、设计师和居住者共同的理想目标。

乡村民宿又是一个诱发无限可能的策源地,"乡村民宿+互联网""乡村民宿+赛事""乡村民宿+民俗主题活动"等等,形成创意无限的"乡村民宿+"模式,推动农业从过去"单一的生产功能向综合化方向发展"③,这一切的规划与实施都离不开外来乡建力量和本地村民共同的努力,整合内外乡村资源、人力智慧加上当地政府的支持与监管。日本北海道农场与科技服务机构强强联合,依托薰衣草农业景观,创意策划设计了一个乡村旅游的景观系统,如摄影节、美术馆、自行车环游等休

①　俞昌斌.体验设计唤醒乡土中国[M].北京:机械工业出版社.2017.73.
②　张凌燕.设计思维——右脑时代必备创新思考力[[M].北京:人民邮电出版社.2015.
③　孙炜玮.乡村景观营建的整体方法研究 以浙江为例[M].南京:东南大学出版社.2016.55.

闲项目，构成了一个产品多元、功能复合、艺科融合的立体景观空间；通过资源协同能让乡村民宿、农场和当地标志性景观联动起来，构建一个更大的乡村文化和特色农产品交流平台。

3. 从形式功能到人文精神：作为象征性景观的"乡村节庆"模式

乡村节事的举办和活动创新，能促进人与人之间的平等交流，激活主体意识，有利于社会和谐价值观的形成，提升农产品的品牌认知度和商业价值，有利于地方形象的塑造和商业市场的集聚，乡村节庆活动是乡村社会和乡村经济同步发展的最好方式之一。20世纪中叶开始，日本乡村出现了人口、产业、村落和土地"空洞化"等问题，经过很长一段时间的考察和研究，学者佐佐木雅幸受到国际"创意城市论"的启发，在日本工作坊式研究的基础上提出了"创意乡村论"，即"以村民自治与创意为基础，导入艺术和科学技术，可在保有固有文化与传统技艺的前提下，打造出自律循环的地域经济"[①]，通过创意活动吸引人们到乡村采风、聚会、体验等，促进人才交流从而引发城乡之间的互动。地处偏僻山区的越后妻有地区成为艺术成功介入乡村节事促进乡村振兴的典型案例，为我国乡村文化活态传承提供了良好的学习样本。"日本大地艺术节之父"北川富朗在《北川富朗大地艺术祭：越后妻有三年展的10种创新思维》[②]中提出："以艺术作为路标的里山巡礼""在他人的土地上创作""人在自然中""艺术发现地方""活化旧事物，创造新价值""超越地方、年龄、领域的共同创作""艺术化公共设施""独特的据

① 时晨.艺术项目参与乡村振兴研究——以日本越后妻有地区"大地艺术节"为例[J].河南科技学院学报，2020(07)：7—13.

② 北川富朗.北川フラム，张玲玲译.北川富朗大地艺术祭 越后妻有三年展的10种创新思维[M].台北：远流出版事业股份有限公司.2014.

点设施(新地标)""生活艺术""祭(五感体验)""全球化/本土化"。

　　艺术祭的本质是想让在地守护乡村的爷爷奶奶们开心。例如"梦之家"(图5-40),是行为艺术之母 Abramovic 在第一届艺术祭的重要作品之一;废校改建的越后妻有上乡剧场馆(图5-41),除了自然地貌,因地制宜地利用废弃的粮仓、教室,工厂被活化利用,学校成为社区的中心,更是心中的希望之灯塔;"从构想'梯田'开始"[①](图5-42)人们在自然中思考人与地、人与人的种种关系。当然日本乡村的艺术节是结合其自身土壤新生出的果实,不适合我们"东施效颦",但是他们"从在地社区自身的文化脉络出发"[②],本地居民自下而上的行为与自上而下的投资相结合,"谨慎地将精英艺术带入他者的日常生活","透过村落连接世界"等经验值得全世界的乡村学习。

图5-40　"梦之家"Marina Abramovic　　图5-41　废校改建的越后妻有上乡剧场馆　　图5-42　从构想"梯田"开始

　　近几年来,我国广大乡村各类以民俗活动、节庆赛事为载体的乡村旅游兴起。"中国农民丰收节"从设立之初,就承载着"乡村振兴战略背景下塑造当代中国乡村文化符号"[③]的新期待,借助"农业嘉年华"等平台让乡村传统节庆文化活起来,让"老字号"农业品牌"红"起来,阿

　　① 越后妻有大地艺术祭结束了,有些事我们注定学不会.https://www.sohu.com.。
　　② 渠濛.大地艺术节的十个创新思想:日本乡村艺术节如何振兴社区? [J].公共艺术,2019(05):106—109.
　　③ 推动中国农民丰收节成风化俗 塑造中国乡村文化符号[J].江西农业,2019(21):15.

里巴巴联动全国1000个核心农产品产区,通过互联网有效推进产销对接,通过"美丽乡村""最美丰收达人秀"①等活动评比,让村镇美景更美,展现了新时代的精神气质,将精准扶贫战略落到实地。农民成为丰收节的主体,实现了"亿万农民最美的寄托"②。

江南传统市镇具有悠久的历史,城镇之间交通网络发达,提升了公共文化服务的承载功能,更具备城乡联动的物理条件。至2020年,举办了第十六届的"中国·南京农业嘉年华"和第八届西塘汉服节等都是乡村知名节庆品牌。乡村节庆具有的在地核心的吸引力一是来自地域的乡土性,二是源自农产品的独特性、多样性与有机性。乡村节庆类型丰富多彩,有重大一次性的年度节庆,也有周期性(一次或者多次)的一般性节庆,以地域资源优势的节庆有原生态风光节、传统市镇文化节、与农事有关的采摘节、历史纪念日等等,还有经过专业策划引入主题的乡村音乐节、书画节、摄影节、赛事节、美食节等等,名目繁多。当代乡村节庆已经实现了"从乡村单元向区域、季节依托到季节引导、单一节庆主题向综合体、单一主体到联合机构"③,最终朝着激活人的内在心灵和涵养人文精神等方面的转向。

4. 从原生到腾飞:跨界融合的"校地协同"模式

当代的村镇并非回到古代的生活,而是要深度研究江南建筑、风物背后的文化记忆与文脉基因,回归到当前江南的日常生活中。中国美院象山校区入住转塘镇,带动了周边整个村镇和社区的发展。杭州市

---

① 叶春兰、秦莹.北京"中国农民丰收节"对乡村振兴的影响分析[J].中国农业文摘—农业工程,2019(06):50—54.
② 高云才.亿万农民最美的寄托——写在2019年中国农民丰收节之际[J].当代农机,2019(10):16—17.
③ 戴林琳.从城市到乡村:节事及节事旅游在乡村地域的发展动因及其应用前景[J].地域研究与开发,2012(06):76—81+86.

西湖区转塘镇在杭州西湖南部,是浙江省百强乡镇之一,属于江南地区非典型村镇,但是其象山地理环境有山、水、树和满山白鹭,这种原生的自然灵性和诗情画意非常符合中国美院这所百年老校的审美观念与气质。王澍主持设计的中国美术学院象山校区获得普利兹克建筑奖感动了世界,整个校园犹如一幅起伏连绵的意象山水画卷(图 5-43),为当代建筑、景观审美向日常生活回归的经典之作。

图 5-43　中国美院象山校区平面示意图(左)/一期(中)/二期意象结构预测结果(右)(胡兴绘)①

大大小小的江南民居式建筑犹如古代书院自然地散落其中(图 5-44),杉木板立面的三合院、土黄色的夯土建筑墙体立面、瓦片表皮下的民艺馆、斜坡式楼梯、不同大小构成感极强的方块窗户,建筑极不规则甚至有的房间没有窗户,应用了废弃砖瓦、路面石块等最原始的建造技术和最本土的符号语言,将中华传统"耕"与"读"文化结合起来,王澍思考的不仅仅是大学校园满足教育教学的基本功能,更是在引导当代大学生对建筑本源与人类赖以生存的环境之间的关系的深层反思,使当代文化记忆的隐喻与教育功能进一步升华。

---

① 图片来源:胡兴.中国美院象山校区空间可读性调查与评价[J].中外建筑,2017(10):134—137。

图5-44 中国美院象山校区实景

王澍曾经将湘西村落的空间意象定位为"一个涵纳着一种聚集丰富差异性的建筑类型学"[①]，这种空间意象来自他游走于沈从文在《湘行散记》中所描绘的湘西村镇并对湘西村落的震撼体验。王澍在《隔岸问山》（图5-45）中分析了他对中国美院专家楼的设计思维和建造过程，"瓦山""水岸山居""隔岸问村"是不同人从不同视角对其进行的三个命名，并归纳了四种视线：隔河望问、居停外望、南北穿越、东西穿越。人与建筑之间是互动的，"山外观山、山内观山、形而上的回望"这三种观法，其实是多种不同的游走路线，通过身体性的体验而获得的"内山的经验"，也是一种对自然山水诗意生活穿越时空的创造。王澍的创作具有语言学意义上的突破，自然材料的一致性，夯土墙体的本土性，分别从木构、夯土和结构等传统营造法则和技术上寻求突破，整个建筑群看起来是一个复杂而巨大的木构织体，但组织逻辑秩序却简洁清晰，实现了不同语素系列的差异共存，以一种主动臣服的姿态完成对

① 王澍.隔岸问山——一种聚集丰富差异性的建筑类型学[J].建筑学报,2014(01):42—47.

传统的补充与扩展。

图5-45　中国美院专家楼《隔岸问山》①

自2001年中国美院象山校区落户转塘镇以来,该校区发挥了巨大的人才资源引领和带动作用,改变了转塘镇的产业结构,为了培育发展地方创意产业,校地协同建立了紧密型战略合作关系;将部分"厂房、废弃矿山"②的环境改善,作为创意产业发展空间;"合理利用转塘镇现有大型公共建筑"建设展示交易平台;借助美院设计力量营造特色街区。中国美院的设计学科如城市规划、建筑、景观、家具设计、文化形象、工业产品设计、服装设计、平面设计、陶瓷与玻璃艺术品设计、动漫艺术设计、玩具设计、公共艺术设计等设计专业每年的毕业生,为当地的文化产业发展贮备和输送了大量的设计人才和新生力量。

同时,中国美术学院本科招生每年的考试报名人数达到八万至九万人次,培训中心、画室、艺考培训学校成为转塘镇一道特殊的风景,有的地方拥有能容纳上千人的教室,每年在此地培训的学生和家长又成为流动的消费者,近年来,每年"十万人的艺考培训,三四十亿元的产值"③,数以百计的食堂和宿舍、设计事务所、文化传播公司、动漫创意

① 王澍.隔岸问山——一种聚集丰富差异性的建筑类型学[J].建筑学报,2014(01):42—47.

② 王国灿、裘惠国.转塘,会成为中国设计艺术之镇吗[J].今日浙江,2007(14):60—61.

③ 黄俊娴.艺考培训业规模化 是喜是忧? [N].中国文化报.2012—08—21(006).

园等如雨后春笋般诞生并进驻转塘镇,书店、画材、酒吧、饭店、旅馆、时尚品牌、医疗健身、综合超市、百货商城等配套服务涌现出来,随着浙江工业大学之江校区的建成,以及宋城、乌龙茶村、大清谷、白龙潭、之江国际高尔夫球场等大型休闲游乐场地的对外开放,"校地协同"的创新模式为转塘镇积聚起浓厚的文化底蕴,促成了当代小镇的腾飞。

　　在保护与发展大的框架下,如何从微观视角深度处理好建筑设计与社会、经济、资源、土地、生活、民俗观念、传统技艺等要素之间有效链接和平衡的关系,积极倡导对乡村聚落空间的模式研究,引导社会各界整合资源、协同创新,通过激活社区等方式来激活传统空间。典型的案例有由清华大学美术学院、央美、国美、川美等国内几大知名艺术院校的100多名艺术家进驻山东寿光市田柳镇瓜果蔬菜特色东头村(图5－46),以艺术涂鸦墙绘的方式为当地村民带来了一场高雅艺术介入乡村的饕餮盛宴。

　　2007年至今,国内建筑顶尖院校联合发起的"8+1+1"联合毕业设

图5－46　山东省寿光市田柳镇瓜果蔬菜特色东头村艺术介入涂鸦效果图①

①　图片来源:美哭了! 100位艺术家去了中国农村,震撼了300万网友:现实版回村的诱惑……https://www.sohu.com/a/387283877_12043810.。

计成为专业高校一项较大规模且具持续性的教学实验及交流活动,也是一个富有学术和应用价值、以设计服务社会的共享平台。无论是联合毕设、艺术涂鸦还是碧山计划、许村计划等艺术实践,都是值得社会肯定、尊重与认可的。不过乡村社会是一个动态运行而庞杂的大系统,艺术家个体的情怀和梦想都是美好的却又有一定的局限性,而由社会政府组织、企业出资、专业院校和设计机构、地方居住者与外来旅游体验者共同参与形成的跨界协同乡建共同体模式更容易形成合力。南京溧水无想山南民宿设计竞赛(图5-47)和全域旅游公共艺术装置设计大赛(图5-48)引人注目,组织者有效整合了社会资源,运营者提前介入,实现了景观与乡村产业发展的可持续性,艺术介入村镇景观不仅较快提升了地方的环境品质以及影响力,还对培养乡民的公民意识和共同道德具有积极的引导作用。

　　早在2007年,同济大学娄永琪教授就在上海崇明岛仙桥村开启了"设计丰收"项目研究,采用"针灸式"设计策略,以设计民宿、艺术家驻

图5-47　南京溧水无想山南民宿设计竞赛2017
获奖作品《无华艺宿》三草木文建筑研学社①

---

　　①　图片来源:2017南京溧水无想山南民宿设计竞赛官网.http://aim—competition.com/wxs/work/5c079ea742d011e8b5a27cd30abeaea8? l=cn.。

图 5-48　南京溧水无想山全域旅游公共艺术装置设计大赛获奖作品①

村、乡创活动、生态体验农场等多个模块,研发城乡交互领域的未来产业和生活产品,以及创意服务和商业模式,链接城乡供需网络,支持"三农"和创新创业。为期一个月的上海青浦区重固镇"章堰丰收——城乡未来实验室"(图 5-49)就是一个具有示范性的项目,同济大学创意学院和英国皇家艺术学院组织专家联合策划,积聚了世界各国关注乡村可持续发展的创新践行者、与乡村产业有关的企事业单位、专家学者、社会组织等,乡村丰收节成为开放性的协同平台,以乡民需求与愿景为起点,共同探讨乡村振兴的新路径,重塑乡村品牌形象。

　　"城乡未来实验室"的研究内容涉及未来乡村衣、食、住、行等生活产品的设计、乡村生活内容的创新、乡村产业的业态与经济模式,艺术、科技、建筑、生态修复、非遗转化创新、材料的可循环利用、社区营

---

　　①　图片来源:南京溧水无想山全域旅游公共艺术装置设计大赛官网,http://maka.im/pcviewer/9793279/QDDHVSV4.。上图为一等奖作品《回响(方钢)》,作者:李苑琛,作品《感谢执着》《念念不忘》《必有回响》。作品以三组方形截面为基础图形,沿曲线环绕而成。蜿蜒的曲线在正视图构成了英文单词"Music"的图案,与"咪逗音乐节"的空间相呼应,雕塑整体的尺寸可供人穿行。下图为二等奖作品《无想之门》,作者胡泉纯,作品提取/抽象强化当地传统建筑的符号,筑成山形被放置于无想山的无想之门附近,一方面与自然的山水和周围的民居相互呼应,另一方面作品运用了现代水幕技术和水幕电影特效呈现出古代文人骚客在溧水留下的名篇佳句,公众进入并穿梭其间,身临其境,配合现代灯光及音效营造出了一扇"人景相依无想山"的人文之门。

图 5－49　上海章堰丰收　城一乡　未来实验室

造等,正如娄永琪所言"自下而上的、设计驱动的项目为社区赋能和转型提供了新的可能性"①,通过需求、生态、思维和平台"四大范式转型",以农业为本,乡村作为未来创新的源头,颠覆了传统思维,具有一定的引领性,也为乡村人才的储备和设计驱动江南新水乡可持续发展模式创新提供了可能。

近年来国内外一些著名的建筑设计师和社会精英、学者们积极深入农村,高度关注城乡融合发展与相关社会问题。著名建筑师库哈斯策划的"中国乡村新篇——古根海姆美术馆中国乡村展"中央美术学院预展开幕(图 5－50),令人瞩目,是其世界"乡村·未来"展览之组成部分,展示了中央美院与库哈斯团队合作三年的研究成果。展览分为四个板块②:一是乡村发展数据展,从历史、文化、政治等方面比较研究

---

① 娄永琪.NICE 2035:一个设计驱动的社区支持型社会创新实验[J].装饰,2018(05):34—39.

② "中国乡村新篇——古根海姆美术馆中国乡村展"中央美术学院预展开幕,来源:中央美术学院官微。

图 5 - 50　库哈斯策划举办“乡村·未来”展览之“中国乡村新篇”①

中国、欧洲、美国等国家和地区的乡村发展状态，分析中西方乡村之间的差异与相似性，认识导致全球乡村发生剧烈变迁的内在因素以及现存问题。二是中国乡村的“四种画像”，即在深度调研寿光、板万村、雨补鲁村、刘庄等村落的基础上，展示中国乡村“集体经济”“文化旅游”“农村电商”“高科技农业”四种类型的现实图景，与不同历史时期的乡村现象和大量宣传海报叠加，创造出一种穿越时空的对话。三是乡村会议室各时期自上而下、自下而上的特性，诸多政策文件，层级分明的秩序感与围合共议的自发性，彰显着乡村建设的综合性与复杂性。四是新技术在农业生产中的应用研究，农用无人机、农村生态户厕系统马桶、基于大数据的乡建模型、乡村网红和淘宝网购产品等等，中国乡村以“独特的政治经济模型”和一系列乡村实验在全球扮演着重要角色。新技术介入乡村，新型“三农”该如何发展？这一切都扩宽了未来中国乡村研究的深度与广度，也为新时代江南村镇的发展带来了更多

---

① 图片来源：中央美术学院官微。

可能性和更加广阔的前景。

本章小结

本章分析了"融合共生"互动机制下景观系统设计的内在逻辑,论述了村镇空间文化记忆的介入方式,强调设计学科在乡建中的协同创新作用。按照乡村振兴的目标要求,提出"指定类比式、象征隐喻式、语境约定式"的景观设计与方法,结合案例分别对三种类型的情境重构模式进行了详细解析,生态型景观采取乡土景观与乡村基质的关联策略、文化景观与文脉原型的类比策略;产业型景观提出现代农业景观人文化、智能化、系统化、整合化的文科融合赋能策略,工业遗存景观穿越时空的语境策略;生活型景观提出当代江南村镇生活型景观情境的唤醒和互生策略,提倡回归日常生活的"慢生活"模式、"校地协同"模式、"乡村民宿+"模式等景观类型,完成了江南村镇空间文化记忆与景观情境"融合共生"的系统设计策略体系建构,激发民众从身份认同上升到文化认同,并化为积极参与乡建的行动力。

江南村镇空间是一个自然更替、动态生长的有机体,江南人特有的文化记忆构成了江南人集体的归属感、身份认同与精神家园。文化记忆导向下当代江南文化景观设计已经发生四个转向:设计目标从单一的形式美化转向满足多元功能需求的系统设计;设计的实现路径从景观表层设计转向对深层次文化内涵的研究;设计的策略与方法从单一的造物设计转向跨界融合的系统性设计思维;设计媒介与语言从物态的景观语素转向动静、虚实结合的媒介融合。文化记忆导向下的江南村镇文化景观情境重构变得更加复杂多元和丰富,整合了聚落景观、生活景观、精神景观、产业景观、美食景观甚至虚拟景观,他们自由组合,构成了庞大而丰富多彩的景观系统,"融合共生"当代江南文化景观设计策略最终构建了一种可持续的地方创生模式。

第六章
应用研究：文化记忆导向下江南水乡
孟河古镇文化景观设计实践

一、 案例选取与研究视角

（一）项目缘起

在经历了一年多对周庄、同里、西塘、震泽、乌镇、焦溪、杨桥、奔牛等江南村镇的实地调研之后，发现江南村镇景观文化丰富多彩，即使在一个辖市区域的村镇也因历史记忆的盘根错节而内部差异明显。在江南水乡古镇联合申遗办公室拟定申遗候选古镇的备选名单中，曾经在历史上影响国家漕运命脉的常州古镇孟河镇引起了我的关注。通过多次深度走访，发现孟河镇集江南水乡的共性与个性于一身，孟河村镇作为论文的田野调查点，有利于将研究聚焦在一个具体而典型的村镇内来进行，这样便于接近被调查对象，能够对村镇和公众进行零距离的观察，被聚焦研究的村镇应该能提供村镇景观文化变迁发展过程中较完整的切片和缩影，小村镇与区市、江南地区形成区域关系，可以与同时期的江南其他村镇进行对比研究,还可以将其还原到中国甚至国外城乡发展的大背景中,形成横向比较研究的整体观。

选择孟河古镇作为本文应用研究的调查点基于以下三点缘由:

其一,孟河古镇通江达湖地理区位的独特性使其作为江南水乡中的一个重要组成部分,与其他江南农村之间有着许多共性特点:一是均与大运河相连,均通过区域重要水系与运河相连通,构成了江南水乡人们集体的归属感和身份认同;二是区位选址方面较为相似,选址都位于长江以南、太湖东北部;三是作为明清时期大运河漕运主干道,城市与乡村的贸易中转站,州县与乡村之间贸易的联结纽带,见证了以商贸活动为基础的乡村城市化萌芽和独特的市镇文化传统;四是古镇整体形式结构原理相近但各具特色,孟河在江南水乡西部,凭借其位置的典型性和地方性,在历史上是大运河与长江口联系的交汇点,联动东西南北的交通枢纽,体现出鲜明的独特性,也能反映出江南村落文化的多样性。孟河古镇文化景观更新实践研究对江南水乡申遗提供了鲜活的样本,具有重要的支撑作用。

其二,孟河古镇凭借文化资源的丰富性成为大运河沿线村镇的一颗明珠。孟河镇因河而生,其运河枢纽的地理优势构筑了孟河不同于其他聚落的空间格局和街巷肌理。极具传奇色彩的江南水乡古镇孟河包括万绥、小河和孟城三个古村镇,万绥村的萧氏宗祠曾是齐梁两代皇帝的祖居地和发源地。历史上的孟河星河灿烂,几乎拥有了江南小镇的所有禀赋,包含运河文化、齐梁文化、漕运文化、军事文化、中医文化等等,丰富多彩,孟河历史脉络清晰可辨,可谓江南地区农村变迁的缩影,具有重要的研究价值。

其三,孟河古镇文化景观设计项目具有融合多元性。经历了千年文化变迁后的孟河古镇面目全非,古孟渎断流,水巷无水,昔日繁华的孟城北街因长期空置而衰败。新建镇区的工业化与历史文化街区的破落现状形成强烈反差的新旧两个世界,改革开放的孟河是苏南乡镇经济模式的代表——中国"汽配之乡",传统与现代交替在孟河显得格外突出,这也是苏南地区乡镇经济发展过程中的普遍现象。

1. 建设目标多元融合

上位规划、相关规划对孟河镇的发展提出了新的要求:根据国家《乡村振兴战略规划(2018—2022年)》和《大运河文化保护传承利用规划纲要》,省市上位规划和相关规划的新要求,孟河镇新一轮规划要贯彻落实国家新型城镇化战略,立足孟河镇自身经济发展阶段和自然生态、历史文化资源的特色,加快产业发展方式转型,以小城市为发展目标,建设目标融合多元,关注产能提升、品牌打造、空间支撑三个核心,以产城融合发展、优化空间格局、资源综合利用、城镇特色塑造四个维度来培育国家级重点中心镇,引导孟河古镇科学发展、转型发展、统筹发展、和谐发展,率先实现现代化。因此,孟河古镇文化景观设计项目将综合环境空间、经济和社会三个方面为乡镇区域进行整体的景观规划,设计内容具有系统性和融合性。

2. 参与力量多元融合

政府、产业引导、学术机构、社会力量等多方人力资源的集聚,借助常州市新北区孟河镇政府的推动,联合龙城旅游控股集团、常州市规划设计院、常州市大运河文化带建设研究院、高校专业设计人员和地方村民参与,集聚了一切有利于孟河发展的社会力量,改变了传统只有政府主导的单一力量建设方式,参与力量的多元化,促进资源的融合和文旅融合发展。孟河镇作为江南水乡申遗重点保护利用的古镇之一,在建设的过程中,本研究成果的应用能对孟河古镇文化景观规划设计理念的提出和执行起到重要的指导作用,同时也有利于研究的检验与反馈,以便即时调整研究的缺陷与不足。

(二)项目区位和现状概况

1. 项目区域位置

孟河所在地江苏省常州市为长江下游和太湖流域的湖西冲积平原,西高东低,区内河道纵横,北枕长江,南临滆湖,太湖居其东,而大运河横贯东西,襟江带湖,河塘密布,古有"江左名区,中吴要辅"之美誉。改革开放后,1983 年孟城人民公社改为孟河乡。

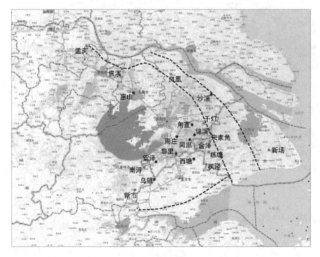

图 6-1 孟河古镇在江南水乡区域中的位置图

1989 年 11 月,孟城乡改为孟城镇,1995 年 8 月,改为孟河镇。1999 年 11 月,万绥乡与孟城镇合并为孟城镇,2003 年 10 月,小河镇与孟河镇合并建置孟河镇①。三个村镇关系错综复杂,共有 39 个行政村和 1 个社区居委会,农业是孟河的传统命脉,工业成为经济支柱产业,2014 年被列为全国重点镇及中国历史文化名镇,2017 年被列为全国特色小镇。从宏观区域层面来看,孟河镇位于长三角苏锡常都市圈内部的重要节点,地处常州西环线与北环线交汇处,具有较强的区位优势。从周边关系层面来看,孟河镇位于常州市、扬中市和丹阳市的交界处,属长江三角洲冲积平原的一部分,北与丹阳市界牌镇、新桥镇毗邻,西与丹阳市访仙镇相依,东与扬中市西来桥镇接壤,南与常州市新北区西夏墅镇接壤。

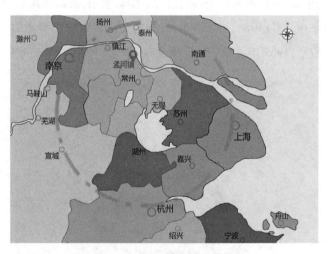

图 6-2　孟河镇区域位置图

2. 现状概况与问题反思

现场观察和村民访谈的资料显示,孟河古镇发展的优势与缺陷并存,目前亟待解决的问题具体表现为以下两方面:

---

① 见资料复印件:《关于报请审批城市总体规划的请示》和《决议》。

第一方面是对大运河及相关水系的整体性认知与基础研究工作认识不足,孟河古镇建设缺乏整体的战略定位和统一规划,传统街区的空心化与现代镇区的同质化形成强烈反差。镇政府和居民都明白作为文物的传统历史街区具有重要的历史价值,但如何去保护和利用值得研究。历史街区老宅破败不堪,木屋构架断损、墙体倒塌,损坏情况严重;重点修缮的几个文化景观呈现碎片化状态,缺少对本土文化的深度研究和整体功能的前期策划,利用率不高;而现代镇区基本是由上至下的统一规划的社区和商业街区,建筑风貌同质化,缺少地方感和归属感。

第二方面是水环境被破坏,道路交通及公共文化设施整体印象较差。古孟河因早年河道改道而干涸断流,路面破损较为严重,缺乏停车场地,局部破损地段以水泥覆盖,和老街形象不匹配;其他道路则为乡间巷道,外来游客车子随意停在大路两边,缺少规范管理,也影响市容市貌。市政环卫等公共设施现状不乐观,强、弱电线缆为架空布设,入户线缆采用明装敷设,道路上空电线纵横交织,直接影响了古镇保护区空间的视觉效果与安全性;垃圾外露,市政环卫设施破旧,卫生条件差,公共空间整体印象较差。

现状分析:孟河独有的自然、历史文化禀赋和深厚的文化内涵未充分彰显,村民的诉求与亟需解决的问题主要集中于以下四点:(1)还河于民,恢复街河相依古镇格局,道路交通、市政公共设施进行系统配置;(2)镇区业态的整体定位与系统规划提升;(3)孟城北街建筑风貌的整治;(4)标志性景观和公共文化空间的营造等。这些现象不仅是孟河古镇的个案问题,也是江南水乡乃至我国城镇化过程中普遍存在的问题,孟河镇作为片区规划中心,地方核心地位和文化凝聚力没有很好显现。

图 6-3　孟河古镇建筑风貌现状概况

（三）运河文化记忆导向下孟河古镇
文化景观设计系统设计思维

　　孟河镇空间记忆建构，是对古镇遗产保护、生态维护、功能提升、产业发展、交通组织、生活消费等内容提出的系统性解决方案；孟河古镇的空间记忆建构过程是分阶段"渐进式"的，包括人与文化景观、自然环境、社会之间的联系与互动，以期达成文化认同，是价值观与方法论的聚合。文化记忆导向下的孟河村镇设计思维过程分为"社会维度——前期调查与目标定位；时空维度——回溯传统与深度研究；媒介维度——设计介入与符号提取；功能维度——概念设计与实现路径"四个维度，围绕设计目标，从"深度研究—符号转换—情境建构—整体体验—审美共鸣—观念改变",是一个连续的设计思维过程,逐步深化对当代乡村振兴实现多元目标的理解,拓展系统思维和协同合作机制模式,逐渐构建一个乡村文化共同体。

1. 项目的战略定位与设计目标

作为文化记忆媒介的江南水乡是一个集景观形式、意义生成和日常生活于一体的容器,既包含着实在的物理记忆场域,又是功能性栖居之所,更是象征着记忆主体观念的生生不息的精神家园,被升华为一个被符号化了的大运河文化带沿线景观空间。目前江南水乡古镇联合申遗工作正在进行中,江南水乡古镇申遗工作的规模已经扩大,加入申遗行列的古镇开始有 9 个(苏州的周庄、同里、甪直、黎里、锦溪、沙溪、震泽和嘉兴的乌镇、西塘),后来又增加了无锡的惠山(2017 年),上海的新场、朱家角、金泽、练塘、枫泾(2018 年),常州的孟河、焦溪。江南水乡古镇遗产价值研究等项目为多个村镇的建设与发展也提出了更高的要求。

因此,发挥孟河丰富的遗产遗迹优势,要坚持以文化为引领,突出保护优先,强化科学规划,推进分类施策,真实完整保护各类遗产资源,整合拓展表现利用形式,全面阐释运河文化的当代价值和时代精神,让大运河真正活起来,加快推动从"地理空间"向"文化空间"的提升转变。辩证处理好保护和发展、当前和长远、全局和重点的关系至关重要。

战略定位:把孟河镇建设成一个以常州西北片区为中心并辐射到长三角下游的江南地区的历史名镇、产业重镇、旅游新镇、生态绿镇。孟河镇的发展不是孤立的,江南的水网环境是促成孟河古镇独特的水网体系和景观空间格局形成的核心要素。我们从哪里来,到哪里去?

苦苦的乡愁困扰着乡民们，一系列记忆密码期待着后继者去追寻和探究。纵观孟河历史长河的星河灿烂，特别是在齐高帝和梁武帝时代创造的"齐梁文化"和后来凝聚而成的"孟河医派"，是中国长江流域运河沿岸珍贵的历史文化遗产。按照大运河文化带国家公园一条主轴、多点联动形成发展合力的空间格局框架，孟河古镇文化景观规划设计项目要依托运河留给人们的美好记忆，顺应百姓期盼，充分挖掘大运河观赏、旅游和文化价值，推进文旅及相关产业深度融合发展，进一步集聚富民资源，充分激发社会各界参与大运河文化带发展的积极性、主动性、创造性，协同建设精致宜居的幸福家园。

　　孟河古镇的文化记忆是具有地域感知的"集体记忆"，既有由聚落、耕地、山林、河流、湖泊、原野等形态肌理及文化景观构成的生态环境，又离不开与群体的生存密切相关的社会组织，包括人口市镇、民间信仰、思维方式、价值观念、经济结构等领域，是人类创造性智慧和文化的积累，是一个特别群体整体性的共同呈现，具有典型的社会凝聚的内在力量。从文化记忆的视角，分析江南水乡孟河古镇空间记忆的变迁过程及基本形式，深入剖析大运河文化对沿线古村镇的历史、记忆与景观的影响以及它们之间深层的互动关系，能为我国特色小镇发展提供文化内核与动力之源。

2. 孟河古镇文化景观概念性规划设计的系统思维

　　城乡融合发展是推动乡村振兴的重要途径，孟河古镇是大运河畔的一颗珍珠，运河文化记忆导向下的孟河古镇文化景观更新设计要树立"融合共生"发展的系统设计思维，"融合"观既要突破时间界限，从历时性来深度研究适合当代记忆的文化基因和村镇禀赋，从共时性视角放眼周边和江南水乡区域，更要扩大到长三角和更大的视域范围，以

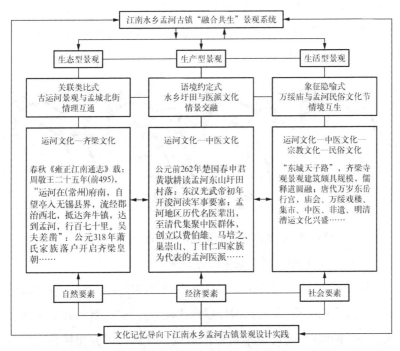

图6-4　孟河古镇文化景观概念性规划设计系统构架

促进区域文旅空间融合发展为己任,为更高层次促进孟河镇的区域协调融合发展注入新的动力。"融合共生"是设计目标也是设计方法,要在充分发挥孟河在地理上连通江湖、文化融汇、人流密集的叠加优势,深度融入和参与国家、省重大区域战略,加强与沿线兄弟城市江南水乡村镇的交流合作,连珠成线,推动大运河沿线村镇文化遗产资源的有机融合与共生。

国家《大运河文化带建设规划纲要》的发布为大运河沿线地方政府提出了大运河文化带建设的国家标准和具体工作安排,江苏作为大运河文化带建设国家公园的示范省,走出了一条保护传承与利用的多赢之路。对村镇空间景观的更新与提升,要从宏观、中观和微观,多层次、多渠道、多载体加强对孟河镇所承载的丰厚优秀传统文化的保护、挖掘和价值内核的阐释,增强景观的生命力、吸引力和承载力,让古老的运河文化焕发出新的生机活力。

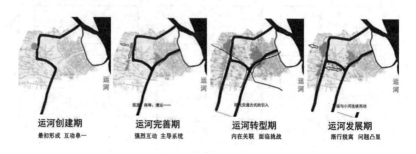

图 6‑5　新老孟河变迁图:创建—完善—转型—发展①

（1）宏观:村镇空间景观生命力的集聚

从宏观上看,孟河村镇空间景观生命力的集聚不能孤立对待,既要历时性纵向溯源,又要共时性横向比较,与周边区域的相关文化资源相呼应的同时,要彰显本村镇的地域多样性与差异化特色。景观生命力源于孟河村镇空间与大运河兴衰之间相辅相成、互生共荣的内在力量。两千年来,孟河经历了初创期—完善期—转型期—发展期—衰落期的变迁过程,影响着村镇景观的空间格局。老孟河、新孟河为大运河和太湖引注长江水,为保证大运河几千年流淌不息发挥着重要作用,孟河镇的水利价值、历史价值与社会价值非同寻常,是国家宝贵的财富,具有"价值整体性"。孟河镇的可持续发展动力更源于当代对当地各类资源的保护与合理利用,一方面加强自然资源禀赋的保护与土地的节约利用,按照土地利用总体规划确定的目标和用途,以孟河镇为单位统一规划,以行政村为单位整体推进,推行

---

　　①　图片来源:常州市规划设计院。

城乡协调利用。另一方面是对文化资源特色的保护与传承,其中包括大运河(常州孟河镇区域段)遗产、山川水系、"两山一河育一镇"的濒江整体格局与自然环境相融合的田园风光。因此,当我们重新审视运河与村镇的关系时,更会倍加珍视大运河生生不息的内在力量,整体研究和梳理出孟河的地域符号与精神,带着坚忍气质的孟河记忆与孟河情感,再续孟河文脉,再现孟河活力。

(2)中观:村镇空间景观吸引力的提升

孟河村镇空间形态是一个整体,包括通江达湖、山水秀丽、军事城堡、街巷景观、儒释道圆融的江南宗教景观等经典记忆场所,其优越的地理位置和自然禀赋孕育了形态各异且内涵丰富的文化景观空间载体,也奠定了孟河镇在大运河文化线路和遗产网络中无法复制和无可替代的节点地位。开展对与之关联的大运河历史文脉的深度探究具有一定的典型性。具体研究内容包括对"孟河物质和非物质文化遗产"①的梳理,这些遗迹资源还是静态的、历史的,如何突出特色来建构人们对孟河古镇的空间记忆,创设和激活一批与当代居民物质精神生活需要相匹配的文化景观和产品是当前村镇最想解决的问题。因此对景观吸引力的提升至关重要,从自然环境(生态性)、聚落空间(聚居性)、乡土文化(独特性)等方面入手,优选重点项目,依河连珠成线,以点带面,构成村镇互通网络,通过对村镇空间尺度定位、空间感知,空间融合利用、系统要素整合与调控方法等研究,恢复运河与村镇的互生关系②,使长江—孟河—大运河连通而成的"水脉"成为新时代孟河镇生

---

①　见资料:孟河镇域14处文物保护单位;35处第三次全国文物普查新发现的不可移动文物;33处历史建筑及古树名木、古井、古碑刻、古牌坊等其他历史环境要素和11项非物质文化遗产。

②　于文波等.基于"城市记忆"传承的运河文化休闲空间整合[M].北京:北京大学出版社.2016.

态文明发展的重要支撑体系。

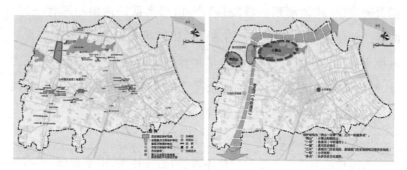

图6-6　镇域历史文化资源分布图(左)　图6-7　保护框架图(右)①

（3）微观：村镇空间景观承载力的培育

大运河文化是祖先留给后人的宝贵资源，运河沿线乡村的景观承载力包括生态修复率、心理接纳度和文化认同感。基于历史原因，孟河生态破坏古街衰落问题日益突出，近年来孟河镇政府高度重视乡村生态环境问题，通过规划更新修复小黄山自然生态，加大环境保护力度，为村镇的可持续发展奠定一定的基础。今后还要加大对河道的治理，补偿和恢复孟城北街聚落景观的生态功能，对重要历史文化街区和文物加强保护，对传统聚落空间进行微更新并活化利用；同时尊重当地百姓对记忆中孟河水乡的留恋与呼唤，尊重乡土文化和民众心理需求，避免发展旅游对在地居民带来超负荷的干扰，创新文化公共服务的内容与形式，以地域性的乡土文化引导村民形成积极向上的价值观，培养居民对家乡的自信力和认同感，激发乡村活力。

生命力是经济可持续发展的不竭动力，承载力是生态环境修复与管理的晴雨表，吸引力是资源集聚面向社会的综合实力，以上三种力相辅相成，贯穿于村镇保护传承利用的每一个环节，形成合力，发挥着各自的作用,支撑着村镇空间的整体发展,进一步增强在地居民的历史自豪感和文化自信心。

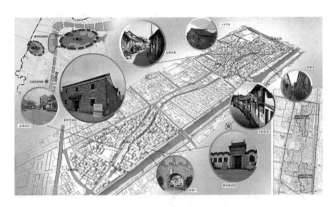

图6-8 孟河镇区域构成图

2. 孟河古镇文化景观概念性规划设计的主题内容

孟河镇境内有大小河道上百条,《常州市孟河镇总体规划(2016—2030)》根据历史遗迹和产业发展定位将形成"一主两次多点"的镇村布局结构:"一主"为孟河镇区,是全镇经济、政治和文化中心,集聚全镇的主要公共服务功能;"两次"即孟城片区和万绥片区,是联系镇区与村庄的纽带;"多点"即多方结合镇村布局规划,对外围主要村庄进行合理引导,包括多个规划发展村庄。按照《大运河生态与景观环境的综合评估》要求,孟河镇地处生态敏感区,主要分布在靠近长江区域、新北区中部以及主运河西段等郊区地带。这些区域植被覆盖率高,主要分布有长江重要湿地、饮用水源地、生态公益林区等陆地生态源区,以及运河西段的种苗产业区,生态环境优越。

根据生态环境的影响度,可将孟河古镇更大的空间范围划分为高敏感区、中敏感区、低敏感区以及不敏感区四个等级,据此进一步细划同运河相关的各级保护区。按照不同的保护区等级,可以提出相应保护控制要求,而区内涉及的河道、水利工程遗产、聚落遗产、相关物质文化遗产等,其保护和管控应履行各自相应的管理规定及保护措施。按照常州市孟河镇中国中医特色小镇的总体规划,围绕"健身—康养—休闲"主题,孟河古镇可以分为四大片区,将周边多个节点的乡村联动起来,利用万顷农田的自然田园风光,设置郊野农业观光和农事体验点,提供采摘、现场品尝和农产品成果展销,体验农业文化发展历史,这样连珠成线结网,构建大运河文化带沿线一个特色鲜明的村镇文旅融合示范区。其中整体营造四大文化景观片区文化空间,塑造特定的空间节奏,其景观主题和基本文化信息内容列举如下:

表 6 - 1　基于运河文化记忆的孟河村镇景观设计主题内容

景观主题	文化记忆	保存现状	提升路径
小黄山文旅自然风景区	自然山水、古代名人诗文	碎片化 原生荒芜	生态性自然修复 原生态记忆
孟城历史街巷区	北街典型江南古镇格局 北街——水乡市镇 南街——孟河医派	水乡无水、街巷破落 南街建筑原真性缺失、分散	居聚性 活化生活记忆
万绥宗教民俗文化区	庙、戏台、萧氏家族厚重的文化孕育新生	宗教文化内涵不够 民俗文化展示方式落后	独特性 乡土性 节庆集市记忆
小河苏南乡镇工业区	"苏南模式"代表(乡镇工业与未来智造)	汽配磨具企业小、缺少现代智造工业	引领性 工业记忆

通过前期现场调研、深度研究和设计要素分析等工作的积累,基于运河文化记忆的孟河镇文化景观系统的构建,是基于《常州市孟河镇

总体规划(2016—2030)》的前期研究成果,坚持"小规划、微更新"的设计原则,以运河为轴线,将孟河镇的空间规划的水体与堤岸统一布局,依托浦河和新孟河主干线和支线,疏通水网路网,将区域周边的村镇联通起来,构建孟河村镇景观"融合共生"空间记忆系统,形成"两轴一环一心四区多组团多节点"的运河村镇空间生态格局(图6-9):"两轴"以老孟河(浦河)和新孟河为轴,自长江南岸起,串联起四大片区,即小黄山文旅自然风景区—孟城历史街巷区(北街、南街)—万绥宗教民俗文化区(庙、戏台)—小河苏南乡镇工业区(原镇区)。

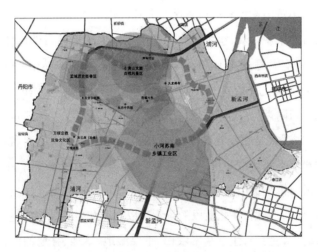

图6-9　孟河村镇文化景观空间记忆系统

　　孟河古镇文化景观设计的情境重构强调记忆内容、表达形式、实现路径与生产、生活、生态型场所空间等多元要素的"融合共生",将从"情理互通、情景交融、情境互生"三个路径具体实施。这里的"情"是从记忆主体出发的,地处长江下游岸边的孟河古镇因河而生,经长江贯连和冲积而成,天然水系密集和纵横交错的人工河渠是形成孟河空间多态性的禀赋与优势,从春秋"吴夫差凿"改循孟河出长江、圩田村落、萧氏家族南迁落户、齐梁王朝、大兴寺庙、儒释道圆融、引江水通漕形成的古运河和无数的古桥、万岁东岳行宫、万绥戏楼、孟河城、孟河医派、绵延至今的万绥猴灯和集市节庆等等，构成了持续千年的改变孟城空间格局的系列事件，其中虽然很多空间随着历史的变迁而消失，但是这些闪耀着先人智慧的行动展示了场所的营建与精神意义的高度融合，情与理、情与景、情与境交融互生，孟河古镇几千年来的文化记忆与村镇景观空间互生共存，包含着当地先民与自然和谐相处的智慧和社会持续发展的内在规律。

（1）小黄山文旅自然风景区

从自然景观来看，小黄山作为长三角平原地区珍贵的山体稀缺资源，自然环境优美、文化底蕴深厚、交通区位优越，其自然生态的修复是孟河镇可持续发展之本。小黄山的地形地势很特别，宁镇山脉余脉在孟河入江口附近呈"二龙戏珠"之势，"珠"就是古代的"河庄口"如今的孟河镇，"龙"就是相互分离隔"珠"相望的东山、西山，后遂名黄山，这也是常州市平原地区一片少有的山地和森林资源，植物茂密，山内水质良好。孟河镇小黄山属于大运河郊野生态的保护区划，以生态敏感性的评估分级为依据，在此地段的景观区以农业和生态保持为主，保持地方特有的生物物种，注重基本农田、重要湿地、草地、林地的保护；保持地形地貌的完整性，限制对地形地貌的改造，维护大运河沿线的江南田园风光，原则上禁止任何以商业开发为目的的城镇建设活动。

近年来，孟河镇人民政府、龙城旅游控股集团、常州市规划设计院形成合力，严格按照国家《大运河文化保护传承利用纲要》中提出的生态环境保护与历史文化保护要求，以生态修复为基础，描绘区域发展蓝图，制定功能布局结构，打造产品体系完整、产品线路完善、消费层次丰富、服务水平一流并与定位相匹配的精品项目和线路；并提出了土地利用、道路交通、公共服务配套、市政设施规划原则与总体方案,突出围绕孟河医派、中医药种植业和具有地域特质的"村野八景"典故,选择将农业观光、农事体验、运动健身、保健养生等休闲项目引入孟河,凝聚成一个山水环境优美、文化内涵丰富的休闲旅游度假区。

(2)孟城历史街巷区(北街、南街)

孟城北街沿两侧延展,东侧延伸 25—155 米,西侧延伸 35—80 米,保护孟城北门历史文化街区独特的河街相间、河路平行的"一河两街"的空间格局和市井民俗、传统街市的江南水乡传统民居风貌,是一个集市井民俗、传统街市、文化展示等功能为一体的运河文化历史街区。恢复老孟河故道及其码头群,再现传统古镇前街后河格局,结合北街传统民居和居住功能,回归民俗和市井生活及往昔工商业的繁荣景象,完整呈现孟河历史文化、河道的演化变迁、特色传统工艺及加工制作流程等,保护范围内的更新建筑外观应与传统风貌一致。

孟城南街即东至东门路,南至环城南路,西至河庄路马宅、孟河粮管所,北至丹凤路、费守寺民宅,总面积 6.8 公顷,是保护孟城南门历史文化地段独特的"十"字形的空间格局和市井民俗、传统街市的江南水乡传统民居风貌,彰显孟河医派文化。结合费伯雄故居、马培之故居、巢渭芳故居、丁甘仁故居遗址,孟城古城墙遗址等历史文化资源,重点建设孟河医派文化展示与培训基地、中医药材集散与康养企业研发基地、沿河游憩和古城墙风貌展示等功能分区。

(3)万绥宗教民俗文化区(庙、戏台)

万绥历史地段东至浦河,南至万绥畜牧兽医站、南寺路,西至齐梁路,北至万绥图公所旧址、新街里,总面积约 3.3 公顷,是集齐梁文化综合展示、传统街市等功能为一体的历史地段。作为齐梁文化的空间载体,将东岳庙和戏楼合二为一,整体维护,打造舍宅为庙、空间融合的混合展示区。维系下店上宅、商住混合的传统格局;局部铺设青石板路,恢复古街风貌;结合传统风貌建筑,适当恢复商业业态,避免过度商业化的旅游开发,保护范围内的更新建筑外观应与传统风貌一致,在万绥地段东侧,整治老孟河河道景观,恢复皇家码头旧址。

(4) 小河苏南乡镇工业区(原镇区)

小河历史地段包括小河东街、北街、南街形成的"T"型范围,总面积约3.0公顷,保持了街巷空间尺度和原有的布局形态。集铜刻文化体验和以明清民居、古街巷和古河道的保护和展示于一身,带动旅游事业,严格保护传统街巷的格局、尺度和传统风貌。重点推出现代工业展示区:从"孟河绉"—"振兴布厂"—"中国汽摩配名镇",建设常州乡镇企业博物馆,展示以孟河镇带为代表的常州乡镇工业发展之路,引起人们对苏南模式的反思,激发当代人对孟河"智造"的憧憬与期待,凝聚成具有地域智慧的内生力量,将孟河记忆由运河的历史转向未来。

二、 孟河古镇文化记忆与景观
要素之间的映射关系

江南村镇的空间体验就是一个回忆文化的心灵之旅,重在履行一种社会责任,回忆文化"把人群凝聚成整体的记忆群体",回忆的主体(群体)对"什么是不可遗忘的"等问题的关注程度各异。孟河本地的公共建筑有哪些? 庙会集市、古孟河、桥、码头、万溪庙、孟城北街、城墙等认知元素又是如何演变或消失,并引发空间属性的转变? 孟河的名门望族、孟河医派家族与家庭空间的变迁,其作为孟河中医发源地、十四家不同行业的集散地,产业系统是如何变迁的? 根据项目需要,按照历史时间线索、历史空间线索、社会关系线索这三大线索,对相关文献进行深度研究很有必要,孟河古镇整体的文化记忆可分为四个阶段。

(一) 创建期(史前—先秦):因河而生
——运河文化孕育村镇空间

　　孟河古镇历史悠久,因水而生,曾经出土陶器、青铜器和周边地区先后发掘的独木舟、纺织品和玉琮等,考古研究表明该地区蕴藏着十分丰富的考古文化遗存,有马家浜文化、崧泽文化、良渚文化叠压地层。

　　孟河地处现今常州地区的西部郊区,早在春秋吴国(公元前547年),常州始称延陵邑,归吴国季札封地。自先周吴太伯南奔建立"句吴",修建开凿"伯渎河",即吴国的前身。从春秋—秦汉古运河常州段的示意图可知,大运河乃西北—东南走向,直线穿过常州城。常州地区河道纵横,北枕长江,南临滆湖,太湖居其东,而运河横贯东西,襟江带湖,河塘密布,古有"江左名区,中吴要辅"之美誉。《越绝书》中《外传记·吴地传》记载:"吴古故水道,出平门,上郭池,入渎,出巢湖,上历地,过梅亭,入杨湖,出渔浦,入大江,奏广陵。"《咸淳毗陵志》卷十五"山水、河、武进"载:"西蠡河,在南水门南,经陈渡桥、塘口入滆湖。"单谔《吴中水利书》谓"南运河"又名"西蠡河",能缓解运河主干道水急停船的困难,形成独特的城池水系体系,乃水利史上的重要创新。

1. 联通长江与大运河的古孟渎

《江苏通志》载："周敬王二十五年(前 495),运河在(常州)府南,自望亭入无锡县界,流经郡治西北,抵达奔牛镇,达到孟河,行百七十里。吴夫差凿。"[①]公元前 496 年夏,吴王阖闾举兵伐越,受伤而亡;公元前 495 年,夫差继位后"常以报越为志"(《史记》),再加上年少气盛,为图霸业而欲伐齐,即位当年就颁发诏令,征赋徭役,开凿了一条从望亭抵常州奔牛,经过孟河出长江的运河,此河全长 170 余里,在中国运河史上具有重大意义,它不仅是江南古运河,也是京杭运河最早开凿段。此运兵、运粮的运河所能行驶的船的规模是"船长十丈,宽十五尺,可载士卒 90 余人",司马迁称"此渠皆可行舟,有余则用溉浸"。此运河成为当地通江达湖的要道,促进了江南水网的形成,也可被看作当时的水师训练之地,其开通为吴国北上称霸提供了便利,促进了当时吴国在军事、经济、交通和商贸等方面的发展。孟河西部地势较高,向东逐渐平坦,为长江下游水网地区,附近河道属于长江水系,北有孟河通长江。《咸淳毗陵志》卷十五"山水"记载"'七里井有孟渎,汉光武初潜,尝宿井傍,民为指途达江浒,即位命开此渎。'广五丈,深七尺,南通运河,北入大江。"《风土记》云:"孟渎,在县西四十里","阔五丈,深七尺,成为浦渎"[②]。可见,孟渎在西汉时为浦渎,南与江南古运河相连,北入大江,后来入江的河庄口发展为孟河集镇,包括孟城、万绥、小河三个村落。在万绥曾出土镶底独木舟,此舟全长二十米,宽一米负荷量约10 至 15 吨,比淹城出土的独木舟要大一倍以上,中间底部用木板与两侧船舷镶连,船舱与首尾相隔,由于用底板连接般舷扩大了容量和负

---

①　欧阳洪.京杭运河工程史考[M].南京:江苏省航海学会.1988.8—20.

②　史能之.咸淳毗陵志[M].北京:中华书局.1990.3095.

荷,相比用圆木开凿的独木舟,有了技术上的突破,考古测定为距今1945年上下85年之物,此物应出土在两千多年前的汉代,万绥镶底独木舟的相继发现,不仅充分反映了我国古代劳动人民的聪明才智,而且也反映了常州孟河水上运输的悠久历史。《成化毗陵志》称浦河上的"江桥"在"古孟渎"上,秦汉时期国家统一,水陆交通发达,秦始皇专门开辟一条木制轨道的天子路——"驰道",作为古代的沿江高速陆路。东汉光武帝初年(公元25年),朝廷命开浚河渎全长48里左右,从京口(镇江)至江阴,连接江南运河与长江。此后各代曾多次修浚达二十余次,孟河成为重要运道之一。孟河可谓江南运河回避镇江高地的最早出江通道,也是镇江段运河开通后备用的出江通道和水源补给通道。

2. 通江达湖的江南圩田景观

《道光武进阳湖县合志》卷三十六记载:"太湖中有大、小雷山,周子隐谓:'即舜所渔之雷泽。'大宁乡有'舜井、舜田、舜港',后人指为舜耕稼之所。"宋嘉泰《吴兴志》卷八载:"吴墟(苏州)西南立菰城县","起青楼,延连十里,西接黄浦",并作为"屯兵"之所。[1] 战国四公子之一黄歇在楚二十二年,被封春申君,继又请封于江东,因"故吴墟"为都,如无锡"黄公涧",江阴"君山",孟河乡之"黄坡、黄山"[2],都是因黄歇得名。公元前262年,楚春申君黄歇在万绥东山结庐读书十年,东山后遂名黄山。在水利和海防条件较好的常州、无锡、苏州、常熟、太仓、松江、嘉兴一带,大面积的"屯田"活动开始兴起。

太湖周围因要化湖泽为良田,只能舍弃私利,守井田之良法,形成

---

① 吴兴区水利局编.吴兴溇港文化史[M].上海:同济大学出版社.2013.13.
② 缪启愉.太湖塘浦圩田史研究[M].北京:中国农业出版社.1985.15.

"浩浩其流,乃与湖连"①的局面,呈现出一幅沟渠交错、圩圩相接的江南水网圩区图景(图6-10)。黄歇遵循古法,开挖溇港,利用挖出的土,修筑堤岸,通过溇港、堤防、水闸等工程的布置,逐步形成"溇港圩田"②系统,"控清引浊"③的屯田开发水流控制的技术在当时就很成熟,长江如带,白帆点点,山下圩田、圩埂整齐,与长江呈平行状态,孟河呈现出一派圩田式村落的春日丽景。关于"村"和"圩"的差别,日本学者滨岛敦俊在《关于江南"圩"的若干考察》中有过阐述,即农民们所集居的聚落为"村",而"圩"作为单位名词指两个以上圩在一定的地理空间存在的一种排水协作关系,以此为中心组合起来的"地缘性结合",一个村以下可以有很多"圩"。孟河镇每个圩的基本结构是从孟河河岸开始的,垂直于河道和圩堤,开无数条平行线形的水沟,既用于排灌,也供居民用水,在沟的一侧,有序地排列着四五十户人家从而形成了一个整齐的居住区。每户人家门前都有一个社场,用于收获时进行脱谷等作业,屋后有丈余的距离植树、种竹。村两边的沟都通过"水洞"和圩堤外的河道相通,以引水灌溉或雨后排水,所谓"水洞"就是现在的涵洞,涵洞的进口处、出口处都有闸门或洞盖,这样就形成了"自来灌溉",长江和运河都是有潮汐的,人们在涨潮时引水灌溉,退潮时排水。

　　从自然景观来看,宁镇山脉余脉穿越孟河地区北部全境后,在孟河区域的边界终止,但山脉进入孟河地区约1公里后忽然隐入地下,在地下穿行2公里后突显出来,再以雄浑之势一路向东北延伸,其间留下了一片平地。孟河的地形地势很特别,两山之间的这片平地是一列山脉

① 《钦定全唐文》卷四二九—四三〇。
② 郑肇经主编.太湖水利技术史[M].北京:农业出版社.1987.75.
③ 萧统编,于平等注释.昭明文选·吴都赋·左思[M].北京:华夏出版社.2000.127.

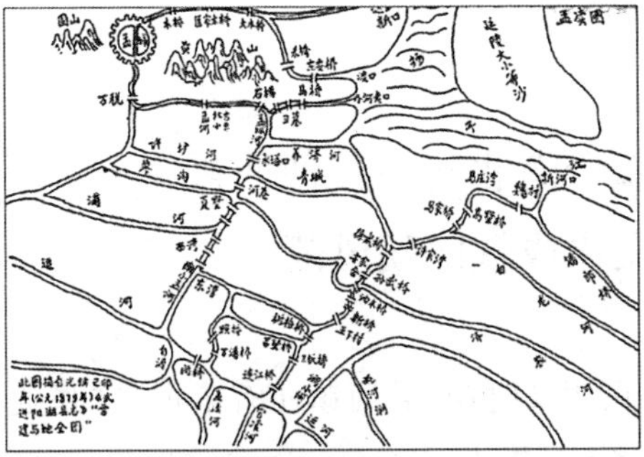

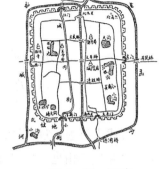

图 6 - 10　1879 年孟城地图江河
水网与圩田意象图

图 6 - 11　军事
景观《孟城图》①

地自动隐去,给人不一样的体验。孟河呈"二龙戏珠"②之势,这里的"珠"就是由"河庄口"、街市集聚而成的孟河镇(城),两山相互分离,隔"珠"相望,孟河又被俗称为"珠城"。东山指孟河城东那片孤立的宁镇山脉末梢的那部分山峦,连绵 5 公里有余,共有 18 个山峰,能叫得出名称的有灰洲山、孤尘山、狗头山、黄山、龙山、观音山、塔山、爬斗山等,这片山地虽不太高,但却很有气势,山峰凸起,山脉回旋,奇景怪石,丛林覆盖。向阳的山坡上集聚一些村落房屋,窄小但建筑牢固,乱石垒墙,门、窗都较小,门前、门后都有乱石砌的围墙、各种各样的果树和菜地,低洼处有一个石砌的小池塘,小池塘的上端有引水渠,直通山泉。

---

① 图片来源:图 6 - 10、图 6 - 11 均摘自《武进阳湖合志》。

② 徐耀新.历史文化名城名镇名村系列·孟河镇[M].南京:江苏人民出版社.2017.10—85.

（二）成熟期（魏晋南北朝）：依河而兴
——齐梁文化成就南朝风范

古代孟河为武进古城，早在两汉时期，孟河镇便有了古名"阜通镇"。"阜"，土山也。"通"，四通八达之意。货物丰富，流通顺畅，交通发达，出行方便，故名"阜通"（"阜"字谐音"富"）。西晋惠帝和怀帝时，由于司马炎废魏称帝立西晋后大封宗室，各霸一方，酿成"八王之乱""永嘉之乱""五胡十六国"的局面，北方各少数民族争夺中原，战争风云席卷北方，汉族遭到大规模屠杀，造成北方汉族大量向长江以南迁徙和南逃。《萧氏族谱》（河南堂）卷首一《源流世系》也明确记载："整字公齐，生于晋愍帝建兴时，举贤良为淮阴令，因中朝散乱，率族人从山东苍山县兰陵镇南迁过江到阜通镇（即南兰陵武进之东城里，也就是后来的古孟河万绥村），东晋大兴元年（318）设置郡县，以北地名南称，改阜通为'南兰陵'。"[①]

1. 齐梁萧氏士族侨居古孟河

按《南齐书》卷一《齐高帝本纪》记载"淮阴令整字公齐，过江居晋陵武进县之东城里"。《南史》卷四《齐高帝本纪》言："齐高帝所居武进县有一道，相传云'天子路'。或谓秦皇所游，或云孙氏旧迹。时讹言'东城天子出'。其后，建安王休仁镇东府，宋明帝惧，杀休仁，而常闭东府不居。明帝又屡幸，改'代'作'伐'，以厌[②]王气。又使子安成王代

---

① 沙漠子.江左齐梁[M].南京：江苏文艺出版社.2014.24—36.
② 厌，读作"压"，镇压之意。

之。及苍梧王败,安成王代立,时咸言为验。术数者推之:上旧居武进东城村,'东城'之言,其在此也。"《南齐书》卷十八"祥瑞志"亦言:"宋泰始中,童谣云'东城出天子',故明帝杀建安王休仁。"史料记载"秦始皇南巡"[①]经过此地。这就是《咸淳毗陵志》卷二十七"古迹类"所记载的:"东城天子路,在县北万岁镇西。或谓秦皇所游,或云孙氏旧迹。宋明帝时讹言天子出,及齐高帝受禅,盖尝居此,言乃验。"《咸淳毗陵志》卷二十七"古迹"又言:"兰陵城,在县北八十里千秋乡万岁镇西。南齐四世祖、淮阴令萧整侨居之地。按:万岁寺旧有伪吴天祚中石刻云:'寺西去萧梁帝祖宅三十里。'"而万岁寺就在万岁镇上。《永乐大典·常州府》卷二叙"武进县"建置沿革时,引《大德毗陵志》:"武进县,故兰陵,在今通江乡阜通镇之北,有兰陵城故基,去常州治所凡八十里。"

南北朝时期,中国大家辈出,光彩夺目,对后世产生了深远的影响。南兰陵萧氏家族对中国文化的贡献是全方位的。"齐梁以萧子良、萧衍、萧统、萧纲为首的文士集团,谈文论艺"[②],推动文学成为独立的学科。萧衍为"竟陵八友"之一,精通诗书画音,在文士、将军、皇帝、佛教徒多种社会角色中转换。现存诗歌有80多首拟乐府诗,其中同时期的《与梁武帝论书启》为陶弘景与梁武帝相往来的书启。梁武帝之子昭明太子萧统主编我国现存的第一部文学总集《昭明文选》;布衣刘勰则开创了中国文学批评史的篇章,著成《文心雕龙》;还有梁简文帝、梁元帝等都是著名诗人。梁朝以经史著作、诗文、书画为载体,开创了"文学自觉"的时代,发掘了文学本身的独立价值和规律。

2. 儒释道圆融的江南宗教景观

---

① 据上考,实为南巡会稽返回时经过。
② 龚斌.南兰陵萧氏家族文化史稿[M].上海:上海古籍出版社.2015.317.

　　《三国志》注引鱼豢《魏略》①是中原汉人接受佛教的最早记录,佛教兴盛"实在晋、南北朝之时"②,其勃兴是与执政者的信奉和提倡密不可分的。东晋帝、后信佛者多:宋明帝以故宅建湘宫寺,见《齐书·奂传》;齐武帝立禅灵寺,见《齐书·五行志》;文惠太子、竟陵王子良信佛,竟陵尤笃。梁武帝经常组织译经、讲经、辩经,大兴寺庙,铸造佛像,命高僧制定戒律,命宗庙用蔬果,见《梁书·本纪》。后依刘勰议,二郊亦不用牲,见《梁书·刘勰传》,会同用菜蔬。武帝甚至屡幸同泰寺舍身,南北朝士大夫、教士、平民百姓笃信佛教,国有佛塔寺庙千所,唐牡牧诗曰:"南朝四百八十寺,多少楼台烟雨中。"佛教兴盛促进了国际间和国内南北地区的文化交流。梁武帝颇重佛义,博通文史,著有《涅盘》《大品》《净名》《三慧》等数百卷佛学著作,同时他也是著名的佛教践行者,梁武帝举国家之力推行儒释道融合,加快了佛教中国化的进程,当时就有弥缝儒、佛之间严重冲突的"同源"理论依据。虽然"兼包并融儒、佛、道,开创出三教圆融的良好的文化生态"③,造就了魏晋时代活跃的思想氛围,但是江东风物精美壮观,也导致这一时期国力亏空,国库难以维持。

　　历次北人南迁,流布到南方,北方中原礼制文化影响下的院落式居住建筑较好地满足了江南水乡地区乡民防潮、御盗、通风、采光等需要,又契合当时人们的礼制生活,如辨方正位、尊卑分明、长幼有序、内外有别等,以及哲学观念、风水思想,如天圆地方、藏风纳气等,在江南水乡得到广泛应用,同时江南南朝大兴佛寺之风,促进了南北朝时期建筑技

---

①　《三国志》卷三十《魏书·东夷传》注引鱼豢《魏略》。
②　吕思勉著,马东峰主编.两晋南北朝史·下[M].北京:北京理工大学出版社.2016.1471—1485.
③　庄辉明.南朝齐梁史[M].上海:上海古籍出版社.2015.288—289.

术和风格的创新，这些建筑技术通过百济传入日本，史称这一时期为飞鸟时代（公元592年），也是齐梁文化街区建筑风貌研究最好的参照样本。

《道光武进阳湖县合志》卷十三"祠庙"有记载：（通江乡）"东岳行庙，在孟渎河闸东一里、濒江。永乐间建。宣德中，以漕运初通，增建后殿、两庑、山门，并祀天妃、祠山、晏公等神。凡涉江涛者，祷之辄应。嘉靖己亥，重修，〔邑人黄道理《碑记》曰：古之人于名山大川宫观、寺院，必有以记之。又虞兵燹或犯，乃载之《地舆志》《郡县乘》，俾后世有所征信。然则，碑记可阙乎哉？若吾常郡城西北，其乡曰'通江'，以水接大江潮汐也；其镇曰'万岁'，以地为前梁故里也。距郡城八十里，有'东岳行宫'。创自唐贞观五年，历兹九百二十余载；宋嘉定四年重修，亦越四百年矣。古昔碑记，以兵燹毁；余尝于宋《志》有考焉。"萧衍、陶弘景等所倡导的儒、释、道"三教圆融、互补共尊"，在社会实践中发挥着协调人与自然的关系、平衡心理、整合民力、教化人民、维系民族团结的重要作用。

（三）稳固期（隋唐—宋元）：凭河而名
——漕运文化彰显国家力量

隋朝江南运河贯通南北东西，隋文帝开皇三年（583年）废郡，以州统县，遂移"常州"之名给晋陵郡，常州之名由此开始。隋炀帝建运河，从此常州成为"三吴襟带之邦，百越舟车之会"的交通枢纽，孟渎为通江达湖的重要运道之一，各代多曾修浚达二十余次。

1. 独特的孟渎寨军事景观

《咸淳毗陵志》卷十五《山水篇·风土记》中记载,汉光武命开孟渎岁久淤阏,《唐书·地理志》记载:"唐元和中刺史孟简浚导,袤四十一里,溉田四千余顷。南唐保大初修水门,国朝庆历三年令①杨玙谕民疏治,复通江流。"可见,自古以来,孟河成为历朝政府开浚的一条引长江水接济大运河的干渠。公元810至813年,孟简督工扩展了老孟渎,由于"古孟河(浦河)"南段在润州丹阳县境内,不在常州管辖范围内,于是没有疏浚,孟简便只开了万岁镇以北的古孟河,改由万岁镇往东拐弯到石桥,再由石桥笔直往南到下图"姜家村"处入运河,形成了由"姜家村—石桥—万绥—孟城"的古孟河水路干线,从元和年间一直沿用到以后的唐五代宋元时期。唐代孟河集军事要津和商埠文化为一体,小镇凭借运河而闻名在外,孟河口的"河庄"也是后世的"孟河"堡所在,漕运繁荣,"唐代开元时期漕运空前发达"②,国力强盛,太湖流域农田水利兴旺,常州成为武则天时代的"毗陵大藩"③。唐代独孤及所称"江东之州,常州为大",便出于此时。宋朝,设常州为府,属江南道,管辖晋陵、武进,陆游诗"苏常熟,天下足"。吴中是北宋时期东南财富的根柢,范仲淹、宋祁、包拯、苏轼、范祖禹,无不以各种方式表达苏、常、湖对国库的强大支撑。

但是,在宋代,由于镇江到奔牛段运河水量不足,为了保漕运,需要蓄水,所以把运河两岸河口全都筑塞,限时开闸(坝)。《永乐大典·常

---

① 令,武进县令。
② 彭云鹤.明清漕运史[M].北京:首都师范大学出版社.1995.33—34.
③ 张剑光.略论唐五代江南城市的经济功能[J].上海师范大学学报(哲学社会科学版),2001(3):37—45.

州府》卷九"宦绩"常州知州题名"陈襄"条下，便引《大元一统志》说："常州运渠横遏震泽，积水不得北入于江，以为常、苏数邑民田之害者累世矣。"陆游的《重修奔牛闸记》①曰："苏翰林尝过奔牛，六月无水，有仰视古堰之叹。"奔牛闸大功告成，不是特为一时便利，自奔牛通长江的孟河是江南运河回避镇江高地重要的出江通道。五代《武进阳湖县志》记载，南唐保大元年（公元943年）修孟渎水闸，由孟河引江水补给运河水量。《咸谆毗陵志》曰："宋朝嘉熙初年开始建孟渎寨，驻兵设防。"嘉靖三十七年，孟城完工，共设五个城门，朝廷设官建署、专司吏管合重兵驻扎，一直是历代朝廷抵御金兵和倭寇的江防要塞，城墙有二丈多高，周长有六百七十余丈，大约有四华里之多，成为独特的军事景观（图6-11）。

2. 功能复合的水陆交通景观

古代孟河镇所在区域也是沿江陆路的交通要道，按《南史》卷四《齐高帝本纪》、《南齐书》卷十八等史料，都记载秦始皇南巡经过此地。《史记》卷六《秦始皇本纪》②：二十七年"治驰道"句注："《集解》：应劭曰：驰道，天子道也。道若今之'中道'然。"《汉书》卷五十一《贾山传》：秦始皇"为驰道于天下：东穷燕、齐，南极吴、楚。江、湖之上，濒海之观，毕至。道广五十步，三丈而树，厚筑其外。隐以金椎，树以青松。为驰道之丽，至于此。""三丈而树"就是驰道中央三丈（约7米）用树隔离出来作为天子专用，故称"天子道""天子路""中道"。"东城天子路"这一名称证明江南秦始皇驰道沿江而筑，经过古武进县东城里村。

---

① 杨宏、谢纯撰，苟德麟、何振华点校.漕运通志[M].北京：方志出版社.2006.311—312.
② 会稽，即"会计"，指古天子大会诸侯，计功行赏。

《越绝书》卷八也记录了秦始皇南巡过此亲射六箭①的事例。《咸淳毗陵志》卷二十七"古迹类"记载："东城天子路，在县北万岁镇西。或谓秦皇所游，或云孙氏旧迹。宋明帝时讹言天子出，及齐高帝受禅，盖尝居此，言乃验。""天子路"就是"天子露"，意为此处出天子，此东城里村出了齐高帝萧道成、梁武帝萧衍等齐梁两朝皇帝，梁武帝父亲梁文帝就葬在东城里村旁的山上，史称"东城里山"，其东便是经山山脉，十余座齐梁皇陵即葬于此山脉旁，东城村往东通向武进故城的大道，就是秦始皇兴建的沿江驰道，遂使山阜得以通达，故名"阜通"，阜通之名，意指货物丰富且交通四通八达。

古代孟河镇在不同朝代地名叫法不一，无论是"阜通镇""千秋乡"，还是"通江乡""皇基""万岁镇""万绥镇"等等，都证实古代孟河镇在大运河发展史上具有不可或缺的交通枢纽和集政治、军事、商贸、文化等于一身的重要地位。《永乐大典·常州府》卷二叙"武进县"建置沿革时，引《大德毗陵志》："武进县，故兰陵，在今通江乡阜通镇之北，有兰陵城故基，去常州治所凡八十里。"《咸淳毗陵志》卷三"乡都"只列乡不列都，即不列乡下面的镇和村，武进县有"千秋乡"，即后世的"通江乡"。《元丰九域志》卷五"望常州毗陵郡军事"有载："望晋陵：二十乡，横林一镇。望武进：一十五乡，奔牛、青城、万岁三镇。"《成化毗陵志》卷三"乡都、武进县"："通江乡"其下"十都"有："阜通镇，旧名'万岁镇'。""唐《志》所谓'万岁湾'是也。"元大德年间已称"通江乡阜通镇"；而《咸淳毗陵志》称"千秋乡、万岁务"，即"千秋乡、万岁镇"。其实，齐梁出皇帝而名"万岁"，一直沿用至宋，

---

① 按《礼记注疏》卷二十八《内则》："国君世子生，告于君，接以大牢，宰掌具。三日，卜士负之，吉者宿齐，朝服寝门外，诗负之，射人以桑弧蓬矢六，射天、地、四方。"射六箭，分别是仰射飞鸟、俯射渊鱼、射东西南北四方之走兽。

元避忌"千秋、万岁"之名①,改为"通江、阜通",用的是其齐梁前未出皇帝时的旧名"阜通"。

（四）兴盛期(明朝—清朝):沿河而盛
——市镇文化催生产业繁荣

明朝初年,明太祖废行省,常州直属六部管辖。孟河作为大运河的主干航道是从明初开始的,由于明朝镇江至奔牛段运河闭闸蓄水以供春夏漕运之用,民间只能从孟河出江,明清大运河中孟河成为贯通东西南北的交通枢纽。

1. 明清孟河为大运河主干航道

据明张国维《吴中水利全书》卷十四录"郭思极《修复练湖疏浚孟渎疏》(万历四年上)":"一曰议修孟渎,以旁通舟楫。夫奔牛、吕城之二闸,例于冬闭春启,蓄水以待运船。然秋冬之交运船空回者必取道于此,而官船之往来者亦必取道于此。"此奏疏表明,明朝万历四年(1576)前便规定奔牛闸要冬天关闭,来年春天方可开启。可见,从冬季第一个月十月份开始,镇江至奔牛段运河上的京口、奔牛诸闸全要关闭,公私船只都能从孟河或德胜河出入运河、长江之间,等到第二年春天最后一个月三月份方可打开上述诸闸行船,也就是说一年中有半年时间要从孟河或德胜河走船,只有春夏两季才走镇江到奔牛段的运河,而且春夏时镇江至奔牛段运河通航时,保障的仍然是官船漕运,民用商船仍要让行而以走孟渎为主。由于长期实施闭闸

---

① 此名有王气,为统治者所忌,故避嫌而改之。

蓄水政策,大运河镇江至奔牛段闭闸蓄水以保航运,所以过往船只仍只能从奔牛东口(万缘桥)出入孟河。奔牛镇拆坝后的春夏秋三季,全凭月河双闸节制上游来水的形制,如《万历武进县志》"安善西乡"奔牛镇东标有"孟渎",河口有"万缘桥",这是明清"孟河"大运河水道。后世清朝,由于镇江到奔牛段运河一年中有半年闭闸不通,半年开通时民船仍不能走,运河航道走孟河已有三四百年悠久历史,"令粮艘、贾舟由焦山海口出孟渎河"[①]。导致奔牛和孟河在当时的极度繁荣。

《道光武阳合志》卷三"水道、孟渎河"载:"过罗墅湾、惠宁桥,南行直流为'小孟河'。其正流,折而东南行,则为东湾,横河[②]之口在焉。"其所言的"小孟河",便是孟简所开的在姜家村入运河的唐五代宋元的孟河,"东湾(谢店湾)"便是明初筑奔牛坝后孟河改道在奔牛镇东侧万缘桥入运河的明清孟河。《道光武进阳湖县合志·卷首·舆图》中明确标有大河、小河、小河巡司、通江乡、孟河、孟河城、万岁湾蓼沟界河等地理位置。通江乡北段为小河口、小河汛、前小河,黄山汛和玉皇顶、孟河、孟河口、孟河汛。通江乡北有三湾:小湾、大湾和双湾,浦河岸有万岁镇汛等。综上所述,南北大运河的通航改善了江南地区与中原的交流通道,以京杭大运河为骨干的水乡交通网络,对江南村镇的生产生活和社会经济发展产生了巨大影响。地方志中对古运河精微的描述,成为当今研究运河文化和促进古镇保护与更新重要的文献依据。

---

① 选自谢启昆撰《四库之外古籍·别集类》载《树经堂诗初集》卷二《初桄草下》。
② 横河,即东西向的大运河,横河之口,即孟河入横河(也即大运河)的河口。

2. 繁华多元的江南市镇景观

孟河古镇的繁华离不开隋唐以来大运河的贯通,大运河对促进南北社会经济和文化交流产生了重要影响。隋唐以后,随着南方的不断发展,江南地区开始并一直成为中国经济社会的核心区。明清时期,江南市镇孟河与奔牛镇都处于贯通东西南北运河枢纽的交通地位,发展成为大运河沿线的璀璨明珠。《康熙南巡图》(图6-12)记录了康熙六次南巡的盛事,此图乃12卷叙事画,由清初画圣"四王"之一王翚主持,历时七年完成,其中第六卷画的是游经大运河常州府沿线景观的盛况,原作长12米现流失海外被美国私人收藏,图中有明确的"奔牛镇"字样,描绘了城西运河江南水乡奔牛古镇周边水网交错、圩田相接的乡村图景。据载:1751年,乾隆皇帝与皇太后南巡时曾在奔牛叶家村营盘,并题诗一首"《射》"①描述了当时武士在大运河滨习射的场景。

图6-12 清代王翚绘《康熙南巡图》常州卷(局部)②

到咸丰年间,四面八方的求医者云集孟河,有"炉舟衔接数十里"③的壮观景象。孟河古镇孕育产生的费、马、丁、巢四大家崇尚医术和医德,

---

① 乾隆南巡时曾在奔牛叶家村营盘,题诗《射》:"叙棹河滨早,抨弦弓手调。振声皆有度,连中岂须骄。问俗来南国,诘戎重本朝。从行诸将士,慎尔勉勒劳。"

② 清代王翚绘《康熙南巡图》常州卷高清图 图片来源:常州市地方志办公室。

③ 陈仁寿主编.江苏中医历史与流派传承[M].上海:上海科学技术出版社.2014.17.

深受民众爱戴,成为中国中医史上著名孟河医派,其创立和流传与孟河的地缘关系密不可分。孟河地处宁镇山脉的末梢,气候气温适宜药材的生长,山水药材资源丰富,又是明清大运河的必经之地,促进了人流、物流和财富的集聚;同时,从西周太伯、仲雍南下,到齐梁皇帝的诞生,许多政治、文化精英来到江左,他们带来了中原地区的文化。南北文化的交融促成孟河古镇深厚的文化底蕴,拓展了孟河医派的发展空间。

长期以来,孟河古镇的居民在与自然、社会环境相互作用的变迁过程中形成了一种具有地域感知的景观,根据孟河古镇的文化记忆选择并提炼出相互映射的景观语言符号系统(图6-13),可以分为物质的和非物质的两大记忆类型,物质类文化记忆点线面语言要素,从大的空间格局到局部的景观节点,包括自然生态、聚落营造、共生模式、建筑类

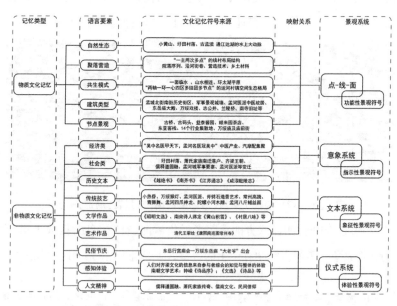

图6-13　孟河古镇文化记忆与景观要素系统分类

型、节点景观等功能性景观符号,与孟河古镇的文化记忆形成相互对应的映射关系。非物质文化记忆包括意象系统、文本系统和仪式系统三大类,涉及经济类、社会类,历史文本、传统技艺、文学作品、艺术作品,民俗节庆、感知体验、人文精神等诸方面记忆符号。

三、 文化记忆导向下孟河古镇文化景观的情境重构

孟河古镇作为一个可持续发展系统,承担着协调可持续发展"环境、经济、社会"三要素动态平衡的重要任务,与之对应的生态型景观(环境)、生产型景观(经济)、生活型景观(社会)三大类型村镇空间,其中不同的场所与情境在生命主体的参与和支配下,形成相互交融不可分离的耦合共生关系。按照"融合共生"江南村镇文化景观设计的策略体系和方法,该项目将从江南村镇的生态型景观、生产型景观、生活型景观三大空间类型来分析不同类型景观情景重构的策略与路径,当然每一类型的景观都不是孤立的,采取功能复合、要素整合和方法综合的策略来解决具体问题。

(一) 生态型景观:孟河街巷景观与乡土景观的情理互通

现存的孟城老街有 382 米保持着历史街区风貌,保留有文物保护单位 2 处,历史建筑 17 处,一般不可移动文物 4 处,拥有明、清建筑 668

间,占地 16481 平方米,有民国时期的建筑 63 间,占地 2610 平方米,有现代建筑 100 间,占地 3108 平方米(以上统计不包括最北边 80 米长的工业作坊区的建筑)①,体现了明清时代的街道建筑特色(图 6－14)。如何通过设计使这些珍贵的记忆场所再次发挥其在当代的价值,还需要对影响孟河特定历史时期传统产业的社会因素、地块进行空间结构变迁的分析,对现有住宅空间结构进行类型学分析,将其公共建筑、传统集市仪式背后的变迁史与当地百姓精神层面的认知度对应起来,进行深度调研与研究。

图 6－14　孟河镇城北老街掠影

1. 孟河古镇街巷空间结构现状分析

表 6－2　孟河与古镇街巷空间结构与民居型制

模式类型	构成特点
模式 A 类街坊:店—街—店 	①街坊占地面积较大,由几个古街坊合并而成,街道以商业街为主,边界呈外向性。 ②大宅保护完好,形态规整;旁侧宅院由于拆建,零碎杂乱。 ③平面肌理显得较杂乱,主要由于等级子群的构成方式以逐级构成为主,并且组合为商铺,常分解为房或合院。 ④街道具有内向性,造成街坊边界模糊,但街道内在空间较为丰富。

续表

模式类型	构成特点
模式 B 类弄堂:店—弄—店	逐级构成,而且是双向的:以逐级构成为主,并置组合为辅。巷道的转折、断裂、交叉、支端增多等变化,造成区域空间结构的复杂化。街坊以现状河道、街市、街道为界进行划分。由于拆建更新等缘故,街巷结构的变化,街坊呈现大小不一的情况,各街坊基本上以一户大宅为主体,大宅的总进深一般为两至三进,前街后河,交通便利。
模式 C 沿河空间结构分析:河—(宅)店—街—店	露天式的"河—街—房"的结构是孟河镇沿河地带空间的主要剖面形式:沿河的街道一般是生活性的街道,结合休息用地、埠头、桥头、绿化等元素沿河伸展,街宽3.0—5.0 米,沿街的建筑一般为一至两层,河与街之间本来是绿树成荫,环境宜人,空间相对开阔。但是 20 世纪 80 年代由于河道常年堵塞断流,老百姓自发填河建起了住房,从此孟河镇沿河空间格局被严重破坏。

　　孟河村镇院落式建筑属于典型的江南水乡民居型制。孟城北门历史文化街区是反映孟河镇清代—民国时期传统民居和商贸区的典型,是目前孟河古镇内现存的清末民初传统民居中历史格局最清晰、传统风貌最完整、历史遗存最丰富的地区之一,街区内建筑年代有明清、民国、新中国成立初、20 世纪 50—80 年代及 80 年代至今等五个时期"店—街—店""店—弄—店""河—(宅)店—街—店"三类模式(表 6 - 2)任意组合成街坊。孟城北街的街道原为封闭型的,由三个弄堂和一个堂口、一个索门与外界相通,人们可由北门吊桥通过北城门入城。街区的建筑布局体现出"因河生市"的商埠文化发展轨迹与空间形态,街两边是前店后宅、砖木结构的建筑。索门外有行场(14 个贸易市场,木业、酒业、布业等集散地)。孟城北街传统街巷功能分区分析如下

（图 6－15）。

孟城北街传统街巷功能分区如下：

（1）行场区——原生动力

原行业遗址，有亲水码头，石行、竹行、粮行、布行等 14 个行场遗址。

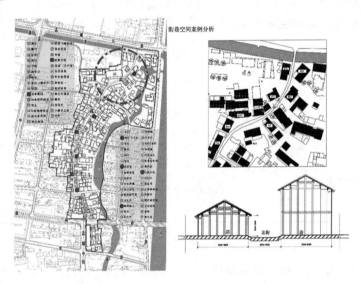

图 6－15 孟河北街街巷空间案例分析（自绘）

（2）日常商业区——百业兴旺

商店百花齐放，以南北杂货和日用百货为主，穿插一些生活服务类店铺，如顺来园茶店、益泰酱园、荣生客栈、孟城都司府、益生堂药店旧址等。

（3）江南手艺区——乡愁情怀

原有老字号＋养生手作工坊（图 6－16），有铁艺、木艺、竹艺、布艺等。北街的最大特色就是有众多的弄堂和栅门，主要弄堂有孙家弄堂、王家弄堂、费家弄堂、唐家弄堂和一个堂口——白家堂口，每个弄堂的

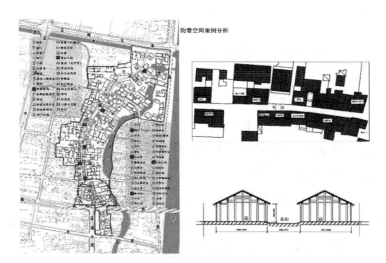

图6-16 孟河北街江南手工艺区(自绘)

入口处都建有栅门,街道排水体系完善,弄堂下、街道下的下水道与街东的孟河相通。其中最有特色的弄堂是孙家弄堂,长60米,弯弯曲曲,大有"曲径通幽"之趣;白家堂口是一个较宽大的弄堂,堂口形成一个广场,被称为"菜市口"①,原为明清时期的刑场。时至今日,历经千年兴衰仍能从孟城北街遗址遗迹中体味到曾经的繁盛景象。行场、菜市口等商业集散场所和益泰酱园、顺来园茶店、孙家民宅等传统建筑均表征和记录着当时商业的繁荣,也反映出孟河古镇"因河兴市"的黄金铁律以及商埠文化的发展轨迹,街巷自清末基本保留至今,具有非常珍贵的文化价值。孟城北街、曹家弄、孙家弄、王家弄、费家弄、菜市口等历史街巷,形成了"一街四弄一口"的街巷网络格局。

(4)结点空间——主要空间结构分析

孟河镇中心广场有两座桥、四条街巷,结合店铺和临时摊位连成链接子群整体空间。孟河北街巷道曲折延伸的同时,空间呈逐渐缩小的

---

① 郭重威.孟河镇史话[M].北京:社会科学文献出版社.2016.142—143.

趋势,透视感的增强加强了导向性。巷道的入口与导向牌、桥相结合,给巷道增加了标识性。在北街行场区与浦河河口桥头处设置"孟城北街"的地标标识,作为整个历史街区的核心标志物;同时设置相关的景观小品、牌坊等,强化"孟城北街"的历史意义及文化特征。

街区核心保护范围外建筑质量较好,核心保护范围内的建筑质量一般,这里还有孟河营的统帅——都司居住的府第,显示了这个地区的悠久历史。街区内建筑年代有明清、民国、新中国成立初、20 世纪 50—80 年代及 80 年代至今等五个时期。街区内建筑历史功能除沿老街两侧以商业建筑为主外,其余至今均以居住功能为主。街区内现有建筑以一至二层为主,仅有少量的三层建筑。其中孟城北街两侧建筑以一层为主,一眼望去显得既矮又窄,视觉感很差。沿孟城北门两侧的建筑风貌以不可移动文物、历史建筑、传统风貌建筑为主,但多数建筑失修,没有古建筑的装饰与神韵,核心保护范围外与传统风貌不相协调的建筑都是 20 世纪 80 年代以后建设的,穿插一些乡村小洋楼,风格大相径庭,极不协调。

严格按照《历史文化名城名镇名村保护条例》等的相关条款,建筑保护与整治对策包括:修缮、修复、整治、改建、拆除等手法。通过建筑修缮、基础设施完善等手段改善居住品质;积极引导和鼓励就业人口及回迁人口。依托历史文化资源,发展历史展示功能:积极合理地利用文化保护单位与历史建筑作为历史展示或民俗体验区,为非物质文化遗产落实展示利用的空间载体。孟城北街的民居建筑型制很有规律,分为前店后宅(坊)式与上宅下店式。商店与住宅相对独立,干扰较小,在花园之后常常安置商业仓房、货场等,分区明确。以孙宅为例(图 6-17 和图 6-18),民居入口很矮、很小,建筑细部与装饰很朴素。

图 6-17 孙家民宅地契 1（左 1、左 2）　　图 6-18 建筑现状（右 2）/室内细部与装饰（右 1）

目前孟城历史街巷区孟城北街保留不少清朝及民国时期的建筑,艺术价值较高,如孟城北街的顺来园茶店等。孟城南街和孟城城墙破坏较大,新修如旧的费家、丁家等宅院与医派之间的关联性不强;而作为公共设施服务的枢纽小河苏南乡镇工业区的景观不做大面积的空间扩张,重点提高其基础设施和公共服务的承载力。针对小黄山文旅自然风景区和万绥宗教民俗文化区,要强化景观的地域性、主题性和标识性,增强从运河看村镇的感知互动;增加相关联有故事的孟河传统水乡农业,植物与绿化面积加大,营造自行车与步行漫道系统,形成生态廊道,根据河岸区域分段分区,创设主题、文本和场所情境,结合建筑阳台、驳岸观景台、水面亲水平台、栈道等设施,增加运河在村镇空间中的感知度,传承运河水岸记忆。

"情理互通"需要设计者对作为孟河生长环境的江南地区自然生态以及其社会经济活动进行全方位的考察,在此基础上得出的文化记忆结论才是社会共性的、适合当下村镇发展的。"情景交融"在于更新的景观与其背后文化记忆的联动关系。其前提是要通民情、顺民意,"还河于民"恢复老孟河的河道,回归昔日江南水乡水岸相依的日常生活是孟河记忆建构的突破口。"情境互生"要深度研究孟河街巷格局的秩序与规律,恢复孟河独特的街河空间形态和前店后宅的组织方式,合理整合古孟河的沿运空间。一方面,要合理引导水网与路网的整合,水岸联通,街区入口设码头与街河相联,前店后宅的建筑,增设驳岸和公共活动空间,让后宅与河道相依,人景互动;另一方面,更应让沿河休闲活动介入街区的公共空间之中,实现人文精神和场所精神的合一。

2. 孟城北街乡土建筑的跨时空链接

　　孟城北街重点街区整合与更新的总体控制要求主要依据《常州市孟城北门历史文化街区保护规划》规定的街区建设的保护底线,也规范了建设活动的基本要求,延续传统控规图则的样式和规则。孟城北门历史文化街区的保护要求,规定了每一个组团的保护与建设要求,基本控制到院落层面,在规划内容上改变传统规划只注重用地性质、用地面积、容积率、建筑密度、绿化覆盖率等常态指标,将街区空间与业态发展整合统筹。其具体措施为:(1) 保持沿河传统风貌的连续性;(2) 维系前店后宅、商住混合的传统格局,重现商埠市井文化的繁荣景象;(3) 完整呈现孟河历史文化、河道的演化变迁、特色传统工艺及其加工制作流程等;(4) 核心保护范围内的更新建筑外观应与传统风貌一致;(5) 通过古贸易场所"菜市口""行场"等开敞空间的景观设计,展现具有孟城北街特色的传统商贸场景;(6) 恢复老孟河故道及码头群,注重河道景观的塑造,再现传统的前街后河格局。

　　孟河镇的整体定位是以中医特色小镇建设为目标导向,以孟河医派为核心的中医文化为主线,孟城北街作为其中的一个重点街区,融合"行场文化—商埠文化—中医文化—枕水人家"四大文化类型,其发展定位是:"打造一个发扬传统、吐故纳新、中西结合、面向当代的'康养+休闲+时尚'主题体验街区"(图6-19)。主张回归日常生活,倡导一种科学养生、健康乐观的生活方式,体现中医与日常生活的密切关系,传

孟河北街现状总平面图

孟河北街规划总平面图

图 6 - 19 孟河北街现状与规划总平面图

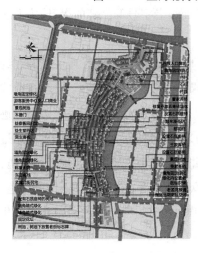

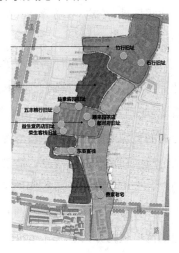

图 6 - 20 孟河北街空间布局方案①　图 6 - 21 孟河北街业态布局策划②

---

① 图片来源:《常州市新北区孟城北门历史文化街区整治方案》(孟河镇人民政府)。
② 图片来源:《常州市新北区孟城北门历史文化街区整治方案》(孟河镇人民政府)。

播中医文化精髓——中医与食品、中医与康养、中医与四季、中医哲学与科学。

整个街区规划形成"一河二街三区四弄堂"的空间结构(图6-20)。"一河"指老孟河;"二街"指孟城北街南北向左右两行宽三米左右;"三区"指功能分区(图6-21),大门入口行场区(保留原行业遗址+中药企业)—生活商业区(保留原有商贸店面+养身食品+生活用品)—江南手艺区(保留原有老字号+养生手作工坊);"四弄堂"指曹家弄、孙家弄、王家弄、费家弄。空间格局:维系"前店后宅"的商住混合传统格局。据载:到咸丰年间,四面八方的求医者云集孟河,有"炉舟衔接数十里"的壮观景象,足见当时孟河医门之盛况。恢复老孟河河道,还原"因水成市、枕河而居,街河相依"的江南水乡记忆,对于沿河住宅和民居活态利用,深度研究孟河古镇业态,如行场包括的十四个行业集散地,茶楼、书场、酱园、鳝丝面馆老字号等品牌的提升,为游客提供静心休闲之所。

真实性复原与事件的语境关联度更大,具有在地性、唯一性和制约性等特点,不会产生特别夸张的效果。一般可分为体验式情境、探究式情境、戏剧式情境和虚拟式情境等形式。探究性情境在一些历史遗迹考古的特殊空间里能激发参与者的兴趣和热情。戏剧性情境重构通过某个线索回忆起某个戏剧的情景,并在现实中表演再现。虚拟性情境,创立一个虚拟的体验环境,引导受众和体验者在其中担任不同的角色,以此体验所要了解的相关主题知识或技巧的使用过程,孟城北街文化记忆情境重构分为五大体系(图6-22):

图 6 - 22　孟城北街文化记忆情境重构五大体系示意图

（1）探究式——小型中医药博物馆传承孟河医派专业精神

在原行业 14 个行场遗址区形成小型行业博物馆,激活旧时记忆,展现昔日孟河之繁华,激发本地居民对家乡的热爱与认同;修复区域内破旧老宅,以孟河医派为引领,招募中医药材行知名企业(如北京同仁堂、云南白药等)形成中医药产业集群,他们是中医文化传承的先锋,对孟河的产业集聚有一定的导向性。

（2）体验式——百年老字号商贸区回归日常生活

保留原有商店,另外增加养身食品商铺(保健食品和普通食品)、私房菜馆、百年老字号餐饮品牌等百业兴旺的状态,专设针对青年人的生活用品区,时尚引领,倡导生态自然的生活方式,展现菊花、牡丹、薰衣草、蓝莓等天然植物的药用价值,激发民众对中华传统文化的热爱和探究热情。

（3）交互式——江南手艺工坊体验乡愁情怀

保留原有老字号+养生手作工坊和适合孟城北门历史文化街区的功能业态,有油坊、磨坊、铁艺、木艺、竹艺、布艺等传统工坊,增加中医药专题学习工坊,学习和了解中华医药的传奇,从草药到中成药或者日用品的加工过程,让到访客人有参与互动的空间和深度学习的场所。

(4)戏剧式——齐梁文化主题性展演

保留一定原住民及原真生活环境,留存至今的江南百业手工艺是其典型代表,与村民的日常生活息息相关,举办汉服节、民间百业师技能比赛等活动给参与者一种穿越时空的戏剧性体验。

(5)虚拟式——高科技将传统记忆与未来发展链接

增加现代科普馆,展现中华医药传奇和未来,对于中药的知识普及及在我们日常生活中的广泛应用,设立虚拟性情境体验区,参与者进入"种子基因库未来实验室"提取植物精华,或者制作相关艺术品,领悟中医的人文精神、中医哲学与科学。

以文化记忆为导向,以寻求新的学科范式为特征的后经典叙事学,呈现出"跨文类、跨媒介和跨学科"①的发展方向。古街作为实体又充当了另外事物动态的"对象",其实也是符号的再现。当代孟河文化记忆时空情境重构以具有特定地域感知的符号关系为基础,这里的"空间叙事"不仅指称世界,而且更是对世界的再现,叙述中的各种符号与世界中的符号并不相同,它们是世界观的凝聚,讲述着村镇文化主体共同的行为和故事,创造出的一个凝聚着地域智慧和江南文脉的新世界。一个社会就是在新生的事物盖过古老事物的过程中,演绎着时代的更迭与变迁,青年人盖过老年人,未来盖过过去,共同记忆达成文化认同。

3. 孟城北街乡土景观的自然生长

孟河历史文化名镇的保护要求以大运河文化带建设、江南水乡古

---

① 范湘萍.后经典叙事语境下的美国新现实主义小说研究[M].上海:上海交通大学出版社.2015.14.

镇申遗为目标,依照国家、省市相关法律法规编制保护规划,确定保护层次,划定保护范围,重视遗产的真实性、完整性和延续性等相关原则,保持孟河历史文化名镇"一水穿镇,依水成市,环水绕镇,沿水筑防"的整体格局和传统风貌,孟河镇域的生态环境景观和历史镇区赖以存在的自然环境基底的保护是重中之重,增加对地理生态环境、历史考古和建筑形态方面的深度研究,根据街区保护范围深化、细化街区形态与业态的空间融合布局,对沿街、沿河建筑界面、环境景观提升优化,对交通组织、公共设施等提出具体的整治方案;划分街区修缮组团,在建筑高度、建筑密度、建筑风貌、建筑色彩等方面提出控制要求;并提出街区节点和重要建筑保护修缮设计方案。

(1)老孟河滨河生态性景观的重生

老孟河(今称浦河)是在历史演变中形成并保存至今的河道及相关遗产大运河文化的重要保护对象,如今断流不通航。在对村民的民意调研的过程中,得知这里的河道是20世纪80年代形成的,由于修了新孟河,老孟渎的河道失去了原来的主干交通功能,时常堵塞,当时建房热,就被有的人家填埋作为宅基地了,目前村头大树的位置还在,硬质路面,杂乱无序,尤其是看到周边地区水乡如无锡水弄堂、苏州周庄等保留着"小桥流水人家"的美景时,当地多数村民很惋惜,希望政府能担当疏通河道,恢复古孟渎的传统河景。目前街区入口(图6-23-1—2)没有明显标志,特色不鲜明,环境品质较差,缺乏区域标识性和景观小品;公共活动空间电线缠绕,破落衰败,景观小品品质较差,绿化凌乱,缺乏有效管理。绿化环境总量偏少,品质不高,布局不均衡。绿化现状以菜地为主,整体景观风貌较差,入口处绿化形式简单,缺乏层次感;中心广场处植物搭配较为简单,入口滨水绿化为零,硬质不锈钢廊道亲水性不足。

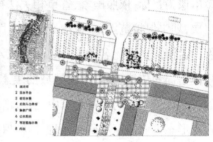

图 6 - 23 - 1　北街入口电线缠绕　　图 6 - 23 - 2　改造后的北入口空间景观改造平面

　　根据《常州市孟河镇总体规划(2016—2030)》，应将孟城北门历史文化街区作为孟河历史镇区文化旅游的一部分，因此，在历史镇区层面应先期完成发挥孟河镇现有丰富水体资源的优势；与北街关系密切的河流有渡军河、老孟河和后来修的浦河等，整体修复，重新发掘老孟河的水岸生态空间、文化景观与多元价值，修复水岸自然生境；河道两岸以自然土坡为主，对老孟河进行疏通，恢复其沿岸江南枕水人家的集体记忆；修缮河边原有居民房屋，并综合考虑滨水绿化、观景平台、游步道、游船码头等布置相应的公共服务设施，丰富沿河景观环境和游玩体验，重现"运河商埠"的文化特征(图 6 - 24 - 1)；创造能吸引游客的水岸户外休闲活动场所，同时深度研究孟城北街空间布局河建筑形制与孟渎之间的依存关系与营建规律，激活现有空间，动态保护与合理利用历史建筑，在内外圈层自然本底、水生态环境修复基础上，积极推动河道景观与街巷景观的联动(图 6 - 24 - 2)，在整体空间开发模式上，从沿水岸和陆地交通的线性扩张模式向组团集聚模式的转型，带动周边大运河文旅项目的联动。

图6-24-1　孟城北街南入
口(上)/修缮前后对比图(下)①

图6-24-2　整改后道路景观
(上)/被硬质化老孟渎村头大树(下)

　　孟河文化记忆时空情境重构是建立在对文化历史街区历史语境的
基础上,合理地考虑更新地空间的延续性、动态性和复合性,满足不同层
面的需求。孟城北街的总体定位:体现常州地区运河商埠和传统民居风
貌的复合型历史文化街区,集市井民俗、传统街市、文化展示等功能为一

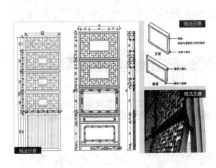

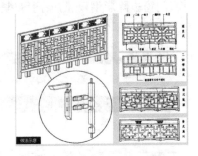

图6-25-1　孟城北街和合窗样
式示意图②

图6-25-2　孟城北街木栏杆
样式示意图③

---

①　图片来源:《常州市新北区孟城北门历史文化街区整治方案》(孟河镇人民政府)。
②　图片来源:《常州市新北区孟城北门历史文化街区整治方案》(孟河镇人民政府)。
③　图片来源:《常州市新北区孟城北门历史文化街区整治方案》(孟河镇人民政府)。

体。针对建筑的保护控制与更新提出指引,细化到建筑的具体规定,包括建筑高度、建筑色彩、建筑体量、形制、屋顶形式、门头、窗格等传统建筑元素形式(图 6-25-1)。例如:和合窗又称为支摘窗,其普遍运用是街区传统民居的特色;木栏杆一般用于走廊两柱之间或者代替半墙装于窗下,有半栏和高栏两种,除了本地区的常见的万字等样式之外,还有直棂栏杆、车木栏杆、万川式栏杆、宫式栏杆等等(图 6-25-2)。

(2)沿街界面整治建筑风貌

孟城北街的建筑主要分为传统风貌与现代风貌两大类型。明清传统建筑形态与结构主要特征为木构架结构形式及传统立面形式;将新中国成立后建造的砖混结构建筑定位为现代风貌建筑,主要特征为砖混结构形式与瓷砖等立面材质,整治策略与做法根据建筑不同风貌分类设计(图 6-26)。

针对酱园(见图 6-27)等比较现代的老宅正立面青砖面层较好的情况,可以保留清水做法应对屋脊修整重塑,屋面蝴蝶瓦应考虑整体更换,门窗去除彩钢板、防盗门等风貌不协调的装饰,木质油漆,门窗样式

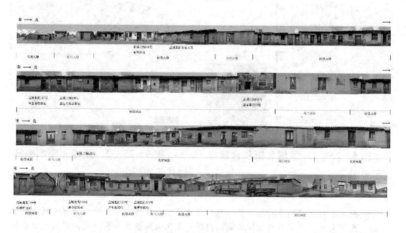

图 6-26 孟城北街沿街界面整治建筑风貌

图 6 - 27 益泰酱园改造前后　　　**图 6 - 28 传统建筑修缮前后**

保留近代样式,保留檐口叠涩等建筑特征。室内铝合金柜台换成木式条桌,开放对酱菜的体验式消费项目,增加特色小吃区域,让游客能慢下来体验地方风味,同时考虑建筑周边外部环境的协调性,对倒塌院墙采用当地废旧砖石堆砌而成,古朴而自然。

对传统建筑修缮,重点对东亚客栈(图 6 - 28)、顺来茶店(图 6 - 29)等典型建筑屋面检查和修缮。顺来茶店有三进院落两层楼,住户还住在其中,破损严重。现场遗构能分析出当时苏南民居形制简朴却做工很考究的问题,修缮过程中严格排查屋面漏雨点和漏雨原因,检查瓦下望砖、椽子、檩条、梁架的腐朽程度,指定相应的修缮措施,重新添补滴水等缺失瓦件;按照残存屋脊样式,重塑屋脊和脊饰。对局部残缺

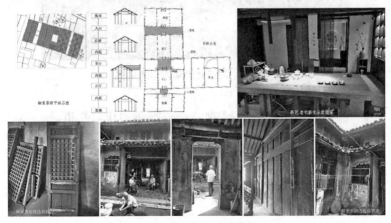

图 6 - 29 顺来茶店的修复与再生

的砖块进行剔补挖凿,对于缺失砖块按照原砖块尺寸补砌;严格保留原门、窗等装饰式样和尺寸,对砖雕、挑砖等进行替换或补塑,在二楼增加茶艺和文化交流公共空间。

以大运河为骨干的水乡交通网络,对江南的生活生产和社会经济发展产生巨大影响,孟河镇基于贯通东西南北运河枢纽的交通地位,发展成为大运河沿线一颗璀璨的明珠,孟城北街南入口形成一个小型广场(图6-30)。经历了几千年的演变,孟城北街的街巷、院落、桥、节点、边界等都成为故事发生的可能,村志、家谱、标记、图形、地图、吟诵等都隐喻了村镇历史故事和集体记忆。

图6-30 孟城北街南入口效果图①

(二)产业型景观:孟河医派中医产业
与农业景观的情景交融

中国中医史上著名的孟河医派的创立和流传与孟河的地缘关系密

① 图片来源:《常州市新北区孟城北门历史文化街区整治方案》(孟河镇人民政府)。

不可分。孟河古镇孕育产生的费、马、丁、巢四大家族崇尚医术和医德①,深受民众爱戴。从西周太伯、仲雍南下,到齐梁 15 位皇帝的诞生,许多政治、文化精英来到江左,他们带来了中原地区的文化,南北文化的交融促成孟河古镇深厚的文化底蕴。在"无为""守柔""处下"的道家思想影响下,孟河医派树立"爱心仁术"理念,建立"和缓为大法"的基本医疗方针,贯彻"儒"与"商"融合的理念,合理处理了"义"与"利"的关系(图 6 - 31)。

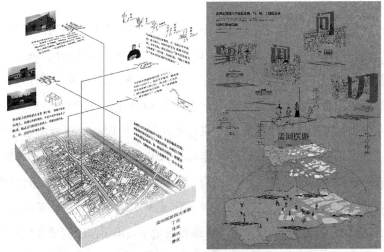

图 6 - 31　孟河医派四大家族空间位置可视化信息简图

　太平天国战乱却对环太湖平原地区城镇乡村环境造成了极大的破坏,许多市镇从此荒废为一个村落,开埠以后的上海成了江南地区对外贸易的桥头堡,经济发展的聚集地,孟河医派的名医纷纷来到上海,开启了新的发展历程。西方著名的中医学者、英国伦敦大学教授蒋熙德(Volker Scheid)先生经过 20 多年潜心研究中医历史后,在《孟河医学

---

① 　陈仁寿主编.江苏中医历史与流派传承[M].上海:上海科学技术出版社.2014.17.

源流论》提出"通过将孟河医学与地理位置联系起来,而不是与传承谱系中医生个体相联系,这些阐述标志着孟河医学发展的一个新阶段"①。在上海滩,把不同世家置于共同的空间"籍贯"的概念名下,不仅巧妙地消除了不同世家间的界限,也消除了世家谱系的个体特征,用孟河医派的共同历史取而代之,对于孟河医派在近代国际上的影响起了积极的推动作用。

1. 龙亭颐养村的赋能策略

多年来,由于缺乏生态保护意识,孟河小黄山片区的自然风光和历史遗迹均被破坏,绵延蜿蜒的山体被开挖,生态环境堪忧;林相单一,维护欠佳,观赏性不强;现有道路多以土路为主,断头路较多,难以形成环线交通和满足森林防火需求。按照《孟河镇总体规划(2016—2030)》,结合大运河带建设和孟河国家级特色小镇的中医产业规划的总体要求,《孟河小黄山旅游度假区总体规划(2016—2030)》②采取"小规划,微更新"的方法,近期全面修复规划区生态环境,完善基础设施,整理现状村落;远期重点推广区域文化特色品牌,为孟河古镇的小黄山自然景区赋予人文要素。小黄山龙亭颐养村是小黄山田园度假景观层区的主要内容,将中医文化与本地山水田林、自然种植、民俗文化结合打造中医药康养产品,结合优越自然环境打造休养产品,使养心养生养老成为度假区未来品牌竞争力,推动大运河文化与时代元素相结合,丰富延伸各旅游板块主题(图6-32-1),包括古镇观光、生态旅游、养生养老、旅游地产、创意文化等,增设景观服务设施(图6-32-2),增加游

① 皮埃尔·诺拉主编,黄艳红等译.记忆之场[M].南京:南京大学出版社.2017.6.
② 《孟河小黄山旅游度假区总体规划(2016—2030)》组织单位:孟河镇人民政府、常州龙城旅游控股股团有限公司;编制单位:常州市规划设计院。

客的驻足时间,积极促进全域旅游的全新发展格局。

图 6 - 32 - 1 小黄山区域景观游线规划图

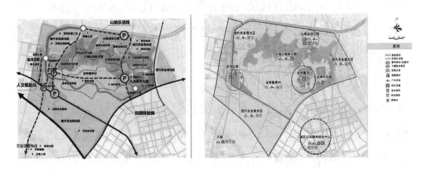

图 6 - 32 - 2 小黄山区域景观服务设施规划图①

(1)农业景观生态化

孟河镇小黄山地区以山清水秀的自然资源为载体,属于生态公益林二级管控区,海拔高度约为 86 米,面积约 554 公顷,生态约束要求积

① 图片来源:孟河镇人民政府、龙城旅游控股集团有限公司。

极强化生态保护与生态修复,包括长江南岸、新老孟河、浦河的生态廊道建设,包含生态廊道、沿线绿化亮化、广场小品等景观建设。小黄山是基地内的制高点,整个基地呈现北高南低,现有水体资源丰富,主要河道为浦河和老孟河,河道两岸以自然土坡为主,水质基本良好,目前浦河仍在发挥重要的功能。生物资源丰富,植被覆盖程度较高,植被类型相对较多。主要植被类型:树种有桑柏、黄杨、刺槐、泡桐、油桐、梧桐等;花类有芍药、月季、菊花、荷花、海棠、芙蓉等;草类有棉花草、羊草、关丝草、茅草等;药类有孟荆芥、离香草、冬瓜子、蒲公英、马齿苋等。根据《江苏省生态红线区域保护规划》,小黄山区域(图6-33-1—3)①生态分区保护规划中设生态控制区、生态协调区、生态改进区。在控制区构建生态廊道以沟通重要生态斑块,保护和营造生物栖息地;在协调区域可进行适当强度的旅游开发;改进区为旅游开发的重点区域,应充分做好环境绿化,不得建设污染环境类项目,项目区的污水废气排放应符合相关规定和标准。系统规划道路和特色生态修复区域。

(2)农业景观人文化

历代文人雅士为孟河留下了脍炙人口的篇章,为我们展开了一幅幅长江南岸江南水乡孟河村落的历史长卷,也为当代村镇的自然生态修复注入了地域感知与人文力量。如唐代诗人王维的《同崔傅答贤弟》歌咏孟河的思古情绪;明代状元吴宽的《吴城至京歌》歌咏孟河在明清京杭大运河的重要地位。诗人王稚登的《重经孟河》、诗人王士祯的《毗陵归舟》等,都是歌咏孟河脍炙人口的篇章。根据江南水乡古诗意象,视觉传达设计能针对孟河农业特产品牌做深度开发,见下文(图6-34),孟河米酒系列瓶贴就是根据蒋定《孤尘八景》的诗情画意而创

---

① 图片来源:孟河镇人民政府、龙城旅游控股股份有限公司。

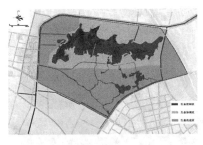

图6-33-1　小黄山区域生态分区图

图6-33-2　小黄山区域道路系统规划图

图6-33-3　孟河古镇小黄山特色生态修复规划图(一期)[1]

作的。

　　按照南宋诗人蒋定[2]的《孤尘八景》[3],八景分别为《黄山积雪》《珠城晓露》《九龙晚钟》《牛溪夜月》《春浦开帆》《秋涛鼓浪》《白云迷洞》《绯桃夹渚》等,其所提示,"山在村北,以黄歇来游得名。凛凛寒侵骨,四望炊烟绝。溪上老鹤来,踏碎梅边雪"。后人为此景作注说:这黄山

---

　　①　图片来源:《孟河小黄山生态修复及综合建设规划》;组织单位:孟河镇人民政府、常州龙城新型城镇化建设发展有限公司。

　　②　诗出常州人蒋之杰等人在民国三十五年(1946)递修的《柱五堂蒋氏宗谱》卷二十"诗集"。蒋定,字彦安,号"孤阳居士",南宋人,迁"孤尘山"阳、孟渎河东的"蒋巷"村,成为"柱五堂"这枝蒋姓家族的始迁祖。

　　③　《孤尘山的八景诗》,其有蒋定自序:我定居在"孤尘山"南边,后发展为"蒋巷村",这儿有八景。

图6-34 根据描绘江南水乡古诗意象而创作的孟河米酒系列瓶贴
（课题组：倪君 设计）

在"蒋巷村"的北边，春申君黄歇封在吴国的故都"姑苏城"（今苏州），由于他曾经来此山游玩居住过，所以此山得名小黄山。

冬日长江中的黄山分外让人感到刺骨的严寒，站在白雪皑皑的山头向四面望去，看不到一缕炊烟。有年老的仙鹤来到山上的小溪边，脚印踏碎了梅花树下原本完整的雪地。《绯桃夹渚》中曰"夹岸又迷津，枝枝濯锦①新；隔江遥望处，一派武陵春"，描写了孟河口长江岸边的沙洲上，有很多栽种桃树的桃园，登上孤尘山远远望去，就像灿烂的锦绣绸缎。《珠城②晓露》中诗人描述了"一望碧蒙蒙，晨光杂烟雾。遥知城市中，店门开几处"。宋代蒋定的《村居八咏》《茅屋闻缲》《草塘蛙鼓》《秧针冒绿》《风搅松声》《月明芦岸》《书灯夜读》，都带给后人原汁原

---

① 锦，成都一带所产的织锦，以华美著称。相传成都所产的锦缎必须要在流经成都的那段岷江中漂洗后，色彩方才异常鲜润，故这段岷江便被称为"濯锦江"或"锦江"，成都所产的蜀锦也被称为"濯锦"。

② 此证明宋代蒋定时已有孟河城。今按《咸淳毗陵志》卷十五"山水"："孟渎，……南唐保大初修水门"，水门是城门的一种，由此可见其时孟河当已建城。又《咸淳毗陵志》卷十五"山川"："孟城山，在县北八十里，亦瞰大江。巴州刺史羊士谔《记》云：晋孟嘉南迁侨居之地。下流有孟渎。"这更加证明孟城在宋代已有城，并非明代才建城。

味的江南水乡记忆,成为当代孟河文化景观文脉延续的依据和诗性田园情境重构的基调。

江南传统聚落中所呈现的井字形和方形(图6－35),不是纯粹用作装饰,而是一种抽象的思考,其以日常劳作或者活动的尺度、体量关系与人的身体综合感觉取得一种平衡,满足的是人的精神和心灵的安全与愉悦。正如有学者认为:"在无序的自然大地上加上了有序的创造,是我们人类存在所具有的最富于特色和极具证明性的东西。"[①]江南孟河村镇自然生态系统以水环境为核心,"塘浦圩田"是孟河地区一种水利的特殊"灌溉工程类型",传统环太湖区域"圩圩相接、沟渠交错"[②]的水网圩田图景和陶渊明式的世外桃源无不令人遐想无限。

图6－35　小黄山区域规划效果图[③]

2. 孟河医派文化景观的语境策略

孟河全域旅游+中医药康养产业融合,建设中医药养生服务集聚

---

①　王昀.空间穿越[M].沈阳:辽宁科学技术出版社.2010.13.

②　王英华.杜龙江.邓俊.图说中华水文化丛书　图说古代水利工程[M].北京:中国水利水电出版社.2015.63.

③　图片来源:孟河镇人民政府、龙城旅游控股集团有限公司。

图 6-36 孟河医派四大家族现有的碎片化仿古景观

区、中华医药人才培养基地,带动乡村旅游、田园体验,点状激活,全域联动。作为学术支撑的孟河医派是灵魂,巢家大宅与巢渭芳故居位于孟河镇小南门东 75 号,与中医药龙亭颐养村园遥相呼应,但是目前的医派故居建筑都为复建新修(图 6-36),碎片化仿古景观削弱了中医文化的厚重感。

镇区与风景区因为主题而联动起来,改变了原来中医宅院孤立封闭的状态。该建筑现已根据该屋的原样在原址复建,巢渭芳故居现为常州市文物保护单位。[①] 巢家大宅两落三进,设计布局紧凑,是较典型的普通住宅。住宅两侧风火墙为"观音兜",不仅可起到防火的作用,而且形式美观,极富江南地方特色(图 6-37)。改造方案采取传统工坊体验式语境、乡土技艺博物馆式语境和文创语境策略,保留原有建筑空间格局,一楼设中医文化博物馆和展示中心(图 6-38),二楼向公众开放(图 6-39),是中医文化书吧,定期举办沙龙。

在书院的大系统框架下引入中医药农业景观,居民不需要长途跋涉去很远的农田,在书院周边徒步就近即可进行药材植物的种植和观察,这种农场式的种植经济高效,与居住区相连,对于获取更多的种植空间

---

① 徐耀新.历史文化名城名镇名村系列·孟河镇[M].南京:江苏人民出版社.2017.48-49.

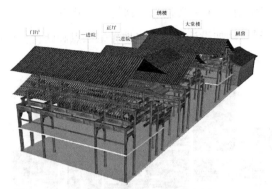

图6-37　巢家大宅透视示意图

图6-38　巢家大宅
平面简图

图6-39　巢家大宅改造一楼展厅/二楼增加公共书吧

和开放性空间创造了有利条件。为了提高社区内的农业种植率,可将原有树种替代为适宜当地栽种的中医药植物,产出的果实可以提供给书院收购;同时在住宅周边的绿化区,系统布局与当地自然气候、地理条件和文化审美相适宜的系列农作物,一年四季除了色彩变幻,果实品种也是丰富多样,整个培育的过程中,村民、孩子甚至游客都可以参与,在收获果实的同时,更增进了人与人之间的交流与感情,用经济高效的农业景观,通过艺术手段和相关活动的组织与开展,会创造出令人赏心悦目的人居环境和多元价值。以孟河医派中医文化为主题的文创开发也是激活书院的有效方式(图6-38),例如设计赋能于当地养生糕点和膳食特产包装的更新,是提升中医药、养生相关产品品质的重要手段之一。

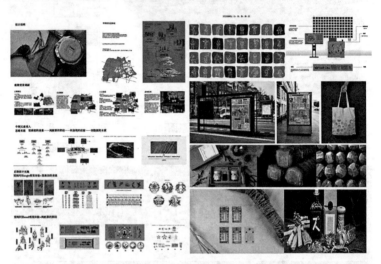

图6-40 孟河医派品牌主视觉设计效果图①(课题组:夏爱爱 设计)

(三) 生活型景观:象征性精神景观与 体验型景观的情境互生

记忆建构是在地域感知的基础上链接过去、现在和未来,个人与社会的、传统文化与身份认同都是无法分开的,因此记忆的建构是地方共同的,"是一种积极的探索,意味着多重与多元关系的建立"②,在这个

---

① 图片来源:国家社会科学基金艺术学项目(17BH173)"'特色小镇'建设与传统村落文化传承发展研究"课题组。

② 李娜著译.集体记忆、公众历史与城市景观 多伦多市肯辛顿街区的世纪变迁[M].北京:生活·读书·新知三联书店.2017.131.

过程中,人的主观情感因素至关重要,而且在地村民、专家学者、外界公众等对孟河地域感知的视角是不一样的。虽然几经沧桑,几千年来,伴随着历朝政府对老孟河、浦河、新孟河 20 多次的疏浚和兴建的水利工程,孟河以坚忍的品格引长江水南注大运河和太湖,以包容的胸怀吐纳来自南北东西的物资与人口,才能在一个江南小镇积淀出代表中国的南北文化交融的巅峰、军事文化的凸显、商埠文化走向鼎盛、医派文化四海传播等等闪烁着智慧和光辉的文化记忆,才有了孟河延续至今"含蓄融通、坚忍奋进"的精神,水的韧性与气质赋予江南内在的精神,使其与众不同,才可称之为"地域"。只有维系这种内在精神的场所,成为真正意义上的江南水乡,才能承载个人、集体与社会的记忆,形成这一场所特有的气质与精神。

1. 作为象征性景观的孟河民俗文化节

江南传统建筑与当地人的"水乡"生活密不可分,民俗文化流行,河岸相依,当家族成员外出捕鱼或者顺河集市经济贸易发展的时候,人们就会特别重视敬祖和朝圣信仰,因此江南村镇古建形制的平面布局必然与当地河道系统的地形地貌密切相关。同时,江南吴文化中的诗性雅致反映在宗教建筑上,形成一种精致的态度和低调的奢华,清静、幽雅的山水环境与园林营造的精巧相结合,紧凑的内部空间平面布局组合散发出一种隐逸、脱俗的气氛,演化出许多民风民俗。

万绥戏楼就是现存的历史建筑之一(图 6-41),始建于唐贞观五年(631 年),台口两侧的台柱上有对联"离合悲欢天下事如斯而已,生旦净丑世间人尽在斯焉",台口中间悬匾书"作如是观"。藻井位于戏台上方,演出时,藻井仿佛一个共鸣箱,能产生余音绕梁的音响效果。

台上还有一幅古对联"阜通重镇文经武纬万岁高风泽流长，兰陵要塞设郡置县齐梁故里传颂久"。舞台正面敞壁绘有山水国画，顶面天花板画着"彩龙蟠游"，呈圆形，楼台两侧是戏班子唱戏时的化妆间，又是出场进场的门间，在前台左侧另搭一个子台，为乐队演奏所用。每年农历三月二十八和十月初六是西夏墅"作节"的日子，每当此时，古戏楼都会鸣金开锣，演员们粉墨登场，唱出一曲曲人间词话。戏楼的后台木柱下为明代风格石柱，台前有广场（也称天井、戏堂），戏场可容纳2000名观众。万绥民俗文化陶冶了一代又一代的市民，对后世产生很大影响，创造出许多有价值的作品，起到了整合群众、平衡心理、教化人民、维系民族团结的作用。

图 6-41　东岳庙内的古戏楼

残缺的文化记忆背后隐藏着齐梁文化的基因与密码，作为帝王将相的祖居地和桑梓地，江南水乡孟河万绥，走出了以齐高帝萧道成和梁武帝萧衍为首的两代开国皇帝与十三位继承皇帝、三十几位宰相和百名文臣武将。在兰陵萧氏家族的引领下，万绥名人辈出，创造了绚丽多彩的齐梁文化。在文学方面有萧统的《昭明文选》、徐陵的《玉台新咏》、刘勰的《文心雕龙》、钟嵘的《诗品》；在史书方面有沈约的《宋书》、萧子显的《南齐书》、慧皎的《高僧传》。著名医学家陶弘景和杰出科学家祖冲之等等风流人物与典籍，如璀璨群星，为中国艺术审美文化的转型与创新作出了巨大贡献，产生了一批精英式高雅艺术，缔造了江左二百余年从未有过的"文治之盛"①,经学、玄学、史学、文学、佛学,大放异彩,由此达到鼎盛。在这苕溪山水的倒影之中,指向那种难以言表的心灵印记,读者也随之溶化在江南如水般的景色里了,这一切构成了万绥古镇作为中华传统齐梁文化记忆中最靓丽的风景,更是一个记录着江南村镇在齐梁时代兴衰的记忆之场。

新时代江南村镇在精神文明建设层面提出了更高要求,结合村庄的人文历史、自然景观、生态环境资源及生产活动等地域风情,规划区设计"运河公园""齐梁遗韵""万绥人家"等节点景观(图6–42),内设黄山河—浦河水上游线,与常州大运河现有水上游线相衔接;孟城古镇北街、南街,万绥片区三个文化支点内设游船码头,由码头向外拓展,古孟河沿岸修复成开放式运河公园。通过论坛、节庆等形式,形成有区域

图6–42 万绥片区项目策划②

① 龚斌.齐梁文化研究丛书 南兰陵萧氏文化史稿[M].上海:上海古籍出版社.2015.107.
② 图片来源:孟河镇人民政府、龙城旅游控股集团有限公司。

影响力的儒释道国学研修中心,展现齐梁文化风情,并将万绥人家老宅改造,以极富地方特色的传统美食,形成特色私房菜、美食村和生活美学馆,让游客在慢行中体会美食美景。

当代一年一度的孟河文化节以文化为魂,以促进"乡风文明"为根本出发点,超越了单一的民间信仰功能,立足于中国传统文化蕴涵着的丰厚价值体系,将传统文化记忆中优秀质朴生动的元素融入现代思维,融入时尚,以符合现代人的审美需求。人们对建筑、空间和场所的体验属于感知范畴,它不是个别感觉信息的简单总和,而是对整个历史镇区的认知,人们对万绥齐梁文化的信息来自参与者综合的知觉与整体的体验,可以对沿传统街巷建筑进行功能置换。以老戏台为展演中心,增设文化艺术展馆,创设实景与虚景、动静结合的"非遗文化展演",布置万绥猴灯(图6-43)、滩簧表演场所,开放孟河医派展览馆和鳝丝面商

图6-43　万绥猴灯 视觉推广设计(课题组:王琪灵设计)

铺,鼓励非物质文化遗产与相关项目有机结合,同时,采取培养艺术骨干等多种途径,可以保障非物质文化遗产的传承。

　　基于传统节庆文化的万绥乡村文化节(图6-44)吸引了来自世界各地的与万绥有着亲缘、血缘关系的群体,也吸引了社会各界人士对孟河的关注,龙城旅游控股集团有限公司就是其中投资的援建方之一,与

图6-44　万绥未来乡村文化节主视觉设计(课题组:张慧设计)

孟河镇人民政府联手共同开展孟河镇小黄山的保护与建设,社会各界、专家学者、商家企业等集聚一堂,共同为孟河的发展出谋出力。万绥未来乡村文化节更是一个城乡区域协同创新的平台,对民间非遗文化提供了一个良好的活态传承路径,对滋养民众身心、维护社会和谐具有潜移默化的作用。节庆期间,四乡八邻的店铺、特产、绝活手艺都集聚在孟河万绥,激活了地方经济,提升了公共文化服务。表演者、观众、参与者共处于同一个乡土语境之中,体验更多的是一种艺术感染,主体充满激情的主观愿望有利于激发潜在的创造性,肃穆的传统节日仪式与村民的狂欢有效结合,也让整个仪式活动充满神秘与活力,构成了源于乡村现实生活又高于日常生活的文化景观。

2. 孟河体验型景观的情境互生

孟河镇山水田园大环境框架的建构,以生态为底、文化为魂,依托地域优势,以生态修复本底基础,发挥自然与人文优势,是对齐梁文化、运河休闲文化、传统市镇商埠文化、中医文化的综合展示,使用区块联动方式做强了体验旅游。小黄山旅游度假区精心策划旅游景观线路,形成"三层三心"体验型景观系统,体现不同的景观设计导向和重点联通的景观节点。三层指"山林展示景观层、田园度假景观层、人文体验景观层";"三心"指"小黄山景观中心、九龙湖景观中心以及孟城人文景观中心",突出"生态林+水乡田园"特色(图6-45)和"人文 、田园、山地"①主题,修复农场生态机体,打造农耕文化体验、乡村美宿度假、绿野娱乐休闲、乡野美食品味四类项目,丰富错落的空间层次感和移步换景的景观视野,增加绿化空间,展示古城文化,一期建设主要内容为修复小黄山森林公园、汤巷里、山南片区和水泥厂区四个板块的生态环境,提

---

① 龚斌.南兰陵萧氏文化史稿[M].上海:上海古籍出版社.2015.107.

高小黄山森林的游憩、康养、运动、科普等服务功能，形成"A 山林游赏区、B 宕口花园区、C 森林文创区"，打造常州市森林"文创旅游"新名片。

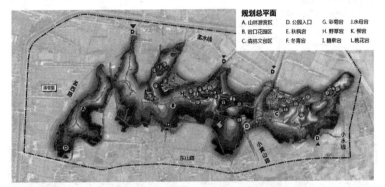

图 6 - 45 孟河古镇小黄山"生态林"区域规划总平面图(一期)①

在景区西面的汤巷里，又叫汤巷。追溯其历史，在东汉时期就有人住，当时汤巷里叫河庄，由于运河疏通后商业繁荣，居住的百姓越来越多，考古发现汤巷的一口古井，古井上雕刻的字为"恽宅义井"。在"乡村振兴"国家战略指引下，汤巷里村坚持可持续发展理念，以兼顾历史文化保护与现代化发展的关系为宗旨，合理利用历史遗存，发展新产业，培育新功能。汤巷里村的改造提升规划(图 6 - 46)首先尊重村庄自然肌理，清退破败工业企业，其中涉及民房 96 户，企业 15 家；其次疏通现有水系，改善空间环境品质，将景观和建筑融为一体，通过降低居住人口，集中完善配套设施，从而达到这一区域节能减排、有效保护生态的目标；最后，回溯孟河中医药文化生态，活化孟河水乡圩田，增加百草园与中草药自然科普教育，以中医药特色产业活化休闲特色水街集市，以康养主题客栈满足文旅客群度假休闲的住宿需求。

大运河几千年来多元交融的特色文化、持续演变的动态过程铸就

---

① 《孟河小黄山生态修复及综合建设规划》；组织单位：孟河镇人民政府、常州龙城新型城镇化建设发展有限公司。

图 6 - 46　孟河古镇汤巷里景观效果图①

了江南水乡孟河古镇迥异于其他古镇的地域特质和深厚底蕴,其优越的地理位置、自然禀赋孕育了形态各异内涵丰富的文化景观空间载体,也奠定了孟河镇在大运河文化线路和遗产网络中无法复制和无可替代的节点地位。从文化记忆的视角来看,江南水乡是被升华为一个符号化了的生生不息的大运河沿线古村镇景观空间,是一个日常生活的栖居容器,既包含物理的记忆场域,更象征着精神的观念追求。大运河文化记录着沿线城乡空间记忆的变迁过程及基本形态,我们既要弘扬历史档案中有意识记忆的"传统",又要挖掘"集体无意识"的"残片"②,使得几千年的实践、交流和反思等得到延续,让历史的纵深得以展开,文化记忆的建构就是在伦理道德、价值观念、社会语境共同作用下,传

① 《孟河小黄山生态修复及综合建设规划》;组织单位:孟河镇人民政府、常州龙城新型城镇化建设发展有限公司。

② 扬·阿斯曼,潘璐译.回忆空间[M].北京:北京大学出版社.2017.146—156.

承传统文化精髓并通向未来。

本章小结

　　江南水乡古村镇的文化生态是一个动态更替生长的有机体,构成了江南水乡人们集体的归属感和身份认同,构成了江南人特有的文化记忆与精神家园。从空间维度看,大运河文化带线性资源的特点决定了孟河的保护发展跨界联动、区域协作。从时间维度看,千年运河流经沿线城乡,成为当地居民生产生活中不可分割的部分,价值普遍共性与地域个性共存。文化记忆导向下的村镇空间设计,把孟河作为大运河文化中江南水乡的一个整体系统来看待,变得更加复杂多元和丰富,这就需要多学科跨界、深度合作协同创新。按照江南村镇文化景观"融合共生"系统设计策略,从设计学的视角,对孟河记忆的建构,对村镇空间意象与情境的重构,具有地域性、生动性、多元性,从功能上整合了聚落景观、生活景观、精神景观、产业景观、美食景观甚至虚拟景观,他们自由组合,构成了庞大而丰富多彩的景观系统;从构成景观生命力、吸引力和承载力的要素来看,是跨领域、跨区域、跨部门的,包括资源、人力、资本、政策等要素的整合;从记忆建构方式来看是传统与现代、艺术与科技、人工与自然的结合,是多元价值观与方法论的聚合,最终构建的是一种可持续的融合共生发展的理念和地方创生模式。

参考文献

1. 中文专著

曹　芳.文字艺术设计[M].北京:高等教育出版社.2009.

陈从周.品园[M].南京:江苏文艺出版社.2016.

陈圣浩.景观意义的建构与传达[M].北京:中国林业出版社.2017.

陈修颖.江南文化:空间分异及区域特征[M].北京:中国社会科学出版社.2014.

丁俊清.江南民居[M].上海:上海交通大学出版社.2009.

陈　薇.走在运河线上:大运河沿线历史城市与建筑研究[M].北京:中国建筑工业出版社.2013.

段　进.城镇空间解析　太湖流域古镇空间结构与形态[M].北京:中国建筑工业出版社.2002.

段　进、希列尔.空间句法在中国[M].南京:东南大学出版社.2015.

樊树志.江南市镇:传统的变革[M].上海:复旦大学出版社.2005.

范大成.吴郡志[M].南京:江苏古籍出版社.1999.

范金民.衣被天下:明清江南丝绸史研究[M].南京:江苏人民出版社.2016.

方李莉.艺术介入美丽乡村建设:人类学家与艺术家对话录[M].北京:文化艺术出版社.2017.

费孝通.江村经济[M].北京:北京大学出版社.2012.

费孝通.乡土中国·乡土重建[M].北京:群言出版社.2016.

冯　雷.理解空间:20世纪空间观念的激变[M].北京:中央编译出版

社.2017.

冯友兰.中国哲学史[M].重庆:重庆出版社.2009.

傅熹年.中国古代城市规划、建筑群布局及建筑设计方法研究[M].北京:中国建筑工业出版社.2001.

郭　熙.林泉高致(中华雅文化经典)[M].南京:江苏凤凰文艺出版社.2015.

过汉泉.江南古建筑木作工艺[M].北京:中国建筑工业出版社.2015.

胡晓明.江南诗学:中国文化意象之江南篇[M].上海:上海书店出版社.2017.

黄　源.差异:当代建筑形式解析[M].北京:中国建筑工业出版社.2014.

黄元炤.流向:中国当代建筑20年观察与解析(1999—2011)[M].南京:江苏人民出版社.2012.

黄正泉.文化生态学(上下)[M].北京:中国社会科学出版社.2015.

计　成.园冶(中华雅文化经典)[M].南京:江苏凤凰文艺出版社.2015.

江伟涛.近代江南城镇化水平新探[M].北京:社会科学文献出版社.2017.

李　诫.营造法式(修订版)[M].北京:人民出版社.2011.

李　立.乡村聚落:形态、类型与演变　以江南地区为例[M].南京:东南大学出版社.2007.

李立新.设计艺术学研究方法[M].南京:江苏美术出版社.2010.

李立新.设计价值论[M].北京:中国建筑工业出版社.2011.

李　娜.集体记忆、公众历史与城市景观:多伦多市肯辛顿街区的世纪变迁[M].上海:上海三联书店.2017.

李学勤.中国古代文明研究[M].上海:华东师范大学出版社.2005.

梁漱溟.乡村建设理论(第2版)[M].上海:上海人民出版社.2011.

刘沛林.古村落和谐的人聚空间[M].上海:上海三联书店.1998.

刘沛林.家园的景观与基因——传统聚落景观基因图谱的深层解读[M].北京:商务印书馆.2014.

刘士林.西洲在何处　江南文化的诗性叙事[M].北京:东方出版社.2005.

刘士林.中国诗性文化[M].海口:海南出版社.2006.

刘森林. 江南市镇:建筑·艺术·人文[M]. 北京:清华大学出版社. 2014.

刘敦桢. 苏州古典园林[M]. 北京:中国建筑工业出版社. 2005.

刘敦桢. 中国古代建筑史[M]. 北京:中国建筑工业出版社. 1980.

陆邵明. 场所叙事——探索有乡愁记忆的城镇化路径[M]. 北京:中国建筑工业出版社. 2018.

罗德胤. 传统村落:从观念到实践[M]. 北京:清华大学出版社. 2017.

彭一刚. 传统村镇聚落景观分析(第 2 版)[M]. 北京:中国建筑工业出版社. 2018.

钱　穆. 中国文化史导论[M]. 北京:商务印书馆. 1994.

青　锋. 评论与被评论——关于中国当代建筑的讨论[M]. 北京:中国建筑工业出版社. 2016.

沈克宁. 建筑类型学与城市形态学[M]. 北京:中国建筑工业出版社. 2010.

唐力行. 江南社会历史评论(第十一期)[M]. 北京:商务印书馆. 2017.

童　寯. 江南园林志(第 2 版)[M]. 北京:中国建筑工业出版社. 2014.

王　澍. 造房子[M]. 长沙:湖南美术出版社. 2016.

王　琥. 设计史鉴:中国传统设计思想研究[M]. 南京:江苏美术出版社. 2010.

王建革. 水乡生态与江南社会(9—20 世纪)[M]. 北京:北京大学出版社. 2013.

王建革. 江南环境史研究[M]. 北京:科学出版社. 2016.

王思明、刘馨秋. 中国传统村落:记忆、传承与发展研究[M]. 北京:中国农业科学技术出版社. 2017.

王向阳. 雅活书系·手艺:渐行渐远的江南老行当[M]. 桂林:广西师范大学出版社. 2017.

汪丽君. 建筑类型学[M]. 天津:天津大学出版社. 2005.

文震亨. 长物志(线装一函二卷)古代园林建筑艺术[M]. 扬州:广陵书社. 2016.

吴良镛. 人居环境科学导论[M]. 北京:中国建筑工业出版社. 2001.

邬烈炎. 设计基础[M]. 南京:南京师范大学出版社. 2012.

夏燕靖. 中国古代设计经典论著选读[M]. 南京:南京师范大学出版社. 2018.

俞昌斌. 体验设计唤醒乡土中国:莫干山乡村民宿实践范本[M]. 北京:机械工业出版社. 2017.

俞孔坚. 生存的艺术:定位当代景观设计学[M]. 北京:中国建筑工业出版社. 2006.

詹和平. 空间(第2版)[M]. 南京:东南大学出版社. 2011.

赵静蓉. 怀旧　永恒的文化乡愁[M]. 北京:商务印书馆. 2009.

赵静蓉. 文化记忆与身份认同[M]. 北京:生活·读书·新知三联书店. 2015.

左　靖. 碧山:民宿主义[M]. 北京:中信出版社. 2017.

祝纪楠.《营造法原》诠释[M]. 北京:中国建筑工业出版社. 2012.

2. 外文专著

Assmann, J. , *Das kulturelle Gedachtnis: Schrift, Erinnerung und politesse Identitat in friihen Hochkulturen*, Miinchen: Beck, 1992.

Assmann, J. , Das kulturelle Gedachtnis und das Unbewusste, in: *M. Buchholz, G Godde (eds) Das Unbewusste in aktuellen Diskursen*, Verlag: Psychosozial-Verlag, 2005.

Assmann, J. , *The Mind of Egypt: History and Meaning in the Time of the pheardc-translated by Andrew Jenkins*, New York: Henry Holt Company, 1996.

Assmann, J. , *Moses the Egyptian: The Memory of Egypt in Western Monotheism*, Cambridge: Harvard University Press, 1997.

Ermal, Shpuza and Pegah, Zamani, "Architecture and Memory," *Journal of Asian Architecture and Building Engineering*, 2003, 2(1): pp. 231 - 237.

Fleming, John, *The Penguin Dictionary of Architecture and Landscape Architecture: Fifth Edition.* Viking Adult, 1998.

Hayden, D. , *The Power of Place*: *Urban Landscapes as Public History*. MA: MIT Press, 1997.

Hsu, F. , The Revolutionary (Re) Vision of Modern Architecture: Rem Koolhaas, from Surrealism to the Structuralist Activity, 91st ACSA International Conference. 2003.

Kostof, S. , *The City Shaped*: *Urban Patterns and Meanings Through History*. Bulfinch, 1991.

Kung Chuan Hsiao, *Rural China*: *Imperial Control in the Nineteenth Century*, Seattle: University of Washington Press, 1967.

M. Christine Boyer, *The City of Collective Memory*: *Its Historical Imagery and Architectural Entertainments*. MA: MIT Press, 1994.

Olick J K, Robbins J. , "Social Memory Studies: From 'Collective Memory' to the Historical Sociology of Mnemonic Practices," *Annual Review of Sociology*, 1998, 24(1): pp. 105 – 140.

Pevsner, Nikolaus, *A History of Building Types*. Princeton: Princeton University Press, 1979.

Rossi, A. and Eisenman P. , *The Architecture of the City*. MA: MIT Press, 1982.

Schuyler, D. , *The New Urban Landscape*: *The Redefinition of City Form in Nineteenth Century America*. Baltimore: Johns Hopkins University Press, 1986.

Wells · C. Old. , "Claims and New Demands: Vernacular Architecture Studies Today," *Perspectives in Vernacular Architecture*, 1986, 50(02): pp. 1 – 10.

Wolschke-Bulmahn, Joachim, ed. , *Places of Commemoration*: *Search for Identity and Landscape Design*. Washington: Dumbarton Oaks, 2001.

3. 译著

阿摩司·奥兹,钟志清译. 乡村生活图景[M]. 南京:译林出版社. 2016.

阿摩斯·拉普卜特.文化特性与建筑设计[M].北京:中国建筑工业出版社.2004.

阿莱达·阿斯曼,袁思乔译.记忆中的历史:从个人经历到公共演示[M].南京:南京大学出版社.2017.

阿莱达·阿斯曼,潘璐译.回忆空间:文化记忆的形式和变迁[M].北京:北京大学出版社.2016.

比尼泽·霍华德,金经元译.明日的田园城市[M].北京:商务印书馆.2010.

安德鲁·塔隆,杨帆译.英国城市更新[M].上海:同济大学出版社.2017.

巴里·W.斯塔克、约翰·O.西蒙兹.景观设计学——场地规划与设计手册(原著第五版)[M].北京:中国建筑工业出版社.2014.

保罗·L.诺克斯、海克·迈耶.小城镇的可持续性:经济、社会和环境创新[M].北京:中国建筑工业出版社.2018.

代尔夫特理工大学工业设计工程学院,倪裕伟译.设计方法与策略:代尔夫特设计指南[M].武汉:华中科技大学出版社.2014.

杜威·索尔贝克,奚雪松译.乡村设计:一门新兴的设计学科[M].北京:电子工业出版社.2018.

段义孚,王志标译.空间与地方:经验的视角[M].北京:中国人民大学出版社.2017.

段义孚.恋地情结[M].北京:商务印书馆.2018.

费迪南德·冯·李希霍芬.李希霍芬中国旅行日记[M].北京:商务印书馆.2016.

冯亚琳等.文化记忆理论读本[M].北京:北京大学出版社.2011.

富永让,刘京梁译.勒·柯布西耶的住宅空间构成[M].北京:中国建筑工业出版社.2007.

弗朗西丝·叶芝,钱彦等译.记忆之术[M].北京:中信出版股份有限公司.2015.

高居翰.文化艺术·不朽的林泉:中国古代园林绘画[M].北京:生活·读书·新知三联书店.2012.

亨利·列斐伏尔,叶齐茂等译.日常生活批判(第3卷)[M].北京:社会科学文献出版社.2018.

杰拉尔德·G.马尔腾,顾朝林等译.人类生态学:可持续发展的基本概念[M].北京:商务印书馆.2012.

居伊德波,张新木译.景观社会[M].南京:南京大学出版社.2017.

凯文·林奇.城市意象(校订版)(第2版)[M].北京:华夏出版社.2017.

柯林·罗,童明等译.拼贴城市[M].北京:中国建筑工业出版社.2003.

柯律格,刘宇珍等译.雅债:文徵明的社交性艺术[M].北京:生活·读书·新知三联书店.2012.

柯律格.长物[M].北京:生活·读书·新知三联书店.2015.

克劳斯·布鲁恩·延森,刘君译.媒介融合:网络传播、大众传播和人际传播的三重维度[M].上海:复旦大学出版社.2012.

莱恩·布鲁纳,蓝胤淇译.记忆的战略:国家认同建构中的修辞维度[M].北京:商务印书馆.2016.

勒·柯布西耶,杨至德译.走向新建筑[M].南京:江苏科学技术出版社.2014.

雷蒙·威廉斯,韩子满等译.乡村与城市[M].北京:商务印书馆.2013.

罗伯特·戴维·萨克,朱红文译.社会思想中的空间观:一种地理学的视角[M].北京:北京师范大学出版社.2010.

罗伯特·F.墨菲,王卓君译.文化与社会人类学引论[M].北京:商务印书馆.2009.

罗杰·特兰西克.寻找失落的空间:城市设计的理论[M].北京:中国建筑工业出版社.2008.

罗兰·巴尔特,李幼蒸译.罗兰·巴尔特文集:符号学原理[M].北京:中国人民大学出版社.2008.

马克·戈特迪纳、雷·哈奇森,黄怡译.新城市社会学[M].上海:上海译文出版社.2018.

马歇尔·麦克卢汉,何道宽译.指向未来的麦克卢汉:媒介论集[M].北京:机械工业出版社.2016.

明恩溥,陈午晴等译.中国的乡村生活:社会学的研究[M].北京:电子工业出版社.2016.

尼古拉斯·佩夫斯纳,殷凌云等译.现代建筑与设计的源泉[M].北京:生活·读书·新知三联书店.2001.

尼古拉斯·佩夫斯纳,邓敬译.反理性主义者与理性主义者[M].北京:中国建筑工业出版社.2003.

尼克·盖伦特,闫琳译.乡村规划导论[M].北京:中国建筑工业出版社.2015.

诺伯舒兹,施植明译.场所精神:迈向建筑现象学[M].武汉:华中科技大学出版社.2010.

诺拉,黄艳红等译.记忆之场:法国国民意识的文化社会史[M].南京:南京大学出版社.2015.

皮尔斯,赵星植译.论符号·李斯卡:皮尔斯符号学导论(第3版)[M].成都:四川大学出版社.2014.

施坚雅.中国农村的市场和社会结构[M].北京:中国社会科学出版社.1998.

斯宾格勒,吴琼译.西方的没落[M].上海:上海三联书店,2014.

舒尔茨,谢永琴译.美国的兴旺之城[M].北京:中国建筑工业出版社.2008.

西蒙·沙玛,胡淑陈等译.人文与社会译丛:风景与记忆[M].南京:译林出版社.2013.

扬·阿斯曼,金寿福等译.文化记忆:早期高级文化中的文字、回忆和政治身份[M].北京:北京大学出版社.2015.

扬·盖尔,何人可译.国外城市设计丛书:交往与空间(第4版)[M].北京:中国建筑工业出版社.2002.

扬·盖尔,赵春丽等译.公共生活研究方法[M].北京:中国建筑工业出版社.2016.

伊恩·伦诺克斯·麦克哈格,芮经纬译.设计结合自然(第2版)[M].天津:天津大学出版社.

约翰·布林克霍夫·杰克逊,俞孔坚等译.发现乡土景观[M].北京:商务印书馆.2015.

朱利安·斯图尔德.文化变迁论[M].贵阳:贵州人民出版社.2013.

4. 期刊论文

陈涵子、翁忙玲等.保护江南乡村水环境[J].城乡建设,2006(01):39—41+5.

褚颖春.江南乡村精英的百年变迁[J].江南论坛,2007(01):59—61.

崔曙平、于春等.江南文化何所寄——江南的历史流变与苏南乡村空间特色保护的现实路径[J].城市发展研究,2016(11):60—66.

樊树志.明清长江三角洲的市镇网络[J].复旦学报(社会科学版),1987(02):93—100+103.

樊树志.江南市镇的民间信仰与奢侈风尚[J].复旦学报(社会科学版),2004(05):107—116.

樊树志.明清江南市镇的"早期工业化"[J].复旦学报(社会科学版),2005(04):60—70.

方晓风.设计介入乡村建设的伦理思考[J].装饰,2018(04):12—15.

方晓风.实践导向,研究驱动——设计学如何确立自己的学科范式[J].装饰,2018(09):12—18.

费孝通.农村、小城镇、区域发展——我的社区研究历程的再回顾[J].北京大学学报(哲学社会科学版),1995(02):4—14+127.

费孝通.弘扬优秀传统 实现"文化自觉"[J].中华文化论坛,1998(04):7.

费孝通.苏南乡村发展的新趋势[J].中国乡镇企业,1999(11):4—6.

冯贤亮.清代江南沿海的潮灾与乡村社会[J].史林,2005(01):30—39+123.

过伟敏.走向系统设计——艺术设计教育中的跨学科合作[J].装饰,2005(07):5—6.

过伟敏.充分认知基础上的传统历史建筑保护与再生[J].建筑与文化,2018
　　(12):9.

杭　间.手艺作为回"故乡"的"任务"[J].中华手工,2019(03):119—122.

杭　间、马晓飞.建构中国民艺思想史——杭间教授专访[J].民艺,2020
　　(01):21—24.

蒋明宏.明代江南乡村经济变迁的个案研究——江阴徐霞客家族经济兴衰、
　　分家析产及明末织布作坊诸问题探析[J].中国农史,2006(04):
　　88—97.

金晓依.天工开物:江南乡村工艺的世界　中国美术学院民艺博物馆开馆展
　　策展综述[J].新美术,2015(11):72—80.

雷冬雪、鲁安东.基于"场所"工具的滨水乡村聚落分析与设计研究:以里下
　　河地区沙沟镇为例[J].时代建筑,2017(04):66—79.

李伯重.简论:"江南地区"的界定[J].中国社会经济史研究,1991(01):
　　100—105+107.

李伯重.工业发展与城市变化:明中叶至清中叶的苏州(下)[J].清史研究,
　　2002(02):9—16.

李伯重."江南经济奇迹"的历史基础——新视野中的近代早期江南经济
　　[J].清华大学学报(哲学社会科学版),2011(02):68—80+159.

李晓颖、王浩."三位一体"生态农业观光园规划探析[J].中国农学通报,
　　2011(25):300—306.

梁　梅.把农村设计得更像农村——新农村设计的城市化误区[J].美术观
　　察,2015(07):26—27.

马俊亚.用脚表述:20世纪二三十年代中国乡村危机的另类叙事[J].文史
　　哲,2016(05):53—58+166.

潘鲁生.传统文化资源转化与设计产业发展——关于"设计新六艺计划"的
　　构想[J].山东社会科学,2014(06):87—92.

施俊天."五水共生"视域中的浙中乡村特色景观设计理路[J].新美术,2016
　　(04):86—93.

施俊天.基于"诗性景观"理念的江南乡村景观设计[J].装饰,2016(05):89—91.

宋建明.设计作为一种生产力,可精准扶贫[J].装饰,2018(04):23—27.

孙新旺、王浩等.乡土与园林——乡土景观元素在园林中的运用[J].中国园林,2008(08):37—40.

唐克扬."关键词":当代建筑学的地图[J].新建筑,2019(03):25—28

王加华.传统中国乡村民众年度时间生活结构的嬗变——以江南地区为中心的探讨[J].中国社会经济史研究,2014(03):37—49.

王建革.太湖东部的湖田生态(15—20世纪)[J].社会科学,2012(01):142—151.

王建革.水文、稻作、景观与江南生态文明的历史经验[J].思想战线,2017(01):156—164.

王建革.19—20世纪江南田野景观变迁与文化生态[J].民俗研究,2018(02):34—47+157—158.

王 澍.隔岸问山———种聚集丰富差异性的建筑类型学[J].建筑学报,2014(01):42—47.

王向荣、林箐.艺术、生态与景观设计[J].建筑创作,2003(07):30—35.

王 竹、钱振澜.乡村人居环境有机更新理念与策略[J].西部人居环境学刊,2015(02):15—19.

汪 芳、孙瑞敏.传统村落的集体记忆研究——对纪录片《记住乡愁》进行内容分析为例[J].地理研究,2015(12):2368—2380.

汪 芳、吕舟等.迁移中的记忆与乡愁:城乡记忆的演变机制和空间逻辑[J].地理研究,2017(01):3—25.

谢欣然.城市空间演变与文化记忆的互构关系[J].人文杂志,2018(06):79—85.

许 平.影子推手:日本设计发展的政府推动及其产业振兴政策[J].南京艺术学院学报(美术与设计版),2009(05):29—35.

叶 隽、黄剑波.江南乡村的躁动:作为文本和历史场景的鲁镇小说[J].江西社会科学,2006(08):67—76.

余同元.明清江南早期工业化社会的形成与发展[J].史学月刊,2007(11):53—61.

俞孔坚、王志芳等.论乡土景观及其对现代景观设计的意义[J].华中建筑,2005(04):123—126.

张金俊.清代江南宗族在乡村社会控制中的作用[J].安徽师范大学学报(人文社会科学版),2006(03):353—357.

张佩国.多维视野中的"一孔之见"——答朱宗震先生[J].中国农史,2005(03):115—121.

后　记

　　笔者自 2005 年起借助艺术设计和社会公益关注乡村的文化建设，多年来我和课题研究团队先后对周庄、同里、西塘、震泽、乌镇、焦溪、杨桥、奔牛等江南古村镇进行实地调研。随着地方文献的深入挖掘和田野调查的展开，课题组才有可能在更加微观的视野下深度认识江南村镇的社会变迁，并对环太湖流域的苏南和浙北范围内广大村镇的文化建设开展深度研究。2017 年申报国家社科基金艺术学项目"'特色小镇'建设与传统村落文化传承发展研究"获准立项，为了集中精力全身心地投入本课题的研究，本人重返南京艺术学院课堂，开始了充满艰辛与挑战的求学之旅。

　　感谢博士生导师邬烈炎教授，他跨界的创新思维、严谨的治学态度、前瞻性的艺术视野以及纯粹诚挚的人格魅力，无不令人钦佩并催人奋进。尤其是对本文的构架、撰写和案例分析，邬老师更是倾注了心血，他倡导的"实验性教学"使我对设计学的研究方法有了全新的认识。更为重要的是，他还常常给我传递有价值的专业文献书目和资讯，开拓了我的学术视野，给了我砥砺前行的力量！同时，也要感谢师母曹方教授，她在视觉设计方面将国际视野和传统文化有机结合的研究方法，对我关于设计转换方法论的思维形成具有潜移默化的指导作用。当然，本书的完成离不开南京艺术学院刘伟冬教授、詹和平教授、李立新教授、夏燕靖教授、王琥教授、顾平教授等专家们的悉心指导，他们在我写作过程中提出的真知灼见开启了我的研究之门,让我有勇气去涉足江南村镇这个魅力无限的研究对象。在南京艺术学院这样一个开放的学术殿堂,诸多的国际交流和讲座论坛如春风化雨浸润着学子之心,为我的研究创设了美妙绝佳的学术环境,激励着我在将来服务社会的工作中肩负起更多应尽的责任。此时此刻,也一并感谢南京艺术学院的老师和同学们,你们的无私帮助,在我的人生历程上留下了弥足珍贵的记忆。

感谢我所工作过的两个单位的领导、同仁对我无微不至的关心、支持与帮助。可以说,以培养应用型人才见长的常州工学院练就了我在可操作性层面从事设计实践过硬的执行力,而南京林业大学作为一所国家"双一流"建设高校,在生态设计、乡村振兴设计、家具智能制造、国家公园设计、美丽中国、生态文明建设等领域进一步拓展了我的学术视野。还要感谢南京大学的鲁安东教授、上海交通大学的陆邵明教授、安徽师范大学陈琳教授等专家学者们给予的宝贵意见;感谢常州市孟河镇人民政府和常州市规划设计院为课题组提供了重要的研究资料;感谢常州市发展与改革委员会为课题实地调研创设的便利条件;感谢我的学生朱晓慧、王晨风、姜笑凡为案例现场测绘和资料收集给予的热情帮助;感谢课题研究团队的同仁们,正是大家的鼎力配合与支持,本课题才得以顺利完成;感谢本著作中引用的专著、论文、图片、资料的所有作者,文中引用时尽量标注,不免有疏漏之处,未尽事宜,敬请海涵。

拙著付梓之际,必须叩谢我最尊敬的老母亲,她以伟大而无私的母爱揣摩我的心迹,我的荣誉让她喜悦,我的忧郁让她挂怀,我的忙碌让她不安……还要感谢全家人的理解和大力支持,他们让我放下生活中的一切琐事杂念,全身心沉浸在学术的桃花源中"任性自得"。学无止境,所有的感动、感谢与感恩都化为自己追寻专业梦想的不竭动力,但愿有一种雅趣与心境,让我在今后的学术生涯中对这一研究有再认识和再思考,哪怕只是一小点,我也一定开心至极!

由于著者水平有限,研究的宽度、深度与高度都有待提升,书中错谬尚存,敬请广大读者、专家批评指正。

图书在版编目 (CIP) 数据

从乡愁到乡建:江南村镇的文化记忆与景观设计 /
汪瑞霞著. — 北京:商务印书馆,2021
ISBN 978-7-100-20354-8

Ⅰ.①从… Ⅱ.①汪… Ⅲ.①农村—社会主义建设—
研究—江南(历史地名)②乡村—景观设计—研究—江南
(历史地名)Ⅳ.① F320.3 ② TU986.2

中国版本图书馆 CIP 数据核字(2021)第 183291 号

从乡愁到乡建

江南村镇的文化记忆与景观设计

汪瑞霞 著

───────────────────

商 务 印 书 馆 出 版
(北京王府井大街 36 号 邮政编码 100710)
商 务 印 书 馆 发 行
南 京 鸿 图 印 务 有 限 公 司 印 刷
ISBN 978-7-100-20354-8

───────────────────

2021 年 11 月第 1 版　　开本 880×1240 1/32
2021 年 11 月第 1 次印刷　印张 13½

定价:69.00 元